独角兽
法学精品

特别鸣谢：广东为则为律师事务所

THE ORIGINS OF
ADVERSARY CRIMINAL TRIAL

刑事对抗制的起源

[美]约翰·朗本（John H. Langbein）◎ 著　王景龙 ◎ 译

上海人民出版社

目录 CONTENTS

主编序言

A.W.布赖恩·辛普森（A.W.Brian Simpson）

　　什么行为是犯罪？或者说，什么行为是严重犯罪？对于该问题，在伦敦、纽约与在罗马、巴黎恐无重大差别。关于犯罪的理解，乔治·西默农（Georges Simenon）[*]的小说汲取了与柯南·道尔（Arthur Conan Doyle）小说中的相同观点。但是，刑事审判的实施方式，却存在明显差异。在欧洲大陆以及继受民法法系的国家，实行的审判制度不太恰当地被称为"职权调查式"（与"纠问式"同义）；法官在审判的安排和控制方面居于主导地位。关于司法职能的理念，它要求主持审判的职业法官在发现真相、实现正义的过程中发挥积极主动的作用。而在盛行对抗式制度的普通法世界，则由双方律师来主导整个诉讼过程。法官降格为类似于足球赛中的裁判。法官不必采取积极行动来保证真相的发现和正义的实现，而只需要确保控辩双方能够公平对抗，同时保证辩护律师有机会审查控方的证据。最终，程序逐渐为各种精巧复杂的规则所规制。这些规则包括各种晦涩的刑事证据法规，包括那些将常人看来具有证明价值的诸多证据信息排除在考量范围之外的规则。在欧陆的诉讼中，找不到与之类似的证据规则。

　　到 18 世纪末，已经逐渐形成了今天的对抗式刑事审判，它由伊丽莎白时代的刑事审判发展而来，但已与之迥然不同，这已早为人知。但是，对于这种变化究竟

5

---

　　[*]　法语侦探小说作家，生于比利时，塑造了探长梅格雷（Jules Maigret）的形象。其作品有多部被译为中文，如《侦探长和乞丐》（张继双译，河北人民出版社 1982 年版）、《黄狗》（孙桂荣等译，群众出版社 2001 年版；收入"世界惊险侦探名著文库"）和《窗上人影》（任友谅等译，群众出版社 2004 年版）等。——译注

何时以及为何发生的疑问,此前要么完全没有对此进行解释,要么给出的解释难以令人信服。程序演变与对抗制理论形成之间的关系,尤其鲜为人知。造成这一状况的主要原因是,研究该主题的历史学家们将注意力还主要局限在已经出版的《国家审判实录》(State Trials)等审判报道上。这些国家审判根本不具有典型性,根据这些文献去描绘的刑事审判图景,必然是扭曲真相、脱离一般审判原型的图景。

朗本教授的著述,完全改变了我们关于该问题发生了什么、何时发生以及为什么发生的看法。他是第一位充分、有效利用《老贝利法庭审判实录》(Old Bailey Sessions Papers)的学者,该文献提供了有关刑事审判方面的丰富信息,其重要性是其他学者没有认识到的。朗本利用这一具有历史价值的金矿,当然还有其他的一手材料,重写有关英格兰刑事审判的法律史。他的有些发现,已经在学术期刊上发表,但本书中的大部分内容都是原创的。更为重要的是,以专著的形式出版,让作者有机会将各种零散的拼图还原为一个整体,全面披露17世纪至19世纪刑事审判领域发生变化的根本原因。

朗本既是一名比较法学者,又是一位普通法的历史学家。他对欧陆刑事审判中迥然不同的理念及其历史了然于胸。他坚信,普通法在道路发展的岔路口选择了一个错误的方向。在本书中,他不仅尽力解释英国何以未能借鉴欧陆传统,而且还让读者相信他的解释是正确的。因此,本书不仅关乎既往,也能解释当下。欢迎该书进入本系列丛书。*

---

* 本系列丛书指"牛津近代法律史研究"(Oxford Studies in Modern Legal History)系列丛书。该丛书主要是关于1750年以后法律史的一系列高水平学术专著。目前已出版包括本书在内的七部著作,其中最早的为:David J. A. Cairns, *Advocacy and the Making of the Criminal Trial*, 1800—1865 (1998)。丛书主编,即本序作者为美国密歇根大学法学院教授。——译注

自序与致谢

在对抗式刑事审判中，控辩双方的律师搜集证据并提交证据，他们对法庭上的证人进行询问和反询问，而法官则相对消极、被动。虽然律师主导的庭审模式已经成为英美法系传统的标志性特征之一，但在英格兰法律史上，它的形成相对较晚，从17世纪90年代开始，大概经过了一个多世纪；它的出现并非设计或规划的结果。本书中，我主要阐释普通法刑事诉讼程序如何以及为何被如此神奇地改造或再造。这本书也解释了刑事证据法的形成原因，刑事证据法在18世纪的形成原因同样与推动刑事对抗制发展的各种动力交织在一起。

一、《老贝利法庭审判实录》

本书的研究主要建立在《老贝利法庭审判实录》这样一套文献资料之上，而这些资料仅在近年来才引起法制史学者们的关注。史蒂芬（Stephten）、威格摩（Wigmore）、霍尔兹沃斯（Holdsworth）和拉齐诺维奇（Radzinowicz）等学者让我们产生了对英国近代早期刑事诉讼程序的最初印象，但这些学者并未接触过《老贝利法庭审判实录》。《老贝利法庭审判实录》是当时出版的记录老贝利法庭庭审情况的小册子。由于老贝利法庭对伦敦都市区中的严重犯罪拥有管辖权，所以它是整个18世纪英美世界最重要的刑事法庭。《老贝利法庭审判实录》自17世纪70年代开始出版，连续出版约两个半世纪之久，直至一战前夕。它在形式和功能上有过诸多改变，本书第四章会对这些改变予以概述。

我清楚地记得，1977年春天我在牛津博德利法律图书馆寻找其他资料时，偶然看到了《老贝利法庭审判实录》。很明显，对于当时刑事审判实际发生了什么，《老贝利法庭审判实录》提供一个无可比拟的窗口，让历史学家能克服传统法律资

7

料的一些限制。我在《法律评论》中的两篇文章中提到了这些材料,在依据《老贝利法庭审判实录》写成的本书第四章中对该材料进行了讨论,这两篇论文是:《律师出现前的刑事审判》(载《芝加哥大学法律评论》1978 年第 45 卷,第 263 页)和《18 世纪刑事审判的形成:以赖德文献为视角》(载《芝加哥大学法律评论》1983 年第 50 卷,第 1 页起)。多年来,我在一系列关于审判历史各个方面的论文中都把《审判实录》作为主要资料。本书在很多不同地方都引用了这些文章的一些内容。为了撰写本书,我在第三章中修订和扩充了一篇文章,即《事务律师的出现:十八世纪控辩平等的产物》(该文已预先出版,载《芝加哥大学法律评论》1999 年第 58 卷,第 314 页起)。本书第一章的第五节(即我称为"被告人陈述"的审判模式)和第五章中关于不自证其罪权的一些讨论都源于另一篇文章《普通法反对自证其罪特权的历史起源》(载《密歇根法律评论》1994 年第 92 卷,第 1047 页起)。

二、编辑惯例

本书中引用原稿和早期版本时,沿用我此前其他著作的惯例。如果原书中的词语采取缩写形式,或部分省略,引用时都将其全部拼出;另外,还补充了标点、校正了明显的拼写错误;凡此类情况,不再另行说明。拼写都改按现代美国的惯例,但书籍和小册子标题中的拼写未作改变。已有的标点大体保持原貌,但为明确需要时辅以现代格式。因此,有时按照现代用法补充了逗号、省略号和引号。另外,句子结束的标点也有所变化:原文以冒号、分号、破折号,甚至句子结束完全没有标点时,改用句号。在原文仅根据字体的惯例使用斜体时(如对专有人名和地名使用斜体),本书中不再保留斜体格式。如果原文用斜体表示间接引文,本书中取消斜体,改用引号,并调整字母大写和标点符号。引文中的大写格式,除非特别说明,均保持原貌;但涉及著作标题时,采用首字母大写的现代标准。如果原文中人名拼写有异体,本书中尽可能根据《民族传记词典》(*Dictionary of National Biography*)中的用法。希望这些调整既能便于读者阅读,又能忠实于资料。

三、致谢

非常感谢耶鲁大学法学院及其院长吉多·卡拉布雷西(Guido Calabresi)和安东尼·克朗曼对本研究给予的支持与鼓励。感谢剑桥大学法学院邀请我担任1997—1998 年度法律科学研究中心阿瑟·古德哈特客座教授,使我得以回到英国,查阅各种档案与藏书。还要感谢剑桥三一霍学院的院长和各位同事,他们接纳我在那一年成为他们之中的一员。

图书馆和档案馆的许多工作人员为我提供便利,让我受益良多。特别感谢耶鲁法学院图书馆的吉恩·科克利、哈维·赫尔和弗里德·夏皮罗和芝加哥大学图书馆管理员朱迪恩·赖特、哈佛法律图书馆特藏部主任戴维德·沃林顿,他们在我查阅其收藏丰富的《审判实录》文献中,给予我巨大的帮助。此外,还要感谢市政厅图书馆的杰里米·史密斯对本书所用插图方面给予的指导。

多年来,来自耶鲁学院(本科)和耶鲁法学院的几位学生助手帮助我寻找资料和核对引注,他们是:斯图亚特·钦、玛丽·德法尔科、罗伯特·詹姆斯、凯丽·贝凯丽·卡耶和西蒙·施特恩。我曾在兰卡斯特大学举办的"1998 年艾尔德尔法律与历史讲座"中展示过本书第三章的主要内容。我曾在芝加哥大学法学院举办的"1999 年富尔顿法律史讲座"中展示过现在本书第二章的内容。对这些学识渊博的听众所提出的宝贵建议,我非常感谢。我同样要感谢的还有对全部或部分早期手稿提出过宝贵意见和建议的朋友,他们是:米尔健·达玛斯卡、西蒙·戴维尔奥克斯、理查德·弗里德曼、托马斯·加拉尼斯、亨利·霍维茨、奥利逊·梅、詹姆斯·奥德海姆、迈克尔·普理查德和亚历山大·夏皮罗。我还特别要感谢多伦多大学英格兰近代早期犯罪学的史学大家约翰·贝蒂,多年来他无私地与我分享其远见卓识,并对本书付梓前的书稿提出了许多宝贵意见。

四、授权

(有关插图的授权内容略,此中文译本未收入插图)

约翰 H.朗本(John H. Lanbein)

二○○二年五月

于康涅狄格州纽黑文市

导　言

　　所谓的对抗制,即律师主导的刑事审判,是普通法国家刑事司法的典型特征,它包括英国和以英国普通法为基础的其他国家,如美国等。英美国家的刑事司法与大陆法系国家的区别在于,不仅是对抗式诉讼允许控辩双方的律师参与审判,欧洲大陆法系的刑事程序也同样允许。英美法系对抗式审判的显著特点是:我们将收集、选择、出示和调查证据的责任移交给维护各自利益的双方律师。传统上讲,由法官监督指导下的陪审团是我们的审判法庭,但陪审团自己并不进行证据调查。在双方律师的相互争斗中,法庭对他们提供的证据进行甄选、判断,然后作出有罪或无罪的裁判。

　　相比之下,欧洲大陆法系国家收集证据的职责是由法官或类似法官的调查人员、负责查明真相的其他公职人员等来承担。刑事调查被认为是(国家的)公共职能,而不是私人职能。在审判中,主审法官负责询问证人在内的证据调查。控、辩双方的律师发挥从属作用,主要是建议调查的内容,有时还补充法庭对证人的询问。

　　两大法系关于刑事调查组织和刑事审判组织的这种差异是非常重要的,因为刑事审判的主要内容就是对过去事实的裁判。正如布莱克斯通(William Blackstone)所言:"已有的经验充分证明,当我们的诉讼有一百多件源于事实争议,仅有一件是源于法律争议的。"①比如,交通信号灯是红灯还是绿灯? 是被告还是其他人开的枪,

---

　　①　3 William Blackstone, *Commentaries on the Laws of England* 330(Oxford 1765—1969)(4 vols.)[hereafter Blackstone, *Commentaries*].布莱克斯通所论系指民事纠纷,但此论至少也适用于刑事案件。

是被告还是其他人拿走了钻石？案件事实确定了，法律问题便会迎刃而解。

　　对抗式刑事诉讼有两个显著的缺陷，我在本书下文中也会提到，即争斗效应和财富效应。关于争斗效应，我指的是对抗制中有害于真相的因素。在英美审判中，每个对手的工作都是为了赢得法庭上的斗争。赢得诉讼经常需要采用扭曲或阻碍真相的策略。例如，隐瞒相关证人、隐瞒有利于对方的信息、教唆证人以影响其庭上证词、滥用交叉询问的权利，等等。关于财富效应，我是指对抗程序赋予有钱人的巨大优势：他们能聘请技艺高明的辩护律师，能支付得起由当事人主导的事实调查费用。而被指控犯有严重罪行的被追诉人，由于他们大多数是贫穷或者接近贫穷的，因此财富效应是对抗制刑事审判程序中一个复杂的结构性缺陷。

　　本书探讨了对抗制刑事审判制度的历史渊源。律师主导的刑事审判在英国法制史上出现得较晚，而且发展迅速。直到16世纪90年代，辩护律师在所有严重犯罪案件中仍然被禁止，其中包括叛逆罪和其他重罪。控方律师被允许参与审判，但除了在叛逆罪案件中国王一直由律师代表参加，其他案件中实际上从未聘用控方律师（参加）。一个世纪后，即到17世纪90年代，对抗制刑事审判的主要特征在严重犯罪案件中已经形成。

一、内容概要

　　从没有律师参与的刑事审判到律师主导的刑事审判，我们的研究起点是16世纪后期和17世纪初，即所谓的早期近代社会，这一时期的历史资料使我们对出现在中世纪末期的审判程序有基本的理解。本书第一章阐释了相对松散的控辩双方"争吵式"刑事审判。这种审判的主要目的是给被告人一个机会，即亲自对指控罪名及不利于自己的证据进行辩解，我把这种诉讼的类型称为"被告人陈述式"审判。根据这种审判的理念，在被告和法庭之间，没有辩护律师参与的空间。实际上也确是如此：对于事实问题，辩护律师事实上是被禁止参与的。该规则的逻辑是迫使被告在为自己的辩解中能够陈述事实。出台禁止辩护律师的规则，一定程度上是担心辩方律师会干涉法庭从被告人那里获取信息资源的能力——后来的实践表明，这种担心确有必要。

16世纪和17世纪刑事诉讼的运作中,不仅没有律师,而且没有公诉人和警察。然而,通过所谓的"玛丽式审前程序"确能加强私人的控诉,该调查程序是由非专业的治安法官*(又称"和平法官"或"太平绅士")主导进行的。第一章阐释了玛丽式审前程序如何加强这种没有律师参与的刑事审判程序,以及如何对被告的辩解或陈述施加压力的。

在18世纪,人们仍自信地宣称,禁止辩护律师(参与审判)有利于被告。如果被错误指控,被告可以通过其简单且无辜的反应澄清自己的清白;如果被告有罪,其反应将有利于揭露真相,而别人代替其作虚假辩护,则不利于发现真相。②

"禁止辩护律师参与审判有助于发现事实真相"的观念,在斯图亚特王朝晚期的一系列著名叛逆罪中受到质疑,尤其在天主教阴谋案、拉伊住宅阴谋案以及血腥巡回审判案中。第二章回顾了这些恶意的起诉,他们用伪证将无辜者(包括政治贵族)定罪并纷纷处决。在1688—1689年的光荣革命后,对这种司法不公的深恶痛绝催生了1696年的《叛逆罪审判法》。该法采取了一系列改革措施,其核心是允许叛逆罪的被告在审判中以及审前获得律师帮助。第二章还对法案的主要规定进行了分析,尤其关注1696年的改革者们为何将刚刚萌芽的对抗式程序局限于少见且不典型的叛逆罪。(这是因为)法案的设计者认为,对叛逆罪的指控是问题丛生的。在普通犯罪的审判中,国王不存在重要利益,因而在实践中并无控诉律师出庭;而叛逆罪案件则不同:国王作为利害关系方主导对犯罪的指控,并始终有出庭律师为其效力。此外,由于法官们的职位仍受制于国王的好恶,因此他们不可能中立地对待叛逆罪的被告。1696年法案的解决办法就是,允许叛逆罪的被告获得维护其利益的帮手——辩护律师。

因此,设计这种对抗式刑事审判程序的最初目的是为了专门适用于叛逆罪案

---

* 该词语的英文为"magistrate"或"the justice of peace(JP)",在现代英美国家主要指一种较低级别的司法官员,如在英国可对刑事案件享有简易裁判权,在美国州法院可对民事或刑事案件行使有限管辖权,同时也指美国联邦法院的基层司法官;因此,一般译作"治安法官"。但在"刑事对抗制"尚未形成的时期,该类人员仅指由国王任命的地方治安官,其职能是犯罪调查和帮助被害人提起控诉,不仅不具有现代社会的裁判功能,而且其调查也是不中立的;因此,这一时期他们并非"法官",只是"治安官"而已。然而,为了避免两种不同称谓导致概念使用上的混乱,本书统一译作"治安法官"。——译注

② William Hawkins, *A Treatise of the Pleas of the Crown* 400(London 1716,1721)(2 vols.)[hereafter Hawkins, PC].

件,旨在抵消这类指控给被告带来的风险。这种新的审判模式专门服务于被控叛逆、阴谋的达官贵人以及有钱人,其中大多数涉及王朝更迭以及宗教存废。对他们来说,支付律师费只是一个小问题(不用为支付律师费发愁)。直到后来,发生了当时他们无法预料的情形,对抗式程序才扩大了它的适用范围,扩展到普通重罪案件。这种程序原本是为了维护贵族利益,让他们免受叛逆罪的指控;后来,竟然用它来审理平民偷鸡摸狗或窃取商店物品的案件。第三章探讨了在18世纪30年代,法官取消了重罪案件对辩护律师的禁令,开始允许辩护律师参与审判,主要是允许被告在询问和交叉询问证人时获得律师的帮助。辩护律师成为对抗式刑事诉讼得以运行的实际承担者。律师开始逐渐主导重罪案件审判,到了18世纪后期,这种现象日益明显。

4　　　　本书的主题是:法官允许辩护律师帮助重罪案件中的被告,是为了应对诉讼实践中发生的复杂变化,尤其是伦敦及其郊区的变化。第三章指出了三个要点:第一,在诉讼中,控方律师的使用率逐步增多,尤其是使用事务律师去调查或者处理某些刑事指控,同时也包括在诉讼中更多地聘用出庭律师。第二,根据当时的奖励制度,他们提供丰厚的报酬来鼓励对严重财产犯罪进行指控,这增加了证人作伪证的风险。第三,为了促使团伙犯罪中共犯提供证言而采用的污点证人制度,就是很大程度上导致证人伪证风险的刑事指控技术。

　　　　到了18世纪30年代,这些新型指控技术让法官们得出了这样一个结论:多数刑事审判已经不再像之前的"控辩争吵式"刑事审判了。特别在伦敦,当时的刑事指控正日益成为律师和职业捕贼人的业务范围,职业捕贼人获得奖赏的动机受到质疑。这些职业人士的强烈目的和动机,使法庭上的控方证据出现虚假的危险性不断增加。一方面是势单力薄而又无助的被告人,另一方面是职业化、准职业化且指控能力不断加强的控方。法官们为了平衡二者之间的失衡状态,允许辩护律师对控方证人进行交叉询问。

　　　　18世纪30年代的法官们重新借助辩护律师(参与审判)来平衡控辩双方的关系,正如国会在1696年《叛逆罪审判法》中所采用的方法。辩护律师可以在审判中帮助被告审查控方证据,揭露可能存在的伪证,特别是通过对控方证人进行交叉询问的手段来实现。

在英格兰,用于调查犯罪的机构和其他资源长期不足。一直到城市工业化时代,英国都采用私诉制度,这种私诉制度和英国长期存在的业余治安法官制度及业余乡村警察制度相匹配。第三章着重介绍了这种早期审前制度的缺陷为何在正式审判中显得如此突出。法官们对审判程序的前述调整就是为了补救审前制度的这种缺陷。法官决定允许辩护律师以主导者的身份在对抗式刑事审判中出现,就是对审判制度的一个很大调整;其他的进步还包括刑事证据法的形成,这个问题将在第四章中进行讨论。虽然本书的中心是审判模式的演化,但是审判和审前的关系是始终关注的主题。审前制度直接决定并塑造了审判制度。如果英格兰政府能够直面问题,投入精力和资源,在审前阶段中解决刑事调查和指控的问题,那么18世纪的刑事审判也就不会向律师开放。对抗式审判便是法官在审判阶段对审前程序的回应。

在18世纪30年代,法官虽然允许辩护律师们参与重罪的审判,但是他们仍然被禁止向陪审团发表陈述。这个限制就使得辩护律师不能作开场陈述和结尾陈述,因此也使他们无法直接回应对被告的指控和不利证据。这种限制的目的是迫使被告对指控事实进行陈述,并继续充当法庭的信息来源。

除了允许重罪被告人拥有辩护律师外,法官还进一步努力,在正式审判阶段提供保障措施,减少审前阶段收集有罪证据给被告人带来不断增长的危险。刑事证据法(这种保障措施)便应运而生了。第四章主要追溯了这种新的法律部门在18世纪的产生和发展。其中最重要的两项规则,即针对同伙供证的补强规则和排除审前嫌疑人口供的自白规则,一定程度上都是为了抵消新刑事指控方式所带来的危险,这与法官们允许辩护律师参与刑事审判的目的一样。虽然刑事证据法是司法的创造物,但由于对审判活动的监督和审查——这原本专属于法官和陪审团职权范围内的事务,开放给了双方律师,证据法也因此被操控于律师之手。

关于对抗式刑事审判的发展和证据规则的形成,我阐述的主要依据是《老贝利法庭刑事庭审实录》和18世纪的其他分散的资料。对于初审法院发生的事情,这些《庭审实录》给了我们一个重要但不完整的视角。这些资料最近几年才被法史学家们发现,在本书第四章中,我讨论了它们的价值和缺陷。

对抗式刑事审判如何取代旧式的"争吵式"审判?并且如此快速?通过允许辩

护律师参与重罪审判的过程从而创制对抗式审判的法官,他们自己并没有法律革命的意识和意图。为了达到帮助被告对证人询问和交叉询问的有限目的,法官允许辩护律师参与审判。法官认为律师(的行为)仅仅是对被告自行辩护的一种补充,因而仍然禁止辩护律师向陪审团陈述事实或解释证据。因此,法官认为,他们应该允许辩护律师参与审判,但继续保留"被告人陈述"的审判模式。第五章解释了法官们的这种想法为什么未能实现。辩护律师的参与使刑事审判发生了结构性的变化,突破了原先集中在被告人身上的两种角色:辩解和陈述事实。通过阐释和加强控方的举证责任和说服责任,出庭律师将被告人从"法庭信息源"的角色中解脱出来。这种变化催生了反对自证其罪的特权和排除合理怀疑的证明标准。我着重强调对抗制的发展动力改变了整个刑事审判的理论。旧式的"争吵式"审判给予被告一个机会,使之能够对指控的内容和证据作出回应;而对抗式刑事审判则是让辩护律师代替被告审查控方的证据。

随着律师逐渐主导了审判活动,他们削弱了法官和被告人在庭审中的作用。法国人科图作为一位观察者,在1820年写道:在询问和交叉询问证人的过程中,英格兰的法官"对这一过程显得漠不关己";被告人极少亲自辩护,以至于"即使用根杆撑着他的帽子作为他的替身出庭,也无碍于事"。③第五章主要探讨了这种确立已久却日渐没落的英格兰司法职能理念是如何进一步促进对抗式程序的发展的。英格兰法官的责任就是将案件提交给陪审团处理。法官们收到的证据一直是由他人提交的。法官从来不负责收集证据,他们缺乏资源、权力和责任感去调查他所审理的案件。对他们提交给陪审团处理案件的真实性而言,法官与其说是案件的裁判者,不如说只是管理者而已,所以在不断形成的对抗较量而同时有害于真相的审判制度中,他们很容易适应管理者的角色。

第五章进一步指出,对抗式刑事审判的基础虽不牢固,但未受到挑战的关键原因是:18世纪下半叶,人们对死刑制度的日益反感起到了重要作用。当时,英格兰刑法滥用死刑的观念得到普遍传播,因此刑事审判的主要作用是在"血腥法典"威

---

③ Charles Cottu, *On the Administration of Criminal Justice in England 88*, 105(London 1822), translation De *l'administration de la justice in criminelle en Angleterre*(Paris 1820)[hereafter Cottu, *Administration*].

胁下的大批死囚中筛选出真正的罪该处决者。如果我们要理解政府当局为什么没有干预这种有害于真相的对抗式刑事审判,上述背景将会有帮助:更多的真相,意味着更多的死刑,因此这种审判程序在这个时期更加巩固了。此后,在 19 世纪中叶,英格兰正视其过度依赖死刑而引发的问题,大量废除了死刑的适用,仅保留在很少一些犯罪中。"血腥法典"虽然被废除了,但是它遗留下来的对抗制审判却在损害真相的刑事诉讼中流传下来。

作为总结,本书对英格兰未选择的道路(欧陆模式)进行简单介绍,解释为什么英国人对欧陆刑事诉讼中更能发现真相的审判模式却不屑一顾。

二、刑事司法与民事司法

16、17 世纪没有律师参加的英格兰刑事司法,不仅和 18 世纪形成的对抗制刑事司法形成强烈对比,而且与允许律师参加的英格兰民事司法形成鲜明对比。一定程度上,对抗制刑事诉讼的形成,可认为是吸收了民事诉讼中已经存在的对抗制模式。此后,英格兰的法律制度在民事案件和刑事案件的对抗制程序方面,都展示出高度的相似性。

在英格兰法律制度中,民事司法处于首要地位,刑事司法就成了民事司法的附属物。直到近来,英格兰才出现专门的刑事法官和刑事法院。在各地的巡回法院和伦敦老贝利法院主持审判的法官,都是从管辖民事案件的三个中央法院临时调派而来的,每年几周从事刑事审判的工作。

从 16 世纪到 17 世纪出版了成百上千卷的法律报告,这些法律报告主要记载民事案件,这说明了民事司法的主导地位。尽管存在大量的民事法律报告,我们都对 19 世纪之前的民事审判行为知之甚少。法律报告只告诉我们关于双方的诉讼请求、法律问题的裁决及初审法院裁决后的上诉审查,但没有告诉我们民事审判实际是如何运作的。

我们有理由认为,虽然民事审判在英格兰居于中心地位,但它对刑事对抗制审判模式形成的影响仍然有限。由于刑事司法是以审判为中心的,某种意义上讲,这种法律制度就是要把大部分刑事案件在正式审判中解决,而英格兰的民事司法则尽量避免正式审判。在民事方面,普通法院的中心功能在争点整理程序中,这个程序主要把那些不经正式审判即可解决的法律问题和提交给陪审团裁决的事实问题分别挑选出来。即使民事案件进入审判程序,其审判通常也会在范围上比刑事审判受到更多的限制。民事争点整理程序尽量减少提交给陪审团的事项,在某些情况下从大量交易中分离出纯粹的事实问题以及通过筛选减少证据。

导致民事案件中陪审团审判的范围缩小和效率急剧下降的另一个因素是禁止当事人在法庭上作证。当事人由于利益关系而被剥夺了作证的资格,换言之,对于存在争议的事项,他们被视为不具有证人资格。显然,这是为了避免他们禁不住作伪证的诱惑,也是防止法庭接受虚假的证据。剥夺民事当事人的证人资格,巩固了英格兰私法中几个世纪以来的努力,即鼓励交易各方通过书面文件的形式实施重大交易,尤其是官方封印后的书面文件和法庭记录的供述。④这些文件所具有的决定性效力,往往能够不经诉讼就能避免或解决纠纷。

虽然因利益关系而剥夺证人资格的规则也适用于刑事诉讼程序,但收效甚微,因为刑事诉讼中的原告被认为是国王而不是公诉人,⑤允许被害人宣誓作证,被告人只能未经宣誓而陈述。比较而言,民事诉讼禁止当事人作证,便失去了民事案件中最有价值的潜在证人,当事人对诉讼的参与就只限于他们律师的陈述。

因此,在对抗制刑事审判的发展过程中,尽管民事诉讼和刑事诉讼两者关系的许多细节是我们不知道的,但这并不障碍我们对其基本情况的把握。对抗制模式来源于民事诉讼,当事人通常为了维护各自利益而去聘请律师,由律师操控整个诉讼的进程。当对抗制模式被移到刑事领域中,对抗制模式的重要价值就显著提升了。在一般的刑事审判中,被告人和被害人势不两立,而且证据的数量也要比大多数民事审判中多;在民事审判中,争点整理程序和官方书证优先规则缩小了留待解决(陪审团裁决的)的事实范围,而最有可能的事实证人即当事人,却被剥夺作证的资格。

对抗制刑事审判模式的形成提出了一个尖锐的理论问题:司法裁判的正确性

---

④ 拙文曾专予论述,in John H. Langbein, "Historical foundations of the Law of Evidence: A View from the Ryder Sources," 96 *Columbia L. Rev.*1168(1996) [hereafter Langbein, "Evidence"]。

⑤ 详细内容,see 2 Hawkins, PC 433—434;又参见第一章注释⑬。

取决于双方提交的证据，而将收集、提交证据的工作赋予存在利害关系的当事人，这是一种不利于发现事实真相的程序，如何论证它的正当性呢？这个问题迄今在英美法传统中没有得到满意的解决。民事纠纷起源于私人利益，因此法律无须考虑公共利益而放心地鼓励当事人和解。相比而言，刑法的主要目的是为了保护公共利益。因此在欧陆法律传统中，就是把重大犯罪案件的调查和裁判工作视为一种公共职责赋予中立的专业人士，因此由他们动用国家资源，是因为这既可以打击犯罪，又承担保护被告的功能。对抗制刑事审判在英格兰逐步形成的这段传奇，是法理学的议题，也是法律史的主题，因为它描述了在刑事诉讼理论根基尚不坚实的情况下，如何调整我们生活的一段历程。

10 # 第一章　没有律师参与的刑事审判

几个世纪以来，在英格兰刑事诉讼中，一直沿用这样的规则，即被控犯有严重罪行的被告，在正式审判中不能有辩护律师代理。从现存史料中，我们可初步了解
11 到16世纪与17世纪的刑事审判。①我们看到，不论被告如何争取和抱怨，法官仍然坚守辩护律师不能参与刑事审判的规则。②近代早期的法律文献对该规则同样都予以着重强调。斯坦福德（Staunford，1554年）③、普尔顿（Pulton，1609年）④、柯克（Coke，约1630年）⑤和霍金斯（Hawkins，1721年）⑥等人，都在他们各自的著作

---

① “斯罗克莫顿案的报告是能够充分展示当时流行的诉讼程序最早的记录。”1 James Fitzjames Stephen, *A History of the Criminal Law of England* 325(London 1883)(3 vols.) [hereafter Stephen, *History*], citing *R v. Nicholas Throckmorton*, 1 *State Trials* 869(1554) [hereafter St. Tr.].关于该报告以及《国家审判实录》系列的可靠性，参见后注㉔、(216)、(218)；以及第二章注释㊾。

② 刑事被告对没有律师辩护的不满，见于e.g, *R. v. John Udall*, *1 St. Tr.* 1271, 1277(Croydon Assizes 1590); *R. v. John Lilburn*, *4 St. Tr.* 1269, 1294—1296, 1317(1649)(参见第五章注释(89)); *R. V. Christopher Love*, *5 St. Tr.* 43, 52—55, 61(High Court 1651); *R. v. John Twyn*, *6 St. Tr.* 513, 516—517(O. B. 1663); *R. V. Edward Coleman*, *7 St. Tr.* 1, 13—14(K. B .1678); *R. v. Stephen College*, *8 St. Tr.* 549, 570, 579—580(Oxford Assizes 1681); *R. v. Richard Noble et al.*, *15 St. Tr.* 731, 747(Surrey Assizes 1713).王座法院首席法官爱德华·柯克则支持这一制度；*R. v. Walter Thomas*, *2 Bulstrode 147*, 80 *Eng. Rep.* 1022(K. B. 1613)。

③ William Staunford, *Les Plees del Coron* 151(London 1557 edn.) (1st edn. 1554) [hereafter Staunford, PC].(上标“v”是拉丁文“verso”的缩写，指抄本或早期作品仅在正面标注的页码。——译注)

④ Ferdinando Pulton, *De Pace Regis et Regni* 193(London 1609) [hereafter Pulton De Pace].

⑤ Edward Coke, *The Third part of Institutes of the Laws of England: Concerning High Treason, and other Pleas of the Crown, and, Criminal causes* 137(London 1644) (Posthumous publication, written c.1620s—1630s)[hereafter Coke, *Third Institute*].

⑥ 2 Hawkins, PC 400—402.

中对此规则详加阐述。⑦

刑事辩护只适合被告的自我辩护,这种理念源于一个特定的时代。当时人们认为,刑事审判的整个过程都应该是非专业人士之间的争斗,无需律师参与。在一般重罪案件中,即叛逆罪以外的其他严重犯罪案件中,控方也没有律师代理。一般情况下,由被害者充当控诉人。在杀人案件中,可由被害人的近亲属或者当地的验尸官代为起诉。⑧正如布莱克斯通后来所言,"起诉状……以国王的名义提出,但须根据自诉人的申请……"⑨玛丽式审前程序为承担控诉职能的被害人提供了官方支持,进而巩固了这种自诉制度,但同时本章下文即将述及的各种方式限制了被害人(控方)的自主权。三百年后的 1820 年,当法国人科图游历英国而研究其刑事诉讼制度时,他惊讶地发现这种古老的制度竟沿用至今。他诧异于"起诉的事务不是由代表公众、公开任命的职业官员处理,而是完全将罪犯的命运交到被害一方的手中,由其决定是否起诉"。⑩

英国私人化的刑事调查和起诉制度在当时的法律文献中并未得到有力支持。当时并没有支持自诉的系统理论,也没有人试图解释或论证其存在的合理性。无人试图证明:由复仇者(被害人)来负责收集指控证据,是一种理想的做法。其实,当时众所周知,这一制度并不能有力地激励人们去指控犯罪。到 18 世纪下半叶,出于这种担忧,议会制定了一系列法案,它区分不同情形,为控诉犯罪提供津贴。⑪

12

---

⑦ 还有许多反对之声可以见于各种各样的小册子当中。一位伊丽莎白时期的作者指出,即使在控方有出庭律师进行代理的案件中,"也没有人可以为被告人进行辩护、指导或陈述;这是所见最大的不公;无疑,许多无辜生命因该理念而断送,我们的法官和陪审团都沾满了他们的鲜血……""A Memorial of the Reformation of England" (1596), published as *The Jesuit' Memorial*, *for The intended Reformation of England 250* (London 1690)〔hereafter *Parsons*, *Memorial*〕To the same effect, see William Sheppard, *England's Balme*: *Or*, *proposals ... Towards the Regulation of the Law 197* (London 1657)〔hereafter Shepard, *Balme*〕。更多批判性的小册读本,参见后注⑭—⑱。

⑧ See generally R. F. Hunnisett, "Eighteenth-Century Coroners and Their Clerks," *76 Wiltshire Archaeological and Natural History Mag*. 123(1982).

⑨ 4 Blackstone, Commentaries 300;同样,斯坦福德也写道:"任何人都可被接受为国王的证人。" Staunford, PC 163.

⑩ Cottu, *Administration* 38.

⑪ 这些法令,从 25 Geo.2, c.36(1752)开始,参见 2 Leon Radzinowicz, *A History of English Criminal Law and Its Administration from 1750*, at 76—78(1948—1968) (4 vols.) 〔hereafter Radzinowicz, *History*〕。根据 1752 年和 1754 年的法令授权,"如果罪名成立,法院可补偿贫穷的起诉人和证人的相关花费;1778 年的一项法令将此扩展到所有的起诉人和证人,甚至即使在罪名并不成立(转下页)

自诉是一种有缺陷（有待完善）的制度，当时之所以被接受，是因为：如果要设计出一种有效的替代制度，将会使政治体制面临一堆棘手问题，如财政供养以及公诉机构的制约等问题。[12]类似的担忧使得统一警察制度的形成，在19世纪20年代（后期）至50年代才得以完成。[13]

禁止辩方律师参与审判，但并不禁止控方律师。然而，在一般重罪案件中，即使允许控方聘请律师出庭控诉，实际上控方并未这么做过。直到18世纪，这种情况才发生变化，本书第三章和第五章将予论及。相比之下，在叛逆罪案件中，控方总有出庭律师参与指控。[14]叛逆罪是指谋划或实施杀害君主、挑起武装叛乱的罪行。[15]这种案件很少发生，但由于这是一种危害国家安全的犯罪，因而由政府高官负责提起诉讼。通常由王室法务官员（即总检察长和副总检察长）负责审前调查，行政机构（即枢密院人员或内务大臣）通常也主动介入这一程序。[16]在刑事审判中，由法务官员们和其他皇家律师提起诉讼，向陪审团发表开场陈述与结案陈词，对双方证人进行直接询问和交叉询问。

（接上页）时（也给予补贴）；1818年法令……则授权法院向所有重罪案件中的起诉人和证人提供津贴，以补偿其为此耗费的时间和精力。"David Philips, "'A New Engine of Power and Authority': The Insti-tutionalisation of Law-Enforcement in England 1780—1830," in *Crime and the Law: The Social History of Crime in Western Europe since 1500*, at 155, 179（着重号系原文所有）(V. A. C. Gatrell, Bruce Lenman and Geoffrey Parker eds.) (1980) [hereafter philips, "Engine"]. 彼得·金在18世纪下半叶埃塞克斯巡回法庭和季审法庭的案件中，发现了起诉人得到更多津贴的史料。他的材料说明，至1790年，半数财产犯罪的起诉人曾获得这种津贴。Peter King, *Crime, Justices and Discretion in England: 1740—1820*, at 47—52 and fig.3, 1 (2000 [hereafter King, Crime].

[12] 这些问题在整个19世纪，乃至此后，仍非常棘手、悬而未决。See Philip B. Kurland and D. W. M Waters, "Public Prosecutions in England, 1854—1879: An Essay in English Legislative History," 1959 *Duke L.J.* 493.

[13] Philips, Engine 171—189.

[14] "在事关国王的案件中，御用律师是唯一适合的起诉人，因为国王不能'在他自己的法院'亲自提起诉讼""Orders for the Trial of the Regicides," *Kelyng* 7, 8, 84 *Eng. Rep.* 1056, 1057(1660)。

[15] See, e.g., 1 Hawkins, PC 33—46; [Michael Foster], *A Report of Some Proceedings ... for the Trial of the Rebels in the Year 1746 ... To Which Are Added Discourses upon a Few Branches of the Crown Law 183*, 193—207（弑君），208—220（发动战争，附敌从伪）(Oxford 1762) [hereafter Foster, Crown Law].

[16] 斯图亚特晚期对叛逆罪审判中控诉实践的描述，参见第二章。

第一节 法庭上的争吵

伊丽莎白时期的著名读本、托马斯·史密斯爵士(Sir Thomas Smith)于1565年前后所撰《论英格兰国家》(*De Republica Anglorum*)一书,向我们描绘了一幅刑事审判的经典图景,作为普通公民的起诉人与被告人在没有律师的情况下互相争辩。[17]这是我们所见到的关于近代早期司法审判的最早描述。作者虚构了一场地方巡回法庭的重罪审判。被害人、控方证人与被告人就所指控的犯罪情节当面对质。被害人兼起诉人(史密斯称之为"追诉方")宣誓作证,声称"你在某地抢劫我,还打我,抢走了我的马匹和钱袋;当时你穿着某件外套,还有某人是你的同伙"。另一位控方证人,即逮捕嫌犯的见证者以及能够提供线索或标记(即指控犯罪的证据)的人,也宣誓作证。被告进行陈述,但不宣誓,对这些指控他的证言作出回应:"劫贼当然会否认,然后他们相互争吵一番……"[18]

史密斯关于指控者与被指控者就证据进行争吵的描述,印证了"刑事审判中没有律师"的特征。因此,被指控者身兼被告和证人的双重角色,这是无法避免的。为了反驳或者查验控方的证据,被指控者会不断地讲述自己当时的遭遇。由于被告人不能宣誓作证(这项剥夺其作证资格的禁令直到1898年才在英格兰被取消)[19],所以他不被视为证人。尽管如此,他可以对争议事件就其所知进行陈述,仍然发挥着证人的作用。

一旦审判中控辩双方的争吵正式开始,庭审法官一般对陪审团很少进行指导,而是让他们根据双方争吵中的所见所闻来对案件作出裁决。史密斯笔下的法官通

14

---

⑰ 托马斯·史密斯所作的 *De Republica Anglorum*(Mary Dewar ed.)(1982)(1st edn. 1583, written c.1565)[hereafter Smith, *De Republica*]是现代学术版本。史密斯是一个重要人物,尤以熟知16世纪中叶的政治而知名。See Mary Dewar, "Introduction," ibid. at 2; see generally Mary Dewar, *Sir Thomas Smith: A Tudor Intellectual in Office* (1964).史密斯曾受良好的民法教育,通晓罗马—教会法,是剑桥大学第一位钦命民法讲座教授。在伊丽莎白时代担任驻法公使期间,他撰写了《论英格兰国家》。他曾任治安官和议会议员,也是"爱德华六世的枢机秘书、萨默塞特摄政王的心腹近臣"。Dewar, "Introduction," in Smith, *De Republica* 2.

⑱ Smith, De Republica 114.

⑲ Criminal Evidence Act, 61 & 62 Vict, C. 6(1898).参见后注⑳⑥及其相应正文。

常只是告诉陪审团,"你们已经听到这些人对嫌犯的指控,你们也听到了嫌犯为自己所做的辩护"。⑳陪审团所裁决的问题,也是审判所要解决的主要问题,便是被告人对控方所举出的证据能否进行充分的反驳。16世纪晚期及其以后的无罪判决率表明,在超过三分之一的普通重罪案件中被告人的无罪辩护取得了成功。㉑与之相反,叛逆罪案件中的无罪判决比较罕见。㉒

由于现存的史料很少描述18世纪之前一般重罪的审判过程,㉓因此我们对16—17世纪刑事审判程序的了解主要来自数量相对较多、广为人知的叛逆罪案件。这些案件的审判材料按时间先后顺序记录在当时的小册子或手抄本上,不是记录于法律报告之中,而是被回溯性地收录在18世纪的《国家审判》报告中。这些审判本身也因这系列报告被统称为"国家审判"。㉔当时主要叛逆罪案件的审判材料都保存于《国家审判》中,它们在许多方面都不同于一般刑事审判㉕,尤其是它们

15

---

⑳　Smith, *De Republica* 114.

㉑　"1558年至1625年,在中央巡回审判区法庭审判的所有案件中,约40%被陪审团宣判无罪。"
J. S. Cockburn, "Introduction" *Calendar of Assize Records*: *Home Circuit Indictments Elizabeth I and James I*, at 113—114(讨论表格10)(1985)[hereafter Cockburn, "Introduction"]. 1660年至1880年,在萨里郡,"被控盗窃、抢劫和入室抢劫的被告人,有三分之一被判无罪。"John M. Beattie, *Crime and the Courts in England 1660—1800*, at 412(1986)[hereafter Beattie, *Crime*];其中讨论该书第411页表格8.3.

*　中央巡回审判区法庭,管辖伦敦周围米德尔塞克斯等五郡。当时将整个英格兰划分为六个巡回审判区,即中央区、中部区、诺福克区、牛津区、北部区和西部区。每区辖若干郡。相关图示:James Cockburn, *A History of English Assize 1558—1714*, at 24。——译注

㉒　被判无罪之列:*R. v. Nicholas Throckmorton*, 1 *St. Tr.* 869(1554);*R. v. John Lilburn*, 4 *St. Tr.* 1269(1649).这类案件的有罪判决率更高,是因为对案件的选择和准备更充分,庭上指控更有力,法官更谨小慎微,以及陪审团心存畏惧。第二章将论及叛逆罪的审判。

㉓　"16和17世纪审判过程的资料……仅限于史密斯的记载、一些罕见稿本的片段、各种夸张其辞的读本中关于审判过程的含糊描述,以及一些法官记录。"Cockburn, "Introduction,"88.更早的时期,情况就更差。"刑事审判中记录的通常只有起诉……被告的出庭和抗辩、陪审员的选定、宣誓及其裁决,以及法官的宣判。"Edward Powell, "Jury Trial" at Gaol Delivery in the Late Middle Ages: The Midland Circuit, 1400—1429 [hereafter Powell, "Jury Trial"], in *Twelve Good Men and True*: *The Criminal Trial Jury in England*, *1200—1800*, at 78, 81(J. S. Cockburn and Thomas A. Green eds.)(1988)[hereafter Cockburn and Green].

㉔　权威的版本:T. B. Howell, *A Complete Collection of State Trials and Proceedings for High Treason and Other Crimes and Misdemeanors*(London 1809—1826)(33vols.)(1st edn. London 1719)。关于该系列的编集, see J. G. Muddiman, *State Trials*: *The Need for a New and Revised Edition*(*1930*)。关于这套编辑中的缺陷, see John H. Langbein, "The Criminal Trial before the Lawyer," 45 Univ. Chicago L. Rev. 263, 264—267(1978)[hereafter Langbein, "CTBL"]。

㉕　参见第二章注释⑯—⑱及其相应正文。

允许控方律师参加审判,但它们和一般刑事审判都共同具有托马斯·史密斯爵士描述的"争吵式"特征。最早有详细记载的审判是关于尼古拉斯·斯洛克莫顿于1554 年被指控叛逆罪的案件,㉖我们可以看到被告逐个回应控方提出的新证据以及逐条回应来自控方和法官的提问。

由于没有律师安排证据并对证人、被告人进行交叉询问,主导重罪审判的责任就落在了法官肩上。"审判法官组织法庭上证据的采纳和提交,询问证人、被告人并评价他们作出的证词。"㉗有些情况下,出现了巡回法庭的书记官,辅助法官完成传唤和询问证人的工作。㉘在审判中,法官从起诉书这一正式的刑事指控着手。为协助法官的工作,一旦(大陪审团)提出正式指控,巡回法庭书记官通常要为法官准备一份起诉书的摘要。㉙有时,法官还会参考治安法官准备并提交于法庭的关于证人、被告人的审前询问笔录,通常称为"书面证词"(deposition)。产生这些书面材料的玛丽式审前程序,将于后文详述。基于这些材料,法官可以提示控方,㉚帮助控方尽可能清晰简洁地阐述案件事实,问出能让被告人自证其罪的问题。㉛

法官对审判活动的监督包括对双方争吵的监督。法官偶尔会干涉,让双方的

_16_

㉖ *R v. Nicholas Throckmorton*,1 *St. Tr.* 869(1554);关于该报告的可靠性,参见注释㉖—㉙。

㉗ Cockburn,"Introduction" 109;Beattie,*Crime* 342(在 18 世纪,"显然,通常的做法是法官对[起诉人和证人]同时充当询问人和反询问人。")关于审判法官对控方证人进行格外细致而有序的询问,特别详细的例证是一件伪证案,其中被告人曾为获得赏金而进行诬告;Bartholomew Harnet,*OBSP* (Dec. 1732,♯84),at 24—27。对该案的进一步探讨,参见第三章注释㉙—㉔及其相应正文。

㉘ 1754 年 8 月,新任王座法院首席法官的达德利·赖德爵士为巡回法庭首次进行巡回审判。他在中央巡回审判区审判时的同事迈克尔·福斯特爵士向他提示了各种审判方式的技巧,他都照录在日记中。福斯特当时已是一位经验丰富的法官,在不久后的 1762 年,他出版了著作《刑事法》。福斯特告诉赖德:"巡回审判的书记官有时自己会以公诉人的身份询问证人,但[福斯特]有时会阻止他这样做。但是,请注意,我并不认为他这样做有什么不妥之处。""Legal Notebook of Sir Dudley Ryder,1754/1755," at 15,doc. no. 19(f),Harrowby Manuscripts,Sandon Hall[hereafter Ryder,"Assize Diary"](typescript transcript,copies on deposit at Lincoln's Inn Library and University of Chicago Law Library).

㉙ 达德利·赖德在对 1754 年的工作情况进行记录时,还提道:"我觉得我应该阅读下起诉状,以确保其中没有错误。"Ryder,"Assize Diary" 15.

㉚ Thomas A. Green,*Verdict According to Conscience* 135(1985)(hereafter Green,*Verdict*).

㉛ John M. Beattie,"The Criminal Trial in England," in *The Age of Willian III* 89,90(P. Maccubbin ed.)(1989).

争吵与案件保持相关性，或者防止双方滥用询问权。㉜至少在18世纪早期，审判法官仍介入被告人对控方证人的询问与反询问。在1721年亚瑟·格瑞的入室盗窃案中，法官对被告人说："如果你有任何问题要问，要先向法庭提出；如果问题适当，法庭会要求证人回答。"㉝

　　法官被认为有责任帮助被告人，换而言之，即充当被告人的律师。我们能看到这种责任的范围、程度是和禁止辩护人参与审判的规则交织在一起的。㉞

第二节　快速的审判

　　"争吵式"审判是一件仓促的事情。在伊丽莎白-雅各宾时期（1558—1625），地方巡回法庭的审判时间，包括陪审团审议的时间在内，据估算大约在15—20分钟之间。㉟在伊丽莎白时期，这些重罪案件一旦定罪，通常会被判死刑。㊱在18世纪，死刑的使用率急剧减少，取而代之的是流放和监禁刑。㊲到18世纪的中期，巡回法

17

　　㉜　例如，在1729年托马斯·班布里奇盗窃案中，被告人质问一位控方证人："你收了多少钱？人家养着你作为指控我的证人有多久了？"法官马上插话："这个问题不合适。如果你能证明这些含沙射影的事儿，你可以拿出证据。"*3 Select Trials at the Sessions-House in the Old Bailey* 158，161（London 1742 edn.）（4 vols.）（1st edn.1735）［hereafter Select Trials］. 法官之所以认为这些问题不合适，是因为证人如果回答这些问题，就会自陷于罪，有悖于早期禁止自证其罪权利中证人相关权利的规定；参见第五章注释⑬—⑮及其相应正文。

　　㉝　1 *Select Trials* 98. 1725年，在乔纳森·怀尔德案的审判中，法官对这位所谓"捕贼头领"说了几乎同样的话："你不能直接向证人提问，而应该先向法庭提出；如果问题适当，法庭会要求证人回答。"2 ibid.，212，226.

　　㉞　参见后注⑨—⑯及其相应正文。

　　㉟　Cockburn，"Introduction" 110. 根据15世纪头30年中部巡回审判区清狱审的记录，鲍威尔得出类似的结论："审判几乎从来不到一个小时，通常都远不及此。"Powell，"Jury Trial," *supra* n.23，at 99.

　　㊱　史蒂芬认为，在伊丽莎白时代末年，全国处死的嫌犯每年在800人左右。1 Stephen，*History* 468. 科伯恩对1598至1639年中的28个年份的样本研究发现，在1598年至1639年的德文郡，每年的处决人数约为22人。James s. Cockburn，*A History of English Assize 1558—1714*，at 94—96（table 1）（1972）（hereafter Cockburn，Assizes.

　　㊲　1800年至1810年，全国的"刑案处决率"已经降至年均12.3人。1 Redzinowicz，History 141—142（这用语来自 3 J. C. Jeaffreson，Middlesex County Records xvii—xviii（1986—1992). See also Beattie *Crime* 451—456，500—519（关于18世纪流放刑取代死刑的状况，来源于萨里的资料）；accord King，*Crime* 261（关于18世纪晚期、19世纪初的状况，来自埃塞克斯郡的数据）。

庭的平均审判时间稍有增长，一次审判可达半个小时左右。[38]

老贝利法庭相当于在伦敦的地方巡回法庭。由于处理更多数量的案件，老贝利法庭一年要开八次庭，而其他地方巡回法庭一年仅开两次庭。[39]在 17 世纪晚期及 18 世纪早期，老贝利法庭作为伦敦市和郊县米德塞克斯周边的重罪审判法庭，仅一个庭一天要处理 12—20 个案件。[40]因此，它的特点就是程序简短。当一个刑事审判作为例外持续数小时之久时，这便成为人们的谈资。[41]到了 19 世纪早期，科图仍惊讶地发现"一个陪审团在一个上午"可能要审理 10—12 个案件之多。[42]他们的合议时间一般仅持续两三分钟。[43]老贝利法庭的审判像案件传输带一样单调乏味。有一次，案件已经进入审判程序，才有人认识到法庭审错了人：一个

18

---

[38]　Beattie, *Crime* 377—378(关于 1751 年夏季萨里巡回审判区的审判时间)。时隔若干年，达德利·赖德法官记录了一次巡回审判的日程，其中一天半审理了 11 个案件。Langbein, "Ryder" 120. 19 世纪早期一位阅历丰富的刑事律师声称，老贝利法庭审理重罪案件的平均时间约为每案 8.5 分钟，参见第五章注释④及其相应正文(关于托马斯·旺特纳的自述)。

[39]　1755 年开庭状况的列表式说明，see Langbein, "Ryder" 12.

[40]　Langbein, "CTBL"277—278. Accord, John M. Beattie, *Policing and Punishment in London, 1660—1750: Urban Crime and the Limits of Terror* 260(2001)[hereafter Beattie, Policing]."在 17 世纪晚期和 18 世纪早期，老贝利法庭日均审理 15—20 个案件是非常普遍的现象，这一时期巡回法庭的重罪案审判也是如此。"

根据同样的资料(即《老贝利法庭审判实录》;关于其状况，参见第四章注释⑦—②及其相应正文)，菲利和莱斯特认为 18 和 19 世纪老贝利法庭审理的案件数量相当少(日均 3—5 个案件)。他们认为这是"每位法官日均的审案数。"Malcolm Feeley and Charles Lester, "Legal Complexity and the Transformation of the Criminal Process," in *Subjektivierung des justiziellen Beweisverfahrens: Beitrage zum Zeugenberweis in Europa und den USA*(18—20. jahrhundert) 337, 352—353 and fig.5(Andre Gouron et al. eds.)(1994)[hereafter Feeley and Lester].作者没有说明其如何得到这一数据，但从图表 5 的题名来看，很可能他们把老贝利法庭某开庭期内所记录的审案总数除以审判任命状所列出的法官数，再除以这一开庭期的天数。不过，这样的数据是没有意义的，因为老贝利法庭并非同时开设多个审判庭。在 18 世纪，所有的审判都在某一间法庭进行，由指定的一位或几位法官主持。而且，也并非开庭期的每天都进行审判。关于老贝利法庭和巡回审判法庭的组织模式，see Langbein, "Ryder" 31—36, 115—123. 文中还摘录了达德利·赖德(法官)记事簿的完整一节，包括其提到"[1754 年]9 月的[老贝利法庭审判中原定的]法官几乎没有到庭。"See also ibid., at 34; Ryder, "Assise Diary" 18.只有一位法官，即伦敦司法官，照常参加了老贝利法庭该开庭期内的所有审判。

[41]　在报道牛津巡回审判庭审理的特顿上尉谋杀烟囱清扫工一案时，《格洛斯特评论》报道特别指出:"经过 7 小时的审判，13 名控方证人和 17 名辩方证人到庭作证，陪审团七分钟后作出判决:'无罪。'" "Select occurrences," Gloucester Journal, 22 July 1755, at 3.另一个例子:《绅士杂志》报道，被控杀害其父的玛丽·布兰迪案(18 St. Tr. 1118, Oxford Assizes, 1752)，审判持续了 12 个小时。*Gentleman's Magazine* 109(1752).该案将在第三章中讨论。

[42]　Cottu, *Administration* 75.

[43]　Ibid., at 99.

叫约翰·史密斯的人因为偷了九磅葡萄干被起诉和审判,在控方提交了证据而轮到其辩护时,史密斯答道:"我不是那个人,也不知道这个事,我是因涉嫌伪造罪而起诉的。"诧异的公诉人看了一眼这个嫌犯,承认"法庭上的这个人不是本案的被告"。㊹

　　导致"争吵式"审判程序快速的因素有很多,没有律师参与审判也是其中之一。在现代社会中,陪审团审判已经变成了一种相对例外的诉讼程序,它只适用于少数不愿采用辩诉交易等"分流"渠道的疑难案件。相反,在托马斯·史密斯的年代以及之后的几个世纪中,陪审团审判程序是所有严重案件的常规处理程序,也包括没有较大争议的很多案件。那些当场被抓住的、逃跑过程中被抓住的、在其身边发现赃物的以及已经坦白罪行的被告人,都要经过完整的陪审团审判程序。在这种情况下,玛丽式审前程序的调查(后文将详述)往往会向审判法院提供被告人口供或其他有说服力的自我归罪证据。因此,审判的平均时间反映了这种审判模式是两类不同案件的混合:只需几分钟的敷衍性审判案件和持续更长时间的激烈争议案件。

一、没有辩诉交易

　　正如辩诉交易的缺失是因为当时审判程序的快捷,反之,快速的审判也有助于解释为何辩诉交易很少被适用。现代的辩诉交易要求被告放弃正式审判的权利,以换取减轻处罚。进行辩诉交易的被告也可以从国家那里换回自己的权利,将进行中的刑事司法变为一场耗时费力的正式审判。但是,如果审判是快速而简捷的,国王就失去了进行交易的动机,也导致被告没有了交易的筹码。事实上,相反的做法在当时记录的材料中不乏其例。法官会主动劝阻被告不要作有罪答辩。㊺1676年,马修·黑尔(Matthew Hale)在他生前完成、身后出版的一部著作中指出,当被告准备认罪时,"法庭通常……会建议他进行无罪抗辩、接受正式审判,而不将其认

㊹　John Smith, *OBSP* (Feb. 1772, ♯308), at 142, 143.

㊺　例如,在罗伯特·弗拉曼抢劫案中,"被告人说,他不会烦扰法庭,他会自愿认罪,但法庭却建议他继续接受审判"。*OBSP*, July 1748, ♯448, at 271.

罪供述记录在案……"⑩因此，据小册子读本记载，在 1772 年格洛斯特案的一次审判中，我们看到"嫌犯起初承认有罪，而后当法官告诉其答辩有罪的不利后果时，他又声称无罪"。⑪有时，绝望的被告也会坚持认罪，如 1680 年在老贝利法庭上被控入室盗窃、盗马和越狱的托马斯·内维尔，"不顾劝阻，执意要答辩有罪，因为他知道证据确凿，不可能作无罪辩护，绝无侥幸免死的希望"。⑫除了个别像内维尔这样的绝望之人，"事实上所有被指控重罪的被告都明显受到法庭的支持和鼓励，坚持要求正式审判。在 18 世纪（及之前），（一般）重罪案件中都没有辩诉交易"。⑬尽管确实有鼓励认罪交易以减少狱讼压力的可能性，⑭但只要保持陪审团审判的快速进行，且没有律师的参与，通常就没有采用辩诉交易的必要性。⑮

20

---

⑩　2 Matthew Hale, *The History of the Pleas of Crown* 225（S. Emlyn ed.）（London 1736）（2 vols.）［hereafter Hale, *HPC*］（遗著，黑尔于 1676 年去世）。直至 1820 年，法国人科图还看到在巡回审判中存在类似的倾向。当被告对一项死罪供认不讳时，法官以及"书记员、监狱长和几乎所有的律师，甚至包括控方律师，都劝他抓住这个可能被无罪开释的机会"。Cottu, *Administration* 73.

⑪　*The Trial of William Morgan for the Murder of Miss Mary Jones ... at the Assizes Held at Glo*［*u*］*cester*, *On*［*11 Mar. 1727*］, at 3（［Gloucester 1772］）（BL. Shelfmark 115. h. 32）［hereafter *Morgan Trial*］.

⑫　Thomas Nevil, *OBSP*（Apr. 1680）, at 3（BL. shelfmark 1480. c.25. 8）.更多的例证，see Langbein, CTBL 278—279.

⑬　Beattie, *Crime* 336—337 and n.52（讨论 1663—1802 年萨里郡的大量案件）.See also Feeley and Lester, *supra* n.40, at 345—346（1994）（认为 1835 年以前老贝利法庭认罪的情形很少）.

⑭　科伯恩评述了 1587 年以后 30 年间中央巡回审判区的一些辩诉交易。Cockburn, "Introduction" 65—70, 105.在 1685 年的"血腥巡回审判"中（详见第二章），王室法院首席法官杰弗里斯为减省繁重的审判，同意一些被捕的叛乱者认罪后可处以流放，不必再经过审判。G. W. Keeton, *Lord Chancellor Jeffreys and the Stuart Cause* 321, 329（1965）［hereafter Keeton, *Jeffreys*］; H. Montgomery Hyde, *Judge Jeffreys* 17（1948 edn.）.

严重犯罪以外，被告如果被指控轻罪，通常可以进行辩诉交易，支付少量罚金，作为与受害人补偿协议的一部分。诺曼·兰多有专文论及，Norman Landau, "Indictment for Fun and Profit: A Prosecutor's Reward at Eigheenth-Century Quarter Sessions," 17 *Law and History Rev.* 507（1999 hereafter Landau, "Indictment"）; See also Beattie, *Crime* 457—458. 这种做法通过刑事程序解决侵权问题。关于侵权问题为何不能通过侵权之诉解决，see Langbein, Evidence 1178—1179. 关于轻罪诉讼中妥协的例子，see Neil H. Cogan, "Entering Judgment on a Plea of Nolo Contendere, 17 *Arizona L. Rev.* 992, 1003—1016（1975）（在轻罪案件中，不辩解、不认罪式的辩护被称为*ponit se in gratiam*）; George Fisher, "The Birth of the Prisoner Retold, 104 *Yale L. J.* 1235, 1275—1276 and table 10（1995）（18 世纪最后 20 年，曼彻斯特季审法庭中认罪答辩不断增加）.

⑮　See generally Albert W. Alschuler, "Plea Bargaining and its History," 79 *Columbia L. Rev.* 1（1979）; John H. Langbein, "Understanding the Short History of Plea Bargaining," 13 *Law and Society Rev.* 261（1979）.在美国司法实践中，另一种很有特色的陪审团审判方式，称为法官审判，即鼓励被告放弃陪审团的审判、转由审判法官单独审判，但如被判有罪，可获减轻量刑。英格兰并无这一制度。See Susan C. Towne, "The Historical Origins of Bench Trial for Serious Crime," 26 *American J. Legal History* 123（1982）.

法庭在判决和赦免等方面的作用(在后面有讨论),也是阻碍被告认罪答辩的重要因素,即使是在被告人确实有罪的案件中[52]亦如此。除非被告答辩无罪,否则法庭将没有机会审查对其有利的证据。因此,在1743年斯蒂芬·赖特案(Stephen Wright)中,被告被控持枪抢劫一名外科医生。起初他在老贝利法庭表示准备认罪,以免法庭讼累。而审判法官"告诉他,如果他表示认罪,即使案件中有对他有利的情况,法庭都将完全无从得知;因为这类情况不能提交至陪审团,因此他们也无从得知有利情况。基于此,被告同意接受正式审判"。[53]

二、被告是有罪信息的来源

由于被告在审判中自行辩护,所以对法庭来说,他自然就成为案件信息的来源。审判程序如何通过各种方式迫使被告本人对指控及其不利证据进行陈述,详见本章后文。这里必须强调,让被告在审判中就案情进行陈述,是早期现代审判如此快捷的一个重要因素。事实上,被告总是在刑事审判中成为潜在的、最重要的控方证人。即使他能作出强有力的辩护,但由于他通常与争议事实有密切关系,因而可能会导致自证其罪。

三、陪审团合议案件的速度

促使陪审团快速审判的另一个程序性因素,是陪审团合议案件在时间上的集中性。在托马斯·史密斯爵士的时代,通常先由一个陪审团审理好几个互不相关的案件,然后让该陪审团进行集中合议,同时,另一个陪审团继续审理其他案件。[54]

---

[52] 甚至连当庭招供的被告,都会再作无罪辩护。例如,在约翰·莫非和纳撒内尔·杰克逊拦路抢劫案中,"在控方作证完毕之前,嫌犯已对犯罪事实供认不讳"。*OBSP*,(July 1722),at 3.

[53] Stephen Wright, *OBSP* (Feb. 1743), at 115, discussed in Langbein, "CTBL" 278.如果陪审团认为被告有罪,但提出了减轻的情节,法庭可以按照一般的赦免复核程序(详见后文),将这一情况呈报国王。

[54] 史密斯指出,当要求一个陪审团审理两三个案件时,有时候陪审员会提出,"法官阁下,我们恳请您不要给我们更多案子了,我们记不住那么多。"Smith, *De Republica* 114.一份书记员的手册记载,在审判过程中,巡回法庭的书记员会准备一份受审人员姓名及其罪名的清单,"当陪审团即将离席合议之际,他会把清单交给他们,以便其更好地讨论,帮助他们回忆起这些受审之人"。*The Office of the Clerk of Assize* 48(London 1682)〔hereafter *Office of Clerk of Assize*〕.为防止这种集中裁决制度的运作出现差错,发展出了一套惯例:当陪审团带着他们的裁决回到法庭后,在陪审员代表宣读裁决之前,书记员会逐一念出被告的姓名,并要求每名被告人举手示意。Ibid., at 49.

从 18 世纪早期开始,每个案件在审判完以后会马上进行裁决。[55]当 1738 年老贝利法庭开始实行这项制度时,[56]法庭上陪审员的座席不得不进行调整。而此前,他们各自散坐在法庭的两侧。[57]作为逐案裁决制改革的一部分,法庭重新排定了陪审员的座席,"以便他们能够互相讨论,然后迅速作出裁决"。[58]即使在案件裁决批量进行的旧制下,陪审团有时也"无须退庭"便可裁决。[59]换言之,他们迅速聚集合议,作出裁决,而不必离开法庭。

陪审团无需退庭合议便作出裁决,这已成为逐案裁决制下的标准做法。[60]深入观察 19 世纪的刑事审判,外国作家发现陪审团在每一个普通案件结束后便迅速作出裁决结果。他们对此感到惊讶。法国观察家科图对此记录道:"陪审团成员围在陪审团团长周围,两到三分钟内即作出裁决结果。"[61]德国作家格涅斯特对此现象感到诧异,"在 100 个刑事案件中,平均基本上只有三到五个需要陪审团退庭合议"。[62]

22

---

[55] Beattie, *Crime* 395—396.

[56] 这一改革的理由,是由法庭的礼仪性成员伦敦市长宣布的。他指出,"传统审判方式中,陪审员听审后……通常凭记忆或靠记录,对 12 个、甚至更多的案件集中进行裁决,这存在诸多不便……"今后,陪审员会集中就座,"以便他们能够互相讨论,然后迅速作出裁决,或在疑难案件中退席评议"。8 *Gentleman's Magazine* 659(Dec. 1738)(entry for Dec.1738). See also Beattie, *Crime* 396《伦敦晚邮》对市长声明的报道。

[57] *Office of Clerk of Assize*, *supra* n.54, at 45.

[58] 市长声明中的用语,参见前注[56]。

[59] 关于约翰·巴尔蒂案的报告:*An Exact Account of the Trials of the Several Persons Arraigned at the Sessions-House in the Old Bailey for London & Middlesex*;*Beginning on Wednesday, Decemb[er] 11, 1678, and Ending the 12th of the Same Month* (London 1678), at 5, 6 [hereafter *Exact Account*]。这是一份小册读本,记录了老贝利法庭集中式审判时期的详细状况,是后来《老贝利法庭审判实录》系列(详见第四章注释[7]—[52]及其相应正文)的前身。关于这份材料,Langbein, "CTBL" 279—281. 贝蒂认为,"[这一史料]如此长篇累牍地记录审判过程,并逐字逐句载明[伦敦]司法官宣判时的陈述",是因为"这是乔治·杰弗里斯爵士首次作为[伦敦]司法官审理案件"。Beattie, *Policing* 260, n.2.杰弗里斯在查理二世的大力支持下……曾被任命为[伦敦]司法官,在天主教阴谋案的鼎盛期控制伦敦地区的动荡局势……审判的细节及杰弗里斯的陈述,自然强调了服从合法政府的义务,[将这些记录出版]大概是这一运动的组成部分。Ibid.关于杰弗里斯和 1678—1680 年的天主教阴谋案审判,参见第二章。

[60] 例如,1772 年,在格洛斯特巡回审判中,详细记录了一件谋杀案:"陪审团只合计了短短几分钟,就宣判被告人有罪。"*Morgan Trial*, *supra* n.47, at 14.

[61] Cottu, *Administration* 99.

[62] R. Gneist, *Vier Fragen zur deutschen Strafprocessordnung mit einem Schlusswort über die Schoffengerichte* 150—151(Berlin 1874).

当时法官与陪审团之间的交流,比我们现在所想象的更随意、更省时。这是陪审团能够迅速作出裁判的重要原因之一。早期的现代审判不受证据排除规则的限制,现代证据法中的排除规则起源于18世纪至19世纪。它是非常繁琐的,本书第四章将详细介绍。当时法官对陪审团的指示也大多是例行公事。[63]只要陪审团一次审理多个案件的做法持续存在,就不允许法官对每一个案件都给出详细的指示。由于没有对评审团审理的案件作出初步的挑选,因此,大多数的案件都是非常简单的。即使是存在激烈争议的案件,大部分争议也只是关于法律问题或法律适用的问题。陪审团的选任方法很多,有多次经验的老手进入陪审团是很正常的事情,他们基本不需要法官的指示。[64]证明标准作为现代陪审团指示内容的主要部分,在当时尚未成熟。直到18世纪晚期,"排除合理怀疑"的证明标准才形成。[65]在本书第五章,我们将看到新出现的多种因素(包括18世纪晚期允许律师出庭)改变了法官与陪审团之间较随意的传统工作关系,产生了一些新式的、更耗时的陪审团管控技术。

即使在现代早期,也有不少刑事案件涉及更复杂的事实,并非二三十分钟的审判所能解决。有时,某个复杂案件会对刑事审判中禁止休庭的规则形成挑战。一旦证据开始向陪审团提交,不管法庭要进行多久或持续多晚,审判的完成和陪审团对案件的负责都必须连续进行。[66]必要时,陪审团成员会在"没有肉食、没有饮水、

---

⑥ 回想一下史密斯的记述(参见注释⑳及其相应正文——译注):法官没有做任何指示,就让陪审团进行裁决:"你们已经听到了这些人对嫌犯的指控,也听到了嫌犯为自己所做的辩护……"Smith., *De Republica* 114.

⑥ 对18世纪20年代老贝利法庭这种现象的讨论:see Langbein, "CTBL" 276—277. 其中认为,"在近代早期:大多数陪审团都充斥着精于此道的'老手',以及……开庭时尚无经验但结束时已很熟练的人员"。Ibid., at 277. Accord, Beattie, *Policing* 266—267, 270.关于萨里郡, 贝蒂发现,"18世纪的每个陪审团中,都有一些成员不是初次担任此职。"Beattie, *Crime* 385."每个陪审团中,都有至少三分之一的人是有经验的。"Ibid., at 386.更多的论证, see P. G. Lawsoon, "Lawless Juries? The Composition and Behavior of Hertfordshire Juries 1573—1624." in Cockburn and Green, *supra* n.23, at 117, 144—146; and in Douglas Hay, "The Class Composition of the Plladium of Libert: Trial Jurors in the Eigheenth Century," in Cockburn and Green, *supra* n.23, at 305, 344—345. 金指出,18世纪70—80年代,在埃塞克斯,约10%的陪审员并非新手,但在1784年选任制度改革后,"大多数陪审员有过陪审团经验,而且也认识共事的其他成员"。King, *Crime* 245.但也不可一概而论, see Cockburn, "Intoduction" 61—63(在1558—1625年的中央巡回审判区,多次出任陪审员的现象并不突出)。

⑥ 参见后注⑪—⑬、第五章注释㉟—⑥及其相应正文。

⑥ 除非法官在陪审团作出裁决前撤回案件;这是一种控制陪审团的办法,但很少运用,参见第五章注释㊻—㊾及其相应正文。

没有火和蜡烛的条件下进行合议,直到他们达成一致意见".[67]甚至在 1588 年,有一个陪审团被处以罚款,因为他们被查出"在口袋里装了无花果和苹果,尽管没有吃".[68]禁止休庭的规则仅适用于刑事审判,对于持续很多天的民事审判并不禁止休庭。[69]禁止陪审团食宿的规则具有明显的合理性,即保护他们免受案外人的不当干预,但客观上也加快了他们合议案件的速度。[70]禁止陪审团休庭意味着,陪审团一旦组成,就不允许脱离法官和法庭的监视,直到他们作出裁决为止。在 1794 年托马斯·哈代案件的审判中,由于著名辩护律师托马斯·厄斯肯的压力,禁止休庭的规则被废除了,但法庭仍提到将陪审团与外界隔离存在困难。[71]这个案件中,行政官员安排了床和床垫,将其带到了法院。[72]

无论理由如何,禁止休庭明显会导致审判仓促、证明集中,也会导致审判者注意力下降。[73]禁止休庭规则在某种程度上也体现了对刑事审判业务的漠视。其仓促性反映在巡回审判日程表中,巡回审判是派遣中央法院的王室法官到地方郡县,审理那里待决的民事、刑事案件,一年两次(分别在春季和夏末)。其审判日程表会事先排定并公布出来,以便当事人、证人、陪审员和法庭职员能够在法官到达每个

24

---

[67] William Nelsoon, *The Office and Authority of a Justice of the Peace* 386(6th edn. London 1718)(1st edn.1704).贝克写道:"这种防范是必要的,以免当事人本人或相关人员招待陪审员……施加压力的因素也不可忽视:如果陪审员的境遇过于舒适,他们就可能迟迟不决;而如果其中有一两个人可以吃喝,他们就可能反对其他人的意见。"J. H. Baker, "Introduction," 2 *The Reports of Sir John Spelman* 112(1978)(Selden Society vol.94).

[68] Ibid., citing Mounson v. West, 1 *Leonard* 132—133, 74 *Eng. Rep.* 123(C. P. 1588).

[69] E. g., *Annesley v. Anglesea (Craig v. Anglesea)*, 17 *St. Tr.* 1139(Exchequer Ireland 1743), discussed by Geoffrey C. Hazard Jr., "An Historical Perspective on the Attorney-Client Privilege," 66 *California L. Rev.* 1061, 1074ff (1978).这一审判持续了 15 天。

[70] 基于《法律年鉴》中的案例,塞普描述了中世纪晚期的状况:"禁止向陪审员提供饮食的初衷不仅是防止贿赂、或使他们保持冷静和清醒,而是促使他们作出一致的判决。"David J. Seipp, "Jurors, Evidences, and the Tempest of 1499," in *"The Dearest Birthright of the People of England": The Jury in the History of the Common Law* 75, 88(John W. Cairns and Grant Mcleod eds.)(2002).

[71] *R. v. Thomas Hanrdy*, 24 *St. Tr.* 199, 414(1794);其中讨论了休庭和食品的禁止规则。

[72] Ibid., at 418.

[73] 史蒂芬注意到在著名的斯潘塞·考珀谋杀案中这一规则所施加的压力。该案被告人是一位出庭律师(后被任命为王室法官),因其女子拒绝示爱而致其自尽,遭其亲属控告。史蒂芬评论道:"根据当时及其后盛行多时的规则,所有刑事审判必须在一日内审结,这势必造成残酷的不公。"1 Stephen, *History* 422, discussing *R. v. Spencer Cowper*(1699), 13 *St. Tr.* 1105(1699).麦考利简洁地补充说明了此案的相关背景。6 T. B. Macaulay, *The History of England from the Accession of James II*, at 2935—2938(C. H. Firth ed.)(1915)(1st edn. 1849—1861).

巡回地点时按时参加审判。[74]审判日程一旦公布,便不能改变。所有在巡回地待决的刑事案件都必须在规定时间内审结。清空审前羁押的刑事被告这一需求,使刑事案件的审判优先于民事案件;如果时间紧迫,民事案件可以顺延至下一轮巡回审判。如果某一巡回地点的案件量过大或者案件过于复杂,审判的时间就不得不延长,[75]哪怕案件审到深更半夜、陪审员们精疲力竭。[76]老贝利法庭以马拉松式审判而著称,比如 1787 年一场涉及共谋犯罪的审判,"就从下午五点一刻开始,持续到第二天早上的七点半"。[77]

　　这些审判日程的压力体现(而非解释或论证)了英格兰刑事审判的仓促性。这种司法模式的背后,隐含了对刑事审判的轻视或不够重视。刑事审判是一种下等的苦差,是一种可仓促对付的、必要的邪恶之事,不像民事案件那样值得仔细考量(关于刑事被告的困境,本章后面将做更多阐述)。这些拥挤而失当的审判日程已引起当时许多人的不安,[78]从 1714 年薄柏(Alexander Pope)的一首诗中可

---

[74]　关于六个巡回审判区的日程,see Cockburn, *Assizes*, *supra* n.36, at 23—27.其中还提到郡长提前召集审判参与者的活动,ibid., at 61—62.关于 1754 年某巡回法庭的运作过程,see Langbein, "Ryder" 115—123。

[75]　科伯恩提到一些巡回审判庭在早上七点开庭,到夜晚十一点才结束。Cockburn, *Assizes*, *supra* n.36, at 111—119.世纪中后期,曾在老贝利法庭和巡回审判庭业绩颇高的出庭律师威廉·巴兰坦曾在回忆录中描述老贝利法庭的日程安排:"法庭于上午九点开庭,一直到晚上九点结束。法官会轮流审判。下午三点和五点,各有一顿丰盛的筵席。在纽盖特监狱的人都可以大吃两顿。傍晚的情形可想而知,那时大家一般都吃完了第一顿。当时对律师盛情款待……但人们回想起当时的情形,美酒佳肴与绞架流放混在一起,难免还是觉得大倒胃口。"1 William Ballantine, *Some Experiences of a Barrister's Life* 80(London 1882) (2 vols).

[76]　1785 年,马丁·马登牧师批评陪审员们的醉酒混乱和漫不经心:"饭后审判是诸多罪恶的又一渊薮。上午审判告一段落后,所有人退席后都饱餐一顿,在巡回审判通常都有大量的酒供给中低阶层的民众。这种低俗的欢宴,通常不良后果也很明显:下午法庭开庭时,人们依然喧闹地聚集,乱作一团,法官需要半小时以上的时间使法庭恢复秩序。然后,人们开始醉意阑珊。我觉得,对于陪审员和证人而言,这是最需要避免的。法庭的热度,加上美酒熏香,让许多淳朴的陪审员酣然入梦。有时候其他陪审员将其推醒、以作出裁决,都不那么容易。而这时可能正是性命所系之时!这都是我亲眼目睹。证人也同样如此,在这种绝不应有的状态下出庭作证。"[Martin Madan], *Thoughts on Executive Justice*, *with Respect to Our Criminal Laws*, *Particularly on the Circuits* 142—144(1st edn. London 1785).

[77]　William Piddle *et al.*, OBSP(Apr. 1787, ♯48), at 580, 623(共同犯罪,还告乔治·克罗斯利做伪证)。

[78]　耶稣会士罗伯特·帕森斯批评被告的命运系于 12 个悲傻之徒的怨毒、无知、仓促判决。这些人也没有时间细致考虑,除了法庭所见所闻,他们也无法获得其他信息。Parsons, *Memorial*, *supra* n.7, at 250.

见一斑：

> 午后烈日当头照，渐渐西垂，饥肠辘辘的法官匆忙下判，罪恶之人因而被判绞刑，陪审员们终于可以进餐了。[79]

综上而言，英格兰的早期现代刑事审判意味着大量的重罪案件被告人（多数为明显有罪之人）由陪审团进行快速审判，这就是托马斯·史密斯爵士笔下没有律师参加的、指控者和被指控者之间的"争吵式"审判。

第三节　禁止辩护律师出庭的规则

在重罪案件审判中禁止辩护律师的规则只适用于事实争议，而不适用于法律问题。理论上讲，可以允许刑事被告聘请律师提交法律意见，尤其在审前认罪答辩程序中。[80]这些程序有时独立进行，通常在正式审判之前，是正式审判程序的预备程序。绝大多数刑事被告在认罪答辩程序中不提出法律问题，而仅仅答辩无罪。审前程序是针对法律问题，而审判程序主要解决事实问题。

爱德华·柯克爵士在解释禁止辩护律师出庭的规则时，强调了法律和事实之间的区别：只有被告答辩无罪并进入正式审判程序（该程序旨在解决被告人最熟悉的事实问题）后，才禁止其律师提交证据或者代替其陈述任何事项。[81]在这段话中，我们找到了禁止辩护律师参与审判规则的设计理念：律师作为法律专家，对法庭认定事实不起作用。18世纪出现允许律师参与刑事审判的规则，即本书讨论的核心，要求摒弃这种在提交或审查证据过程中律师不起作用的观念。

因此，禁止律师辩护的规则并不适用于法律问题。当出现需要澄清的法律问

---

[79]　Alexander Pope, *The Rape of the Lock* 20(London 1714)(canto 3, lines 19—22).

[80]　大多数对法律问题的异议针对起诉状、因此是在询问阶段，但也有一些在审判中才提出的法律问题。例如，据报告记载，1713年，在金斯顿（萨里）巡回审判中有一件谋杀案，法庭允许共同被告人请律师就其逮捕问题提出法律异议。后来，法庭驳回了异议，继续进行审判。*A Full Acount of the Case of John Sayer, Esq. from the Time of His Unhappy Marriage with His wife to His Death, Including the Whole Intrigue between Mrs. Sayer and Mr. Noble* 34—35(2nd edn. London 1713) (Lambeth Palace Libr. shelfmark OB 55 2.14)[hereafter *Sayer-Noble Trial*].

[81]　Coke, *Third Institute* 137.

题时，被告有权聘请律师进行辩护[82]，即使在叛逆罪和重罪案件中[83]也是如此。不过，这种被认为具有复杂法律问题的案件并不常见。[84]福斯特（Foster）在黑尔所著《刑事诉讼》（*Pleas of the Crown*）一书的页边批注中阐述了判定的标准："根据普通法，在死刑案件中禁止辩护律师参与，除非案件出现疑难法律问题，而非简单的常规案件。"[85]而且要由被告承担证明案件存在疑难法律问题的责任，正如柯克所说，"除非能够提出正当理由，被告一般不能获得辩护律师的帮助"。[86]声称控诉缺乏充分依据，是这种理由的常见形式。它通常出现在认罪答辩阶段，因而属审前程序；不过也常常出现在审判（已经开始的）程序之中。[87]但根据当时的惯例，被告

---

[82] 2 Hawkins, *PC* 400.

[83] 例如，1713 年，在萨里巡回审判区审理的一件谋杀案中，被告人被允许由律师提出辩护，主张他们遭到误捕，"以此为由，他们要求特别裁决，试图延缓审判"。*Sayer-Noble Trial*, *supra* n.80, at 35.法庭驳回了这一主张，采纳了陪审团对杀人者作出的有罪裁决。1725 年，乔纳森·怀尔德被控窝藏赃物，当时有两名律师出庭代理，参见注释[87]。他们力图延缓审判，对起诉状提出异议，并"努力对可能出现的各种问题都提出了意见"。2 *Selected Trials* 212, 213.

[84] 虽然这种案件并非没有，但比较少见。塞普在《法律年鉴》中找到了数十件 14 世纪和 15 世纪的案件，其中，在这一阶段，被告人都有出庭律师帮助。David J. Seipp, "Crime in the Year Books," in *Law Reporting in England* 15, 22(Chattal Stebbings ed.) (1995).

[85] 迈克尔·福斯特 1746—1763 年其间担任王室法院法官，著有《刑事法》(1762)；参见注释[15]、[28].这里引用的是：Matthew Hale, *Pleas of the Crown: Or, a Methodical Summary of the Principal Matters Relating to That Subject* (London 1716 edn.)(1st edn. 1768)，(遗著，黑尔于 1676 年去世)。此书不同于黑尔所著另外一套两册的专论《刑事诉讼史》(Hale, HPC)；福斯特在他所藏黑尔著作的扉页上留有 1755 年 12 月的签名，并在页边做批注。本书所引，是根据詹姆斯·奥尔德姆教授从原件复印转录的抄本，伦敦安东尼·陶西格先生藏。后文引用该抄本，简称"Foster, Hale MS"，并列出黑尔著作的页码。正文中引述的该段文字，见于该书 viii 页。感谢奥尔德姆教授提示我注意该文献、并惠允我使用该抄本，也感谢陶西格先生惠允使用。

[86] Coke, *Third Institute* 137.

[87] 不过并非总是如此。有些异议是根据审判中出现的证据而提出。例如，在乔纳森·怀尔德案的审判中，法律报告记载："被告人的律师是贝恩斯高级律师和凯特比先生。他们听了证人的陈述，力主起诉状中对嫌犯的指控并不成立，也不可能成立，因为情况并不能说明抢劫案发时嫌犯就在现场。不过总检察长对此进行了反驳"，仔细分析了"窝藏赃物"的立法表述。"The Whole Proceedings of the Tryal of Jonathan Wild" 1ʳ(London 1725) (BL, shelfmark 1851 c.10).(上标"r"是拉丁文"recto"的缩写，指导期作品仅在右(反)面页标注的页码。——译注)这一记载没有详述法官对这一问题的指导意见，只是提到"法官谨慎地将指控交由陪审团裁决"；后者经过半小时的讨论，作出裁决："怀尔德"犯有起诉状所控之罪"。另一个例证，是 1708 年伍斯特巡回审判中的案件，参见第三章注释[24]。该案中，辩护律师被允许进行辩护，他提出，污点证人的证言因存在利害关系而应属无效；但没有被采纳。18 世纪，律师在模糊事实和法律边界的过程中所起的作用，参见第五章注释[23]—[33]及其相应正文。

无法获得起诉状副本，这让被告很难以这种理由提出异议；⑧起诉状的准确内

容，只在认罪答辩程序中才被披露；当时由书记官将拉丁文的内容口头翻译过

来，告知被告人。而且，大多数刑事被告因贫穷而无力聘请律师，自然无法提

出这种异议。

即使允许辩护律师对法律问题进行辩护，他也无权继续旁听随后对事实问题

的审判。因此，在1681年爱德华·菲茨哈里斯被控叛逆罪的案件时，法庭允许其

辩护律师提出管辖权异议，但反对意见没有得到支持。在正式审判程序中，首席法

官彭伯顿告诉被告，"现在我们只审理案件事实问题，根据法律规则，必须请你的律

师离开法庭了"。⑧

一、法庭充当辩护律师

由于聘请律师提出法律意见的被告人并不多见，所以只能由法官主动去审查

刑事诉讼中的法律瑕疵（即无须律师提出请求）。换言之，法庭就成了被告人的律

---

⑧ 老贝利法庭的相关做法，在王朝复辟时期（指1660年查理二世加冕复辟至1688年革命之间的
时期——译注）有所表述，并在1739年再次确认。See *OBSP*（May 1739），at 87，republishing "Orders and
Directions to be Observed by the Justices of the Peace, and Others, at the Sessions in the Old Bailey ... Made
16 Car（此处原有"[1660]"字样，但年份所指不确定，根据作者建议删除。——译注）。"这是一份由王室
法院首席法官、民事高等法院首席法官等多位普通法法官们联合颁布的命令。其中第七条规定："非以
公开审判中的动议提出、并经特别命令允许，不得送交重罪起诉状的副本。因为此后针对控告人的频繁
讼扰（如无起诉状副本则无从提出），将使人们惮于为国王的利益适时地提出控告。"Ibid. at 87—88；see
also Orders and Direction ... the Sessions in the Old Bailey，*Kelyng* 3，84 *Eng. Rep* 1056（O. B.
1660).关于被判无罪的被告人是否可基于恶意指控向控告人提起侵权之诉，法官有权决定，王室法院首
席法官霍尔特宣称，"如果甲被控重罪但判无罪后，想提起诉讼，法官如认为前项指控确有理由，则不
应向他提供法庭记录的副本：而其非经允许，无法获得这些副本；*Groenvelt v. Burell*，1 *Ld. Raym* 253，
91 *Eng. Rep*. 1065（K. B. 1697)。但是，如果能够说服法官该项指控确属恶意，他会向被裁决无罪的被
告人提供起诉状副本。本案中，例如，1678年老贝利法庭审判的乔治·亨特盗窃案中，据记载，"从证据
来看，这是一桩恶意控告，起因是[此前]嫌犯向控告人提起的一件诽谤之诉。因指控并无凭据，法庭指
示陪审团裁决嫌犯无罪……"鉴于此属于恶意控告，法庭允许他取得一份起诉状副本。*Exact Account*
14—15. See generally Douglas Hay，"Prosecution and Power：Malicious Prosecution in the English
Courts 1750—1850，" at 343，352 n.31，383 n.132 [hereafter Hay，"Malicious Prosecution"]，in *Poli-
cing and Prosecution in Britain：1750—1850*（Douglas Hay and Francis Snyder eds.）（1989）[hereater
Hay and Snyder].

⑧ 8 St. Tr. 243，330（K. B 1681).其背景是菲茨哈里斯要求向其事务律师咨询。彭伯顿指出，此
前已经允许菲茨哈里斯获得事务律师帮助，就法律问题向其辩护律师提供指导意见，但由于审判阶段禁
止辩护律提供帮助，因此，他也不需要事务律师了。

师。柯克于 1613 年在王座法院审理的一起重罪案件中指出,初审法官应当"审查起诉书,保证起诉书合法有效,法官应对国王和被告人一视同仁"。[90]被告人有自己的律师不是更好吗? 柯克并不这样认为,他说:"对于犯人来说,让法官为其提供意见远胜于法庭上的很多律师。法官仔细审查起诉书,确保起诉书各方面合法有效,使当事人的正义得以伸张。"[91]因此,柯克的表述没有意识到,维护被告人的利益与法庭作出公正裁判之间是有冲突的。

对于一般刑事案件的合法性,主审法官看起来尚能认真承担监督责任,柯克在《英国法总论》第三卷中指出,"法庭应该核查起诉、审判及其他程序的合法有效"。[92]约翰·贝克在描述 1616 年夏季老贝利法庭一次审判的记录手稿中写道,"尽管没有律师的抗辩,但法官们仍然始终致力于法律和程序上的完善"。[93]1633年,约翰·特温被指控出版了一本叛逆性质的书籍,王座法院首席法官海德告诉被告:"法庭……会确保你不会因为不懂法律而遭受冤屈;我的意思是,我们法官就是你的律师。"[94]

主审法官为被告辩护的责任与法官的其他责任相冲突,比如裁决法律事务的责任、对辩方可疑证据调查的责任、向陪审团提出如何适用法律及如何评价证据的责任。因此,在 1698 年的一起伪造罪案件中,当被告声称法官对适用法律的理解错误时,被告的主张遭到"法官们的全面回应和严厉驳斥"。[95]当主审法官怀疑被告方证人撒谎之时,他通常会对其实施激烈的反询问。[96]并且在行使证据评论职权

---

[90][91]　R. v. Walter Thomas, 2 Bulstrode 147, 80 Eng. Rep. 1022(K. B. 1613).

[92]　Coke, Third Institute137.

[93]　J. H Baker, "Criminal Justice at Newgate 1616—1627: Some Manuscript Reports in the Harvard Law School," 1973 Irish Jurist 307, 311[hereafter Baker, "MS"].

[94]　R. v. John Twyn, 6 St. Tr. 513, 516—517(O. B. 1663).

[95]　The Trial of Edmund Audley ... Together with the Trial of Atubry Price, for Counterfeiting an Exchequer Note 1ʳ(London 1698) (Folger Libr., Washington, DC, shelfmark T2184.5).被告主张,仅变造钞票上的数额而非制造一张假钞,并不构成伪造罪;法庭驳回了这一主张。

[96]　1722 年 3 月,威廉·伯里奇被控盗马。他提出了两名证人支持他的主张:马是他购买所得。主审法官认真地对他们进行询问,最后,从日期错误判定他们的证词"明显是故意、不道德的伪证"。1 Select Trials 139, 142.另外一例:1722 年 5 月,约翰·霍金斯和乔治·辛普森被控抢劫邮件,法庭审问被告的证人制作某份文件使用了几种墨水,证人回答"一种"。但法庭告诉陪审团,文件显示是两种。Ibid. at 162, 168—170.

时，法官会毫不犹豫地告诉陪审团，他认为控方证据具有说服力。[97]

禁止辩护律师出庭的规则和法庭充当被告律师的责任范围，皆源于法律与事实的二元区分。既然"作为法律专家的律师"[98]对事实问题的认定不起作用，法官充当被告律师也同样不起作用。直到 1769 年，布莱克斯通强调，被告人有权让法院充当自己的律师仅限于法律问题，"法官应该作为罪犯的辩护律师，换言之，法官应确保指控罪犯的程序合法并得到严格遵守"。[99]

与其他问题一样，法律与事实的二元区分，说起来容易而做起来难。法官确实认为自己有责任去审查控方证据，也做了一些在交叉询问中本应由律师做的事。[100]谈到 18 世纪老贝利法庭的做法时，约翰·贝蒂认为法官们有"保护被告免受非法程序、错误指控"等类似责任，并不等于他们要为被告"进行辩解或担任其律师"[101]。法庭拒绝向被告提供技术性意见的做法，在 1788 年老贝利法庭审判的一起盗窃案中得到证实。当法官要求被告对指控进行回应之时，被告向陪审团提交了一份书面声明。主审法官询问他是否要将这个书面声明读给陪审团听。被告说，让法庭替其作出决定。但法官马上答道，"不，我没有义务教你如何提交辩护意见"[102]。贝蒂认为，"法庭就是辩护律师"的说法清楚地表明：被告不应有我们后来那样理解的律师。[103]尽管有法庭充当律师，"重罪被告仍然要自行辩护，回应法庭上的各种指控证据，包括那些他们首次听到的证据。如果他们未能为自己辩护，那就

---

[97] 例如，1752 年，埃塞克斯巡回法庭审理了一件谋杀案，"法官非常简洁明白地总结了审判的内容，在结论中指出，尽管本案证据是间接的，但对他而言已经足够完备和充分，而且，尽管[控方主要证人以前曾作虚假陈述，但其在本案中的证言]都有真实、可靠的证据所佐证，因此，他这次证词的真实性毋庸置疑"。*The Only True and Authentic Trial of John Swan and Miss Elizabeth Jeffreys for the Murder of Her Uncle ... at the Lent Assizes Held at Chelmsford* 17 (London 1752)；*R. v. John Swan and Elizabeth Jefferys*, 18 *St. Tr.* 1194(1752).关于法官依职权作出对被告不利评论的例证，还可参见本书第五章注释[36]及其相应正文。

[98] 这是当时描述出庭律师的惯用语，参见后注及译文。

[99] 4 Blackstone, Commentaries 349.

[100] 例如在登泽尔·霍利斯案中 A True Relation of the Unjust Accusation of Certain French Gentlemen, (Charged with a Robbery, of Which They Were Most Innocent) 21，22，24(London 1671) (FolgerLibr, Washington, DC, shelfmark 140371q)（审判在王座法院进行，法官主动进行盘问）。

[101] John M. Beattie, "Scales of Justice: Defense Counsel and the English Criminal Trial in the Eighteenth and Nineteenth Centuries," 9 Law and History Rev. 221, 223(1991) [hereafter Beattie, "Scales"].

[102] John Duffey, *OBSP* (Sept. 1788, ♯542), at 696.

[103] Beattie, "Scales" 223.

无人代劳"。[104]

对于事实问题,法官确实有时会涉足以帮助被告人。例如,当被告的辩护能力不足时,法官会对控方的可疑之处进行交叉询问,[105]或者向陪审团发表指示意见时强调控方证据的不足之处。[106]事实上,当控方有律师而被告无律师之时,法官时常会有替被告说话的强烈责任感。[107]但是,不会有被告如此依赖法官的这种帮助。"法官只是有时会对控方发起激烈的交叉询问……但在大多数时候,他们会直接采纳他们认可的证据……当然,他们对交叉询问并不作细致的准备,也并不撰写案件摘要。"[108]辩护律师则与此不同,他们有事务律师撰写案件摘要,将会有利于对当事人的证据作各种考量。另外,并无任何障碍会阻止法官帮助控方。你有时候会发现,如果初审法官不信任被告及辩方证人的陈述,便会对他们进行驳斥和抨击。例如,1738 年在萨里法院,约翰·希福德因入室盗窃而受审,一位品格证人告诉法官:"我认识他三个月了,他是个好人。"之后,初审法官卡特男爵揶揄地答道:"这真是他品行正直的好证据,我认识他也已经半天了,这和你差不多吧。"[109]

据报道,在 16 世纪和 17 世纪的叛逆罪审判中,法官对待被告有时很刻薄。在这些诉讼中,国王有明显的倾向性,而法官的任命则系于国王的好恶(即法官的裁

---

[104] Ibid.科伯恩在探讨 1558—1625 年这一时期时同样曾提道,"法官们并未帮助被告、指出控方证据中自相矛盾的内容"。Cockburn, "Introduction" 108.

[105] 例如,在罗伯特·迪瓦尔一案中,他因死刑重罪被起诉,审判法官提到,被告没有律师(控方确实有律师)和法官大力盘问控方证人,并积极交叉询问控方证人。Robert Dewar, OBSP (Dec, 1783, ♯56), at 97, 98.

[106] 例如,在玛格丽特·洛夫洛克一案中,被告被指控从一所住宅盗窃,审理他的法院认为,"从这些地方拿走是其丈夫,并向陪审团提示一些有利于囚犯的情况,"最后被告被宣告无罪。同上。Margaret Lovelock, OBSP (Feb. 1762, ♯105), at 74.

[107] 例如,在威廉·伯德一案中,监狱看守因一名囚犯在局促监禁中窒息而死而被起诉,被告抱怨说,他试图聘请几位出庭律师拒绝代表他。William Bird, OBSP (Sept. 1742, ♯102), at 42. 总之,审判法官似乎对被告的案件提出了异议:"法院代表囚犯注意到正在审理的证据。"Ibid. at 57.法院作出特别判决。第二年,在一次伪证诉讼中,据报道说,"检方有几名被告,但囚犯没有。因此,法院作为囚犯的律师有责任审查记录,这与起诉之间存在重大差异",这导致了一项直接的无罪判决。Joseph Ellis, OBSP (June—July 1743, ♯365), at 219.关于 18 世纪后期初出现的对手制度中无人任职的问题,见下文 301—322。

[108] Beattie, "Scales" 233. 财税法官威廉·加罗曾在 18 世纪 80—90 年代作为老贝利法院的辩护律师而闻名,直到 1827 年就向大陪审团解释说,尽管法官是被告的律师,但"他们不能提出囚犯应该追求的辩护方式"。Ibid. at 254(引用加罗原话).加罗的生平,see ibid. at 236—247;并参见第四、五章。

[109] John Heaford, Surrey Assize Papers [hereafter SAP], (Mar. 1738), at 18, cited in Beattie, Crime 347, 文中还引用了其他案例。

决要迎合国王的喜好）。⑪"司法机构仍然被视为王室的管理部门之一，法官视自己为实施王室政策的人。"⑪在1590年的约翰·乌代尔案审判中，被告对于其申请陪审员回避（质疑陪审员资格）的权利向法官请求给予指导，法官回答道："对不起，我不能告诉你，我来这儿是判案的，并不是给你做律师的。"⑫1663年，在约翰·乌代尔案件中，御座首席大法官海德，在审判结束时要求陪审团采信控方证言："我觉得你们没人会怀疑证人陈述的真实性，而对于特温的回答，除了单纯的抵赖外，你们什么也无法得到。"⑬1554年的斯罗克莫顿案中，初审法官布罗姆利极力敦促被告认罪，理由是莫名其妙的"坦白是对你最有利的"。⑭1649年约翰·李尔本（John Lilbum）案中，主审法官基布尔听完总检察长提出的指控证据后，未听取李尔本的辩护，就对陪审团说："我相信陪审团已经看到，控方证据如此清晰、充分，足以证明案情，足以认定被告犯有指控罪行。⑮看到这些，我们大多数人都会期望这些'辩护律师'能做的比咱们更好些吧。"

　　17世纪七八十年代，从属于皇室的法官们在叛逆案中对被告所表现出的偏见，在17世纪末引起了各政治阶层的明显不满（本书第二章节将详述）。正如当时人们所言：被认为是辩护律师的法官"背叛了可怜的当事人，以取悦于他们认为的更优质客户——国王"。⑯在叛逆案件中，法官无法受到信任，被认为是不中立的，因此，法庭不能充当辩护律师。这一认识是推动1696年《叛逆罪审判法》制定的直接动因，该法令使叛逆罪的被告获得了出庭律师的帮助。1696年《叛逆罪审判法》突破了禁止辩护律师参与审判的规则。

33

⑪　The Act of Settlement，12 & 13 Wil. 3c. 2，S3(1701)，参见第二章注释⑬—⑳及其相应正文。该法令确保法官不能随意被罢黜。

⑪　Keeton，Jeffreys，supra n.50，at 21(讨论第二章注释⑩—⑱所引哈维格斯特的论文).

⑫　R. v. john Udall，1 St. Tr.1271，1278(Croydon Assizes 1590).这份法律报告能逐字逐句地记录审判过程，其真实性值得怀疑，可能出自被告之手。

⑬　R. v. John Twyn et al.，6 St. Tr. 513，534(O.B.1663).

⑭　R. v. Nicholas Throckmorton，1 St. Tr. 869，877(1554).

⑮　R. v. John Lilburn，4 St. Tr. 1269，1382(1649).利尔伯恩的抗辩并未改变基布尔的看法。听完其陈述后，基布尔对陪审团说："你们可以清楚地看到，这是英格兰历史上前所未有的叛逆行径。" Ibid. at 1402.陪审团裁决：无罪。

⑯　John Hawles，Remarks upon the Tryals of Edward Fitzharris [et al.] 22(London 1689) [hereafter Hawles, Remarks].

二、证明的标准

在重罪及叛逆案件中禁止辩护律师的另一个理由是:证明标准足以保护被告。我们将在第五章中看到,刑事案件中定罪的排除合理怀疑标准形成于 18 世纪末期,它是伴随着对抗制体系的逐渐成熟而产生的。但是,在排除合理怀疑标准形成之前,法院早就在刑事裁判时确立了"疑罪从无"的理念。柯克在《英国法总论》第三卷中揭示了这一传统理念,将其作为禁止辩护律师规则的动因之一:在生死攸关的案件中,确认被告人有罪的证据,必须明确而无可反驳。[117]1678 年,首席法官斯克罗格斯在第一次天主教阴谋案的审理中,对被告有类似的表述:"公诉证据将证明你们的阴谋,所以你们不必聘请律师,因为指控你们的证据已充分而无可辩驳,而抵赖也是徒劳的。"[118]按照这样的逻辑,证明的高标准原本是对被告的保障措施,但这里实际上成了剥夺其拥有辩护律师的正当理由,而不利于被告。

三、被告的优势

长期以来禁止辩护律师规则的一个正当理由是,被告本人比律师更适合回答事实问题。法律学人斯塔尼福德、普尔顿、霍金斯等认为,被告应该在无须律师帮助的情况下自行辩护,因为他对被控事实的了解要胜过任何律师。[119]

上述学者和柯克在《英国法总论》第三卷中的表述一样,[120]讨论到禁止辩护律师(参与审判)规则时,都反复使用"精通法律的律师"和"博学的律师"等说法,强调当时"法律—事实"两分法的固有理念。律师熟知的是法律,而不是犯罪现场发生的事实。因此普尔顿说,"当嫌犯面对一项叛逆或重罪的指控时,他必须亲自回答,而不是由代理人或由精通法律的律师代劳。因为无罪答辩指向的是当事人自己最清楚的事实,所以他自己是最佳的回答者"。[121]这一观点强调,如果由出庭律师为被告提供事实问题的任何帮助,就混淆了法律与事实的界线。

34

---

⑰　Coke, Third Institute 137. 布莱克斯通转述了柯克的这一论点,但全盘予以否定、包括禁止律师规则,认为后者"与英格兰法对嫌疑犯的其他人道待遇格格不入"。4 Blackstone, Commentaries 349.

⑱　R. v. Edward Coleman, 7 St. Tr. 1, 14(K. B. 1678), cited in 1 Stephen, History 382.

⑲　Staunford, PC, supra n.3, at 151V; Pulton, De Pace, supra n.4, at 193; 2 Hawkins, PC 400.

⑳　Coke, Third Institute 137.

㉑　Pultn, De Pace, *supra* n.4, at 193. Pulton's account closely flows Sanford's but without attribution. See Staunford, PC, supran.3, at 151.

出庭律师在刑事审判当中发挥不了作用，该理念的另外一个体现形式就是认为被告对犯罪事实最清楚，他们在刑事审判中的自我辩护便具有特别优势。大法官柯克写道，被告的无罪答辩是"针对他自己最清楚的事实"。[122]罗杰·诺斯在1678年拒绝史蒂芬·克莱琪获得出庭律师时解释说："被告人在事实问题上不应该得到任何帮助，事实问题他们最清楚，可基于朴素的事实来进行自我辩护，不需要任何修饰或艺术加工。"[123]

1721年霍金斯在《刑事诉讼》一书当中对上述逻辑进行了经典表述："每一个具有常识之人皆可作为自己最好的律师，恰如其分地陈述事实"，"作清晰而朴实的辩护不需要任何技巧"，"因为一个内心无罪之人，他朴实、简单、清白而无矫揉造作的言行，与他人替代的滔滔雄辩相比，更能够打动人心，更具有说服力。[124]

这种逻辑的一个错谬之处就是，[125]假设被告人更接近于事实，因此他们就更容易解释自己行为的细节，更容易对错误的证词和恶意的控告实施交叉询问。贝蒂描述了在18世纪一个刑事审判当中，辩护人为自己辩护时所表现出无能为力而令人同情的状况："这些不习惯于公众场合讲话的人，突然发现自己被置于聚光灯之下，于陌生的环境中面对观众；他们通常衣衫褴褛、食不果腹，而且身体状况较差，基本上很难对指控证据进行有效的交叉询问和有力的反驳。"[126]

35

---

[122]　Coke，Third Institute 137.

[123]　Roger North，*The Life of the Right Honourable Francis North* 66—67(London 1742)，cited by James B. Thayer，*A Preliminary Treatise on Evidence at the Common Law* 168 n.1(Boston 1898) [hereafter Thayer，Evidence].

[124]　2 Hawkins，PC 400.

[125]　伊丽莎白时代的耶稣会士罗伯特·帕森斯早就曾指出这一问题——"某人置身于即将决定其生死的法庭隔栏"，"对即将发生的遭遇"心怀悚惧，"面对法庭和控方惊恐无措"。帕森斯怀疑这样一位被告——即使他是无辜者——能否进行有效的抗辩，"特别是那些胆怯无知的人，在给他的如此短促的时间里，要作出生死攸关的回答，又没有律师提供指导、咨询或帮助"。Parsons, Memorial, supra n.7, at 250(cited by Cockburn，"Introduction" 108).

[126]　Beattie，Crime 350—351. 1824年，在议会关于是否允许完全代理辩护的辩论中，提到了老贝利法庭"某些陪审员"提出的请愿书，其中认为，"身陷困境，可能由于恐惧，嫌犯的能力受到极大影响，难以对控诉律师的陈述进行抗辩……"David J. A. Cairns, Advocacy and the Making of the Adversarial Criminal Trial 1800—1865, at 89(1998) [hereafter Cairns, Advocacy], citing 11 Parliamentary Debates 180—1(1824).

四、被告成为信息来源

禁止辩护律师的规则有利于被告人,这种令人质疑的说法与另一种相反的说法相冲突。该说法并非假称剥夺被告让律师为其辩护是为了帮助被告,而是坦率地承认,如果被告有罪,那么允许辩护律师参与审判,会妨碍初审法院对被告定罪。法官和法学家都害怕,律师代替被告人说话会削弱被告人作为法庭信息来源的作用。他们也担心辩护律师的辩护策略将损害法庭准确裁判的能力。我们将在第五章看到,随着禁止辩护律师的障碍不断减少和对抗制审判程序的初露端倪,上述两种担心仍然存在坚实的基础。

普尔顿担心辩护律师可能会误导陪审团,他经过思考于 1609 年写道:"假如一个饱学的律师为被告人辩护,那么他们将发言隐晦,闪烁其词,证据的证明力受到削减,使真相很难或很久才能被发现。"[127]普尔顿预言辩护律师不想"让真相浮现"。1651 年,基布尔主审一个谋杀案时解释了为什么他驳回被告人对出庭律师的申请:"何时我们随意允许一个人在这里辩护,否则那些犯了抢劫、盗窃和杀人罪者何时才能被绳之以法?"[128]

在 1721 年,霍金斯在专著中对这些看法有一个经典的表述。在 18 世纪 30 年代,即这些法官放松辩护律师束缚的 10 年前,霍金斯仍主张"当罪犯为自己辩护时,他的语言、姿势、表情、辩护方式等时常会有助于揭露真相;如果其他人为其作虚假辩护,则可能不利于有效地发现真相"。[129]因此,他宣称"简单、无辜和无技巧的被告有助于陪审团认定其无罪"。早期刑事审判的逻辑在于向被告人施压,使其陈述,或自证清白,或承认有罪而被绞死。让被告自行辩护使其有义务充当法庭上的信息源,允许律师涉足事实认定程序会妨碍法庭的中心地位。上文引用的句子中,霍金斯用"speak""speech"和"speaking"三个当时人们使用的词,概括了(我称为)"被告人说话式"审判的整体印象。在本章的后续部分,我将指出施压被告,使之回应指控和不利证据的其他程序方面。

---

[127]   Pulton, De Pace, supra n.4, at 193.

[128]   R. v. Christopher Love, 5 St. Tr.43, 61(High Court 1651).

[129]   2 Hawkins, PC 400.

五、与轻罪的比较

禁止辩护律师的规则适用于那些叛逆罪或者重罪案件的被告人[130]，但不适用于轻罪的案件，即不处死刑的较轻犯罪。在 17 世纪初或者更早，"在季审法庭审理的轻微刑事案件中有律师帮助被告人，这个现象相当普遍"。[131]我们并不能合理解释这一现象：为何允许律师代表轻罪被告进行答辩，但在重罪案件中仍然禁止辩护律师参与审判？

轻罪的类型包括大多数的民事案件和行政管理的案件。例如，财产所有权人和教会居民维修道路的责任。[132]律师最擅长的领域是民事实务中涉及财产权的问题。如果使用一个旧的程序形式以轻罪名义去解决财产问题，而并非诉诸民事侵权或民事妨害行为，那禁止辩护律师会造成困扰。[133]最近的研究表明，那些轻罪行为表面上是暴力性的犯罪（如人身伤害和聚众暴动），有时法官会责令"赔偿"结案，"这些刑事指控实质上是民事诉讼"。[134]

几个世纪以来，尽管重罪案件中仍然禁止辩护律师参与审判，但是对抗制的一些习惯规范在轻罪案件中已经获得形成。[135]在 19 世纪，我们能看到审判轻罪的法

37

---

[130]　Coke，Third Institute 137.

[131]　C. W. Brooks, Pettyfoggers and Vipers of the Commonwealth: The "Lower Branch" of the Legal Profession in Early Modern England 190 (1986).布鲁克斯还提到，在地方季审法庭，关于此类案件的出庭陈述权在"出庭律师和代理律师之间如何分配"，还曾发生纠纷；结果以出庭律师的胜利而告终。Ibid. at 190—191.

[132]　R.v. Corrock. Srange 187.93 Eng. Rep. 463(K. B. 1719)（被控违反某房屋保有权的相关义务、不修整道路）；R.v. Gamlingay, 1 Leach 528, 168 Eng. Rep. 366(K. B. 1789)（加姆林各教区居民被控不整修道路，并被判有罪）. See generally Michael Dalton, *The Countrey Justice* 51—55（London 1618）〔hereafter Dulton Justice〕; 1 Sidney and Beatrice Webb, *English Local Government from the Revolution to the Municipal Corporations Act: The Parish and the County* 30(1906)〔hereafter Webbs, Parish〕.

[133]　例如，约翰·贝克就曾提到一件记载轻罪案程序的法律报告手稿，是 1625 年老贝利法庭处理的一项民事妨害案。Baker，"MS，"supra n.93, at 321—322.其中指控一个叫鲁本·亨特的人，称他在米德尔塞克斯教区克莱门特·戴恩斯大街造了一所屠宰场，被宰牲畜的废弃物和排泄物满街横流。双方都有律师代理，辩护律师对指控提出的异议类似于民事案件中普通法上的诉答. Ibid. at 321.

[134]　Landau，"Indictment，"supra n.50, at 508.被害人之所以更愿意指控轻罪而非提起侵权之诉以获得救济，最主要的原因是侵权案的原告不能宣誓作证. Langbein "Evidence" 1178—1179."但是，由于在法理上赔偿不是刑事指控的目的，因此原告可以在刑事起诉状中作证。"Landau，"Indictment，"supra n.50, at 534.被害人可以撤回以求赔偿为目的的轻罪之诉，而其出庭作证的能力肯定加大了和解的筹码。

[135]　例如，轻罪案件中也出现了事务律师以所谓"事务律师辩论提要"为出庭律师提供帮助的早期实例。例如，*The Tryal of John Giles ... in the Old Bayly ... July, 1680 ... for ... Attempt, to Assassinate and Murther John Arnold* 30（London 1681）（Free Libr.，Philadelphia, PA, Hampton Carson Cllection, shelfmark LC9.85）（辩护律师在开场陈述中就提到，"如果我的辩论提要内容属实"）。关于 18 世纪重罪案件中事务律师辩论提要的讨论，参见本书第三章。

庭,尤其是季审法庭,已经成为年轻律师日后处理重罪案件的锻炼场所。⑱那些特征的形成可能很久远,它能帮助解释:为何在18世纪重罪案件中禁止辩护律师规则的束缚被放开时,刑事律师能立即到位。⑲

虽然轻罪案件和民事案件的管辖存在重合,但这两种诉讼对当事人作为证人的态度却截然不同。因为民事诉讼的当事人与诉讼结果有利害关系,所以不具有宣誓作证的资格。⑱而在刑事诉讼中,当事人被认为是国王和被告,被害人尽管是控诉者,但仅仅是证人,而证人通常被认为是与案件并无利害关系的人。⑲那么,因为被告是当事人,所以只能进行未宣誓的陈述,而由于控诉者不是当事人,就可以宣誓作证。⑭因利益而剥夺宣誓作证的资格不会影响刑事审判的基本结构,即它仍

---

⑱ "律师们的职业生涯往往始于季审法庭……"Williain Dickenson and T. N. Talfourd, *A Practical Guide to the Quarter Sessions and Other Sessions of the Peace* viii (3rd edn. London 1829).

⑲ 阿莉森·梅指出,19世纪早期老贝利法庭的出庭律师们都在民事法院的诉讼中另有生计,不过不是在高级法院(王座法院和民事高等法院),他们在那里颇不得志。他们执业于伦敦城的市政法院和其他小额诉讼法院。Alyson N. May, "The Old Bailey Bar, 1783—1834"at 174 ff (unpub. Ph. D. thesis University of Toronto, 1997[hereafter May, "Thesis"].

　*　该博士论文已正式出版:Alyson N. May. The Bar and the Old Bailey, 1750—1850(2003)。——译注

⑱ See[Geoffrey Gibert], The Law of Evidence 86 ff(Dublin 1754)(遗著,作于1726年前)[hereafter Gilbert, Evidence]; 2 Wigmore, Evidence ＄＄575—576; Langbein, "Evidence" 1184—1186; James Oldham, Truth Telling in the Eighteenth-Century English Courtroom, 12 Law and History Rev. 95, 107—117(1994).

⑲ 霍金斯提到证人"在案件中获利或受损"等一些例外,如高利贷案件中的债务人,"事实上会指证一项可免除其合同义务的事实,为自己的利益说话"。2 Hawkins, PC433—434.我们在老贝利法院的伪造罪案件中,有时可以发现基于这一理由的例外事例,例如,弗朗西斯·卡夫被控为约翰·韦弗伪造一张汇票。即使没有韦弗的证言也会判被告无罪,法院仍裁定,"韦弗不能接受询问"。Francis Cuff, *OBSP*(July 1770,♯494), at315.类似的案例还有:Edmond Bourk, *OBSP*(Oct. 1733, ♯23), at 213, 215(伪造罪;辩护律师提出控方证人因具有利害关系、不能出庭作证这一法律要点);William Russell, *OBSP*(Feb. 1738), at 53(对是否因无罪判决与控方利害攸关而剥夺其作证权,控辩双方的律师展开激辩);Richard Jacobs, *OBSP*(Sept. 1773, ♯534), at 367(伪造罪;"因假钞的持有人尚未表示对[证人]免予追究,她的作证能力受到辩护律师的质疑");James Parry, *OBSP*(Apr. 1774, ♯357), at 193(以罗伯特·加德纳的名义伪造一张本票;"鉴于除[加德纳]和其妻以外,没有其他证据,法庭认为二人的证言都不能接受")。

另一种不能作证的情况,是作为被告的保证人。例如,在一件聚众闹事的轻罪指控中,"约翰·格赖斯和另一人作为其品格证人出庭,但由于二人都曾是被告出庭的担保人,他们的证言没有被采纳"。Robert Page et al., *OBSP*(Oct. 1736, ♯♯5—7), at 199, 202.

⑭ 根据17世纪中期的法律报告,法庭会提醒被告证人:"虽然你并不宣誓,但你依然要如实陈述,以慰上帝。""The Arraignment and Acquittal of Sir Edward Mosely," in 6 Harleian Miscellany 46, 49 (London 1810 edn).

然是指控者与被控者之间的"争吵式"审判。比较而言,在民事诉讼中剥夺作证资格让当事人双方在法庭上沉默不语,只能通过律师代言而参与审判。尽管轻罪案件的被告可以像重罪案件中一样不经宣誓而陈述,但民事诉讼中的双方通过律师发言而非亲自陈述传统,很可能对律师在轻罪审判中完全辩护的规则的形成发挥了积极影响。

不同于轻罪的判罚结果,可能是禁止辩护律师规则仅适用于重罪和叛逆罪的另一个因素。因为这两类案件都可以判处死刑,而只涉及财产和管理事务的轻罪案件大多数仅仅判处罚金。由于命悬于一线的死刑案件更需要辩护律师,因此我们认为,判处结果的差别会对辩护律师是否被允许参与审判产生不同的影响。但在当时的观念下,死刑案件中却更需要限制律师,以防止其妨害法庭利用被告这一信息来源(回忆一下霍金斯的担忧——"如果由他人来代替被告作虚假陈述,那么真相就不易被发现"[⑭])。在轻罪案件中,将不会有太大的担忧,因为判罚不是那么严厉。在死刑案件中,英格兰的刑事法庭希望听到被告本人的陈述。

允许律师在轻罪案件中辩护,却不允许在严重犯罪案件中为被告提供同样的帮助,无论这种反差是基于什么原因,都严重引起人们的不满。无君主统治时期的短评作家约翰·马奇对此提出了批评:"在最微不足道、最普通和琐屑的诉讼中,可以有辩护律师;而为何在被告最为攸关、甚至命悬一线的案件中,却不能有辩护律师?如果他在小问题上可以有辩护律师,为何在最需要律师帮助的大事上却不能呢?"[⑫]光荣革命后发表的一则短评也对此质疑:"在死罪案件中不能有辩护律师,而在一个价值很小的民事案件中却允许律师的出现,正义究竟在哪里?"[⑬]连王座法院首席法官杰弗里斯都曾表达过类似的不满情绪。此人曾因诏媚于国王而臭名昭著,他在1685年的"血腥巡回审判"(参见本书的第二章)中大肆陷害涉嫌叛逆罪的被告,从而引发了重大的法律变革,催生了允许辩护律师参与审判的1696年《叛逆罪审判法》。同样是这位杰弗里斯法官,在1684年主持审判一件叛逆罪案件时

---

⑭　2 Hawkins, PC 400.(参见前注⑫译注。)

⑫　John March, *Amicus Rei publicae*: *The Commonwealth's Friend. Or an Exact and Speedie Course to Justice and Right* 128(London 1651) (Harvard Law Libr., shelfmark E M 315a3 651).

⑬　[Bartholomew Shower], Reasons for a New Bill of Rights 6(London 1692).

说:"这确实是一个问题,在 20 便士的侵占案件中可以有辩护律师的出现,其证人可以经过宣誓后为他作证;而如果被告犯了谋杀罪或其他重罪,或者被指控为叛逆,从而危及其生命、财产和声誉,他却既不能有辩护律师,也不能让人为其宣誓作证。"[144]

1696 年《叛逆罪审判法》是对这些不公正做法的回应,但是仅限于叛逆罪的被告,而不适用于普通重罪。本书第二章中将会谈到,1696 年的改革者们认为叛逆罪的指控给被告带来了特别大的危险,因而允许辩护律师参与此类案件的审判,而非普通的重罪案件。1696 年之后,一般重罪案件中禁止辩护律师的规则尽管继续保留下来,但是显得更不合理了:它夹在最严重的叛逆罪和轻罪两类极端案件之间,轻罪的被告也允许律师辩护。这种制度安排还有一个不太被理解的反常现象[145]:禁止辩护律师的规则当时在英属北美地区没有被沿袭下来,[146]1789 年,美国《权利法案》(第六修正案)规定的律师帮助权以宪法形式作出了与英国做法相反的规定。[147]

第四节 玛丽式审前程序

支持控诉者与被控诉者在重罪审判当中进行争吵的配套程序,是一种帮助受害者或者其他控诉者作起诉准备的审前程序。这种审前调查程序根据 1555 年《玛丽收押法》(Marian Committal of 1555)[148](该法在玛丽女王统治期间制订,故而得

---

[144] R. v. Thomas Rosewell, 10 St. Tr. 147, 267(K. B.1684).

[145] 初步的介绍:Felix Rackow, "The Right to Counsel: English and American Precedents," 11 William and Mary Quarterly 3(3rd ser., 1954)。

[146] 斯威夫特对后殖民时代的公正激动不已:"英格兰普通法中残暴、悖理的原则——被控死罪的人在审判中不能请律师,也不能利用那些连鸡虫细故的民事争讼中都享有的辩护手段,这种原则是我们从来所不取的。"2 Zephaniah Swift, A System of the Laws of the State of Connecticut 398(Windham, 1795—1796).

[147] "所有的刑事控告中,被告人可以……在辩护中获得律师帮助。"U. S. constitution, amendment 6.

[148] 2 & 3 Phil. & Mar., c. 10(1555).拙著曾详尽探讨玛丽式制度的起源和运作:John H. Langbein, *Prosecuting Crime in the Renaissance: England, Germany, France* 5—125 (1974) [hereafter Langbein, *PCR*]; John H. Langbein, "The Origins of Public Prosecution at Common Law," 17 *American J. Legal History* 313(1973) [he-reafter Langbein, "Prosecution"]。

名)的实施而运行。

"玛丽法令"采用地方治安法官(又称"和平法官")来协助公民的控诉工作。这种地方治安法官有权发出搜查令和逮捕令[149]，然后由地方警察来执行逮捕。这种警察作为地方执法官员，是当地提供无偿服务的普通公民。[150]这种治安法官还有审前执行权，他们可以命令羁押被告以接受审判。"玛丽法令"要求，当被告被拘捕并带到治安法官面前来时，治安法官应该在是否实施审前羁押之前，就指控犯罪对被控者和控诉者进行询问。

《玛丽收押法》并没有要求治安法官对案件进行更广泛的调查，比如寻找那些在被控诉者被捕和羁押期间并未出现的证人。但是，有的治安法官超出了法令的规定范围，去尝试作更彻底的调查。[151]如果其证言是证明重罪成立的关键证据，《玛丽收押法》便要求治安法官发出强制性命令，让被害人和其他控方证人到庭宣誓作证——作不利于被告人的陈述。[152]治安法官有时候也基于审前调查的某些内容出庭作证[153]，这就与其继任者(侦探)在现代审判中的角色相似。在杀人案中，验尸官也发挥着相似的作用。[154]

《玛丽收押法》要求治安法官讯问嫌犯、询问嫌犯的抓获者，获得犯罪事实及其细节的相关信息，并整理成笔录，作为指控重罪的关键证据。[155]这些在指控者与被指控者记忆清晰之时，对其陈述记录而形成的书面材料被称为审前书面证词(pretrial

41

---

[149]　这些命令的格式，see Dalton, *Justice*, *supra* n.132, at 313—315。托马斯·史密斯爵士曾对此有所描述；Smith, *De Republica* 109。

[150]　See generally Webbs, *Parish*, *supra* n.132, at 26—29, 489—502.虽然(早期)警察有权自行或根据民众要求采取一些措施，包括在重罪的案发现场或即时追击中逮捕现行犯，但大多数情况下他都听命于治安法官。当时有许多(早期)警察手册，其中之一建议："你的职责是逮捕嫌犯，而不是裁决犯罪。" *A Guide for Constables and All Peace Officers* iv (Birmingham 1779) (BL, shelfmark 518. c.23. 5).根据季审法庭的证词记录，已有研究描述了"这些人员和普通民众之间如何分配侦察和逮捕的责任"。Cynthia Herrup, "New Shoes and Mutton Pies: Investigative Responses to Theft in Seventeenth-Century East Sussex," 27 *Historical* J. 811, 817(1984) [hereafter Herrup, "Responses"].关于18世纪早期伦敦的特殊安排，see Beattie, *Policing* 114—207。

[151]　Langbein, *PCR* 38—54, 77—97.

[152]　2 & 3 Phil. & Mar., c.10(1555).

[153]　Langbein, *PCR* 38—54; Langbein, "Prosecution," *supra* n.148, at 326—334; Cockburn, "Introduction" 110; 1 Stephen, *History* 376.

[154]　参见前注⑧; cf. Pulton, *De Pace*, *supra* n.4, at 252, discussing 1 & 2 Phil & Mar., c.13(1554).

[155]　2 & 3 Phil & Mar., c.10(1555).

deposition），⑮它旨在防止其内容发生变更或波动。⑮按现代刑事司法的行话来讲，当场的即时记录被称为"保全"证据，让其在审判时依然"新鲜"。⑱自17世纪末以来，存世史料开始向我们展示当时伦敦重罪审判法庭上发生的一般情况。不断出现的案件报告让我们看到，玛丽式审前询问通过让被告认罪而具有决定性意义。例如，1715年在老贝利法庭审理的玛丽·埃弗顿盗窃服装案中，"控诉者宣誓称他丢失了东西，怀疑就是嫌犯盗窃的，并将其带到治安法官面前。嫌犯在其面前承认了自己的罪行，在法庭上也没有否认罪行，因而她被判有罪"。⑲威廉·威菲尔德被指控在1721年犯有一起室内盗窃案，"他在法庭上否认罪行，但在治安法官面前所作供述在法庭上被宣读，法官因而认定其有罪……"⑯

---

⑮　治安法官将审前对控方、证人及被告的讯问记录移交审判庭。托马斯·史密斯爵士提到，被告的讯问记录在法庭上都被作为证据宣读。Smith, *De Republica* 113.王朝复辟初期一份较可靠的巡回审判程序手册记载，治安法官们都将审前讯问记录交给巡回法庭的书记员，由其逐件审查，"如果发现有利于国王的证据，[书记员]就向陪审团宣读"。*The Clerk of Assize* 14(London 1660) [hereafter *Clerk of Assize*]（此书是前注㉟所引、1682年版《巡回法庭书记官之职守》这一官箴的前身；后者是第二版，初版在1676年）。

到18世纪中期，审前讯问记录通常已不在庭上宣读。Langbein, "Ryder" 82—83.这在一定程度上是由于"最佳证据"理念的要求，即认为被害人和其他控方证人的口头证词更有效，因为"玛丽法令"要求治安法官应强制其庭作证。审前讯问记录在弹劾官员和有些特殊情况下仍会宣读。例如被害人或证人在开庭前死亡。19世纪早期，麦克纳利仍强调，"根据菲利浦和玛丽国王的法令，治安法官讯问被告，对其口供所做笔录，是指控供述人的法定证据"。1 Leonard MacNally, *The Rules of Evidence on Pleas of the Crown* 37(Philadelphia 1811) (1st edn. Dublin 1802).

⑯　例如，1755年10月，罗利·汉森在老贝利法庭被判有罪，因其在拦路抢劫中盗得一只手表；他辩称，这只手表是起诉人给他的贿赂，条件是不要告发起诉人向他提出的同性恋要求。但在治安官的讯问中，汉森曾说他根本不认识起诉人。最后，汉森被判有罪、处以死刑。*OBSP* (Oct 1755, ♯370), at 329, 330. 法庭调查发现审前证词和庭上供证相互矛盾的案例还有不少；Edward Flanagan *et al.*, *OBSP* (July 1771, ♯♯432—434), at 303, 305（入室盗窃）；Joseph Bowman, *OBSP* (Feb. 1772, ♯299), at 136（入室盗窃）；Richard Coleman, *OBSP* (Feb. 1788, ♯172), at 257（入室盗窃）。

⑱　Mirjan Damaska, "Evidentiary Barriers to Conviction and Two Models of Criminal Procedure: A Comparative Study," 121 *Univ. Pennsylvania L. Rev.* 506, 520(1973).

⑲　Mary Everton, *OBSP* (Feb. 1715), at 5(盗窃).被告被指控盗窃布匹、价值达20先令以上；陪审团故意低估了赃物价值，判其"盗窃赃物价值10便士"。Ibid. 因此她被判轻罪、处以鞭刑，逃过重罪。Ibid. at 6.关于低估赃物的重要性和普遍性，参见后注㉔—㉔及其相应正文。

⑯　William Wingfield and Mary Harman, *OBSP* (Dec. 1721), at 1.陪审团将赃值低估为4先令10便士，正好低于5先令的神职减刑特权限额，因此威菲尔德免于一死。同时，"并无证据证明哈曼有罪，因此她被释放"。Ibid.

＊　神职减刑特权，指神职人员犯某些死罪后可以免死，改为烙印刑；后来扩展到所有人。但不适用于特别严重的一些死罪。1827年废止。参见第四章注释㉔及其征引文献、第四章注释⑯后译注。——译注

玛丽式审前制度还对重罪案件中受害人的起诉自主权产生了限制作用。[160]玛丽式审前制度中的治安法官强制受害人在庭审中宣誓作证,这实际上剥夺了受害人不起诉的自主权。[162]由于这种盛行的私诉程序被注入了官方支持和监督的成分,玛丽式审前制度实际上构建了一种针对严重犯罪案件的公诉制度。[163]但是玛丽式审前制度主要是强化了私诉制度的存在。"玛丽法令"将(治安法官)这种公务人员的作用仅限定于帮助私诉人提起控诉,使英式审前程序明显有别于大陆法系的公诉制度。几个世纪以后,法国的观察家科图仍对英国政府"在收集犯罪证据方面无所作为,而把犯罪的惩罚自主权交由受害人的怨恨和愤怒来支配"而感到非常惊诧。[164]

玛丽式审前制度使治安法官成为有偏见的控方支持者而非中立的真相查明者。"玛丽法令"规定,治安法官并非要搜集整个案件的事实,而是搜集有利于控方的事实。治安法官应该强制"所有能证明被告人犯有重罪的关键证人……在下一次的巡回法庭中出庭,为指控被告而提供证据"。[165]玛丽式审前制度这种"偏袒控方"的特征从18世纪一直持续存在。巴隆于1745年出版的《治安法官手册》中解释道,尽管治安法官不应禁止控方证人陈词中有利于被告的部分,但也不能"询问明显证明嫌犯无罪的证人"。[166]在1787年老贝利法庭的一场庭审中,当法官询问辩方证人他提供的证词是否和审前调查中一样的时候,辩护律师(已经被允许参加庭审)插话说:"波尔街的治安法官从来不接受有利于嫌犯的证据,而仅接受有利于控方的证据。"[167]

---

[160] Discussed in Langbein, *PCR* 35;John H. Langbein, *"Albion's Fatal Flaws,"* *Past and Present* (no.98)96,at 103—104(Feb. 1983)(讨论某案例中控告人缺席,因其经济拮据,请求免于40镑罚金).

[162] 根据金的研究,在18世纪晚期和19世纪早期的埃塞克斯,巡回法庭和季审法庭审判时,应出庭指控者中约有10%的人因为疾病死亡或其他原因缺席。这些人中,只有10%,即总数1%的人被处罚金。King, *Crime* 43—44.

[163] Langbein, *"Prosecution,"* *supra* n.148. 辛西娅·赫拉普研究了17世纪早期起诉较轻罪行的季审法庭,展示了一幅类似的以自诉面目出现辅以基层治安法官和(早期)警察参与的图景。Herrup, *"Responses,"* *supra* n.150.

[164] Cottu, *Administration* 37.他还不以为然地说道:"这样,起诉的事务不是由代表公众、专门效命于此的官员来处理,而是完全凭诸受害方之手,罪犯命运因此操于其股掌之间。"Ibid. at 38.

[165] 2 & 3 Phil. & Mar., c.10, § 2(1555).

[166] Theodore Barlow, *The Justice of Peace:A Treatise Containing the Power and Duty of that Magistrate* 190(London 1745).

[167] Darcy[sic, sometimes D'Arcy] Wentworth, *OBSP* (Dec. 1787,#8),at 15, 19.关于18世纪伦敦审前调查的变化,参见后注[180]—[185]、第五章注释[110]—[119]及其相应正文。

"玛丽法令"赋予英式审前程序具有明显偏袒控方的特征。治安法官的工作就是帮助控方构建控诉事实,而不是进行中立地调查和寻找有罪或无罪的全部证据。偏向控方的玛丽式制度有力诠释了英美刑事侦查中国家角色的概念。"玛丽时期的治安法官讯问发挥着如今警察讯问的功能,它给政府提供了可以从惊慌、茫然而没有辩护律师的被告人那里获取任何信息的机会。"[168]而当时的人们为何对玛丽式审前程序和"争吵式"审判程序这种"一边倒的偏袒"视而不见呢,我将在本章的后面部分再予以分析。

玛丽式审前制度孕育了初审法院书记官制度的诞生。被强制要求起诉的被害人会与治安法官的书记官(如果治安法官有的话)或初审法院的书记官(巡回法院、老贝利法院以及审判轻罪的季审法院)商量,将指控内容制作起诉状。[169]书记官制作起诉书和其他文书都收取费用。刑事私诉制度吸收了民事诉讼中的收费模式,起诉方如同民事诉讼中的原告一样被收取费用。对于想让刑事司法制度更有效地运转的政府和时评家而言,这种消除起诉动机的制度却是对其发展不利的因素。[170]

---

[168] William J. Stuntz, "The Substantive Origins of Criminal Procedure," 105 *Yale L. J.* 393, 417 (1995)(总结 18 世纪英国相关实践的特征).

[169] *Clerk of Assize*, *supra* n.156, at 6—7. Cockburn, "Introduction" 75. Thomas G. Barnes, *The Clerk of the Peace in Caroline Somerset* 20(1961). W. Stubbs and G. Talmash, *The Crown Circuit Companion: Containing ... Useful Modern Precedents of Indictments*(London 1738).

[170] 谢泼德希望能够建立"一套定罪更容易的办法和审判过程,而且起诉人能够免于诉讼费之累"。Sheppard, *Balme*, *supra* n.7, at 23. 1653 年黑尔委员会建议,如果起诉人和证人的个人财产不足 100 镑,对其诉讼的花销,"法院应提供补贴"。Hale Commission § 18, at 237, in 6 *A Collection of Scarce and Valuable Tracts* (Walter Scott ed.) (2nd edn. London 1809—1815) (13 vols.) [hereafter *Somers Tracts* (此书以其编辑者之名冠其缩写——译注)]. 关于黑尔委员会及其建议, see Donald Veall, *The Popular Movement for Law Reform: 1640—1660* (1970); M. Cotterell, "Interregnum Law Reform: The Hale Commission of 1652," 83 *English* Historical *Rev.* 689(1968); G. B. Nourse, "Law Reform under the Commonwealth and Protectorate," 75 *Law Quarterly Rev.*512(1959).

黑尔在其著作中写道:"不能免除证人的诉讼花费,导致贫者怠于涉讼,或不得不勉为其难倾其所有地承担讼费,这是相关司法体制的重大缺陷。"2 Hale, *HPC* 282.亨利·菲尔丁引用黑尔这段论述,痛感"起诉人一贫如洗"成为"追诉罪犯的障碍"。Henry Fielding, *An Enquiry into the Causes of the Late Increase of Robbers*(London 1751), in *An Enquiry into the Causes of the Late Increase of Robbers and Related Writings* 61, 157(Malvin R. Zirker ed.) (1988) [hereafter Fielding, *Enquiry*].菲尔丁认为,诉状的 2 先令收费、在远离居所的法庭候讼达数日之久,均为讼累,因此他赞成由政府给予资助。Ibid.

关于 17 世纪的诉讼费用, see J. A. Sharpe, "Enforcing the Law in the Seventeenth-Century English Village," in *Crime and the Law: The Social History of Crime in Western Europe since 1500*, at 97, 110—111(1980)。关于指控轻罪的费用, see Robert B. Shoemaker, *Prosecution and Punishment: Petty Crime and the Law in London and Rural Middlesex*, *c.1660—1725*, at 140—142(1991)。

直到 18 世纪下半叶,立法机关才开始以提供补贴的方法减轻起诉者的负担并支持证人出庭。[171]

大约在正式审判前一天,由大陪审团审议是否批准控方的起诉状。如果大陪审团批准,被告人就会被移送正式审判,由小陪审团裁决。作为起诉者的被害人和其他控方证人都会在大陪审团面前作证以支持起诉。大陪审团只听取来自控方的证据。[172]大部分起诉书都产生于玛丽式审前程序,但是任何公民都可以直接向大陪审团提交起诉书,私人起诉者没有必要都寻求治安法官的审前帮助。因为起诉的权利完全属于私人起诉者,玛丽式审前制度保留了作为过滤机制的大陪审团制度,用它来处理毫无根据或理由不充分的控诉[173],避免让被告人在证据明显不足的案件中遭受危险和屈辱。[174]贝蒂发现在 1660—1800 年间萨里郡的大陪审团驳回起诉的案件有:11.5%的侵犯财产的死刑案件,17.3%的侵犯财产的非死刑案件,14.9%的谋杀案件,27.4%的杀婴案件,25.8%的伤害案件,44.4%的强奸案件等。[175]彼得·金发现"在 1740 年至 1805 年间,埃塞克斯郡的大陪审团驳回了至少七分之一的控诉"。[176]大陪审团原本是基于自身对案件的了解和调查提出控诉的组织,却在中世纪晚期人口和统治方式的变化中丢失了这种控诉的功能,但对案件的筛选或过滤功能一直存续。[177]

治安法官大多是热心公共事务的地方士绅。[178]他们一般是来自社会的上层,特

---

[171]　参见前注[11]。

[172]　Discussed in Zachary Babington, *Advice to Grand Jurors in Cases of Blood B2* (London 677).既有研究已论及其滥用的可能性;Hay, "Malicious Prosecution," *supra* n.88, at 380—381.

[173]　17 世纪后期,对大陪审团起诉的证据标准问题开始有所讨论,但一直到 19 世纪仍存在争议。Barbara Shapiro, *"Beyond Reasonable Doubt"* and *"Probable Cause": Historical Perspectives on the Anglo-American Law of Evidence* 56 ff(1991) [hereafter Shapiro, *BRD*].

[174]　为防止个人滥诉,还可对恶意指控提起侵权之诉,专门用以防范捏造事实的诬告。See generally Hay, "Malicious Prosecution," *supra* n.88.

[175]　Beattie, *Crime* 402 and table 8.1(巡回法庭和季审法庭的起诉状资料)。

[176]　King, *Crime* 231.

[177]　18 世纪,伦敦地区的一些城区治安法官开始对无理之诉行使一种相当于审前驳回的权利;后文还将论及,参见后注[180]—[189]及第五章。这样,审前的收押和驳回权都由治安法官行使,使大陪审团沦为无用之物,最后在 20 世纪被废止。"大陪审团仅是复制治安法官们进行的正式调查,这种工作已经显得多余了。"Patrick Devlin, *The Criminal Prosecution in England* 8(1958).

[178]　关于治安法官的构成,see J. H. Gleason, *The Justices of the Peace in England: 1558 to 1640* (1969) [here-after Gleason, *Justices*]; Norma Landau, *The Justices of the Peace: 1679—1760* (1984).

别是士绅阶层而非贵族。因此，治安法官是公职人员，而不是官员。他们由国王任命（通过当地的和平委员会⑰），而非雇员。治安法官实质上是普通公民，他们来自执法部门或当地政府其他部门而做兼职的无薪工作。⑱他们中几乎没有人是律师，也很少受过法律方面的训练，并且治安法官的职位是无薪水的。通过维持当地秩序以及利用职权来加强他们在当地社区的地位，从而实现自己的利益，这便是治安法官任职的动机。

英格兰司法的一个显著特点是，将严重刑事犯罪的调查责任交给非专业的当地治安法官。他们把地方知识和当地影响带入工作之中，并且他们承担了国王运作专业治安团队和起诉团队所需的费用，也避免了因此而带来的各种问题。但是，正如第三章将看到的，将刑事调查权交给这些地方乡绅的做法会有严重的缺陷：它使英美刑事司法程序在 18 世纪逐渐脱离了原有的轨道，最后发展出由律师主导的审判模式。

这种口头的、公开的、以审判为中心的英格兰刑事诉讼模式，是由玛丽式审前程序的偏向性和非专业性的特点所决定的，并因而得以强化。玛丽式审前程序中的治安法官是帮助私人起诉者提起诉讼的地方绅士。将审前调查工作交给这样一群人，玛丽式体制下的调查不能解决审前程序中的重要问题；它不同于欧陆的审前调查模式，即培养一个可靠的、能够展开彻底调查的职业团队。直到进入 18 世纪，对于证据不足的重罪指控，治安法官们还无权予以驳回。⑱实际上，对于事实问题

47

---

⑰ 霍尔兹沃思书中全文收录了 18 世纪中期治安委任状的样式；1 William Holdsworth, *A History of English Law* 670—671(1922—1966) (16 vols.) [hereafter Holdsworth, *HEL*]。（所引书中作"commission of justices of the peace"，即"治安法官委任状"；根据作者建议，应仍作"治安委任状"。——译注）

⑱ 除了在重罪案件中的起诉功能，治安法官还有另一"立法和司法方面层面的职责。与一定数量（具体人数根据其功能而定）的治安法官同僚们一起，他可以裁处我们今天称为轻罪案件、地方行政和经济管制的各种事务。其行使司法权的主要场所是季审法庭，那里通常包括该郡的所有治安法官。更普遍的做法是，他们组成较小型的合议机构，处理颁发许可和轻微罪行的各种琐事"。Langbein, "Ryder" 56. See generally John P. Dawson, *A History of Lay Judges* 136—145 (1960)；Gleason, *Justices*, *supra* n.178, at 96—122；Webbs, *Parish*, *supra* n.132, at 294—305, 319—446.

⑱ 18 世纪下半叶同类作品中的典范之作、伯恩的《治安法官手册》中提道："如果发生了重罪案件，有嫌犯被扭送至治安官，经过讯问发现其无罪，治安官不能将他释放，而仍要取保或收押。这是因为，某人因重罪或嫌疑、甫经被捕和指控，如果未经审判而任由他人随意开释，这是不妥的。"Richard Burn, *The Justice of the Peace and Parish Officer*(3rd edn. London 1756) (lst edn.1755) [hereafter Burn, *JP*].伯恩在第 164 章引述了多尔顿的《治安法官手册》，可能是指其对命案的一段论述：如果讯问的治安法（转下页）

的所有决定权都留给了两个陪审团（审前的大陪审团，审判中的小陪审团）。在英格兰刑事程序中，治安法官没有审前调查事实真相的全面责任。因此而造成的一个后果是：不公正的指控会带来严酷而冗长的审前羁押。在英格兰刑事诉讼中，真相要等到正式审判中通过控辩双方的争辩才能得以显现。治安法官的工作就是找到这些人，并强制他们出庭（以帮助查明真相）。

在18世纪30年代的伦敦和50年代的米德尔塞克斯，甚至更早一些，一些具有权威的治安法官[182]开始行使驳回指控的权力，特别是针对小偷小摸[183]，后来便针对一些更严重的犯罪[184]，这些情形将在第五章中予以讨论。[185]

（接上页）官认为是因意外或自杀致死，他"应将嫌犯收监；或者，如果案情显示被告经过合法审判可能将被释放，那么至少他应和其他治安官共同将其保释"，这是"最稳妥"的做法。Michael Dalton, *The Coun-trey Justice* 409(London 1682 edn.).从初版开始，多尔顿的手册就强调治安法官没有开释权。"如果发生重罪案件，有嫌犯被扭送至治安法官"，他应当将其收押、直至开庭，"即使认为其无罪。因为某人因重罪（或嫌疑）甫经被捕和指控，如果未经审判而任由他人随意开释，这是不妥的"。Dalton, *Justice*, *supra* n.132, at 260；see also ibid. at 40.黑尔也附和：治安法官"不能像主持清狱审判的法官那样宣布释放人犯"，而只能基于陪审团裁决。2 Hale, *HPC* 46.相关讨论，Langbein, *PCR* 708.芭芭拉·夏皮罗则认为，治安法官早在16、17世纪就已经行使了审前开释权。Shapiro, *BRD*, *supra* n.173, at 151 ff. esp. 160，162—163.但她没有提出证据。

⑱ 所谓米德尔塞克斯"法庭治安官"和伦敦的相应官员"市政执行官"的活动，参见第三章注释㉔、㉛及其相应正文、第五章注释⑩—⑰及其相应正文。

⑱ See Beattie, *Crime* 268—281；Beattie, *Policing* 106—107；King, *Crime* 88.

⑱ 《老贝利法庭审判实录》中有一个实例：1740年，老贝利法庭审理的一件拦路抢劫案件中，治安法官作证：当被害人"来找他时，……他觉得她并不可信，也没有接受她的控告"。Patrick King and Patrick Branegan *OBSP*（Sept.1740，372—373），at 213.

拙文曾指出，在18世纪50年代，亨利·菲尔丁作为米德尔塞克斯的"法庭治安法官"（详见第三章），已将"那些移送法庭也不能定罪的案件被告当场开释。在这个意义上，他是19世纪司法化的审前收押官的先驱。菲尔丁的有些开释采取起诉人撤诉的形式，很好地避免了治安法官是否有权驳回重罪控告这一棘手问题，而不管控告本身的合理性。"Langbein, "Ryder" 63（注释省略）.而在其他有些案件中，他也曾不用这种方式，直接驳回控告。例如，在1752年1月，他主办的《考文特花园杂志》曾报道，"上周五和周六，[菲尔丁]花了20小时处理[埃塞克斯一件谋杀案的]证词，当时某人被怀疑与谋杀至少有利害关系。但他充分辩明了自己的无辜，随即被非常体面地释放了。"*Covent Garden Journal*（28 Jan. 1752），in *The Covent Garden Journal and a Plan of the Universal Register Office* 402（Bertrand A. Goldgar ed.）(1988).但菲尔丁对自己的这种权力并不确信。在上述案件发生的次月，他表达了愤懑之情："根据目前我国的法律，如果确实发生了盗窃案，不管被告的可疑点多么轻微，治安法官都必须将其收押，特别是如果被告不能提供出庭应讯的担保；而且无论被盗财物多么微不足道，也不管是否有从轻处理的背景理由足以开释嫌犯。而且，多尔顿先生说，只要有重罪案件发生，如果被告看起来是无辜的，治安法官并不能释放他，而只能将其收押或取保。然而，不管这一见解多么不合情理，我的黑尔勋爵仍表赞同，并在他的《刑事诉讼史》中予以阐述。"*Covent Garden Journal*（1752），ibid. at 409—410, discussed in Langbein, "Ryder" 63 n.240.菲尔丁提到的多尔顿和黑尔的相关论述，应即前注⑱的引证内容。

⑱ 参见第五章注释四⑩—⑲及其相应正文。

第五节 "被告陈述式"审判

偏向控方的玛丽式审前程序将被告送上法庭,然后他与被害人及其他控方证人对质。这些证人是被治安官强制出庭,在公开的口头审判中作证指控被告人。这种"争吵式"审判的目的就是给被告人一个回应控方证据的机会,呈现出我们所谓的"被告陈述式"审判的场面。如前所述,禁止辩护律师的理由就是迫使被告充当法庭的信息来源。只要被告缺少辩护律师为其辩护,法官就无法区分其角色是被告还是未宣誓的证人。要求被告自行辩护意味着他要亲自对各种指控及其证据作出回应。

然而,施加压力让被告人自行辩护的因素有多种,禁止辩护律师的做法仅是其中之一。下文考察的多种规则和惯例,均限制了被告人通过证人的支持实施有效辩护的能力。通过为被告发现、传唤辩方证人设置障碍,并且削弱辩方证人的可信度,而让正式审判程序只能聚焦于被告的陈述;通过把量刑决定和定罪程序合二为一,这种审判程序为被告自行辩护施加更大的压力。

一、审前羁押

对于重罪案件的被告人,玛丽式审前程序以例行羁押为前提。由于它要求治
安法官在将"被告人羁押之前或送入监所之前"进行讯问,因此设计这种程序的1555 年法案便被称为《玛丽收押法》。[186]治安法官有权根据保释制度在审前释放被告,[187]但重罪案件的被告且有重大嫌疑的,不能释放。[188]甚至在官方文献中,[189]一直用"在押犯"来描述所有的重罪案件被告人,它强调被告人会一直被羁押直至开庭。

因为地方审判法庭一年仅开两次庭,分别是在春季和夏末;所以被审前羁押的

---

[186] 2 & 3 Phil. & Mar., c.10(1555).

[187] Discussed in Langbein, *PCR* 6—15; Langbein, "Prosecution," *supra* n.148, at 320—321; Beattie, *Crime* 281—283.

[188] Beattie, *Crime* 282.

[189] E.g., Prisoner's Counsel Act, 6 & 7 Wil. 4, c.114(1836).该法令规定重罪被告都可获得律师的完全代理辩护权。

被告人在夏末开庭后，可能还要被羁押八个半月才能等到下一次巡回法庭开庭。⑲审前羁押的环境非常糟糕，人满为患和营养不良都已稀松平常。科伯恩汇编了许多令人吃惊的数据，这些数据表明：在 1558 年至 1625 年间至少有 1 291 个犯人在中央巡回法庭的监所（伦敦周边的 5 个郡）中死亡。⑲其中，一部分是因饥饿死亡，大部分人死于"监狱伤寒"这种疾病。这种疾病是虱子携带的斑疹伤寒引起的一种致命疾病，通过接触传播，因此在拥挤的场所更为恶劣。⑲在老贝利法庭旁的伦敦纽盖特监所曾暴发了一场疾病，并于 1750 年 4 月传播到了法院（根据当时的报道），导致两名法官、各类法庭工作人员、伦敦市市长以及一些"未记录名字的人、一名律师、两三个学生等共计四十人死亡，这些人因为公务或好奇而前往监所"。⑲1755 年 3 月报道，纽盖特监所另一场疾病导致五分之一的候审人员死亡。⑲尽管 18 世纪老贝利法庭被设计成为一种半露天的圆形剧场风格的特殊建筑⑲，其目的是为了降低传染的风险，同时为了避免犯人的气味传到法庭，但此类事件仍有发生。

审前羁押从两个方面影响了辩护的可能性。一方面，在监狱（恶劣）条件下，被告人身体备受折磨。正如上文指出，贝蒂在论述中提到，许多重罪被告在审判中试图为自己辩护时显得无能为力，认为被告人的这种困境一定程度上是监狱的恶劣环境所致。"这些人很少在大庭广众之下说话，要在陌生的地方面对众人说话却发现自己突然成为众人瞩目的焦点；这些人通常衣衫褴褛、面黄肌瘦、疾病缠身，他们通常无力对证人实施有效地交叉询问或对不利证据进行有力地反驳。"⑲羁押对被告在人格和心理上产生的伤害，会一直延续到法庭上；被告直到传唤到庭时，仍然都戴着脚镣。⑲

50

---

⑲　Beattie, *Crime* 309. 其中提到，"每年都有一些男女人犯在夏季的巡回法庭刚结束几天或数周内被羁押，然后不得不在监狱中熬过寒冬，直到来年他们的案件被审理"。

⑲　Cockburn, "Introduction" 36，38—39.

⑲　Beattie, *Crime* 301；关于监狱的状况，see ibid., at 298—309。

⑲　Foster, *Crown Law* 75.

⑲　25 *Gentleman's Magazine* 135(Mar. 1755)（据记载，50 人中有 11 人死亡）。

⑲　关于这一结构的建筑史，discussed in Gerald Howson, *Thief-Taker General：The Rise and Fall of Jonathan Wild* 315—316(1970)。

⑲　Beattie, *Crime* 350—351.（同前注⑳。——译注）

⑲　E.g.，John Waite, *OBSP*(Feb. 1743，♯162)，at 102（盗窃）（被告要求在等候出庭时卸除脚镣，但被法庭拒绝）.

另一方面,审前羁押的隔离状态也影响了被告准备辩护的能力。身陷囹圄,又无从知晓指控的具体内容[198],也不理解控方证据的本质,而被告很难找到自己的证人,也无从为辩护进行准备。即使在国家审判中,虽然有身份的被告通常在审前羁押期间受到较好的待遇(部分是因为他们有钱贿赂狱卒),但我们仍然能看到,他们对羁押妨碍其审判准备活动而叫苦不迭。[199]越是难以获得辩方证人的帮助,刑事被告就越需要根据自己对案件的了解,对指控罪行和控方证据进行自行辩护。

二、对辩方证人的限制

在"争吵式"审判时代,控方证人比辩方证人具有两方面优势。一方面,控方可以强制其证人出庭,但辩方则不可以。也就是说,玛丽式治安法官可以签发令状,强制被害人及控方的其他关键证人出庭作证,但并不存在强制辩方证人出庭作证的相应措施。另一方面,因为控方证人可以宣誓后作证[200],该证词因宣誓而具有更

---

[198] 如前注⑧及其相应正文所述,被告在审前、甚至在审判中,都不能得到载明指控内容的起诉状。书记员会在传讯时将拉丁文的起诉状翻译给被告听。1696 年《叛逆罪审判法》废除了禁止被告获得起诉状文书的规定,但仅限于叛逆案件。7 & 8 Wil. 3, c.3, §§1, 9;参见第二章注释⑫—⑬及其相应正文。对普通的重罪案件,被告不能得到起诉状的规则仍然保留,尽管这损害了被告充分准备抗辩的能力。See, e. g., 2 Hawkins, PC 402.关于 19 世纪早期的实践,see Hay, "Malicious Prosecution," *supra* n.88, at 343, 352。

1696 年,《叛逆罪审判法》废止对被告的暗箱操作,公布陪审团组成人员的名单;但此项公开也仅限于叛逆案件。7 & 8 Wil. 3, c.3, §7. 这项改革,有利于被告行使对陪审员资格的异议权。Langbein, "CTBL"275—276; Beattie, Crime 340. 被告在了解陪审员情况等辩护准备工作中,既没有出庭律师帮助,又受制于如此苛刻的条件,因此几乎很少行使陪审员资格异议权,这就不足为奇了。我很怀疑,普通的重罪被告行使这一权利会被视为对该陪审员的一种冒犯,后者通常都比被告人更有社会地位;而且,被告恐怕也知道,不应该冒着触怒其他同侪陪审员的风险提出这种异议。

[199] E.g., R. v. Nicholas Throckmorton, 1 St. Tr. 869, 872("我含冤被关");ibid. at 886("我已经被关押了 58 天");R. v. Edward Fitzharris, 8 St. Tr. 243, 328(K. B. 1681);R. v. Stephen College, 8 St. Tr. 549, 569(1681)("我被捕后就成为坐困塔内的囚徒,完全不知道指控我什么。我也不知道控方的证人是谁、说了什么,所以我是完全懵懂一片")。

[200] 在有些案件中,控方证人需要宣誓作证的要求反而有利于被告人,特别是在被害人尚未成年、因此没有作证资格的强奸案中。关于未成年人不能宣誓作证、因而被告被判无罪的例证,see, e. g., William Kick, OBSP (May—Jun. 1754, #341), at 215; Thomas Crosby, OSBP (Dec. 1757, #17), at 8, 9("由于这个孩子只有九岁,不能宣誓作证,因此被告人被判无罪")。强奸幼女的案件,参见第四章注释⑩及其相应正文。控方涉及贵格会信徒的案件,也有类似的结果;Francis Talbot, OBSP (Jan. 1772, #181), at 99;(入室盗窃)("嫌犯当场被捕,但逮捕他的乡村警察是贵格会信徒,因为拒绝宣誓,最终嫌犯被判无罪");Elizabeth Williams, OBSP (Sept. 1776, #713), at 421(起诉人是"一名被称为贵格会的信徒……拒绝宣誓作证,他的证词无法被采纳")。

强的可信度;相反,辩方证人作证时不允许宣誓。

禁止辩方证人宣誓作证的规则,至少从柯克时代起就饱受批评。柯克在《英国法总论》第三卷中就认为这种禁止规则没有依据。[200]在无君统治时期,黑尔委员会建议通过立法废止这一做法,但并未成功。[202]被告有权让其证人宣誓作证,被写入1696 年《叛逆罪审判法》的改革之中[203];1702 年的一项法令将这一改革成果推广到普通重罪案件,但可能不是为了提高被告的辩护能力,而是为了追究辩方证人的伪证罪。[204]

1702 年以后,尽管辩方证人可以宣誓作证,被告依然被剥夺宣誓作证的资格,表面上为了将其从自行辩护和昧着良心实施伪证行为的两难选择中解脱出来。[205]但这样一来,尽管刑事审判的核心目的是为了听取被告人陈述,但他却不能宣誓。禁止被告宣誓作证的做法在英格兰一直持续到 1898 年[206],但在美国的大多数州, 这种做法几十年前就已经改变[207],只有佐治亚州一直保留至 1961 年。[208]

17 世纪的另一个变化,是可以强制辩方证人出庭。直到 1649 年,约翰·李尔本要求传唤辩方证人的请求仍然被拒绝,他对此抱怨说,"某位辩方证人,如果不采

---

⑳ "我们从未在议会的法令、古典文献、传世判例或案卷中看到刑事诉讼中被告的证人不能宣誓作证;所以这种禁止的做法毫无法律根据(*scrintilla juris*)……若被告拒绝认罪,没有证人就不能发现事实真相。"Coke, *Third Institute* 79.柯克对某项法令深表赞同,该法令规定,在苏格兰犯罪、在英格兰审判的重罪案件中,辩方证人可以宣誓作证,"以便更好地为陪审团和法官公平处理案件提供信息"。Ibid. citing 4 Jas. 1, c.1, 8—16(1606).关于这一法令,discussed in Michael R. T. Macnair, *The Law of Proof in Early Modern Equity* 208—209(1999), drawing on *The Parliamentary Diary of Robert Bowyer*: *1606—1607*, at 300—364(David H. Willsoned.)(1931); and in George Fisher, "The Jury's Rise as Lie Detector," 107 *Yale L. J.* 575, 609—615(1998)[hereafter Fisher, "Jury"].

⑳ "以后任何嫌犯提出的可信的证人,均可宣誓作证。"*Several Draughts of Acts* (1653), 6 Somers Tracts, *supra* n.170, at 177, 234("Touching Criminal Causes"), §6 at 235.

⑳ 1696 Act, §1.

⑳ 1 Anne, Stat. 2, c 9, §3(1702),其中要求辩方证人应在作证前宣誓,并规定:这些证人"如果被证明故意伪证,将被依法处罚",承担伪证罪的法律责任。Ibid.贝蒂认为,该措施无疑是政府颁布的法令所具有众多作用中的一部分。法令的标题体现了其显而易见的压制目的:"这项法令旨在惩罚重罪的从犯和盗窃罪的销赃者,以及杜绝故意焚毁和破坏船只的行为。"Beattie, *Policing* 319.

⑳ See 2 Wigmore, Evidence §576, at 686—693.

⑳ Criminal Evidence Act, 61 & 62 Vict, c.6(1898).

⑳ Fisher, "Jury," *supra* n.201, at 662—697.其中有一个有趣的观点:这个问题上,美国的发展是因为存在着紧张的种族关系。

⑳ *Ferguson v. Georgia*, 365 U.S. 570(1961).

取强制措施，他是不会自己来的"。[209]到 1663 年，印刷业者约翰·特温被控出版叛逆性书籍，[210]在讯问中，我们看到法庭已经接受了这样的要求，首席大法官海德对特温说："如果你方有任何证人，可以告诉我们，我们会让他到庭。"[211]在 1681 年菲茨哈里斯叛逆案的审判中，被告要求有一名事务律师帮助他传唤证人，被法庭拒绝了，理由是他不需要律师去传唤辩方证人。于是，菲茨哈里斯要求"法庭依法传唤我的证人到庭"，反而被同意了。[212]

对叛逆案件而言，1696 年法案明确规定了对被告有利的强制作证程序，废止了法官的裁量权。[213]在 18 世纪，法院解释 1702 年法案时便允许重罪案件的辩方证人宣誓作证，这隐含了在重罪案件中被告有权强制辩方证人到庭的规定。[214]

然而直到 17 世纪末和 18 世纪初的这些改革进行之前，不能宣誓和无法强制出庭等限制使被告难以有效获得证人支持；对辩方证人的诸多限制加重了被告自行辩护的责任，因而被告必须根据自己对案件的了解，对指控及控方证据进行辩护。

三、是否禁止辩方证人

对被告证人的限制确有其事，但重要的是不要夸大其词。一些对近代早期刑事程序的论述认为，当时的审判存在禁止辩方证人的规则[215]；但事实并非如此。支持该观点的证据是两件 16 世纪记述并收入《国家审判实录》的案例：1554 年斯罗克

---

[209] *R. v. John Lilburn*，4 *St. Tr.* 1270，1312(1649)（叛逆）。

[210] *R. v. John Twyn*，6 *St. Tr.* 513(O.B. 1663).除了其余各项罪名，该书还被控告包含这样的内容："最高元首应该对人民负责"；更严重的是，它还声称人民可以反抗和诛杀国王。Ibid. At 513 n.

[211] Ibid. at 516.

[212] *R. v. Edward Fitzharris*，8 *St. Tr.* 243，330(K. B.1681).由于当时存在很大的缘分，催生了 1696 年《叛逆罪审判法》。关于该案对法庭处理方式的其他介绍，将在第二章相关论述中述及。

[213] 1696 Act，§§1，7;参见第二章。

[214] 2 Hawkins，PC 434—435；for discussion，see Peter Westen，"The Compulsory Process Clause," 73 *Michigan L. Rev.* 71，90 n.73(1974).

[215] 布莱克斯通认为确有其事，并为此深感焦虑，并将其原因归咎于欧洲人。4 Blackstone，*Commentaries* 352("来自市民法的"制度)。史蒂芬和塞耶也认为存在禁止辩方证人的制度。1 Stephen，*History* 350；Thayer，*Evidence* 157.霍尔兹沃思继承了他们的观点；see 5 Holdsworth，*HEL* 192.近来的资料中也出现了类似的观点，see Fisher，"Jury," *supra* n.201，at 603("我们有理由说，被告不能要求传唤证人")。

莫顿案㉖和 1590 年乌德尔案㉗。根据这两件可靠性待商榷的报告所记载㉘，证人已到庭并愿意作证，但法官拒绝了被告提出让其作证的要求。在斯罗克莫顿案的报告中，法官拒绝辩方证人约翰·菲茨威廉斯但没有给出任何理由，"你请便，菲茨威廉斯"，一位法官说，"这里没有你的事儿。"㉙而根据记载，乌德尔案的主审法官以侮辱女王为由拒绝了辩方证人，"对于被要求作证的证人，法官给予他们的回复是：因为其作证行为冒犯了女王，所以他们不应被允许"。㉚

我认为，即便这两个事件记载属实，也并不能说明在现代早期刑事诉讼中已形成了禁止辩方证人的规则；那么，如此重要的做法假如真实存在，就会在其他法律文献中得到印证。记载了禁止辩护律师的这些文献，如斯坦福德、普尔顿以及柯克等的作品，应该也都会提到这禁止辩方证人的规则。然而如前所述，柯克只是对禁止辩方证人宣誓作证这一制度的批评；如果根本就不允许辩方证人进行陈述，㉛那么柯克的批评就没有任何意义了。

我意识到，并无证据表明在普通重罪案件的审判中存在禁止辩方证人的规则。

㉖ *R. v. Nicholas Throckmorton*, 1 *St. Tr.* 869, 884—885《国家审判实录》来源于伊丽莎白时代的编年史，Raphael Holinshed, *The Third Volume of Chronicles ... to the Yeare* 1586, at 1104—1117 (London 1587).布莱克斯通重点提到霍林斯赫德的上述书中的一段话：据称斯罗克莫顿曾这样抗辩："玛丽女王在 1553 年任命理查德·摩根爵士为民事高等法院首席法官时曾指示他，'在女王陛下是参与诉讼的一方时，以前不听取有利于被告的证人证言或其他内容，这是偏袒一方的错误做法。女王希望，任何对臣民有利的内容，法庭都应听……"Blackstone, *Commentaries* 352—353, quoting Holinshed, *supra*, at 1112, reproducedas1 *St. Tr.* at 887—888.我以为，这个故事不足以令人相信。霍林斯赫德没有说明他如何得知这件距离他写书已有几十年的事情。国王不大可能关注庭审中小小的细节；即使确实关注，她也会慎重地向法官们表达她的意见，而不太可能在一个任命典礼上颁旨进行干预。并且，在以后的司法实践以及各种法律明文规定中也看不到这项旨意的影子。

㉗ *R. v. John Udall*, 1 *St. Tr.* 1271, 1281, 1304(Croydon Assizes 1590)(被控诽谤女王).

㉘ 记载乌德尔案的作者，据称就是被告("自撰")；1 *St. Tr.* at 1271—1272.这存在着很大的问题。关于《国家审判实录》中案例报告所存在的问题，see G. Kitson Clark, *The Critical Historian* 92—114 (1967)关于斯罗克莫顿案，克拉克认为，"从许多明显的法律要点以及态度倾向来看，似乎倾向于案例报告中所赞扬的尼古拉斯爵士……"Ibid. at 94.而且，因为"审判发生在庭审记录制度出现六七十年以前"，对表达的逐句重述肯定造成"许多重构"。Ibid. at 94—95.安娜贝尔·帕特森提出了相关原因，认为案例报告可能基于一位或几位在场者的记录，再根据斯罗克莫顿本人的抗辩形成的记录加以充实。Annabel Patterson, *Reading Holinshed's Chronicles* 164(1994).

㉙ 1 *St. Tr.* at 885.

㉚ 1 *St. Tr.* at 1281.

㉛ Coke，*Third Institute* 79；参见前注㉚.

斯罗克莫顿案和乌德尔案都属于国家审判的案件,前者是叛逆罪,后者是诽谤女王罪。假设关于这些审判的报道属实,那么这是否能证明存在禁止辩方证人作证这一规则? 回顾大多数国家审判案件,都是由枢密院和皇家执法人员主导进行大量的审前调查。法官在审判开始就对辩方证人产生敌意,可能反映了这样一种观点:被告人应该在枢密院进行审前调查时就提供证人,作为调查的对象。相反,在普通重罪案件中,设计非专业化玛丽审前程序的初衷就不是要审查辩方证据,被告人最初展现这些证据是在正式审判的法庭之上。

在斯罗克莫顿案和乌德尔案的审判中禁止辩方证人的现象也提示我们,在伊丽莎白时期刑事审判中法官的自由裁量权是非常大的,几乎不受约束。如果一个欺下媚上并且屈服于王权的法官,在富有政治意义的审判中禁止辩方证人,被告人是没有救济途径的。(在本书第二章中,将更多讨论 17 世纪叛逆罪审判中法官屈从于国王压力的情况,这种情况直到 18 世纪司法独立得以保障后才好转。)

在 1598 年乌德尔案之后再无禁止辩方证人出庭发言的记载。如果法官行使了禁止辩方证人作证的权力(对此我保持怀疑),他们很快就会认识到:这会起相反作用,因为有可能引起陪审团的公愤。根据斯罗克莫顿案的报道,被告人请求陪审团注意法官禁止辩方证人作证这一不公平的现象,"这位先生不被允许作证,我相信诸位陪审员能够明白,他并不会说对我不利的话,恰恰相反,他要陈述有利于我的事实"。[22]斯罗克莫顿被无罪释放了。

到了 17 世纪[23],文献记载了截然不同的实践做法:辩方证人证言通常被听取。根据 1618 年首次出版著名的多尔顿《治安法官手册》记载,巡回法官"经常听取能够证明被告人无罪的辩方证言和证据,但是法官不让辩方证人宣誓后作证,而是让陪审团在考察和判断事实时来评价这些证言和证据的可靠性"。[24]在 1632年的一起重罪案件审判中,"被告人提出的各类证人法庭上作出的证言都是未经宣

---

[22] 1 *St. Tr.* at 885.

[23] 塞耶认为,1589 年的一项法令反映了对被告证人态度的变化,该法令规定,"盗窃"女王盔甲和法令的行为会构成重罪,并规定被告有权利用包括证人在内的各种合法证据进行抗辩。Thayer, *Evidence* 159 n., citing 31 Eliz. 1, C.4(1589).

[24] Dalton, *Justice*, *supra* 132, at 412(1619 edn.).

誓的证言"。[225]17世纪60年代,伍斯特郡的一位名为亨利·汤森的治安法官于日记中提到,许多案件中巡回法官听取了辩方证人的证言。[226]有学者指出在更早的一段时期,大约在14世纪早期,一些案件中法官听取了品格证人的证言。[227]

因此,在评价审判中被告人承受的压力时,我们不应该夸大被告人本就凄惨的境遇。直到17世纪晚期,对于不愿出庭的证人,被告人仍不能强制其出庭作证;在1696年《叛逆罪审判法》和1702年的法案出台之前,被告人仍不能让辩方证人宣誓后作证;但是,禁止辩方证人出庭陈述的规则,纯属子虚乌有。

四、尚未成熟的证明责任

尽管很久之前就有"存疑有利于被告"的提法,但英国法中"排除合理怀疑"的刑事证明标准直到18世纪末期才形成。[228]在本书第五章中,我将阐述在18世纪末期审查证据时"排除合理怀疑"证明标准的形成。现在的观点是,早期证明责任的不完善是迫使被告人必须就其所知对指控事由进行陈述的原因之一。斯蒂芬注意到"当被告人不得不为自己辩护时,不能仅仅强调控方的证据不充分而坚持自己无罪,这反而是默认有罪的表现。陪审团希望他对不利证据作出明确的解释,如果他不作出解释,就会判他有罪"。[229]因此,被告人没有出庭律师的帮助去审查控方证据,也缺少现代法官向陪审团就有关证明标准作出司法指示(以鼓励陪审团去调查控方证据)的这样一种保护措施。贝蒂根据18世纪的文献认为:"如果法庭上有某种关于嫌犯的推定,那被告人的无罪肯定不是因为控方的证明未达到'排除合理怀

57

㉕ *Tyndal's Case*, Cro. Car. 291, 292, 79 *Eng. Rep.* 855, 856(K. B. 1633), cited by Thayer, *Evidence* 159 n.

㉖ 法官通常会采纳辩方的证据,虽然他们提出时不能宣誓,但要像宣誓一样,承担在上帝面前陈述事实真相的责任。在1661年8月22日罗伯特·海德爵士在赫德曼案以及1662年3月5日温德姆·沃达姆爵士在主持审判中都是这样做的。然后他们就让陪审团裁决。"Henry Townshend's Notes of the Office of a Justice of Peace, 1661—1663"(R. D. Hunt ed.) in *Miscellany II*, at 68, 95(1967) (Worcestershire Historical Society, NS, vol.5). (NS为"New Series"缩写。——译注)

㉗ Anthony Musson, *Public Order and Law Enforcement: The Local Administration of Criminal Justice*, 1294—1350, at 205(1996).

㉘ 参见第五章注释㉟—㊿及其相应正文。

㉙ James F. Stephen, *A General View of the Criminal Law of England* 194—195(London 1863) [hereafter Stephen, General View].

疑'的标准而假设被告人无罪,而是'如果他无罪,他就应该通过反驳控方证据表现出来的能力和品格向陪审团证明自己无罪'。"[230]例如,1684年被指控盗马的团伙在老贝利法庭受审,"因其不能证明盗马的时间段内自己身在何处……而被判有罪"。[231]贝蒂指出,1739年萨里郡一名被告人因盗窃罪受审,被告人对控方的指控仅仅回应"我没有盗窃"。法官对此的答复是,"你必须去证明"。[232]贝蒂认为,"显然,每个被告人都发现自己面临这种困境"。[233]

五、定罪量刑合一的审判程序

17世纪末和18世纪关于量刑的习惯做法,也是迫使被告人庭上自我辩护的重要压力来源。我们对量刑的现代设想是,它应该作为定罪后的一个独立环节出现。此外,在陪审团审判的案件当中,我们希望拥有量刑裁判权的是法官,而不是陪审团。然而,在现代社会早期,审判程序和审后程序之间、陪审团和法官之间就量刑功能的分工是不明确的。陪审团通过认定较轻刑罚的罪名来调整裁决,实现对刑罚的选择适用中起着非常重要的作用。(当陪审团以更轻的罪名降格处罚时,或者认定的犯罪数目比已指控或证明的犯罪数目更少时,这种减轻刑罚的权力所留下的痕迹在现代司法实践中仍然存在。)

陪审团在实践当中为降格处罚而认定更轻的罪名,或者故意低估赃物价值而减轻刑罚,特别是为避免死刑而减轻刑罚[234],这些被布克莱斯通称为"善意伪证"的做法已永载史册。[235]历史文献为此制造了一个专有术语"降格处罚裁决"(partial verdict),用来描述对被告人定罪但减轻刑罚的做法。

在伊丽莎白-雅各宾时期,"降格处罚裁决"相对来说并不常见。[236]它是18世纪

---

[230] Beattie, *Crime* 341.

[231] James Watt *et al.*, *OBSP* (Dec. 1684), at 5.

[232][233] Durham, *SAP* (Lent 1739), at 20, cited by Beattie, *Crime* 349.

[234] Discussed in Beattie, *Crime* 419—430; Beattie, *Policing* 303—312, 339—346, 435—448; Langbein, "Ryder" 47—55; King, *Crime* 231—237; see also 1 Radzinowicz, *History* 83—106, 138—164.

[235] 4 Blackstone, *Commentaries* 239.

[236] Cockburn, "Introduction" 114(降格处罚裁决占5％)。这种由陪审团操控的减刑制度的泛滥使用,可以追溯到中世纪的普通法中;Green, *Verdict* 97—102。

死刑替代措施发展的产物,特别是流放到新大陆做劳役的刑罚发展起来[230],催生了"降格处罚裁决"的做法。流放变成了神职人员犯罪减轻处罚的一种特权[238],它让陪审团在适用死刑或者流放刑的处罚当中作更实际的选择。[239]比如,如果陪审团认定被告"入室盗窃"(burglary),被告将接受的惩罚是死刑;但是基于同样的事实,陪审团将神职人员认定为"普通偷窃"(theft),仅被处以流放刑。不是所有的"降格处罚裁决"都处以流放刑:当陪审团认为盗贼偷到的货物价值低于一先令(等同于10便士)时,这样的犯罪就仅构成轻罪而非重大盗窃(grand larceny)犯罪,通常只处以鞭刑。[240]从18世纪50年代在伦敦老贝利法庭审判案件的样本中,我发现陪审团决定"降格处罚裁决"的案件接近四分之一。[241]对于其中一些犯罪,如扒窃,陪审团总是低估它们的价值,从而形成一种"死刑实际上不是恰当处罚"的社会共识。[242]相反,对于财产犯罪案件存在另外一个极端,特别是公路抢劫和团伙性质的入室盗窃,被认为是穷凶极恶的,陪审团几乎不存在对死刑的减缓适用。[243]然而,对于大量的财产性犯罪,陪审团的裁量处罚权都居于主导地位。在决定是否减轻处罚的时候,陪审团首先权衡犯罪的严重程度,其次要考虑被告的行为和品格。

59

对于那些陪审团可能"降格处罚裁决"的犯罪,陪审团这种减轻处罚的权力对

---

[230]　The Transportation Act,4 Geo.,c.11(1718).该法令具有决定性意义。关于流放刑的发展及其对刑事司法制度的影响,see Beattie, *Crime* 500—519,538—548,592—601,619—621;Beattie, *Policing* 427—448。

[238]　关于神职减刑特权历史的概括性描述,see Langbein,"Ryder" 37—41。

[239]　贝蒂记载道:"法律中充斥着死刑,因此在执法中如何行使裁量权便成为一个问题。不过,当时普遍认为,并非所有被指控,甚至被认定犯有死罪的嫌犯都会最终被绞死。在所谓'血腥法典'的执行过程中,大部分的工作是决定如何选出应被判处死刑的罪犯。在这一过程中,陪审团可以将死罪减为罪不至死,法官可以判决死囚暂缓执行,并请求国王赦免,二者都发挥着关键性作用。"Beattie,"Scales"231.关于赦免制度及其对"被告陈述"式审判的影响,参见后注[241]—[243]、第五章注释[248]—[252]及其相应正文。

[240]　例如在某个案件中,作为被告的妇女被控盗窃室内布匹,价值达数英镑,"嫌犯等于是承认了犯罪事实,说她是由于贫困才做出这样的错事,等等。最后她被认定有罪,但认定赃物价值是10便士"。Elizabeth Wooly, *OBSP* (Sept. 1686),at 2.最后,她被处以鞭刑。

[241]　See Langbein,"Ryder" 52.贝蒂研究了大量萨里郡的案例,包括轻罪案件和重罪案件,发现在1700—1739年间,降格处罚裁决的比例为24.9%,在1740—1779年降至12.7%,而1780—1802年更减至7.5%。Beattie, *Crime* 419 and n.32。

[242]　参见第五章注释[287]。

[243]　See Beattie, *Crime* 427—429;King, *Crime* 231—233;Langbein,"Ryder" 53。

刑事审判的目的产生了深刻影响。18世纪的刑事审判案件中,只有很小一部分是真正地通过双方的对抗而调查其有罪或者无罪的。在许多案件中,大多数情况下被告都是人赃俱获或者没有作出令人信服的辩护;在一定程度上,这些案件的审判功能已经不是形式上的定罪,而仅仅是决定刑罚而已。因为在这种情况下,辩护的目的就是向陪审团陈述此罪具有宽恕的意见和刑罚减轻的情节,所以刑事被告人就面临着极大的现实压力而不得不自我辩护。由于量刑成为审判的一个部分,除非被告亲自陈述其犯罪情节,审判程序实际上便成为被告参与其量刑听证的一种阻碍。可以肯定,品格证人在部分案件里确能分担一些被告人的压力;被告人保持缄默仍能获得陪审团的宽大处理,并不是不可能的。但是这样做存在着巨大风险,被告很少有胆量这样去做。因此,被告人宁愿接受审判而不愿意进行认罪答辩的这些因素[24],也促使了被告人在法庭上就其对案件的了解来进行自我辩护。

直到18世纪末和19世纪早期,伴随着监禁刑替代流放刑,这种降格处罚裁决制度才逐渐消失。现代审后量刑制度的出现是由多种因素引起的。以犯罪类型的合并和合理化为目标的刑法修改运动,引发了罪刑相适应原则的出现。这一波修法运动的出现与监禁刑成为严重犯罪案件的常规处罚是密不可分的。死刑、流放刑这些传统的刑罚方式使被告人完全受制于陪审团,因为陪审团除了这两种非此即彼的选择外,并无其他选择。由于监禁刑这一新刑罚方式的期限是无限可分的,因此量刑幅度的概念由此而生,它赋予了法官对特定案件裁量适用刑罚的权力。然而,直到监禁刑完全取代流放刑,这种陪审团主导的降格处罚裁决制度对被告人在庭审中主动向陪审团就指控罪行和控方证据自我辩护,产生了巨大的压力。

六、宽赦制度

巡回法庭和老贝利法庭的法官有权向国王建议对被告宽赦。[24]国王根据法官

---

⑭　参见前注㊺—㊼及其相应正文。

㉔　在18世纪,由法官掌握的赦免程序是刑事诉讼中的常规程序;相关探讨, see Beattie, *Crime* 430—449; *Beattie*, *Policing* 287—304, 346—369, 448—462; 1 Radzinowicz, *History* 107—137; King, Crime 297—333; Langbein, "Ryder" 19—21; Douglas Hay, Property, Authority and the Criminal Law, in *Albion's Fatal Tree: Crime and Society in Eighteenth-Century England* 17, 40—49(D. Hay *et al.*, eds.) (1975); John H. Langbein, "Albion's Fatal Flaws," 98 *Past and Present* 96 ,（转下页）

的建议行使赦免权是刑事诉讼的一个基本特征。[246]1753年,亨利·菲尔丁(Henry Fielding)在其著作中强调了审判对定罪后量刑程序的依赖:

> 然而,如果经过严格保障的刑事审判程序,最后仍无可争辩地表明被告受到了不公正处罚,或者是因为某些案件背后的情形被揭示出来,或者是发现控方证人确实作了伪证,或者由其他方式披露出被告人的无辜,慈悲之门依然会向他敞开。以恰当和充分的理由向审判法官和枢密院提出申请后,被定罪之人必定会获得宽恕,或者保全其生命,并恢复其自由和名誉。[247]

在宽赦程序中,法官对被告的看法取决于其在审判中获得的信息。我们可以看到[248],17世纪和18世纪的刑事审判中,法官不鼓励认罪答辩的原因之一,就是希望如果后来他要提出赦免请求时,能够通过正式审判更多地了解被告的情况。1751年,萨里郡巡回法庭的一位法官解释道,他之所以对一名答辩认罪的被告判处绞刑,是因为认罪答辩使得法官无从了解所有对其有利和不利的证据和情况。[249]因此,被告寄希望于定罪后的赦免程序,这是促使他在审判中对指控和控诉证据进行陈述的另外一个动机。

七、被告没有反对自证其罪的特权

以"被告陈述式"审判为基础的诉讼制度与反对自证其罪的特权是不兼容的。我们在本书第五章的叙述中可以看出,反对自证其罪的特权和18世纪辩护律师的

(接上页)109—114(1983);see also Simon Devereaux, "The City and the Sessions Paper: 'Public Justice' in London 1770—1800," 35 J. *British Studies* 466(1996)(运用《审判实录》提出赦免建议、提请国王核准)。加特瑞尔进一步研究了19世纪的赦免状况;V. A.C. Gatrell, *The Hanging Tree: Execution and the English People*: 1770—1868, at 543—565(1994).

[246] 陪审员们知道裁决后一般采用赦免程序,该程序可能会影响裁决结果。一位读本作家曾记述,在1715年某个案件的审判中,一位陪审员本来倾向于判被告无罪,但他承认因为被告很可能被赦免,所以他默许了多数派的意见,判其有罪。"他觉得坚持自己的意见作用不大,因为他知道那位先生[被告]对[国王的]法庭有用,所以不会要他性命。"Anon., *Capt. Leeson's Case: Being an Account of His Tryal for Committing a Rape*(London 1715) (Folger Libr., Washington, DC, shelfmark DA 501 L4 C2 Cage).被告最后被暂缓处决、申请赦免。

[247] Henry Fielding, *A Clear State of the Case of Elizabeth Canning* (London 1753), in Fielding, *Enquiry* 281, 285.

[248] 参见前注[52]—[53]及其相应正文。

[249] Quoted in John M. Beattie, "Crime and the Courts in Surrey: 1736—1753," in *Crime in England*: 1550—1800, at 155, 173(J. S. Cockburn ed.) (1977).

出现存在内在的紧密联系。没有辩护律师，行使沉默权就意味着完全放弃辩护权。[249]在"争吵式"审判时代，这种力量发挥了反作用，它不是让被告保持沉默，而是迫使他开口陈述。

第六节　被告的困境

在本章中我一直强调，确保被告成为信息源是近代早期刑事诉讼的核心任务。这一政策催生了禁止辩护律师参与规则及审判的其他内容。英国刑事法庭就是要被告本人不借助任何外力，在公开审判中就控方的指控和证据亲自作出陈述。由于这种审判模式给被告施加了很多的压力，因此如果无辜者受到死罪的错误指控和恣意指控，他就处于被错误定罪的严重风险之中。那当时的人们为什么对"争吵式"审判所固有的危险无动于衷呢？

一、毫无准备成为优点

作为第一位研究近代早期刑事诉讼的伟大历史学家，詹姆斯·F.斯蒂芬尽管意识到了这种程序的缺陷[250]，但还是为它辩护。他写道："这种审判短促而严厉，直奔主题；不管嫌犯处于何种不利处境，他都可以自由表达。他会专注于指控的每一个细节，如果他确实有话可说，他就会有机会进行详细有效的陈述。"[252]

斯蒂芬持有的这种观点的核心在于，"争吵式"审判体现了一种原始朴素的公平正义，因为还有可能设计出更不公平的程序；在这种意义上讲，该观点无疑是正确的，但他的论证并不充分。而问题在于，为何英国刑事程序在利益平衡上如此不利于被告——正如"争吵式"审判所表现的那样？为何当时的法律制度仍然坚持这种不利于无辜者行使辩护权的限制做法？如前所述，贝蒂描述了 18 世纪萨里郡刑

---

[249]　The theme of John H. Langbein，"The Historical Origins of the Privilege against Self-Incrimination at Common Law," 92 *Michigan L. Rev.* 1047(1994)〔hereafter Langbein，"PASI"〕，substantially republished in R. H. Helmholz *et al.*，*The Privilege against Self-Incrimination：Its Origins and Development* 82(1997).

[250]　1 Stephen *History* 350.

[252]　Ibid. at 355.

事被告出庭受审的那些场景——"这些人很少在大庭广众之下说话,却发现自己突然成为众人瞩目的焦点,要在陌生的地方面对听众说话;这些人通常衣衫褴褛,面黄肌瘦,疾病缠身,他们通常无力对证人实施有效地交叉询问或对不利证据进行有力反驳。"[253]即使确如斯蒂芬所说,这套程序体现了一种原始朴素的公平正义,但问题是:为什么是原始朴素的(公平正义)? 为什么不能从制度上取消那些不利于被告的做法,从而让这种审判更加公平呢?

当时人们认为,至少部分原因是:让被告承受上述压力和遭遇种种苦难有利于发现事实真相。这显得很奇怪。贝蒂提到玛丽式审前调查程序偏向控方的理由时,敏锐地分析了当时人们的审判观念:"人们认为,如果嫌犯在法庭上才第一次看到证据,那么由陪审团根据其毫无准备的临时反应进行判断,便能最大程度上揭示事实真相。"[254]让被告事前对控方证据一无所知,然后让其在"无律师帮助"的情形下回答问题——"这并不是对他情感的漠视"[255];相反,这可以帮助被告"通过有力、诚实的辩护"向陪审团来证明自己的清白[256]。这种制度使被告毫无准备,在现代人看来,会觉得它有害于真相的发现且明显不利于被告,但在当时的人们看来,这种制度却是为查明事实而作出的一种努力,它强化了被告陈述的即时性。如前所述,霍金斯就称赞"一位问心无愧者的简单、纯真,言行坦荡、不掩饰造作"[257]。英国刑事诉讼坚持口头性[258],并将这种强调即时性的做法从被告扩大适用于证人[259]。

---

[253] Beattie, *Crime* 350—351.(同前注[126]、[194]。——译注)

[254][255] Ibid. at 271.

[256] Ibid. at 272.

[257] 2 Hawkins, *PC* 400.

[258] 托马斯·史密斯爵士比较了英格兰陪审团刑事审判中突出的口头性和当时欧陆盛行的书面式刑事诉讼。"在性命攸关的审判中,除了起诉状外没有任何书面材料,这对于运用罗马皇帝民法的国家看来,显得非常奇怪。"Smith, De *Republica* 114—115.现代学者关于英格兰和欧陆传统在这一问题上的比较,see Tony Honore, "The Primacy of Oral Evidence?", in *Crime*, *Proof and Punishment*: *Essays in Memory of Sir Rupert Cross* 172(C. F. H. Tapper ed.) (1981).

[259] 1736年老贝利法庭的一次审判中,盗窃案的受害人指控被告和销赃者、开始朗读其证言时,被法官打断。被害人解释说,他"把事情都记录下来,以免忘记关键的东西,也免得说得太琐细、给法庭添麻烦。事发后我就写好了"。法官答道:"先生,通常我们不照本宣读证言。你可以用书面材料提示你的记忆,但惯例上证人们总是口头说出他们的证言。"Elizabeth Borroughs and Bryan Carney, *OBSP* (July 1736, ♯♯69—70), at 182, 183—184. 50 年后,又有一个类似案件,see John Langford and William Annand, *OBSP*(Jan.1788, ♯137), at 177, 178(控方证人朗读其关于犯罪事实的备忘记录时,被法庭打断)。

"争吵式"审判之所以明显偏向控方,其理由是为了保证被告陈述的即时性和原始性。在 16 世纪和 17 世纪,这种做法使得审判更加依赖于身份证据和品格证据,但这些证据并不可靠,因而遭后人批评[260]。我们在本书第二章和第三章中将看到,这种认为被告毫无准备有利于揭示事实真相的天真想法,是如何在 17 世纪末到整个 18 世纪被逐步颠覆的。

二、历史背景

从历史角度看待近代早期刑事诉讼中的利益平衡,可能也有助于理解当时人们为何对被告的困境视而不见。

"争吵式"审判出现于中世纪末期,是早期刑事诉讼程序的残余。12 世纪和 13 世纪以陪审团为基础的刑事审判程序,其运作过程与托马斯·史密斯爵士笔下的"争吵式"审判截然不同。在中世纪,控诉陪审团(大陪审团的前身)和审判陪审团都是自行获得信息的。陪审员们"是从那些已经了解事实的人中间选出"[261]。邻近原则是选拔陪审员的原则,即陪审员必须是从案发地邻近的地区选出,这意味着那些已经知晓真相,或从其社会关系中了解真相的人士,会被挑选作为陪审员[262]。"他们一旦被召集",就有责任"查明事实,然后在出庭时进行陈述。他们必须收集证据,然后评价证据,并给出单纯的裁决结果(无须给出理由)"。[263]中世纪陪审员们出席法庭,更多的是为了陈述,而非倾听。

经过 14 世纪和 15 世纪,这种依赖近邻陪审员自行获取犯罪信息的陪审制解体了。中世纪的陪审团制度是以稳定的人口和农业社区组织形式为前提,而这种组织形式的解体是从 1348—1349 年黑死病导致的社会混乱开始的。到了托马斯·史密斯爵士所在的时代,各郡巡回法庭召集大陪审团和小陪审团时,都从整个

---

[260] 关于身份证据,see Elizabteth F. Loftus and James M. Doyle, *Eyewitness Testimony*: *Civil and Criminal*(3rd edn. 1997);关于品格证据,see Federal Rules of Evidence, Rule 404(a), Advisory Committee's Note, 56 Federal Rules Decisions 219, at 221, quoting the California Law Revision Commission。其中提到,"品格证据只有很小的证明价值,而且可能非常有害"。

[261] Thayer, *Evidence* 90.

[262] Ibid., at 91.

[263] 2 Frederick Pollock and Frederic W. Maitland, *The History of English Law*(2ndedn. 1898)(2 vols.) 624—625[hereafter Maitland, *HEL*].

郡挑选召集，而非局限于犯罪地附近㉔。

当陪审员不再与案件涉及的人和事具有紧密联系时，他们就失去了自行获取信息的能力。他们便成为现在我们所熟知的被动裁决者，事前对案件事实一无所知。审判陪审团的性质已经改变，成了旨在让陪审员了解案件情况的一种指导性程序。

随着陪审团的被动化，"争吵式"审判模式随之逐渐形成。玛丽审前调查程序和"争吵式"审判程序表面上对控方"一边倒"式的偏袒，反映了当时的司法制度在陪审团丧失自行获取信息能力时所承受的压力。当陪审团对案件事实一无所知时，当时的人们恐怕已经看到信息优势转向了被告人。被告人可能知道部分或全部事实，他最清楚受到指控的事实是否发生，而此时的陪审团却一无所知。玛丽式审前讯问和"被告人陈述式"审判施加的压力都是强迫被告人说出自己所知道的事实，消除被告人在信息上的优势。

因此，从历史发展的经验来看，"争吵式"审判所体现的不公正，对于16世纪和17世纪设计和操作这套程序的人来说，可能并不明显。英国需要从历史经验中反思，这种刑事审判模式可能给那些受到错误指控的人带来多大的危险。这些经验就是本书第二章和第三章的主题。

在中世纪向近代早期的过渡时期刑事司法领域发生的另一项重大变化，可能也影响了当时人们如何对保障措施进行适当平衡的看法。中世纪晚期的各类审判主要针对那些不易为人所知的案件；在严重犯罪案件中，被当场抓住或逃跑后被抓住者，不经审判便被当场处死。梅特兰记载道："犯人不准开口辩解，他会被立刻绞死、斩首或者从悬崖上扔下去。"㉕到了中世纪晚期，这种私刑得到控制，所有被告人都必须被送交法庭审判。与托马斯·史密斯同时代的人看来，相比于此前不能辩护而直接被处死者，"争吵式"审判已经是对被告人辩护保障措施的巨大改善。

㉔ 关于全郡范围的大陪审团，see 4 Blackstone, *Commentaries* 299（"该郡最杰出的人士"）。拙文曾讨论小陪审团的遴选规则，John H. Langbein, "The English Criminal Trial Jury on the Eve of the French Revolution," *in The Trial Jury in England, France, Germany*: 1700—1900, at 13, 24—29 (Antonio Padoa Schioppa ed.) (Comparative Studies in Continental and Anglo—American Legal History) (1987) [hereafter Padoa Schioppa, *Trial Jury*]。

㉕ 2 Maitland, *HEL* 579.

此外，将大量明显有罪、没有辩护希望的案件以陪审团程序审判，这一案件数量的变化使当时的人们习惯性认为：没有多少被告人的辩护会具有实质性内容。因此便会漠视"争吵式"审判具有的危险，即它有时会阻碍无罪的人进行真正的辩护。

到托马斯·史密斯笔下的那个时代，刑事审判作为一种不断流变的形态，已经发生了深刻的变化。理解这种变化有助于我们明白为何在史密斯所处的时代及以后的很长一段时间内，"争吵式"审判模式的缺陷并不明显。无论是诉讼程序的操作者还是有权力改变程序的政治精英阶层，均未意识到当时的刑事程序中有什么问题。而到了17世纪末期，随着斯图亚特王朝晚期对叛逆罪案件审判的出现，他们才开始意识到这些问题的存在。

第二章 1696 年《叛逆罪审判法》:辩护律师的出现

1696 年《叛逆罪审判法》(Treason Trials Act)的出台意味着,禁止辩护律师参 67
与审判规则首次取得了重大突破。[①]该法案赋予叛逆罪案件的被告在审判与审前
程序中都可以获得律师帮助的权利,并且它包括叛逆罪被告加大辩护机会的其他 68
改革。1696 年法案成了刑事诉讼中保护被告的大宪章,因此也是英美法系刑事诉
讼制度史上的一个转折点。对抗式刑事审判的起源便可以追溯到 1696 年法案。

这项标志性立法的独特之处在于它仅限于叛逆罪,这种犯罪的数量不多,但影
响重大。叛逆罪[②]是指实施或者策划实施杀害国王的行为,或者起兵叛乱的行
为。[③]1696 年法案的制定是为了回应从 1678 年到 1688—1689 年光荣革命这十多年
间叛逆罪中出现的严重司法不公问题。基于本章的后述原因,立法者认为这些问题
是叛逆罪中所独有的。1696 年法案其实规定了一项特殊形式的程序,即由律师主导
的刑事庭审程序,去处理这一棘手和特殊法律领域出现的少量案件。事实上,立法
者之所以有勇气积极推进这一改革,部分原因是他们认为该法案仅适用于叛逆罪。
他们不知道其实他们正在为普通案件中的常规对抗式审判做铺垫性工作。几十年

---

① An Act for Regulating of Trials in Cases of Treason and Misprision of Treason, 7 Wil.3., c.3
(1696) [hereafter 1696 Act].

② 法令中的用词是"重大叛逆",排除了"轻微叛逆"。后者是指佣仆对主人或妻子对丈夫的谋杀。
See 4 Blackstone, *Commentaries* 75, 203; 1 Radzinowicz, *History* 209—213.关于对该类谋杀中妻子被
定罪的例证,参见后注㊿,以及第五章注释㉝。

③ 关于定义叛逆的相关法学文献,参见第一章注释⑤。该罪名通过制定法加以规范,比其他各种
犯罪都更早。25 Edw. III, st. 5, c.2(1352),及此后相关立法。See generally John G. Bellamy, *The
Law of Treason in England in the Later Middle Ages* (1986).

之后,在第三章中出现的情形,律师主导的刑事审判程序将打破只适用于叛逆罪的限制,将对抗式审判推广到普通犯罪案件中,并最终改变了英美法系的刑事司法。

在本章中,我将考察斯图亚特王朝晚期所发生的主要叛逆罪案件,把当时人们批评审判后出现的诉讼改革事项与法案的条款联系起来,对立法者将程序改革仅限于叛逆罪的原因予以特别关注。本章最后考察:仅限于叛逆罪的法案为何忽略了对抗式程序的两个主要缺点:争斗效应和财富效应。

第一节　斯图亚特王朝晚期的叛逆罪审判

17世纪七八十年代是英国政治生活中的动荡时期。④1660年,查理一世被处决后的无君主统治时期结束,英国恢复了君主制。因为查理二世没有合法继承人,所以可能由其弟罗马天主教信徒詹姆斯(也就是后来的詹姆斯二世)来继承王位。政治集团对此感到很不安。人们担心詹姆斯会运用君权颠覆英国国教⑤,并与法国、西班牙等天主教大国结盟。人们对前任天主教君主玛丽女王(1553—1558年在位期间)时代的宗教迫害仍然心有余悸,便对詹姆斯时代可能再次出现宗教冲突充满了恐惧。1681年,查理二世解散议会,实现无议会统治,且在其任内再未召集。这一过程使得一些原本在议会进行的派系斗争,以审判政治性犯罪的形式从议会转移到了法庭。

从1678年到光荣革命后的1688年至1689年间,这十几年间出现了一系列重大叛逆罪的审判,如1678年天主教阴谋案、1683年拉伊住宅阴谋案以及1685年的蒙茅斯叛乱案。*这些案件的审判都是对后来诉讼改革具有里程碑意义的重大事

---

④　关于其背景,see J. H. Plumb, *The Growth of Political Stability in England:1675—1725*(1967)。

⑤　有观点认为,詹姆斯只是希望英国保持对天主教徒的宽容,但由于处置失当,使人误以为他意图推翻英国圣教会;相关的精彩论述,see G. V. Bennett, "The Seven Bishops: A Reconsideration"[hereafter Bennett, "Reconsideration"], *in Religious Motivation: Biographical and Sociological Problems for the Church Historian 267, 274—275*(Derek Baker ed.)(1989)(本文献承亨利·霍维茨惠予提示)。

*　天主教阴谋案,参见正文中说明;拉伊住宅阴谋案:拉伊住宅指拉伊家宅,位于林特福德郡,是谋划者之一理查德·朗博尔德(Richard Rumbold)之妻的住宅,系国王查理二世经常路过之处,因此策划在此处对其进行袭击,后未遂、并败露;Sir George Clark, *The Late Stuarts* 1660—1714, at 104—105(1955)。蒙茅斯叛乱案:蒙茅斯公爵(Duke of Monmouth)是查理二世长子,詹姆斯二世即位后,于1685年夏在英格兰莱姆里吉斯(LymeRegis)登陆、起兵,主张对王位的继承权。兵败后被俘、并被处决。Ibid. at 120—122.

件。随着这些叛逆罪审判的进行，人们开始意识到：这些无辜的政治精英之所以遭到有罪判决，甚至处以死刑，是因为对无根据的指控不能进行有效辩护。对司法不公的这种感受引发了一场提高被告人权利保障的运动，推动了《权利宣言》相关条款的出台，并促进此后 1689 年《人权法案》和 1696 年《叛逆罪审判法》的颁布，孕育了 1701 年《王位继承法》（Act of Settlement）中所呈现的司法改革趋势。

一、天主教阴谋案

"天主教阴谋"据称是指天主教徒（包括许多朝臣）的一项阴谋，"要谋杀查理国王，（再次）纵火焚烧伦敦，建立天主教军队，并引诱外敌入侵"。⑥据说，詹姆斯的一名大臣爱德华·科尔曼（Edward Coleman）是罪魁祸首，他准备派天主教的耶稣会成员伪装成基督教长老会信徒，进入苏格兰，在当地发动叛乱，而法国军队会在爱尔兰协助发动叛乱。2 万名天主教信徒要在伦敦屠杀 10 万名新教教众。⑦　　70

该犯罪指控主要是由不得志的国教教士泰特斯·奥茨（Titus Oates）实施的。　　71他声称，在接受耶稣会救济、客居法国期间无意中得知这一阴谋的细节，这些骇人听闻的发现又引出另一个诬告者威廉·贝德罗。他声称，奥茨的指控确有其事，并在此基础上添油加醋。在由此而发生的叛逆罪指控中，其他一些诬告者不断加入，或为了出名，或者为了报复。⑧随后而来的指控将天主教的贵族卡斯尔梅英勋爵和斯塔福德勋爵都牵连进来。根据惯例，国家犯罪案件由枢密院进行调查，王室法律官员们协助调查并出庭控诉。

受奥茨恶意指证的第一位受害人是科尔曼，以他为目标再合适不过，因为他是"威斯敏斯特的天主教游说者"。⑨他的书信被查抄，并从中发现了"解散议会、允许天主教存在和维护其利益"等内容⑩，这似乎证实了奥茨和贝德罗所捏造的弑君、屠杀以及入侵等阴谋。伦敦的治安法官埃德蒙·贝里·戈弗雷爵士在听取了奥茨

---

⑥　J. R. Jones, Country and Court：England, 1658—1714, at 199(1978 edn.)［hereafter Johns, Country］.

⑦　John Miller, *Popery and Politicas in England*, *1660—1668*, at 156(1973).

⑧　See John Kenyon, The Popish Plot (1972) ［hereafter Kenyon, *Plot*］.关于奥茨和贝德罗如何互相唱和，并诱使一些小角色们，如伦敦的达格代尔、普兰斯和丹杰菲尔德、北部的博尔隆和莫布雷之流参与其中，制造伪证，书中的描绘细致入微，令人不寒而栗。

⑨⑩　Johns, *Country*, *supra* n.6, at 201.

证词后而神秘失踪，他被发现时已经死亡，疑似遭到谋杀，这似乎再次印证了阴谋的存在，从而加剧了人们的恐慌情绪。⑪科尔曼、卡斯尔梅英、斯坦福德、多位耶稣会的教士以及许多被控图谋不轨的主犯从犯都在法庭上受到指控，审判从 1678 年持续到 1680 年。史蒂芬将这些审判称之为"六次司法不公的审判，至少有 14 个无辜之人因而丧命"。⑫

随着审判的推进，对奥茨诚实度的质疑逐渐浮出水面⑬，他的谎言已经无法自圆其说。在受到追查后，他于 1685 年受到指控并被判伪证罪。⑭在伪证罪的审判程序中，对他定罪和量刑的法官便是后来遭人唾弃的首席大法官乔治·杰弗里斯。伪证是轻罪，因而罪不至死；虽然杰弗里斯认为奥茨的伪证罪行"绝对比一般的谋杀更令人厌恶"。⑮"在法庭上用诬告、满口谎言的证人提供的恶毒证据陷害无辜者"，⑯杰弗里斯对此大为震怒，对奥茨罚以重金、多次戴枷示众，并处鞭刑和终身监禁，然后剥夺教士身份。⑰奥茨受到残酷鞭打后带枷示众，据说围观者多达万人。⑱

有些辉格党人始终不承认"天主教阴谋"是错案。1668—1689 年革命后，人们此起彼伏的怨声，包括对奥茨所受严厉刑罚的抱怨，催生了《权利宣言》第 10 条，即禁止过高罚金以及残酷、不合理的刑罚。⑲奥茨被释放，因"受到不得人心的杰弗

---

⑪　Kenyon, *Plot*, supra n.8, at 264—270.

⑫　1 Stephen, *History* 392; accord, Kenyon, *Plot*, *supra* n.8, at 179—180.

⑬　例如，保皇党的议会议员和米德尔塞克斯郡治安法官约翰·里尔斯比爵士在日记中记述了 1680 年 12 月在埃利主教家宴上与奥茨的一次见面。奥茨发表讲话"诋毁约克公爵、即后来的詹姆斯二世……讲话中暴露了其无知和无赖"，但"（因为怕被阴谋案牵连）无人敢于面责"。*Memoirs of Sir John Reresby* 208—209(Andrew Browning ed.) (2nd edn. 1991)［hereafter Reresby, *Memoirs*］.在约克巡回法庭审理的与阴谋案有关的迈尔斯·斯特普尔顿叛逆案中，代表国王的控诉律师对一位名叫克里斯托弗·坦卡德的陪审员资格提出质疑，因为坦卡德"藐视关于这个阴谋的证据，给他的狗取名叫奥茨和贝德罗"。*R. v. Miles Stapleton*, 8 *St. Tr.* 501, 503(1681).尽管法庭的压力很大，但斯特普尔顿仍被判无罪。Ibid. at 526.

⑭　*R. v. Titus Oates*, 10 *St. Tr.* 1079(K. B. 1685).

⑮⑯　Ibid. at 1300.

⑰　Ibid. at 1316—1317.

⑱　Kenyon, *Plot*, *supra* n.8, at 257.

⑲　Lois G. Schwoerer, *The Declaration of Rights*, 1689, at 93(1981)［hereafter Schwoerer, *Declaration*］. 其中强调，即使是刑事制裁，世俗法院也无权介入神职人员的事务。Ibid. at 93—94. See also Anthony F. Granucci, "'Nor Cruel and Unusual Punishments Inflicted': The Original Meaning,"57 *California Law Rev.* 839, 858—860(1969).

里斯法官所迫害,要求获得赔偿"。⑳由于议会未能就是否平反达成一致意见,㉑所以上议院拒绝了他的要求。后来,威廉三世赦免了他,并向其支付了养老金。对奥茨的定罪和处罚连同关于他的争议,在此后 10 年间都与天主教阴谋案的审判一同作为司法不公的事件萦绕在公众记忆中,从而推动了叛逆罪案件审判改革的运动。

《快报》记者们出席并记录了天主教阴谋案的审判过程,这些记录当时就以简短报告形式出版,后来被收入《国家审判实录》。两百年后,史学家斯蒂芬读到奥茨和其他证人荒唐的陈述时,认为"他们的证据漏洞百出,这些指控很难找到任何依据,能避则避,闪烁其词;一旦告诉他们会有证人与其对质,他们就总是支支吾吾、退缩不前,然后就开始健忘了"。㉒

二、菲茨哈里斯案和科莱奇案

1681 年,当天主教阴谋案即将审结之时,又发生了两起叛逆案件;在光荣革命后讨论叛逆罪审判程序改革之时,这两起案件曾备受瞩目,这就是爱德华·菲茨哈里斯案㉓和斯蒂芬·科莱奇案㉔。前者是一个爱尔兰冒险家,他策划阴谋反而作茧自缚被自己所害;后者是一位虔诚的清教徒、查理二世的批判者,被判阴谋杀害国王的罪名成立。㉕

在候审期间,科莱奇向枢密院请求会见事务律师艾伦·史密斯和出庭律师罗伯特·韦斯特;"经国王授权",科莱奇可在"看守人员在场和听到的情况下随时与律师交谈"。㉖然而,出庭受审之时,他的各种材料却被"看守人员莫雷尔和国王的使者休厄尔没收"。㉗根据约翰·霍利斯(John Hawles)爵士在光荣革命后数月内出

---

⑳　Kenyon, *Plot*, *supra* n.8, at 259—260.关于上议院拒绝为其平反, see Schwoerer, *Declaration*, *supra* n.19, at 272—274。

㉑　Schwoerer, *Declaration*, *supra* n.19, at 272—274。

㉒　1 Stephen, *History* 385.

㉓　*R. v. Edward Fitzharris*, 8 *St. Tr.* 243(K. B.1681).

㉔　*R. v. Stephen College*, 8 *St. Tr.* 549(1681).当时的文献,包括收入《国家审判实录》的报告,都将其名字拼写为"Colledge"。此处及其他人名有拼写异体之处,本书都尽可能遵循《国家传记词典》中的惯例。

㉕　庭审中包括一些天主教阴谋案的证人,其中达格代尔是控方证人,但奥茨、博尔隆和莫布雷则是辩方科莱奇的证人。

㉖　8 *St. Tr.* at 552(摘录御旨内容).

㉗　Ibid. at 576.

版的著名出版物指出，莫雷尔和休厄尔的所作所为是受国王律师的指使。㉘科莱奇请求法庭命令归还其材料，因为这"与我的辩护有关，包括如何自我辩护的一些指导和指示意见"。㉙王室法院首席大法官诺斯回答，"除非法庭指派，怎么能有人给你材料？无人可以代理一个被控叛逆之人"。㉚控方律师之一、司法部长罗伯特·索耶爵士反对事务律师史密斯向科莱奇提供建议和书面指导。索耶指出，科莱奇的事务律师规避了禁止辩护律师参与审判的规则，因为他在被告和辩护律师之间传递消息。如果事务律师"可以来回穿梭、询问出庭律师，并将其意见以书面形式带给嫌犯，这与直接接触出庭律师就没有区别了。现在就有这么一位忙碌的事务律师，从出庭律师那里获得指示，然后传递给嫌犯……"㉛

　　法官命令对科莱奇的材料予以没收，并允许控方律师阅读。㉜控方律师因此改变了其庭审出示证据的策略，将本打算接受科莱奇反询问（反驳）的那些证人撤了回来。㉝两百年后，学者斯蒂芬对这种操作手法愤懑不已，并称为"英国法庭上发生的有史以来最难以容忍的事件之一"。㉞此事发生后不久的1689年，霍利斯写道："如果嫌犯在审前获得律师帮助和书面辩护意见，是合法的……；那么代表国王的控方律师命令没收科莱奇的材料，就明显违法了……"㉟最终，科莱奇被判有罪并被处决。

三、拉伊住宅阴谋案

　　1683年拉伊住宅阴谋案引发的叛逆罪审判，导致被告被判有罪并处决。其

㉘　Hawles, *Remarks* 22.作为名法律人士，霍利斯在1689年至1710年期间任议会议员，其中1695年至1702年间出任副总检察长。霍利斯在其小册读本中记了许多审判，并有所批评；《国家审判实录》据此摘录，如其中史蒂芬·科莱奇案，即据此摘编而成；8 *St. Tr.* at 723.此处依据其书初版。

㉙　8 *St. Tr.* at 570.

㉚　8 *St. Tr.* at 571.这里的"指派"一词，仅指授权或允许其代理。参见后注⑭—⑮及其相应正文。

㉛　8 *St. Tr.* at 583.

㉜　8 *St. Tr.* At 584.科莱奇争辩说："如果我完全不知道向证人提何种问题，为什么不能让我的朋友帮助我整理出问题？"Ibid, at 585.王座法院首席法官诺斯作出了惯常的回答，即根据"法庭会充当辩护律师"的说法（参见第一章注释⑩—⑯及其相应正文）："我们会尽可能排查出事实真相，你不用担心。"8 *St. Tr.* At 585.

㉝　Hawles, *Remarks* 22.

㉞　1 Stephen, *History* 406.

㉟　Hawles, *Remarks* 25.

中有两名辉格党领导人,一位是威廉·拉塞尔爵士(Lord William Russel),另一位是政治理论家阿尔杰农·西德尼(Algernon Sidney)。在历史文献中,这些指控被称为针对辉格党人的"斯图亚特式复仇",因为辉格党人支持天主教阴谋案的审判,并将拥护查理二世和未来詹姆斯一世的人描述为天主教的破坏者。㊱在叛逆罪审判的辩护权保障运动中,拉塞尔和西德尼之死是使辉格党赢得支持的关键性事件。

据说拉伊住宅阴谋案是一项由辉格党极端主义者策划的阴谋,其目的是阻止詹姆斯继承王位。拉伊住宅阴谋案不同于子虚乌有的天主教阴谋案,它确有其事。包括拉塞尔在内的主要辉格党人确实讨论了通过武力阻止天主教徒继位。㊲然而,"这里的拉伊住宅阴谋案与之前的天主教阴谋案有许多相似之处:控告者提出的许多证据都是虚假的或捏造的;传闻证据和同案犯的供述都被采纳;被告没有足够的时间准备辩护或传唤证人"。㊳尽管"天主教阴谋"是由国王调查和起诉的,但由于它主要依靠奥茨和其他诬告者偶然的控告,所以拉伊住宅阴谋案比天主教阴谋案得到了更多的政府背后指导。

76

四、血腥巡回审判案

1685 年查理二世驾崩时,其私生子蒙茅斯公爵在英格兰西部发动清教徒起义,试图阻止詹姆斯继位。皇室军队在塞奇莫战役中镇压了蒙茅斯公爵的叛乱。近 1 400 名㊴叛乱分子被俘获,并以叛逆罪的罪名被指控。对他们的审判由一个特

㊱ James R. Phifer, "Law, Politics, and Violence: The Treason Trials Act of 1696", 12 Albion 235, 239(1980) [hereafter Phifer, "Act"].

㊲ 关于刺杀国王、激起民变的图谋确有其事的证据,see Richard Ashcraft, *Revolutionary Politics and Locke's Two Treatises of Government* 338—340(1986); Malinda Zook, "Violence, Martyrdom, and Radical Politics: Rethinking the Glorious Revolution," in *Politics and* the *Political Imagination* in Later Stuart Britain 75, 77—80(Howard Nenner ed.)(1997). 拉塞尔可能是莫须有证据的受害者,但他参与这些讨论,根据法律,可能已足以判其叛逆罪。Lois G. Schwoerer, "The Trial of Lord William Russel (1683): Judicial Murder?," 9 J. *Legal History* 142(1988) [hereafter Schwoerer, "Russell"].

㊳ Johns, Country, *supra*n. 6, at 223.

㊴ G.W. Keeton, Lord Chancellor Jeffreys and the Stuart Cause 329(1965) [hereafter Keeton, Jeffreys]. 确切数字不详。受审判的人员名单见:J.G. Muddiman, *The Bloody Assizes* 195—225 (1929)。

第二章 1696 年《叛逆罪审判法》:辩护律师的出现 69

别巡回审判委员会进行，由首席法官杰弗里斯（Jeffreys）主持。由于大批人被处死，所以这些审判也被称为"血腥巡回审判"[40]。

由于杰弗里斯在血腥巡回审判中表现出专横和腐败，斯图亚特王朝时期法官的名声跌至低谷。据说他贩卖赦免的名额[41]，其中向富裕的埃德蒙·普里多家族贩卖了一个名额，售价达到令人瞠目的 14 500 英镑，而杰弗里斯将所有的赃款尽收囊中。[42]杰弗里斯向国王建议，对那些被免死的叛乱分子处以流放刑，以每人 10—15 镑的价格罚作苦役卖往新大陆，"朝臣争相要求售卖这些俘虏"。[43]多年以后的 1689 年，霍利斯在书中谈到杰弗里斯肆意决定免除何人死刑时，评论道："许多人由于拥有犹太人的姓（比如奥贝迪阿之类的姓）而被绞死，西部的这种做法被人戏称为'他们的教父害死了他们'。"[44]200 多名叛乱分子分别在六个镇被处死。[45]"严重的叛逆罪被处以最严厉的刑罚。叛逆分子被送上绞架直至昏迷，然后被开膛破腹、斩首或分尸。他们的残骸在卤水中煮沸，又用黑柏油包裹，最后悬挂于杆子上、树上和路灯柱之上。"直至一年后，詹姆斯二世才下令撤除。[46]

血腥巡回审判中最有名的被害人是爱丽丝·莱尔（Alice Lisle）女士。她是一位七十多岁的失聪寡妇，对审判中发生的一切似乎不太明白。她已故的丈夫是 1649 年参与杀死查理一世的弑君者。她被指控犯的叛逆罪行[47]包括窝藏蒙茅斯叛乱的逃逸分子——一个她认识很久的名叫希克斯的反对派大臣。在审判中她辩称，她既不知道他是叛乱分子，也不能从衣着举止中看出其参加过战斗。杰弗里斯

---

[40] 这一名称始于革命后出版的辉格党殉道者传记，其中包括对这些审判的夸张描述。See Melinda Zook, "'The Bloody Assizes' Whig Martyrdom and Memory after the Glorious Revolution," 27 Albion 373, 375—377(1995) [hereafter Zook, "Bloody Assizes"].哈维格斯特认为，"只是到革命后，这些审判才被视为暴行。在 1685 年，它们很少受人关注；痛恨或哀婉的表示也是绝无仅有的"。Alfred F. Havighurst, "James II and the Twelve Men in Scarlet," 69 Law Quarterly Rer. 522, 527(1953) [hereafter Havighurst, "James II"].

[41] 严格地说，只有国王、而非法官才有权赦免，但通常国王都接受法官的赦免建议。参见第一章注释[246]—[249]、第五章注释[348]—[352]及其相应正文；Beattie, Crime 431—449。

[42] Keeton, Jeffreys, supra n.39, at 326；See also Schwoerer, Declaration, supra n.19, at 96.

[43] Schwoerer, *Declaration*, supra n.19, at 97.

[44] Hawles, Remarks 25.

[45] 基顿估计有 200 人被处决，其余大多数被流放。Keeton, Jeffreys, supra n.39, at 329.

[46] Zook, "Bloody Assizes,"supra n.40, at 382—383.

[47] R.v. *Lady Alice Lisle*, 11 St. Tr. 297(Winchester Assizes 1685).

亲自对她的辩护进行驳斥,告诉陪审团(如果报道属实[48]),"这些满口谎言、哭哭啼啼、看似虔诚的长老会无赖……以这种或那种方式参与了可怖的阴谋和叛乱"。[49]尽管陪审团起初不愿作有罪判决[50],但最后还是屈服于杰弗里斯法官。然后他对爱丽丝·莱尔处以火刑(这是当时对女性叛逆罪的刑罚[51]),詹姆斯二世又将刑罚变更为斩首。[52]

五、补充:七主教案

还需要提到的斯图亚特王朝后期最重要的一个政治指控案件:1688 年的七主教案。[53]该案的审判程序和当时其他重大叛逆罪的审判程序在三个方面存在重要差异:第一,这个案件指控的罪名不是叛逆罪,而是煽动性诽谤罪;第二,由于煽动性诽谤罪仅仅是一个轻罪,所以允许被告人拥有律师,进而律师发挥了积极的作用;第三,所有的被告都被判无罪。虽然詹姆斯二世颁布"宽容宣言",希望取消"异教禁止法"的执行,但被告坎特伯雷大主教和另外六个英国圣教会主教拒绝在论坛上宣读。他们因为质疑[54]詹姆斯二世拥有废除立法的权威而被以煽动性诽谤罪起

---

[48] 《国家审判实录》中,这一时期其他重要叛逆案件审判的记载都来源于当时的小册子报告,但是,"1719 年《国家审判实录》初版以前,未见有任何'莱尔女士案'的报告出版"……J.G. Muddiman, State Trials, and Robert Blaney, 155 Notes and Queries 111, 149, at 149(1928) (2 parts).马迪曼认为爱丽丝·莱尔的审判报告来源于辉格党律师罗伯特·布兰尼,此人在早期曾因与"拉伊住宅阴谋案"有牵连而被捕;Ibid. at 111. 这位律师"意在诋毁……杰弗里斯,并揭露审判的不公"。Ibid. at 150.

[49] 11 St.Tr. at 359.

[50] 11 St.Tr. at 371.

[51] 包括妻子谋杀丈夫的轻叛逆罪;参见前注③。这刑罚是切实执行的。例如,"在 1661 年 3 月 8 日伍斯特郡四旬斋开庭期巡回审判中,一位名叫厄休拉·科比特的嫌犯因毒死丈夫而被处以火刑:1662 年的四旬斋开庭期巡回审判中,另一位妇女也因刺死丈夫被处以火刑。""Henry Townshend's 'Notes of the Office of a Justice of Peace', 1061—1063"(R. D. Hunt ed.) in Miscellany ll, at 68, 103 (1967) (Worestershire Historical Society, NS, vol.5). 记录这些案件的治安官汤森认为,科比特杀人时结婚仅三周,"如果父母包办一桩孩子并不乐意的婚姻,厄运就会降临。"Ibid. at 103 n.1.关于 18 世纪一件妻子谋杀丈夫的轻叛逆案,参见第五章注释⑭。

[52] 11 St.Tr. at 379.

[53] 12 St. Tr. at 183(K. B.688).本案相关文献的收集,Thomas A. Green, "The English Criminal Trial Jury and the Law-Finding Traditions on the Eve of the French Revolution, in Padoa Schiopppa, Trial Jury 41, 54 n.44。

[54] 关于抗议请求的形成,See Roger Thomas, "The Seven Bishops and their Petition, 18 May 1688," 12 J. Ecclesiastical History 56(1961).

诉。被告的辩护律师"将审理的争点转移到攻击'詹姆斯二世非法推广天主教'这一主要问题上。最后,首席大法官打破现存的司法判例,将这个案件交给陪审团裁定七主教的行为在法律上是否构成煽动性诽谤罪。他们最终被判无罪,很大程度上体现了向普遍民意妥协的特点……"⑤⑤七主教的无罪判决昭示了詹姆斯二世的命运,并引发了1688—1689年的光荣革命。

在16世纪90年代启动叛逆罪审判程序的改革时,当时的人们从"七主教案"中汲取的教训是:辩护律师对于抵制政治指控中的不公正起到巨大的积极作用。

第二节 对叛逆罪审判的批判

在1688—1689年光荣革命以后的许多年里,斯图亚特王朝后期的叛逆罪审判成了热烈讨论的话题。在小册子文献和议会会议记录中,人们的关注点都集中在:为什么如此多的无辜的被告在这样的审判程序中被判有罪呢? 这些批判将1696年《叛逆罪审判法》和1701年《王位继承法》的诞生推上议程。当时人们的不满主要体现在三个方面:法官的不中立、辩方审前准备程序的受阻、禁止辩护律师参加审判。

一、法官不中立

杰弗里斯如此对待可怜的爱丽丝·莱尔女士,反映了斯图亚特王朝法官的完全不中立,但不中立的法官并非仅此一人。主审天主教阴谋案的首席法官斯克罗格斯,就展现了令人瞠目结舌的偏见,"在审判中他质问并嘲笑被告人"。⑤⑥在天主教阴谋案对耶稣会教徒的审判中,他对被告们吼叫道:"他们吞噬上帝、杀害国王,让谋杀者成为圣人!"⑤⑦

"议会反对派对司法的不信任开始于1667年早期,后来成为辉格党仅次于驱

---

⑤⑤ Bennett, "Reconsideration", supra n.5, at 284(1978) (Ecclesiastical History Soc.)"因为法官在请求是否构成诽谤这一问题上产生分歧,因此实际上交由陪审团裁决。"Green, Verdict 320.

⑤⑥ 1 Stephen, *History* 395.

⑤⑦ Kenyon, Plot, *supra* n.8, at 128.

逐国王之下的第二重要问题;当驱逐国王失败后,它就变成了首要问题。"⑤⑧对斯图亚特王朝司法活动的深恶痛绝是 1688—1689 年光荣革命的重要主题,1689 年《权利宣言》⑤⑨的开篇将革命归咎于詹姆斯二世和他"令人憎恨的国王律师、法官以及法律大臣"。⑥⑩这个宣言很快被法典化,进入 1689 年《权利法案》。随着革命后王朝更替,整个詹姆斯一世时期的法官被全部撤换——"上一个王朝结束时的法官没有一个被继续任用或者重新任命"。⑥①

光荣革命后对司法的批判已经不限于法官在叛逆罪审判中的行为。对国王声称拥有废除法律的权力,法官对此予以支持,这样的行为尤其引起人们的痛恨。⑥②詹姆斯声称他有权赦免不遵守英国国教宗旨的执法行为,这成了引发七主教案的导火索。《权利宣言》指责法官科处过高的保释金、罚金以及非法、残忍的刑罚。⑥③1689 年《权利法案》同样禁止这些做法⑥④,一个世纪后的美国《权利法案》⑥⑤中也如此规定。针对杰弗里斯在血腥巡回审判中的行为,《权利宣言》坚决反对"在定罪之前让被告同意或承诺交付罚金和没收个人财产"。⑥⑥《权利法案》同样沿袭了

80

---

⑤⑧ Schwoerer, Declaration, supra n.19, at 87.哈维格斯特认为,对斯图亚特王朝晚期法官与日俱增的不信任,与议会对法官责罚陪审员的不满有关系;后者催生了新的判例:Bushell's Case, Vaughan 135, 124 Eng. Rep. 1006(1670). Alfred F. Havighurst, "The Judiciary and Politics in the Reign of Charles I,"(pts.T EI);66 Law Qurterly Rev. 62, 229, at 75(1950)[hereafter Havighurst, "Chaere I"]。关于布谢尔案,参见第五章注释㊹—㊿及其相应正文;关于当时的议会背景,see Green, Verdict 212—221;Langbein, "CTBL" 298—300。

⑤⑨ 《宣言》包括前言、13 个问题的列举和 13 条解决方案。其内容全文并不常见,有收录合编本:Schwoerer, Declaration, supra n.19, at 295—298[hereafter, Declaration]。本书引用时,即根据该书版本所列"问题"或"解决方案"的条目。

⑥⑩ Declaration, supra n.59, preamble.

⑥① Havighurst, James 2, supra n.40, at 523.

⑥② 这是《宣言》开篇直指的问题;Declaration, supra n.59, grievance 1.

⑥③ Ibid. at 10—12, resolutions 1—2, 10—11.

⑥④ "特此禁止过度科取保释金、罚金,禁止施用非常之酷刑。"1 Wil. &. Mar., 2d Sess., c.2(1689).关于英国《权利法案》及其渊源,see generally Richard L. Perry and John C. Cooper, Sources of Our Liberties:Documentary Origins of Individual Liberties in the United States Constitution and Bill of Rights 222—250(1959)。

⑥⑤ "禁止过度科取保释金、罚金,禁止施用非常之酷刑。"U. S. Constitution, Amendment 8.

⑥⑥ Declaration, supra n.59, resolution 12.关于其背景,see Schwoerer, Declaration, supran.19, at 96—97."辉格党的宣传中强调,就在 1685 年蒙茅斯暴乱后的审判中,明目张胆地出现了定罪前就执行或承诺交付罚金和充公财产等情形。"Ibid. at 97.

这一措施。⑥⑦

1689 年,杰弗里斯死于狱中。当年,议会宣布剥夺其"财产和荣誉"。⑥⑧爱丽丝·莱尔的侄子托马斯·蒂平上校在下院评论杰弗里斯:"他手上沾满了拉塞尔勋爵和西德尼上校的鲜血……他残害无辜;莱尔女士被控明知而故意容留叛乱者,但杰弗里斯清楚后者并非叛乱者。他靠践踏法律来敛财。"像斯克罗格斯和杰弗里斯等溜须拍马之流⑥⑨,在斯图亚特王朝晚期能够担任首席法官,这并非偶然。国王不仅有权任命法官,而且不需任何原因就可以罢免他们。查理一世时,这种罢免权曾引起争议。查理一世在 1641 年向长期议会"承诺不使用这一权力"。⑦⑩17 世纪 70 年代,对于那些拒不听命的法官⑦①,查理二世恢复罢免的做法。在 17 世纪七八十年代,一些法官因政治原因被罢免,而另一些"完全不具备任职条件"的人却获得了任命。⑦②因此,"到 1683 年底的八年间,至少有 11 名法官遭受罢免;此后,国王就有一个唯命是从的司法系统"。⑦③"仅詹姆斯在位的四年间,就有 13 名法官被罢免……1686 年的某一天内,四名法官⑦④被解除职务,因为他们拒绝认可国王废法的权力。"

光荣革命后,新君威廉三世任命法官时注重品行端正,从而确定了未来发展的方向。⑦⑤因为司法体制不只是叛逆罪的问题,它超出了 1696 年《叛逆罪审判法》的

---

⑥⑦ "在定罪前,特定人所作让与及对罚金和没收财产的承诺,均属非法和无效。"1 Wil.& Mar., 2d Sess., c.2(1689).

⑥⑧ 9 Anchitell Grey, Debates of the House of Commons from the Year 1667 to the Year 1694, at 399(1769) (10 vols.) (6 Nov.1689) [hereafter Grey, Debates.].

⑥⑨ 1680 年,当杰弗里斯被擢升为高级律师时,他让人在戒指上镌刻了其座右铭:"君权神授,法自君出。"H. Montgomery Hyde, Judge Jeffreys 98(1948 edn.).

⑦⑩ C. H. McIlwain, "The Tenure of English Judges," 7 American Political Science Rev.217, 222 (1913) [hereafter McIlwain, "Tenure"].

⑦① Ibid. at 223.

⑦② 6 Holdsworth, HEL 507—508.

⑦③ Havighurst, "Charles II," supra n.58, at 247.

⑦④ McIlwain, "Tenure," supra n.70, at 223—224.日志作者约翰·里尔斯比尽管热衷于为国王效劳,但记录这一事件时也有明显不满。"其中有好几位实际上是睿智、忠信之士,其过错只是在于,他们没有(像其他大多数人一样)认为,国王可以运用其权威,免除罗马天主教徒的立誓义务(新教统治的议会通过《立誓法》规定,在英国任职者应发誓信仰英国圣公会,并诅咒天主教的仪式和信仰。——译注)。"Reresby, Memoirs, supra n.13, at 421.

⑦⑤ Jane Garrett, The Triumphs of Providence:The Assassination Plot, 1696, at 182(1980).尽管威廉允许任命的法官如果品行端正,得终身任职,但他的一帮近臣却强行删除了《权利法案》中确保此类任命的措施。D. A. Rubini, "The Precarious Independence of the Judiciary, 1688—1701," 83 (转下页)

范畴,因此必须解决其自身的法院任期问题。事实上,反对叛逆罪审判改革的一种声音就认为,只要改革法官制度就已足够。1691 年 11 月,在下院对 1696 年法案的前期内容进行辩论时,新君威廉和玛丽的司法部长乔治·特雷比反思了"此前叛逆罪审判中造成苦难"的原因,指出"问题不在法律、而在人(法官)"。由于"他们当时的君主们……绝不会允许这类人执掌司法权",因此特雷比对改革叛逆罪审判程序的必要性提出质疑。⑯

议会并不满足于仅从建议的某一方面着手。下院的另一位发言者提出警告:"贤明的君主、能干的律师和优秀的法官,都会发生变化。"⑰议会在 1696 年法案中改革了叛逆罪审判程序,几年之后又在 1701 年《王位继承法》中重新确立法官任期制度。根据 1701 年法案,法官的任职标准不再是君主喜好,而是以良好品行为条件。⑱然而,即使在这项立法实施后,法官的任职会随君主的更替而结束。在 1702年、1714 年和 1727 年,新的国君即位时,都拒绝依职权对法官进行重新任命。⑲1761 年,立法机关结束了这种做法⑳,最终确立了法官任职终身制。

82

这场让法官独立于政治的运动㉑,不仅推动了法官任期条件的发展变化,也改

(接上页) Law Quarterly Rev. 343, 344(1967).莱明斯指出,威廉的顾问们反对法官薪酬固定,以防止法官们"固执,也就是正直和独立"。David Lemmings, "The Independence of the Judiciary in Eighteenth Century England," in The Life of the Law: Proceedings of the Tenth British Legal History Conference 125, 130—131(Peter Birks ed.)(1994)[hereafter Lemmings, "Independence"] 1701 年《王位继承法》没有提到法官的报酬。"1760 年的一项法案首次确立了法官的薪金,并规定这是王室年费中的常规项目。1799 年立法确立了法官退休金。"Shimon Shetreet, Judges on Trial 11(1976), citing 1 Geo. 3, c.23 (1761), 39 Geo. 3, c 110, & 7(1799).

⑯   10 Grey, Debates, supra n, 68, at 173—174(18 Nov. 1691).

⑰   9 ibid. at 171(Sir Charles Sedley, 18 Nov. 1691).

⑱   12 & 13 Wil. 3, c.2, S 3(1701). See Barbara A. Black, "Massachusetts and the Judges: Judicial independence in Perspective," 3 Law and History Rev. 101, 103—112(1985).该法案规定在下任国王时生效,结果直到 1714 年汉诺威王朝的君主继位时才生效。实际的执行早于法案生效:"所有威廉和玛丽朝、威廉三世朝的[法官]任命,如其品行端正,都继续有效,并无罢黜。"Mellwain, "Tenure," supra n.70, at 224.

⑲   Lemmings, "Independence," supra n.75, at 126, 136—137.

⑳   1 Geo. 3, c.23(1761).

㉑   政府通过控制法官选任而继续施加影响,力图任命那些会维护国王利益的人士。莱明斯认为,在革命以后,政府对法官职业的影响呈现出一种不同的模式。国王的业务"使一些人在职业生涯初期就在为国王服务的过程中得到培养,并发展为一个法庭律师阶层;然后,因其政治'可靠'而得以获任法官"。Lemmings, "Independence," supran. 75, at 128.该职业群体在出任法官前,越来越多地需要作为保皇党在议会任职一段时期。Ibid. at 129—144.

变了法官的性质。基顿通过观察认为,在斯图亚特王朝晚期,"司法(机构)仍然被视为王室行政机构的一部分",而法官"将他们自己视为执行国王政策的人"。㉝1684 年,在一次煽动叛乱罪的审判中,法官杰弗里斯说道:"我希望自己的心灵和精神永远为政府服务……"㉝1688—1689 年光荣革命和《王位继承法》之后,"尽管直到 18 世纪末,王座法院首席大法官仍为政府大臣㉞,但经过了 18 世纪、19 世纪,法官逐渐退出了政治舞台"。法官赢得了公众的尊敬,但斯图亚特王朝晚期法官的堕落,仍然深深地留在各个政治阶层的记忆里,这警醒着法官们时刻保持中立——包括在 18 世纪末、19 世纪初日益由律师主导的刑事审判中保持中立。

83 　　虽然法官制度改革遵循一条与叛逆罪审判程序改革不同的轨道,但斯图亚特王朝晚期法官的不端行径仍然对 1696 年《叛逆罪审判法》的内容产生深刻影响。众所周知,禁止辩护律师参与审判的类似理由是:法官会当被告的辩护律师;在这些审判中,这种理由被证明根本不可行。霍利斯在其 1689 年的短文中表达了这样的情绪:斯蒂芬·科莱奇案和其他案件的主审法官们"并没有最大限度地维护当事人的权益;不,他们通常都背叛了可怜的当事人,以取悦他们自认为更优质的客户——国王"。㉟据说,在"血腥巡回审判"中被判有罪并处决的爱丽丝·莱尔女士也曾控诉:"他们告诉我,法庭应该作为犯人的辩护人,然而,指控我的证据正是法庭给出的。"㊱实践表明,在叛逆罪的指控中,"法庭充当辩护律师"只是一个并不可行的愿望。因此,1696 年《叛逆罪审判法》致力于在这些案件中让"律师充当辩护人"成为现实。

二、限制审前准备

在天主教阴谋案中,一名被控图谋刺杀查理二世的被告威廉·爱尔兰在庭审

㉜　Keeton, Jeffreys, supra n.39, at 21. 哈维格斯特指出,"法官是查理二世行政机构的一个组成部分",理由是"法官有许多法庭之外的职责……[包括各种事务],如安排筵席、解决先王与教会的土地问题……[特别是]在 1666 年伦敦大火后参与一个解决地主与封臣之间纠纷的专门委员会"。Havighurst, "Charles II," supra n.58, at 66.

㉝　R. v. Samuel Barnardiston, 9 St. Tr. 1333, 1355(1684).

㉞　Keeton, Jeffreys, supra n.39, at 95.

㉟　Hawles, Remarks 22.(同第一章注释⑯。——译注)

㊱　11 St. Tr. at 380(关于报告的可信度,参见前注④).

中提到,他身陷囹圄、孤立无援,无法准备辩护。他指名传唤证明其不在现场的证人,这些证人能够证明他当时在斯塔福德郡,该地与奥茨、贝德罗所说的犯罪现场相距甚远。"在提出传唤他的第一位证人时,他就认为'如果能来,那真是万分幸运了,因为哪怕是只言片语,我都无法传递出去'"。[87]果不其然,证人并未到庭,爱尔兰和其他同案被告被判有罪并处决。

斯蒂芬·科莱奇同样在法庭上抱怨审前羁押产生的不利影响:"自从我被捕后,就成为坐困塔内的囚徒,完全不知道指控我什么,也不知道控方的证人是谁,说了什么,所以我对控告的内容一无所知。"[88]斯蒂芬对这些审判进行反思后认为,直到就起诉状的控告内容接受认罪答辩之时,才确切知晓对他的指控,这是"真正的不公",[89]因为答辩程序在即将审判或审判开始之时进行。而在审前羁押期间,被告无一例外无法脱身;在羁押期间,被告通常也不能获得事务律师或出庭律师的帮助[90],无法自行准备答辩,也不能让律师帮助他准备答辩。

1696年法案规定,为了获得辩方证据,或者为了提前知晓起诉状和候任陪审员的名单,被告有权在审前向律师咨询。[91]不过,法案并没有像现代刑事案件的审前证据开示阶段一样,要求披露有关控方证人及其证言的信息。这种审前证据开示制度长期遭到抵制,表面上是担心被告的盟友会恐吓或骚扰控方证人。

三、禁止辩护律师出庭

光荣革命后的斯图亚特王朝晚期,对叛逆罪审判批评的最突出主题是:迫切需要辩护律师。需要律师的观点重点强调叛逆罪审判程序当中三个独特之处:第一,便是我们已经讨论过的在与国王利益有直接重要关系的案件中,法官(充当辩护人)是靠不住的。

第二,国王始终可以雇用律师作为起诉人,而被告却被剥夺辩护律师,这显然是不公正的。霍利斯写道:"许多律师被雇用来指控被告,却没有为被告辩护

---

[87] 11 Stephen, *History* 388, citing R. v. William Ireland, 7 St. Tr. 79, 121(O.B.1678).

[88] 8 St. Tr. at 569.

[89] 1 Stephen, *History* 399.

[90] "未经审判法庭指派,任何人[向被告]提供建议或代理其事务,都应受惩罚。"Hawles, *Remarks* 32.

[91] 参见后注⑬—⑭、⑮—⑯及其相应正文。

的……有被告解脱那才是怪事；这显然就等于将一个人的手绑在身后，然后再将其折磨至死。"[92]在谈到史蒂芬·克莱奇的审判时，他补充说："史蒂芬所说的一切都是真相；他们剥夺了其辩护时的所有帮助，等于未经审判就轻易给他定罪了。"[93]霍尔斯将这种控辩不平衡与控方不端行为的各种表现联系起来。他通过推断认为，指控克莱奇的所有控方证人都被贿赂了[94]，因此国王的律师直接或间接地参与了贿赂伪证活动。正如亚历山大·夏皮罗所说："作为控方的政府在这种完全对其有利的审判程序中，滥用他们拥有的这种优势，辉格党的评论家们对此忧心忡忡。"[95]

对于这种"单向性"、偏向控方的"一边倒"做法，其根本性救济方式就是采用"双向性"的双方平等对抗，这也正是1696年《叛逆罪审判法》中所明确规定的一种审判方式。《叛逆罪审判法》在序言中宣扬了平等对待被告的原则，法案增设这一原则的根本目的在于允许被告在审前程序和审判程序中获得辩护律师的帮助。与国家借助律师指控他们一样，叛逆罪案件的被告也被允许借助律师为自己辩护。因此，被告被允许获得律师的帮助：在审前程序中准备辩方证据，对控方证人进行直接询问和交叉询问，并且在审判过程中作为辩护人出庭。

第三，叛逆罪的被告特别需要辩护律师的第三点理由，即对叛逆罪法律复杂性的担忧使被告获得辩护律师的帮助具有了正当性理由，这种担忧在光荣革命后对拉塞尔和西德尼审判的批评中较为明显。对西德尼的指控依据主要是其对一本书所做的笔记。拉塞尔宣称，他被指控的谈话内容很大程度上仅构成包庇罪，而不构成叛逆罪。拉塞尔说，控方使用过于宽泛的概念来界定何种行为构成叛逆罪，并且他指责控方依靠"推定叛逆行为"的理念，来规避"关于秘密叛逆行为必须要有两个目击证人"的实体法要求。[96]拉塞尔同时声称，只有两个证人都证明同一行为的发

---

[92]　Hawles, *Remarks* 32.

[93]　Ibid. at 43.

[94]　Ibid. at 37.

[95]　Alexander H. Shapiro, Political Theory and the Growth of Defensive Safeguards in Criminal Procedure: "The Origins of the Treason Trials Act of 1696," 11 *Law and History* Rev. 215, 222(1993) [hereafter Shapiro, "Treason Act"].

[96]　See L. M. Hill, "The Two-Witness Rule in English Treason Trials: Some Comments on the Emergence of Procedural Law", 12 *American J. Legal History* 95 (1968); 7 Wigmore, Evidence §§ 2036—2039, at 263—272.

生,才能满足叛逆罪案件中两个目击证人的条件,然而法院把它解释成只要证明相同的叛逆过程即可。[⑰]关于叛逆罪法律规范的分歧,在光荣革命后的辩论中有所讨论[⑱],1696年《叛逆罪审判法》在实体规范上作了一些调整。[⑲]如何正确适用实体规范的这些争议,也影响了允许辩护律师参与叛逆罪审判的改革运动。对"推定叛逆行为"的依赖逐渐增强,在一些案件中集中体现于对法律的解释。[⑩]与普通的刑事案件相比,叛逆罪案件引发更多的法律难题,所以叛逆罪的被告就特别需要精通法律的律师来进行指导。由于感受到叛逆罪在实体法上呈现出的特别危险,立法者在拟定1696年《叛逆罪审判法》时开始思考并认为,叛逆罪案件和其他案件之间的界限存在本质上的区别[⑩]。因此,辩护律师出庭仅限于叛逆罪案件便具有了正当性。

第三节　1696年《叛逆罪审判法》的条款

尽管在1688—1689年的光荣革命之后,改革叛逆罪审判程序的议案立即提上日程[⑩],但仍然花费了上、下两院七年的时间去讨论完成。在上议院,叛逆罪审判

[⑰]　Schwoerer, Russell, supra n.37, at 160.

[⑱]　1689年4月9日,在下院就1696年法案的前期内容所进行的辩论中,针对拉塞尔和西德尼被判有罪的问题,理查德·汉普顿说:"间接叛逆的事情开始于查理二世时期。如果没有明示的行为,就不能被解释为叛逆。"9 Grey, Debates, supra n.68, at 207.托马斯·蒂平上校也在同一次讨论中发言:"我向来反对将言辞定为叛逆罪,因为激动、醉酒或口误,就会使我们的生命攥在仆从们手里,他们可能指认我们叛逆。"Ibid. at 206. 1692年11月28日,在讨论法案的后期草案时,托马斯·克拉格斯爵士说:"间接叛逆这个罪名让国家陷入困境,是造成[国王]易位的最大动因。"10 ibid. at 285.

[⑲]　法案支持法官在拉塞尔案中的解释,即两名证人可以指认"同一明示的行为,也可以其中一人指认一个行为,另一人指认同一叛逆过程中的另一明示行为"。1696 Act, §2.但是,法案也力图限缩这一标准,规定"如果一件起诉状中指控两项以上(含两项)涉及不同人员或类别的叛逆罪,一名证人证明上述叛逆中的一项,另一名证人证明另一项,这不能视为或接受为本法所称的对同一叛逆罪的两名证人"。Ibid., §4.

[⑩]　Shapiro, "Treason Act,"supra n.95, at 224.

[⑩]　直到1696年《叛逆罪审判法》颁行一个半世纪后,仍有人主张这种观点。在1836年提交刑法委员会委员们的证明材料中,高级律师斯潘基将叛逆罪的复杂性与一般重罪进行比较,认为后者属于普遍公认的万民法,可以凭常识判断。他向委员们提出,(在一般重罪中,)"疑难案件相对而言非常罕见,都可归结为证据问题"。Second Report from Her Majesty's Commissioners on Criminal Law (Parliamentary Papers vol.36) (London 1836) 103[hereafter 1836 Report].

[⑩]　1689年2月2日"问题概要"(即1689年2月12日《权利宣言》草案的前身)的第17条列出了要求解决的问题之一:"叛逆罪相关法律的解释,以及叛逆案件的审判、程序和纠错令状,均须加以规范。"Schwoerer, Declaration, supra n.19, at 300.

程序的改革与贵族审判法庭组成规则的改革交织混杂。[103]表面上看，这项措施显然增加了国王操纵法庭组成人员的难度。[104]这个问题上，下议院在多年来的数次投票中对上议院进行抵制[105]，但为了让1696年法案出台而最终作出了妥协和让步。[106]

　　关于议会活动已有详细研究，并且基于各种目的在细节上作了总结概括。[107]1696年法案的轮廓在1691年就已确定[108]，支持者们在等待政治时机的多年之内对最终表述进行了加工润色。在议会两党的支持下，尤其在1695年选举中来自农村的新增议员支持下[109]，1696年1月这一法案出台的时机，终于到来了。由于国王热衷于指控另一项充满疑点的叛逆阴谋案，即1694年兰开夏阴谋案，这让议会对法案的支持更加明确。在此案中，财政部的事务律师阿伦·史密斯（曾是史蒂夫·科莱奇的事务律师）被曝伪造证据。"观察者们逐渐认识到，所谓叛逆阴谋乃彻头彻尾的捏造，政府基于政治原因指控所谓涉案人员。"[110]此外，"控方律师的举动让人们感到恐惧，使人相信政府因鼓励和制造问题证据而又一次违法越界"。[111]控方显

---

　　[103]　"Trial of Peers Bill"（26 Feb. 1689），in Historical Manuscripts Commission, *The Manuscripts of the House of Lords: 1689—1690*, at 31（1889）12th Report, app., pt 6）［hereafter HMC, Lords MSS］. The Portledge Papers 59（R. Kerr and I. C. Duncan eds.）（1928）（entry for Feb. 1689）；Phifer, "Act," *supra* n, 36, at 244；Henry Horwitz, *Parliament, Policy and Politics in the Reign of William* Ⅲ 74（1977）.

　　[104]　A. S. Turberville, *The House of Lords in the Reign of William* Ⅲ 106—112（1913）［hereafter Turberville, *Lords*］.

　　[105]　1689年3月，当"关于审判规则的这份法案在上院通过、首次"在下院宣读时，托马斯·李爵士提出了反对的中心问题："这项法案……让贵族们可以为所欲为了。"9 Grey, Debates, *supra* n, 68, at 172, 173.

　　[106]　Turberville, Lords, supra n.104, at 111—112.

　　[107]　关于两院之间的争议，see ibid. at 106—112。关于立法的政治动因，see Phifer, "Act," *supra* n.36（足以取代此前的研究）；Samuel Rezneck, The Statute of 1696: A Pioneer Measure in the Reform of Judicial Procedure in England, 2 J. Modern History 5（1930）。关于基础性政治理论变化的重要论述，see Shapiro, "Treason Act," *supra* n.95；及后注[120]—[124]的讨论。

　　[108]　Phifer, "Act," *supra* n., 36, at 245.

　　[109]　Ibid. at 251.

　　[110]　Ibid. at 253.

　　[111]　Shapiro, "Treason Act," *supra* n.95, at 247.该程序的手稿记录收入一份地方档案协会的出版物，"An Account of the Tryalls at Manchester, October 1694," in *Remains Historical and Literary Connected with the Palatine Counties of Lancaster and Chester*（1864）（Chetham Society, vol.61）.陪审团对所有被告都作出了无罪裁决；Ibid. at 41。

然肆无忌惮地采用贿赂证人的方式而获得优势[112]，这让人感到斯图亚特式政治指控的重现而不寒而栗，从而促进了法案的出台。[113]

获得律师辩护的权利是法案的核心，但法案也促进了其他的相关改革。本章大体上以法案内容的顺序进行讨论，但对于一些与审判程序无关的条款予以忽略，不再讨论。[114]

一、序言：无罪推定和控辩平等

法案以序言开篇，呈现出对叛逆罪被告的态度转变，这是其引人注目之处。回顾斯蒂芬笔下天主教阴谋案中被告的境遇，"给人的感觉始终是，被告几乎总是国王的敌人。而在这场国王与被告的战役中，国王总是处于上风……"[115]1696 年法案的序言表达了截然不同的态度：它假设被告可能是无辜的，因此，获得与控方平等的程序地位就至关重要。序言指出，"对于被控叛逆者而言，没有什么比'公正'和'合理'更重要的了[116]，故为自己清白辩护的所有公正、合理的方式，都不应被禁止"。法案提出的一系列程序性改革意味着这样一种观念：被告更可能是受害者，而非此前所认为的罪恶滔天者。看到原有程序为无辜被告提供的保障如此之少，改革者们对于不当之处，精心设计了各种保障措施。

虽然 1696 年法案的条款及其贯彻的维护无辜者利益的精神，可以追溯至斯图

---

[112] Shapiro, "Treason Act," *supra* n.95, at 248.

[113] 夏皮罗还提到，国王在 1693 年"推出一项政策，将诽谤指控"为叛逆，引起社会不安。Ibid. at 249.他指出，汉堡的著述显示："1696 年，审判法案出人意料地获得通过，加大了言辞构成间接叛逆罪的证明难度，使国王对诽谤罪的这一政策难以推行。"Ibid. at 250, citing Philip Hamburger, "The Development of the Law of Seditious Libel and the Control of the Press," 37 *Stanford* L. Rev. 661, 722—723 (1985).

[114] 本书中未讨论的条款如下：实体法的改进：叛逆必须有"公开的行为"，1696 Act，§§2, 4；在上院召集议员进行叛逆罪审判，ibid. §11；搁置期（时效），ibid. §§5, 6；剥夺逃犯权利的条款，ibid. §3；弹劾及其他议会程序不受该法案限制，ibid. §9—10；以及一项关于陪审员财产要求的说明，ibid. §10.最后这项措施为拉塞尔勋爵案中出现的冤屈提供了救济。他曾提出陪审团中有些人并非不动产保有人。法庭则认为，保有不动产的要求不适用于以租赁权转让为模式的城市地区。Schwoerer, "Russell," *supra* n.37, at 160.《权利宣言》中坚持认为不动产保有人；see *Declaration*, supra n.59, grievance 9, resolution 10；《权利法案》中也有同样规定，1 Wil. & Mar., 2d Sess., c.2（"审判叛逆罪的陪审员应为不动产保有人"），《叛逆罪审判法》第 10 条兑现了这一宣示。

[115] 1 Stephen, *History* 397.

[116] 1696 Act, Preamble.

亚特王朝晚期那些不公正的叛逆罪审判，但对叛逆罪被告态度的转变，反映出其背后隐藏的政治理论也发生了变化：臣民服从君主的旧有观念已渐趋衰弱。在 16 世纪，正如莱西·鲍德温·史密斯（Lacey Baldwin Smith）在其著名文章中所说，"关于臣民对君主和社会的观念"[117]，促使叛逆罪被告非常无奈地认罪，即便是那些因亨利八世的婚姻冒险而罗织罪名的人们。"即使被完全子虚乌有的证据所陷害，这些人也会承认自己有罪……"，[118]安妮·博林的哥哥被诬陷与她乱伦，他宣称："我的生死系于此法，法既陷我于罪，我死得其所。"[119]史密斯考察了这些文献后写道："都铎王朝暴君的受害者们，可能认为他们对这种天降之罪完全无辜；但是，如果凭君主旨意制定的法律认定他们罪该处死，那么这些嫌犯们就会自认其罪，死而无怨，就像真是社会的累赘一般。"[120]

在 17 世纪开始，这种臣民服从君主的观念开始式微，在无君统治时期彻底被动摇。此后，17 世纪七八十年代的"驱逐国王危机"源于许多政治精英的担忧或恐惧。他们担心一位天主教的君主会颠覆改革后的稳定局面，重新联合外盟，从而引起动荡。对查理二世，特别是对詹姆斯二世的不信任，颠覆了推定君主统治正当性的旧式政治观念。在 17 世纪七八十年代的读本材料中，亚历山大·夏皮罗（Alexander Shapiro）阐述了截然相反的理念，即反抗君权、质疑君主操控司法过程以及"对审判程序的评论中比比皆是的……国王与臣民平等"的新式思想。[121]例如，安德鲁·马弗尔曾在 1677 年写道："我们的权利与国王基于王位而具有的权力一样，在涉及国王的所有案件中，我们也可以到威斯敏斯特大厅所在的中央法院寻求正当的救济，就像涉及附近的其他人一样。"[122]马弗尔认为，国王也与其他平民（普通）当事人没有区别。夏皮罗也提到在激进辉格党人中盛行的观念，即"根据自然法的原理……每个人都有权自我保护和自我辩护"。[123]在 1691 年的一次叛逆罪审判中，夏皮罗引用了理查德·格拉厄姆爵士的话为自己辩护："我有忠实于自己的义务……

---

[117] Lacey Baldwin Smith, "English Treason Trials and Confessions in the Sixteenth Century," 15 J. *History* Ideas 471, 483(1954).

[118] Ibid, at 476.

[119] Ibid. at 477.

[120] Ibid. at 488.

[121][122] Shapiro, "Treason Act," supra n.95, at 232.

[123] Ibid. at 233.

坚持法律赋予我的所有利益。"⑫格拉厄姆驳斥了都铎时代审判中盛行的服从君主意志的观念。

在詹姆斯二世统治之下，皇权蒙羞、日渐衰微，1696年法案的起草便巧遇良机，以程序机会平等的理念取代了对服从君主的观念。1696年法案在序言中要求叛逆罪被告应得到"公正、平等的审判"，不应……被剥夺以公正、平等的途径来证明自己的清白。为实现这种平等，法案选择的方式是允许辩护律师出庭，并辅之以其他审判程序的改革。

二、控诉状的开示

法案中第一项改革规定，叛逆罪的被告"在开庭前至少5天……有权获得控诉状副本，但不包括证人的姓名"。⑫斯蒂芬·科莱奇等叛逆罪的被告们曾抱怨审前不能获得任何信息，由此导致他们在辩护中处于不利地位；向被告开示控诉状正是回应了这种诉求。如前所述，科莱奇曾对法庭说，因为他审前一直被囚禁于伦敦塔内，"完全不知道因何受到指控"。⑫他当时的要求正是后来《叛逆罪审判法》所规定的，"我恳求能够得到起诉状副本和审判我的陪审团人员名单，还希望为我指派一名辩护律师……"⑫

提前向被告提供起诉状副本，并非通常想象的那样，只是一个简单的进步。在议会讨论时，就有人担心地方巡回审判时间表不允许如此长的提前开示，因为起诉与审判之间的时间间隔非常短。在通常巡回审判的第一天或头几天，大陪审团讨论并提出控诉状，然后就立即进入当日或稍后几天的审判程序。⑫一次巡回审判只

---

⑫ Ibid. at 240，citing Richard Grahme et al.，12 St. Tr. 645，661—662(O.B. 1691).夏皮罗指出(Shapiro，"Treason Act," *supra* n.95，at 241)，在普通法证据制度的第一部重要著作中，财税法院法官吉尔伯特将这种观念与"不自证其罪权"的早期理念相联系："我们的法律……不会强迫任何人自我控告；在这里，我们当然遵循自然法，它要求任何人都尽力进行自我保护。"Gilbert，*Evidence* 99.关于这一权利的历史，参见第五章注释⑫—⑮及其相应正文。

⑫ 1696 Act，§1.

⑫ 8 St. Tr. at 569.

⑫ Ibid.关于"指派"辩护律师的意思，参见后注⑭—⑮及其相应正文。

⑫ 例如，1754年夏季切姆斯福德(埃塞克斯)的巡回审判开始于8月7日下午4点；而大陪审团在这天下午的早些时候才提交起诉状。Langbein，"Ryder" 117.

有数天时间,然后法官们就马不停蹄地赶往下一个郡,主持计划已久的其他巡回审判。因此,在 1691 年下议院关于法案草案的一次辩论中,赫尼奇·芬奇提出设想,送达起诉状和对被告进行审判之间需间隔 10 天,实际上应只限于伦敦的叛逆罪审判。他说:"这在米德尔塞克斯适用……但对地方的巡回审判则不然,那些审判不可能持续这么久。"[129] 一年后,这一问题再度浮出水面,约翰·劳瑟爵士反对下院的议案,质疑其中的 10 天间隔期,"这在我们威斯特摩兰特郡是不可能的。那里一年才有一次巡回审判,如果拖延一年审判,证人可能会死亡或被收买,罪犯也可能逃跑,从而逍遥法外"。[130] 法案最终文本中的间隔期被缩短为 5 天,大致相当于一些地方巡回审判的开庭期。

允许叛逆罪被告提前取得起诉状副本的措施有一个限制条件:不能透露控方证人的姓名。这一条款的奇怪之处在于:它不是继续禁止开示指控的内容,而是作为"被告获得起诉状副本这一新权利"的限制。我认为,在起草者的顾虑中,将这些表面无关的主题联系在一起,很可能是因为那些在大陪审团面前作证的控方证人姓名,在日常的法庭实务中被书记员记载于作为起诉状的羊皮纸背面[131]。因此法案声明,起诉状内容的开示这一新权利,并未扩大至书记员在其背面所记载的控方证人名单。

叛逆罪被告获得起诉状副本的权利,同时受到另一项限制,即法案另一条款的规定:被告不能以起诉状拼写错误或"错误、不当的拉丁语"等理由,提出撤销有罪裁决的动议。[132] 在刑事审判中,起诉状涉及"记录内容"的事项,如有瑕疵或缺陷,即以纠错令状来解决。如果不加限制,会出现的危险情况是:起诉状的开示会让一项

---

[129] 10 Grey Debates *supra* n 68, at 173(18 Nov.1692).这里所说的是小赫尼奇·芬奇,诺丁汉勋爵(1621—1682)之子。

[130] 10 ibid at 249(18 Nov.1692).实际上,对叛逆罪的指控,很少由地方巡回法庭审理。他们通常根据一个特别的刑事审判委任状在伦敦审理。当然,这并不绝对,就像"血腥巡回审判"之例,反叛者在暴乱被镇压的地方就地审理和处决。

[131] See Cockburn, "Introduction" 86.在庭审中,"巡回法庭的书记官让传令员按照证人们在起诉状上的署名传唤他们",即按照该次序传唤。*The Office of the Clerk of Assize* 49(London 1682).大陪审团可能并未听取过所有被列证人的陈词。在一件著名的伪造案中,辩护律师在庭上说:"尽管起诉状的背面列出了 20 名证人,但只要有一位证人让大陪审团认为被告应该交付审判,他们通常就不再继续询问其他证人。"R. v. William Dodd, OBSP(Feb. 1777), at 94, 103(伪造)。

[132] 1696 Act, §9.

有罪裁决因书面文字的技术错误而被认定为无效。[133]先前司法实践中拒绝向被告开示控诉状的规则，有效地避免了这种后果。[134]这样，当赋予被告获得控诉状副本的权利以披露指控内容时，1696 年《叛逆罪审判法》作出了一项补救性调整，防止被告利用文书性错误而推翻裁决。

我认为，1696 年《叛逆罪审判法》在审判实务细节上对语言的斟酌，反映了司法对立法施加的影响；从上院的记录中，可以清晰地看出法官在法案起草过程中的作用。[135]

三、审前阶段的律师帮助

1696 年法案将提供起诉状副本与另一项保障措施联系起来，即被告审前阶段的律师帮助。之所以向叛逆罪被告开示起诉状，因为"这使其能够……获得辩护律师根据起诉状作出建议、进行认罪答辩并作出相应辩护"。[136]这里提到的认罪答辩，即立法者脑海中出现的审判前认罪答辩程序，该环节有时提前一天，有时则是作为审判的初始阶段，随即进入庭审。在认罪答辩程序中，询问被告是否承认起诉状中指控的罪行，他通常都作无罪答辩。对被告来说，认罪答辩程序是对起诉状法律上的充分性提出异议的一个机会；如果该异议被法庭接受，则无须进入正式审判。

在重罪和叛逆罪中禁止被告辩护律师的规则，是正式审判程序中的一项规则。

---

⑬　这一危险广为人知。在"天主教阴谋案"的一次审判中，法庭允许被告在某个法律问题上请辩护律师出庭。该律师提出，他有权获得起诉状副本。"我并不是说，任何人都可以要求一份起诉状副本来寻找瑕疵；我是基于一项特别的法律抗辩，并特别基于此点，鄙见以为，他应该可以阅看和获得一份起诉状。"R. V. Edward Fitzharris, 8 St. Tr. 243, 263(K. B.1681)（着重号为引者所加）。

⑭　存世的近代早期起诉状的典型样本，经常存在事实和拼写的错误。Cockburn, "Introduction" 76—84.由于无权得到起诉状副本，被告实际上无从提出异议，法官们通常也不愿意提出。科伯恩提到了一些司法中悯恤被告的案例，可以显示法官何以通过检视起诉状书写的缺陷将其驳回。Ibid. at 85.

⑮　1692 年和 1694 年，上院召集了所有法官讨论该法案。"兹命：所有法官于下周二中午 12 时出席本院会议；届时本院将讨论一项法案，题为'叛逆案件审判的规制法。'"14 *Journals of the House of Lords* 664(28 Nov. 1691); 15 ibid. 376(22 Feb. 1694).法案的草拟始于 1689 年；存世的该年度草稿出于克雷斯韦尔·莱文兹爵士之手。See HMC, Lods MSS, *supra* n.103, at 31.莱文兹撰有王座法院的法律报告，收于《英格兰法律报告全集》第 63 册；他曾任御用律师，在"天主教阴谋案"中出任副总检察长，并在 1681 年起任民事高等法院法官。1681 年，在詹姆斯二世时期，他被罢免；1688 年，曾是"七主教案"的辩护律师之一。Edward Foss, *Biographia Juridica: A Biographical Dictionary of the Judges of England* 406(1870).

⑯　1696 Act, §1.

在审前程序的认罪答辩阶段,理论上被告可以由辩护律师代理,至少在其遇到法律难题时。⑬因此,在1681年,当斯蒂芬·科莱奇要求法庭"为我指派辩护律师,让我可以获得律师质疑起诉状理由是否充足的法律意见"之时⑬,他的要求并不过分。然而在1696年之前,实践中的困难让被告难以请辩护律师在答辩阶段提出法律意见,即在近乎隔绝的囚禁状态下是难以聘请辩护律师的。回想一下科莱奇的抱怨:"我被捕之后就成了伦敦塔内的囚犯,完全不知道对我的指控是什么。"⑬针对这种情况,1696年法案强制性地规定:"辩护律师可在所有适当的时间与被告自由地接触,任何与此抵触的法律和惯例均无效。"⑭因此,即便辩护律师在认罪答辩程序中就在被告身旁,如果他必须当场对起诉状作出即时回应,提出法律上的反驳意见,也是很困难的,因为起诉状是由拉丁文写成、由书记官现场用未必准确的英文翻译简述的。因此,1696年法案让被告有权提前获得起诉状副本这一举措,加强了律师辩护的效果,有利于在法律上审查指控的充足性。

四、出庭律师

本章已详述,1696年《叛逆罪审判法》的标志性改革,是在庭审中向被告提供辩护律师。法案允许被告"由精通法律的律师……进行全面⑭辩护"。⑭看似平淡无奇的词语"全面辩护",与普通重罪案件中律师的有限辩护形成鲜明对比。到18世纪30年代,法官才开始在普通重罪案件中允许律师辩护。议会不得不再次发挥作用,通过1836年《嫌犯辩护律师法》⑭,将律师的完全辩护扩展到重罪审判中。

1696年法案要求审判法庭或"该法庭的法官",基于被告的"申请,为其指派他

---

⑬   参见第一章注释⑩—⑰及其相应正文。

⑬   8 *St. Tr.* at 569.

⑬   同前注⑱。——译者注

⑭   1696 Act, §1.

⑭   在18世纪和19世纪,"完全代理辩护"一词,与18世纪30年代后辩护律师获得的询问和交叉询问证人等有限的权利相对应。1836年《嫌犯辩护律师法》颁行前,被告的辩护律师不能对陪审团发表开场陈词,也不能在庭审结束时对证据进行总结或评论。这些内容被称为"向法庭陈述"。扩展被告辩护代理的范围,以涵盖"向法庭陈述"的内容(参见本书第五章),这一运动移用1696年《叛逆罪审判法》中的表述方式,成为一场要求"完全代理辩护"的运动。

⑭   1696 Act, §1.

⑭   6 & 7 Wil. 4, c.114(1836).

所请求的辩护律师,数量不超过两名"。[144]这一条款可能会误导读者[145],因为"指派(assign)"这个词语改变了其本身的含义。在后来的用法中[146],"指派的(assigned)律师"开始指那些接受指定(designated)、为贫穷的被告进行辩护的律师。这些受指派的律师提供无偿服务,或从公共基金中收取象征性的费用。1696 年法案的目的则完全不同。它不是为穷人提供辩护律师,而是为此前还被作为叛逆罪同谋[147]的律师辩护这一职业活动提供合法性依据。在斯图亚特王朝晚期的叛逆罪审判中,已经偶尔出现了这种情况,即需要通过"指派"以保护被告的辩护律师开始出现。在爱德华·菲茨哈里斯的认罪答辩程序中,他的妻子告诉法庭,她未能聘到一位事务律师。"我希望阁下能够许可我聘请一位事务律师,否则没人敢冒险接受聘请。"[148]在斯蒂芬·科莱奇的审判中——那场律师的辩护材料被夺走的著名事件中,王座法院首席大法官诺斯对被告说:"怎么能有人给你准备材料? 除非法庭指派事务律师,无人可以代理一个被控叛逆之人。"[149]由于没有聘请到律师,菲茨哈里斯要求法庭为其指派几位著名的出庭律师,以帮助提出管辖权异议的问题。主审的王座法院首席法官彭伯顿回答道:"除非是律师自己愿意,否则我们不会去指定任何律师来出庭为你服务的。"[150]但他又同意指派,下令"让他们做被告的辩护律师"。[151]因此,为被告指派辩护律师[152]的效果,并不是为了经济资助,而仅是为了允许

---

[144]　1696 Act，§ 1.

[145]　E.g., William M. Beaney, *The Right to Counsel in American Courts* 12(1955)；Note, "An Historical Argument for the Right to Council during Police Interrogation," 73 *Yale L. J.* 1000，1028—1029(1964).

[146]　See, e.g., David Bentley, *English Criminal Justice in the Nineteenth Century* 110—115 (1998).该节题名为"指派律师",讨论 19 世纪向穷困的被告提供辩护律师的相关措施。

[147]　塞普在 1340 年和 1486 年的年鉴报告中,共发现了指派辩护律师的两项例证,都涉及政治性犯罪。See David J. Seipp, "Crime in the Year Books," in *Law Reporting in England* 15，28(Chantal Stebbings ed.)(1995).

[148]　*R.v. Edrward Fitzharris*，8 *St. Tr.* 243，256(K. B. 1681).

[149]　*R. v. Stephen College*, 8 *St. Tr.* at 571.霍利斯肯定了报告的真实性,说当时科莱奇被告知"在叛逆案件中,除非法庭指派",辩护律师和事务律师都不被允许。Hawles, *Remarks* 22.

[150][151]　8 *St. Tr.* at 252.

[152]　这种用法,在有关控诉律师的聘任时也会出现。1642 年内战爆发时,查理一世要求由巡回审判的法官们在各巡回区以各种方式维持秩序。作为这种责任的组成部分,他命令他们"指派……一些最有能力的律师驰援该巡回区,作为我们的出庭律师,在我们最必要的那些刑事诉讼事务中以及处决和惩罚罪恶昭彰者的过程中提供帮助"。*The Kings Majesties Charge，Sent to all the Judges of England* (London，26 July 1642)，reprinted in 4 *A Collection of Scarce and Valuable Tracts* 464，(转下页)

被告聘请律师参与审判。《叛逆罪审判法》颁行二十几年之后,霍金斯仍然针对普通重罪案件提出警告:"除非法庭指派,任何人为死罪嫌犯充当辩护律师或者事务律师,并帮助其准备庭审辩护,都是不安全的。"[153]

五、事务律师

我们可以看到,在斯图亚特王朝晚期的有些叛逆罪审判中,被告可以聘请事务律师,即使有时国王律师会极力阻挠他们的工作。通过许可辩护律师,1696 年《叛逆罪审判法》使辩方聘请事务律师合法化(大多采用暗示方式),即使法案在规定被告有权获得起诉状副本时,已经明确提到了代理律师(attorney)和其他代理人。法案规定:起诉状副本要在一名或多名代理律师(或其他代理人)的要求下为其提供,每一份要向书记官支付不超过五先令的合理劳务费用。[154]因此,这段话也表明:资助贫困被告不是该法案的目的。

在 1696 年《叛逆罪审判法》的时代,英国事务律师和出庭律师的法律职业功能区分是很明显的。[155]在民事实务中,事务律师与客户直接打交道,准备起诉状/答辩状和其他纸质材料、调查案件事实、找到并安排证人,然后将事实调查结果移交给出庭律师。在 18 世纪的刑事重罪案件程序中,事务律师扮演着越来越重要的角色,这在第三章中将予以详述。在民事程序和刑事程序中,只有出庭律师才有权出庭参与庭审活动。事务律师的调查工作,以及为出庭律师总结提要或者出具建议书的工作,能够有利于出庭律师制定辩护策略,恰当地安排辩方证人,(基于事务律师对控方证据的了解)确定对控方证人进行交叉询问的有效方式。

除了为事务律师提供起诉状副本的事宜,1696 年《叛逆罪审判法》还在另外一规定中精心考虑事务律师对被告的作用,而赋予叛逆罪案件的被告……至少在开

(接上页)465(2nd edn. 1810)(Water Scott ed.,)(2nd edn. London 1809—1815)[*hereafter Somers Tracts*].(出版的这份上谕,是发给中央巡回审判区法官的,但其标题显示相应的谕令也颁发给了其他巡回区的法官们。)

   [153] 2 Hawkins, *PC* 401.

   [154] 1696 Act, § 1.

   [155] See generally 6 Holdsworth *HEL* 432—457.关于代理律师,see C. W. Brooks, *Pettyfoggers and vipers of the commonwealth: The "Lower Branch" of the legal Profession in Early Modern England*(1986).

庭前两天获得陪审员名单的权利。⑮这一措施的目的是允许对候任陪审员的背景进行调查,以便被告在被充分告知的情况下行使申请回避的权利。⑮这种调查工作通常由事务律师承担。⑱

六、辩方证人

我们在第一章里看到:直到 17 世纪后半叶,司法实践开始改变,刑事案件的被告才有资格实施强制程序,即意味着被告可以强迫不愿意主动作证的证人出庭作证。叛逆罪案件中的辩方证人不愿意作证是可以理解的,因为他们主动作证可能会惹怒国王。控方证人被要求宣誓作证,则通常由枢密院或者玛丽式审前羁押程序来实现。1696 年《叛逆罪审判法》试图使被告方与控方拥有同样的权利,允许他们以强制程序实现证人作证。为回应序言中关于被告拥有平等辩护机会的忧虑,法案作出了关于该问题的表述。叛逆罪案件的被告"可以像控方通常强制控方证人出庭一样,强制辩方证人出庭"。⑲

直到 1696 年《叛逆罪审判法》出台之前,辩方证人是不能宣誓作证的,因此他们的可信度低于控方证人,而后者是可以宣誓作证的。斯图亚特王朝晚期的审判实践,让辩方证人没有宣誓作证资格的规定受到质疑。在 1689 年的一篇短文中,霍利斯考察了有利于和不利于史蒂芬·克莱奇的证言,并得出两者可信度旗鼓相当的结论。"那么,如果克莱奇的证人是可信的,那么国王的证人就不可信。审判法庭对此是达成共识的。法庭的回复是:国王的证人是经过宣誓的,而被告的证人则没有;这种理由,表述上看似是合理的,但逻辑上是不通的。"⑯根据法案让控辩双方平等的中心主题,在双方都宣誓作证的情况下,辩方证人与控方证人的可信度是一样的。法案授权叛逆罪案件的被告,"可以提交一个或者多个合法证人所出示的证据,这些证人都经过宣誓作证"。⑯

---

⑮⑲　1696 Act，§ 7.

⑮　霍利斯 1689 年所撰读本书中就提出,异议权几乎没有价值,除非被告有机会提前对陪审员进行调查。Hawles, *Remarks* 31—32.

⑱　关于时人期待在押被告可以聘请事务律师调查和收集证据,see ibid at 24.

⑯　Hawles, *Remarks* 39.

⑯　1696 Act，§ 1.

1696 年《叛逆罪审判法》没有触及被告宣誓作证的资格问题。尽管"被告陈述式"庭审的核心目的是让被告作为信息源，由于被告不被视为证人，因此其陈述不能宣誓。这个禁止令持续到 1898 年，才通过制定法对所有刑事被告取消。[162]而在美国大多数司法管辖区，该禁止令数十年以前就已经不存在了。[163]

第四节　仅限于叛逆罪

1696 年法案的名称和内容中便体现了其赖以存在的理念。这部赋予被告辩护权利的宪章，不是一部刑事诉讼法典，而是一项叛逆罪法案。这项改革的适用范围被严格限定于叛逆罪案件；其中一个条款规定，该法案适用于"任何……因严重叛逆罪被正式起诉的人"。[164]1696 年法案的立法者为何如此坚持将这些保障措施限定于政治犯罪？由于立法材料并未谈论这个问题，因而必须从当时的背景去理解这种做法。

将法案适用范围严格限定于叛逆罪的做法，很容易被理解为一种政治阶层维护自身利益的表现，因为叛逆罪是刑法中会涉及政治阶层成员的一个罪名，所以他们制定的程序性保障措施可能只是为了保护自己，而冷漠地任由普通民众去承受那些未变革程序带来的不公。事实上，斯蒂芬已经提出这一观点，他曾充满嘲讽地解释立法者的想法。他认为，对被告而言，1696 年法案的保障是：

> 力度很大的一种优待，它专门留给某些罪名的被告们——自然是立法者们自己或其亲朋好友才可能遭受的指控。对于许多议会议员们来说，政治性犯罪审判不能出现严重不公，这直接关乎其个人利益；但相对来说，他们对那些偷盗牲畜、入室盗窃以及谋杀罪等普通被告的命运，就显得没有那么关心了。[165]

另外，在他的《刑事诉讼史》中，斯蒂芬旧事重提，他指出："在巡回法庭和季审

---

[162]　Criminal Evidence Act, 61 & 62 Vict., c.6(1898).

[163]　关于美国的发展，参见第一章注释[207]—[208]及其相应正文。

[164]　1696 Act, § 1.

[165]　1 Stephen, *History* 226.

法庭,肯定有许许多多的'奥茨'和'贝德罗'(天主教阴谋案中作伪证的证人),他们并不为人所知。然而毫无疑问,成百上千的普通老百姓会因而遭到入室盗窃和抢劫罪之类的指控,而他们与天主教阴谋案中的被告一样是无辜的。"[166]在这种观点下,1696 年《叛逆罪审判法》就成了立法阶层毫无原则考虑的产物。

然而,这里有相当多的证据表明,1696 年《叛逆罪审判法》的立法者们将其仅限于叛逆罪是有原则的,不管他们坚持的原则错误与否。在反思斯图亚特王朝晚期叛逆罪审判时,立法者们认为:叛逆罪案件中出现的特别问题需要特别程序来解决。人们认为,叛逆罪案件审判程序主要有四个方面的特点,使之区别于普通刑事案件,形成自己独有的适用范围。首先是控方的不平等地位;其次是法官对国王的屈从;再次是叛逆罪的复杂性;最后是叛逆罪案件的稀有性。总之,为了使控辩双方优势地位达到平衡,上述特点看似足以使之适用这一特别程序。

一、控辩双方不平等

1696 年《叛逆罪审判法》开始允许叛逆罪被告获得辩护律师帮助,二十多年后的 1721 年,霍金斯仍然撰文支持在一般重罪审判中禁止辩护律师参与的规则。叛逆罪审判则与之不同。过往经验告诉 1696 年《叛逆罪审判法案》的立法者们,"在起诉谋害国王的叛逆罪时,为了国王利益,通常比普通犯罪的审判投入更多的技术和热情。在这类案件中,对被告而言,没有辩护律师是非常不利的……"[167]"技术和热情"是需要解释的法律术语。霍金斯所指的"技术"是在叛逆罪审判中国王使用精通法律的职业控诉者;"热情"代表着斯图亚特王朝晚期控方已经出现的权力滥用。

对斯图亚特王朝晚期叛逆罪审判的批评中,让人感觉到精通法律的控告者和无律师帮助的被告之间存在不平衡状态,这是批判的重心。这种令人不安的感觉有些来自控方的不端行为,如教唆证人作伪证;但更重要的原因是,斯图亚特式审判使人们意识到这种程序设计上存在结构性不平等。如前所述,霍利斯在批评科

---

[166] Ibid. at 415.

[167] 2 Hawkins, *PC* 402.

莱奇案的审判时强调:"只要控方愿意,可尽量聘请律师出庭指控,而被告却没有律师。"⑩18世纪中期,迈克尔·福斯特在其著作《刑法》中写道:1696年法案很明智地在叛逆罪审判中引入辩护律师,因为法官们是在国王的压力下审理这些经常具有政党倾向的案件,而且这些案件通常由法律界的高层人士(总检察长和副总检察长)主导进行。⑩

在一般的刑事审判中,由受害者或其他民众提起诉讼。王室通常不会在寻找、准备证人方面投入人力物力,最多也只是通过玛丽式审前程序,由业余的治安法官和警察帮助受害者提出控告。受害者可以聘请出庭律师提起诉讼,但实际上这种情形从未发生。因此在17世纪90年代,一般重罪指控审判仍然被视为简单的、无需律师参与的"争吵式"审判,恰如16世纪90年代托马斯·史密斯爵士所描述的那种模式。只有叛逆罪的审判中才需要控辩平等,因为只有在叛逆罪中,指控才具有专业律师参与的特征。

二、法官存在偏见

在斯图亚特王朝晚期,人们认为,只有在叛逆罪案件中才存在法官对国王的唯命是从问题。作为根本解决方案的司法独立原则并非专门适用于叛逆罪案件,因而不得不被排除于1696年法案的调整范围之外,而由后来的1701年《王位继承法》来解决。⑩

审理叛逆罪案件的法官,往往经过国王精心挑选而组成特别法庭。大多数审判在伦敦进行,处于国王监管之下。国王与叛逆罪的审判存在切身利益关系,而与一些偷羊或扒窃的被告是否被判有罪并无直接利害关系。1696年法案的立法者们发现,并无特别理由去质疑"法庭充当辩护律师"的说法,或者怀疑法官在日常刑事司法中的公正性。正是叛逆罪审判的特殊动因,让霍利斯声称:"法官们自己也知道,他们通常都背叛了可怜的当事人,以迎合他们自认为更优质的当事人——国王。"⑩

---

⑩　Hawles, *Remarks* 32.(同前注④。——译注)

⑩　Foster, *Crown Law* 231.

⑩　前注⑱及其相应正文。

⑩　Hawles, *Remarks* 22.(同第一章注释⑯、前注㉟。——译注)

三、叛逆罪审判很复杂

叛逆罪审判中法官给人不值得信任的感觉,与另外一个被认为是叛逆罪案件独有的特征相互作用,即叛逆罪法律的复杂性。通过强调公开法案所要求的构成要件[⑰],1689 年《叛逆罪审判法》澄清了一些 17 世纪 80 年代审判中出现的实体法问题;但是,判断"反对国王"和"叛逆罪"之间的界限仍然遭遇了一些法律难题,主要表现在被告的知情、行为和意图等法律特征的认定方面。因此,让怀有敌意的法官来解释这种不确定的法律标准,是特别危险的。

即使在认定事实方面,也感觉叛逆罪案件中出现了特别复杂的问题。比如在天主教阴谋案、拉塞尔阴谋案的指控中,所谓的犯罪行为只不过是一些谈话而已。天主教阴谋案凸显了伪证的危险,因此有必要仔细地调查控方证言。相反,一般刑事案件的普通控告者,不会像叛逆罪案件中的被告一样受到政治派系的影响;并且,一般的刑事案件被认为存在更可靠的证据,偷盗牛羊或商品货物、入室盗窃、谋杀或拦路抢劫都是可能被目击或者留下物证的行为。我们将在第三章看到:18 世纪 30 年代,当新的控诉政策引发对控方证据可靠性的怀疑时,一般刑事案件中证据更可靠的假设也开始遭到人们的质疑。

四、不会造成严重后果

1696 年法案的立法者们一定清楚,叛逆罪案件并不多见。当时人们意识到,被告辩护律师可能对传统的"被告陈述式"审判造成冲击。1691 年赫尼奇·芬奇在下院对后来成为 1696 年法案的一份草案发出评论时,就警告人们说:"至于在每件叛逆案中都允许辩护律师参与审判,这会使审判变得冗长,如果经过辩护律师的巧言装点,每个案件看起来都会差不多。"[⑱]这样做的危险很明显,即辩护律师的介入可能使被告丧失其独特作用,弱化其作为信息来源的作用,颠覆"被告陈述式"审判。

将 1696 年法案的改革仅限于叛逆罪案件,这样可以降低其对日常刑事司法造成损害的风险。无论辩护律师在叛逆罪案件中会造成多么严重的混乱,都可以预见此案件毕竟不多。而且,大多数叛逆案件在指控前都要对被告及整个事件进行

---

⑰ 1696 Act,§§2,4,及前注⑭。

⑱ 10 Grey, Debates, supra n.68, at 174(18 Nov. 1691).

广泛的审前调查,这个调查通常由王室执法人员和枢密院官员来主导,即使因1696年法案的改革,庭审中辩护律师的介入让被告保持沉默,审前的调查结果也能成为庭审证据。

在审判地点上,大多数叛逆罪的审判与普通刑事审判是分开进行的。重要的叛逆案件通常都由专门法庭审理[⑭],而且一般都在伦敦审理,而不是在老贝利法庭或巡回法庭。

五、控辩双方逐渐平等

从事刑事司法工作的人员并未对普通刑事案件中诉讼双方的权利平衡问题感到不满。事实上,17世纪90年代英国政府刑事政策的主要倾向不是保障而是镇压。[⑮]来自荷兰的新国王在英格兰王位上立足未稳,各种各样加强刑事法执行力度的措施就出自这一时期。威廉和玛丽统治时期,提交了上百部法律草案,通过了十余部法令,在大多数领域都与刑法有关。这些法令的最重要之处,在于加强法庭处理重罪,特别是财产犯罪的能力。[⑯]一系列赏金法令在1692年开始出台[⑰],它们出人意料地将对抗式刑事审判扩展到普通案件中。同样也是在这一时代,政府成功地以流放刑取代了死刑,其目的与效果在于推出一项符合公众(及陪审员)感受的较轻刑罚,以提高重大财产犯罪的有罪裁决率。[⑱]因此,将1696年法案仅限于叛逆罪,有助于缓解这项保障被告的举措与当时刑事司法中严厉镇压的主要趋势之间的矛盾。[⑲]

---

⑭ 这要根据一项刑事审判委任状。关于都铎时期的状况,see *John Bellamy*, *The Tudor Law of Treason*: *An Introduction* 132—133(1979)。

⑮ 这是贝蒂著作的主题,see Beattie, *Policing passim*.

⑯ J. M. Beattie, "The Cabinet and the Management of Death at Tyburn after the Revolution of 1688—1689," in *The Revolution of 1688—1689*: *Changing Perspectives* 218(Lois G. Schwoerer ed.) (1992).

⑰ 4 & 5 Wil. & Mar, C.8, §2(1692).关于赏金制度,参见第三章注释⑳—㉔及其相应正文。

⑱ 关于流放刑的缘起,see Beattie, *Crime* 470—483, 500—511; Beattie, *Policing* 424—462。

⑲ 对本章初稿的评论中,亚历山大·夏皮罗认为:"以普通刑事审判不能够、也不可能的方式,叛逆罪审判代表了威廉时代政治理论和其他改革中广泛出现的王权与臣民有新斗争的一个缩影。叛逆罪审判因此独具一格,不仅因为其独特的程序要素,而且也由于其政治重要性……[改革者们关注于]叛逆罪审判本身这种受到政治抨击的制度,而非一般的刑事审判制度,而且也未能或者说并不希望将他们的改革与日常的刑事法庭实践联系起来……这是顺理成章的。"Letter from Alexander H. Shapiro, 7 May 2002.

为平衡控方在叛逆罪审判中的特殊优势,1696 年法案对于控辩双方的地位作了平等化的规定,这种体现平等的表述在法案中处处可见:法案序言中宣称:"在该类案件中,叛逆罪被告证明自己清白的一切公正、平等的辩护方式不得被剥夺"[180];强制程序条款规定,被告可以"像通常强制控方证人出庭一样,运用法庭的同样程序(强制辩方证人出庭)"。[181]1696 年法案的所有主要改革,包括获得辩护律师帮助的权利、加强审前证据开示制度、被告证人宣誓制度以及强制被告证人出庭制度——都是模仿了控方的做法,并希望借此来纠正控辩不平衡的状态。

因控方聘用律师要赋予被告聘用律师的同样权利,这一建议在 17 世纪 90 年代并不是全新的理念。在君主空位时期,一个由马修·黑尔主持的委员会就建议:在任何存在控方律师的刑事案件中,禁止辩护律师出庭的规则都应被废止。[182]

让控辩双方逐渐平等的目标,即消除叛逆罪审判中存在的特殊危险。这使得1696 年法案赋予被告人聘请律师的保障措施,但仅限于叛逆罪案件的审判。平衡控方在审判中的优势,尤其是抵消控方获得律师帮助的优势,这一逻辑在 18 世纪30 年代重新浮现,并发展到普通重罪之中,法庭允许被告获得律师帮助;在 19 世纪的 1836 年,这种纠偏的逻辑在消除对辩护律师最后限制的斗争中,再度发挥作用。

第五节　贵族和贫民:叛逆罪留给刑事对抗制的遗产

对抗式刑事程序最初是专门适用于并不多见的叛逆案件中,这一奇怪的现象有助于说明对抗式刑事程序的两大缺陷:财富效应和争斗效应。

一、财富效应

对抗式刑事程序使得调查证据和提交证据私人化,这种程序在本质上有利于那些富有的被告,他们可以聘请技艺娴熟的辩护律师,并且有足够的资金去收集和

---

[180]　1696 Act, preamble.

[181]　Ibid., §7.

[182]　"在事实问题和法律问题上,只有⋯⋯对方以出庭律师进行诉答、指控嫌犯的案件中,嫌犯才能有出庭律师;嫌犯所提出的任何可靠的证人,以后也应该宣誓提供证词。"*Several Draughts of Acts* (1653), reprinted in 6 *Somers Tracts*, *supra* n.152, at 177, 234("Touching Criminal Causes"), 83, at 235.

提交辩护证据。

在贵族时代，叛逆罪基本上是富人才能犯的罪行。在17世纪的英格兰，叛逆罪被告都是政治高层的活跃分子，他们可能本身家境优渥，或与豪门交往密切或受其资助。[⑬]如果受到审判，危及生命，他们完全有能力聘用出庭律师、支付调查费用。1696年《叛逆罪审判法》的起草者们能够想象到，对于法案所惠及的当事人来说，支付对抗式司法的费用并非困难。因此，起草者们没有考虑所设计诉讼体制的这一突出特点（缺陷），即财富效应，也就不足为奇了。

在18世纪，当法官将对抗式程序扩大至普通重罪案件之时，这一当初旨在满足贵族需要的诉讼制度开始适用于专属于贫民阶层的法律事务，即严重犯罪。这正好印证了梅特兰在讨论英格兰法律史上另一个问题（合同印鉴制度的推广）时所提出的观点："在英格兰……上层人士的法律逐渐适用于所有人。"[⑭]在1696年，没有人会想到这种为上层人士创设的刑事程序适用于贫民，可能并不恰当。

二、争斗效应

对抗式刑事审判程序的另一个典型缺陷是将寻找真相置于次要地位。因为对抗式审判程序将收集和提交证据的工作交给控辩双方，任何一方都基于利己的动机隐瞒或歪曲不利于己方的证据，而不管真相到底如何。

1696年《叛逆罪审判法》的立法者们为何未对争斗型司法的内在危险有更多的警惕呢？我认为，部分原因是斯图亚特王朝晚期叛逆罪审判中的立法者早已对党派之争感到麻木。他们刚在斯图亚特法庭上经历了一场残酷的政治斗争，互相争斗的派系之间捏造叛逆罪，意图置对手于死地。为了将来限制和缓和这种政治斗争与制度之争，法案起草者想当然地认为叛逆罪审判具有高度的派系斗争性。起草者们没有预料到的是，他们坚持仅限于叛逆罪审判的这种诉讼形式会超越法

[⑬] 当然，这也有例外。在约翰·特温案审判中的一位共同被告，是1663年被控出版叛逆性书籍的印刷商、书籍装订者内森·布鲁克斯。他被控犯有轻罪，并被告知有权请律师出庭。他回答："我是穷人，没钱请律师；我希望不会因为我没有钱而失去法律赋予我的东西。"*R. v. John Twyn*, 6 *St. Tr.* 513, 519(O. B. 1663).该案中的另一位被告多弗被允许查看起诉状。他告诉法庭，他不懂拉丁文。王座法院首席法官海德让他去请一个自己的书记官。6 *St. Tr.* at 518.

[⑭] 2 Maitland, *HEL* 224.

案的限制,让叛逆罪审判中新出现的律师对抗精神在普通刑事司法当中生根发芽。

由后世观之,1696 年法案的出台牺牲了原本可能更明智的做法。人们希望对1696 年法案起决定作用的立法者们探索制度性改革,使调查、控告、起诉和审理刑事案件的工作能够更为中立,而不是让辩方与控方趋于平等而已。但这些立法者受限于固有的传统制度和传统程序。在事关国家的犯罪中,王室执法人员以及雇员与国王的亲信并无差别⑱;而在普通罪案件中调查和指控大体上仍由私人实施,即由被害人承担。因此,英格兰要建构一套中立的公诉制度,几乎没有经验可以借鉴。他们关于起诉的经验太原始了,使之并无信心去建立一个有法律原则的起诉制度。

当然,1696 年法案的立法者沿用了一种关于司法职能的陈旧理念,即法官没有职责也缺乏资源去调查案件的实体真相。由于斯图亚特王朝晚期叛逆罪案件审判中,法官的不端行为使其声名狼藉,因此,当时面对英格兰法官职能设计的核心缺陷,让法官承担发现真相的职责,显然不是一个好的时机。1696 年,立法者们并未重新思考英格兰的司法传统,也没有机会反思而扩大法官的调查责任,即让法官对刑事案件的真相承担彻底、中立的调查责任。英格兰法官们继续审判他们的案件,而至于真相,如果有的话,也存在于其他地方:存在于控辩双方、证人和陪审团那里。对 1696 年法案的起草者而言,他们相信被告人权利保障是叛逆案件特有的问题,引入辩护律师作为新的诉讼参与人和叛逆罪被告的帮助者,比进行根本性的制度性改革更为容易,尽管这种制度缺陷已造成严重后果,让斯图亚特王朝晚期的叛逆罪审判成为屠杀无辜者的工具。

与救济叛逆罪审判的司法不公这个目标相一致,1696 年法案的起草者将辩护律师的介入严格地限制于叛逆罪。他们不可能预见,一代人过去后,辩护律师会摆脱这种束缚,进入普通的刑事审判中,掀起了普通法刑事诉讼的一场革命。

105

---

⑱　对斯图亚特晚期叛逆罪审判中的控诉律师,麦考利描绘了一副留存于维多利亚时代记忆中的形象:"这是一群富有能力和经验,但没有原则的律师。他们只要对辩论提要稍加一瞥,就能发现案件中每个有利和不利的问题要点;他们从来都处变不惊、口若悬河——他们的生存之道,就是靠瞒天过海、指鹿为马的本领。如果对抗的一方是三四名这样精明博学又冷酷无情的雄辩者,而另一方则是一个一辈子都未曾在大庭广众之下说话的可怜人,对叛逆的法律定义和证据法的基本原则都无所知,其才智本就不足以与职业辩手对抗,而残酷无情的极刑行将到来更令其魂不守舍,这样的景象难道不令人触目惊心吗?"6 T. B. Macaulay, *The History of England from the Accession of James* II, at 2111(C. H. Firth ed.) (1914) (1st edn. 1849—1861).

第三章 控辩平等的产物:辩护律师

106

18 世纪 30 年代,法官们开始在一般重罪案件中允许辩护律师参加审判。我们发现,法官仅仅出于特定的目的而允许被告在审判中获得辩护律师的帮助,如询问和反询问证人等。这关键的一步使我们走上了后来对抗式刑事审判的道路。

107

英格兰刑事诉讼程序的这种发展,从其开始至斯蒂芬时代的变局被斯蒂芬称为"最引人注目的变化"。①根据《国家审判实录》所记载的少量重罪案件,斯蒂芬认为,辩护律师被允许询问或交叉询问证人的情况出现于 18 世纪下半叶。②几年前,我将这一历史发展时期提前了数十年,即 18 世纪 30 年代中期。③我使用了斯蒂芬尚不知晓的《老贝利法庭审判实录》(后文简称《审判实录》)这本小册资料,④详情参见本书第四章。⑤《审判实录》简要地描述了老贝利法庭对伦敦地区的重罪审判,这一法庭是该地区重罪的主要审判场所。约翰·贝蒂使用与萨里郡巡回审判有关的类似小册资料,证实了该法院辩护律师的出现始于同一时期,其中一例出现于 1732 年。⑥

---

① 1 Stephen, *History* 424.

② Ibid. Accord, Glanville Williams, The Proof of Guilt: *A Study of the English Criminal Trial* 8(1955).

③ Langbein, "CTBL" 311—312.

④ 在早期,其标题很混乱;后来大致确定为:*The Proceedings on the King's Comissions of the Peace, Oyer and Terminer, and Gaol Delivery... in the Old Bailey, on*[*certain dates*](伦敦城及米德尔塞克斯郡的法律报告,自 1674 年至 1913 年)。

⑤ 参见第四章注释⑦—㊿及相应正文。

⑥ Beattie, *Crime* 356—357.该研究所据是《萨里郡巡回审判实录》(题为:*The Proceedings at the Assizes ... for the County of Surrey ... on*[*certain dates*]) [*hereafter SAP*]。这批文献中,1688 年至 18 世纪 70 年代的都有所留存。See Beattie, Crime 23—25 and n.31.萨里郡从泰晤士河向南,(转下页)

18 世纪 30 年代的法官们为何摒弃了他们如此长久、如此坚定信守的禁止辩护律师参与审判的规则？不同于允许叛逆罪被告获得辩护律师帮助的 1696 年《叛逆罪审判法》，18 世纪 30 年代实践中的这种制度变化并未以立法的形式出现。于是，我们就失去了对理解这一制度起源有所帮助的独特线索。我们没有制定法的文本，没有法案的序言，没有上院、下院的议事记录，也没有议会议员们的相关文章。尽管这种制度变化出现于司法实践中，但并未出现在法院判决之中，因此也没有相应的判例法来解释法官们的想法。早期反映这种司法实践中制度变化的资料甚少，以至于法律史学者们只能通过那些鲜为人知的小册审判报告进行研究，而我们的上一代人对这些材料也几乎一无所知。所以，由于对法官们这样做的理由缺乏权威资料，所以我们只能根据综合情况来推测其目的。

108

本章的核心主题是允许辩护律师参与庭审是法官基于起诉模式的一系列复杂变革而作出的回应。这一系列变革主要是发生在伦敦及其周围地区，这些地区的城市化程度特别突出。英格兰城市的人口，1520 年约占 5.25％，1700 年上涨到 17％，到 1750 年达 21％。到 18 世纪末，这一比例已达到 27.5％。[7]1520 年，伦敦地区的城乡人口密集，人口数 5.5 万（占英格兰人口的 2.25％）。到 1600 年，伦敦地区的人口升至 20 万，1700 年达到 57.5 万。到 18 世纪末，这个数字已接近百万（96 万，占全国人口的 11％）。[8]在不断攀升的城市人口中，主要是大量的外来移民。18 世纪，伦敦居民中有三分之二不是在本地出生的。[9]城市人口和犯罪数量的增长，大多数不是发生在伦敦的老城区，而是在周边的米德尔塞克斯地区。[10]

（接上页）包括大伦敦区的一部分。埃塞克斯郡有一小批同类文献（1680 年至 1774 年），肯特郡也有（1766 年），see King, *Crime* 222 n.2。

在 18 世纪 70 年代中期至晚期，出版商可能对类似系列出版物的市场进行过调查。在 1774 年 4 月期《审判实录》的末页，速记报告者约瑟夫·格尼对赫特福德、埃塞克斯、肯特和萨里"最近一次巡回审判"的报告小册做了宣传。18 世纪 70 年代，还有一个关于约克郡的系列，约克教堂图书馆藏有其中 1775 年至 1778 年的六册。（这些文献承约翰·斯泰尔斯先生惠予提示。）

地方巡回法庭每年只开两次庭，而老贝利法庭每年开八次庭，每次都有大量的待审案件。因此，地方小册报告当时的数量不可能与《审判实录》相比，存世也少得多。

[7][8]　E. A. Wrigley, "Urban Growth and Agricultural Change: England and the Continent in the Early Modern Period," in *The Eighteenth-Century Town: A Reader in English Urban History 1688—1820*, at 45(table 2) (1990).

[9]　W. A. Speck, *Stability and Strife: England, 1714—1760*, at 66(1979 edn.).

[10]　佩利指出，"到 1748 年，[王座法院审理的]首都地区刑事案件中，只有 4％发生在市区，其余都在米德尔塞克斯"。Ruth Paley, "'An Imperfect, Inadequate and Wretched System'? Policing London before Peel," 10 *Criminal Justice History* 95, 127 n.18(1989) [hereafter Paley, "Policing"].

与大都市社会相关的犯罪以及犯罪数量问题，给传统的公共执法机构带来了极大压力，引发了警察组织和警察薪酬问题的一系列（改革）试验。[11]19世纪，公共执法机构被领取薪酬的统一警察体制及其主导的控诉制度所替代。[12]在后世看来，本章所重点介绍的18世纪早期的控诉制度，只是发展轨道上的一站。在这一发展过程中存在两条脉络，其结果深刻地证明了18世纪的刑事审判是令人不安的：一是依靠律师来准备和主导刑事控诉；二是控方新动机（获得赏金或污点证人豁免）的出现在很大程度上加剧了伪证的风险。在这二者作用之下，"争吵式"审判模式，即16世纪和17世纪公民之间平等争斗的审判模式，出现了剧烈的变革（被摒弃了）。

控方律师

在18世纪，事务律师在调查刑事案件、策划刑事起诉、准备庭审证据等工作中扮演着越来越重要的角色。这些角色和作用在当代英国司法实践中依然存在。本章既着重探讨"单位起诉人"（即造币厂、英格兰银行、财政部门和邮局等作为控方）所聘事务律师的工作，也讨论公民起诉人聘用事务律师日益增多的情况。在涉及私人起诉时，同时还将提到为重罪被告提供帮助的一些协会，这些协会都是与事务律师的职业有密切联系的自愿性社团。控方在重罪案件的审判中聘用事务律师，与其更多的聘请出庭律师有关联。这进一步加剧了孤立无援的被告与律师主导的控方之间的力量失衡。

本章也将阐述辩方聘请事务律师日益增加的情况。禁止辩护律师参与重罪审判是一条庭审规则，但这并不影响事务律师在审前的活动。当时在伦敦执业的一些品行不良的律师被称为"纽盖特事务律师"（纽盖特是羁押老贝利法庭候审嫌犯的监狱名称[13]），虽然不完全是，但主要是为被告服务的。纽盖特事务律师会以法

---

⑪　See Beattie, *Policing* 114—207.

⑫　See generally Philips "Engine"; Elaine A. Reynolds, *Before the Bobbies: The Night Watch and Police Reform in Metropolitan London*, *1720—1830*(1998); Clive Emsley, *The English Police: A Political and Social History*(2nd edn. 1996); Stanley H. Palmer, *Police and Protest in England and Irelad: 1780—1850*(1988); T. A. Critchley, *A History of Police in England and Wales*(1967); 3 Radzinowicz, *History*, *passim*.

⑬　根据福斯特的说法，对米德尔塞克斯郡监狱审的授命，"仅针对纽盖特监狱而言。因此，如果一名嫌犯被羁押于伦敦塔或郡内其他监狱，而要在老贝利法庭受审，则必须通过人身保护令移交纽盖特"。Foster, Hale MS 160, citing a decision of Holt CJ in *R.v. Beshall*(K.B.1695).

官和陪审团在审判过程中难以察觉的方式伪造或篡改证据,到 18 世纪 30 年代这种情形已引起了人们的警觉。

控方伪证

在事务律师和出庭律师不断向刑事案件提供专业的法律帮助时,政府也作出了切实的努力以提高刑事控诉的水平,即对指控某些重大财产犯罪成功者给予赏金。赏金法令催生了最早的一批雇佣警察,被称为"捕贼人"。他们生活在伦敦的下层社会,在那里以此谋生。赏金制度后来被证明是作伪证的重要诱因。

如果一名被告人罪名成立,赏金的申领者就可获得 40 英镑(有些情况下 140 英镑);因此,他们的根本动机不是关心被告有罪还是无辜。在后文谈到的 1732 年沃勒丑闻中赏金制度的重大缺陷受到公众热议期间,也正是法官作出划时代的重大决定、允许辩护律师出庭之时。为了赏金而诬告的更多丑闻一直困扰着 18 世纪乃至以后的赏金制度。

这些 18 世纪 30 年代允许辩护律师出庭的法官们从案件审理中意识到,在伦敦还有一种重要的控诉政策,如同赏金制度一样,是造成伪证难以根除的原因——这就是伦敦地区那些重要的治安法官们大胆创设的一种技术方案,即今天所谓的"污点证人指控"的做法(美国的说法是"让被告成为控方证据")。它由治安法官对嫌犯提供豁免,以换取其同政府合作指证同伙有罪。后来人们逐渐意识到,污点证人制度所导致的伪证危险并不逊于赏金制度。正如对一个为赏金而实施指控的人来说,让他获得 40 英镑或 140 镑赏金的有罪裁决到底是惩罚犯罪还是陷害无辜的人,都不是他所关注的对象;对一名为免予绞刑而求保命的污点证人来说,又何尝不是如此?

辩护律师:控辩平衡的产物

司法实践中的这些制度创新促使法官于 18 世纪 30 年代作出允许刑事被告人获得辩护律师的帮助,以调查那些提交到法庭上的控方证据。法官采取的策略与议会制定 1696 年《叛逆罪审判法》时的策略很类似,即规定叛逆罪案件被告人可以通过获得辩护律师帮助来纠正国王与被告之间的不平衡状态。到 18 世纪 30 年代,相似的驱动力出现在一般重罪案件当中。法官像三十多年前的议会那样作出了回应,通过允许被告人的辩护律师协助他们调查那些令人怀疑的控方证据,以便实现控辩双方的平衡。

即使法官解除对一般重罪案件辩护律师出庭的禁止令,辩护律师在一般重罪案件中的作用仍然受到限制,即辩护律师的工作仅限于询问,特别是反询问,从而维持"被告陈述式"的审判模式。辩护律师不能向陪审团作"结尾陈述",即陈述事件的"被告方版本"。这种折中做法主要是为了持续给被告人施压,迫使他进行自我辩护,以保持被告人继续作为法庭的信息来源。我们将在本书第五章中看到,一般重罪案件的辩护律师最终怎样摆脱对其作用的限制。这种限制辩护律师陈述案情的做法持续了一个世纪,直到 1836 年的立法进行了新一轮的控辩平衡,赋予了重罪案件被告有"完全的律师辩护权"。⑭

第一节 控方律师

18 世纪早期的一些史料让我们了解到,当时事务律师作为审前调查者与管理者发挥着作用。这是后来英格兰刑事诉讼中的常规活动。我们可以从中看到,事务律师们逐渐跻身于刑事起诉活动中,成功地将业务拓展到早期的政府部门、其他单位起诉人,以及公民起诉人等,他们还为治安法官及其书记员提供服务,同时通过这些人(治安法官和书记员)为他们的客户提供服务。

一、事务律师的职业

目前,关于事务律师在刑事诉讼发展历程中所发挥的作用,论之甚少。⑮事务

---

⑭ Prisoner's Counsel Act, 6 & 7 Wil. 4, c.114, preamble, §1(1836).

⑮ 标准参考文献(Stephen, *History*;Holdworth, *HEL*)和有关事务律师或出庭律师职业历史的专著中,都忽略了这一主题。See, e.g., Michael Birks, *Gentlemen of the Law* (1960) [hereafter Birks, *Gentlemen*];Harry Kirk, *A History of the Solicitor's Profession, 1100 to the Present Day* (1976);Robert Robson, *The Attorney in Eighteenth-Century England* (1959).布鲁克斯建立在档案基础上的细致研究只涉及 1640 年以前,正好在本书探讨的相关事件前夕;C. W. Brooks, *Pettyfoggers and Vipers of the Commonwealth:The "Lower Branch" of the Legal Profession in Early Modern England* (1986)。杰弗里·霍姆斯关于各职业历史的著作有一章专论法律人士,其中提及刑事司法中的事务律师。关于 1730 年左右的这一时期,霍姆斯指出,"在伦敦有 18 位主要的从业者,他们在内殿会馆有接待室、甚至寓所",其中四人是"专门从事刑事案件的代理律师"。Geoffrey Holmes, *Augustan England:Professions, State and Society, 1680—1730*, at 150(1982).书中未注明资料来源,我也无从确证。

律师这一职业在 18 世纪早期仍处于形成阶段。⑯此时,他们才取得了相对于代理律师的优势,并逐步将代理律师吸收、取代。⑰(代理律师基于其答辩过程中的作用而只与某一法庭产生联系。⑱他们也收集证据并提交给法庭。⑲)而事务律师最早出现于十五六世纪,他们既处理跨地区管辖的诉讼⑳,还要参与一些新式法院和委员会的事实调查,特别是衡平法院、星座法院和上访法院(Requests)。㉑

实际上,进入到 19 世纪,事务律师主要与衡平法院有密切联系。㉒与都铎时代曾经的星座法院和上访法院一样,衡平法院的审判没有陪审团,其判决依据是庭前双方当事人通过口头询问和书面证据交换所获得的证据。因此,这些法院对事实调查的需求远远大于普通法法院,后者呈现出与之完全相反的特点。从中世纪晚期到现代社会早期,普通法法院试图将陪审团的事实调查限制于较小的范围内,运用笨拙的单一问题诉答机制,并坚持封印证据优先和书面笔录证据优先的原则,以防范平民陪审团可能存在的风险。㉓根据普通法,当事人不能宣誓作证㉔,这也大大削弱了普通法法院发现事实真相的能力。

事务律师职业的早期发展,以及后来取代代理律师都是衡平法院征服普通法院这一传奇事件的一部分。㉕事务律师参与事实调查和管理刑事诉讼的工作,都是

---

⑯ 议会为这一职业提供了法律依据;2 Geo. 2,c.23(1729)("为更好地规范代理律师和事务律师")。该法案规定,只有在某一法院注册的人士,才能向法院请求令状、传票,或进行其他各种诉讼活动。See 12 Holdsworth, *HEL* 52—57.因为有登记的要求,所以留下了一些记录,使后人可能据此评估该职业的状况。据估算,1730 年伦敦有逾 1 500 名代理人,平均每 383 个居民中就有一名。Philip Aylett, "A Profession in the Market-place: The Distribution of Attorneys in England and Wales 1730—1800," 5 *Law and History Rev.*1, 3(1987).

⑰ 6 Holdsworth, *HEL* 456—457.

⑱㉒ Ibid. at 453.

⑲ 当时有一部实务手册提醒代理律师,在准备一件民事案件的审判时,"要确保向辩护律师提供充分的意见,……并准备好证人或其他证据"。Thomas Powell, *The Attourneys Academy: Or, The Manner and Forme of Proceeding Practically* 135(1623).

⑳ Birks, *Gentlemen, supra* n.15, at 88.

㉑ 6 Holdsworth, *HEL* 453—454.

㉓ 关于这些问题,详见 Langbein, "Evidence" 1181—1186, 1194—1195(1996).

㉔ 衡平法院声称他们会遵循普通法规则,不允许当事人作证,see 9 Holdsworth, *HEL* 194—195.然而,衡平法院通过讯问当事人及要求其进行其他证据开示等灵活方式,极大地克服了该规则的影响。

㉕ 关于这一说法,see Stephen N. Subrin, "How Equity Conquered Common Law: The Federal Rules of Civil Procedure in Historical Perspective," 135 *Univ. Pennsylvania L. Rev.* 909(1987).因为事务律师与衡平法院的事务相关,那里的客户更富有,因此事务律师的头衔据说比代理律师更胜(转下页)

在衡平法院基础上进一步拓展的表现。事务律师最初是以证据收集和诉讼管理者的面目出现在衡平法院和各种特权法院中,后来逐渐将其法律代理的模式扩大到其他领域,他们进入刑事法院的那几十年正处于本书所讨论的年代。由于事务律师职业的这些特征在历史上没有得到充分研究,因此我们缺乏相关历史背景文献来佐证刑事诉讼发展过程中的一些更重要的特征。

现今,证明事务律师在 18 世纪的刑事案件中从事调查和准备工作的资源十分匮乏。总而言之,当代人几乎没有发现正当理由而保留事务律师准备的调查文件或者辩护提纲,这主要因为刑事裁判具有明显的终局性,所以这些文件的有用时间很短暂。假如一个重罪被告人被无罪释放,就再也不能对他进行再审[26];假如他被判处死刑,并且庭审法官不给予他缓刑,他将立刻被执行。[27]在任何一种情况下,事务律师在审前程序中取得的调查资料都没有太多的价值,因而被抛弃了。[28]然而,一些零碎的材料仍然被保留了下来,足以让我们拼凑出事务律师逐步出现的基本轮廓。本书的现有论述利用了大量政府起诉的档案资料,参考了《国家审判实录》《老贝利法庭审判实录》和当时的读本文献。

二、控方事务律师

控方事务律师的出现,最普遍的情况是他们服务于新型控诉机构。许多政府部门或者单位都安排了一名职员代表他们从事刑事案件的调查和起诉。实际上,

---

(接上页)一筹。Birks, *Gentlemen*, *supra* n.15, at 144.在 1789 年至 1791 年,衡平法院诉讼涉及的标的数额,远较普通法法院更大。See Douglas King, "Complex Civil Litigation and the Seventh Amendment Right to a Jury Trial," 51 *Univ. Chicago L. Rev.* 581, 606(1984).

[26] See 2 Hawkins, *PC* 368,§1(关于"已被判无罪").

[27] 1835 年,著名的事务律师詹姆斯·哈默在向刑法委员会的委员们提交证据时回忆道:"有一个案件,只要再有两天多的时间,就能有足够证据要求暂缓执行,但还没等我有时间进行调查,嫌犯就已被处决了。"*Second Report from Her Majesty's Commissioners on Criminal Law* 88(London 1836)(Parliamentary Papers vol.36)[hereafter 1836 *Report*].该书有重印本,收入爱尔兰大学出版社的"不列颠议会文件系列"中;"Reports from the Royal Commission on the Criminal Law with Appendices and Index 1834—1841," 3 *Legal Administration Criminal Law* 71—202(1971)。

[28] 许多地方档案馆都藏有事务律师的文件,通常是在事务所结案以后存档。我曾研究过数套此类文件。其中包括许多有关交易和产权转让的资料,但尚未发现 18 世纪上半叶事务律师制作的出庭纲要或其他有关刑法事务的材料。迈克尔·迈尔斯在 18 世纪后期的事务律师档案中发现了许多刑事司法的材料。参见后注[72]—[73]。

该职员就是事务律师。造币厂、财政部、英格兰银行、伦敦市等机构的事务律师都留下了一些关于他们控诉活动的零碎材料。从1683年开始，邮政局设置了事务律师岗位以从事指控工作，[29]但是关于他们的活动记录只有较晚的资料存世。[30]直到18世纪40年代，我才找到东印度公司和南海公司有关控诉工作的材料。[31]

这些单位控诉人的出现，反映了法律之外的一些重大发展，包括导致邮政局和英格兰银行产生的技术变化与经济组织变化，以及复辟时代之后政府部门的进一步完善。这些单位发现，他们本身需要执行一部分刑法的规定。邮局需要保护邮件免受劫匪和无良雇员的侵害；英格兰银行需要起诉那些票据的伪造者；皇家造币厂要防范那些伪造、变造货币的行为。财政部事务律师在刑事诉讼中要对皇室财产进行全面的监管，特别是在骚乱案件当中。[32]

在许多方面，单位控诉人的任务与托马斯·史密斯笔下典型的公民起诉人有所区别，公民起诉人即抢劫案的受害人。因为私铸和针对货币的犯罪并无特定的被害人，政府当局不能指望普通公民来承担执法的任务。而且，诸如侵占邮件或者伪造、变造票据之类的犯罪具有法律上的复杂性，因为这些犯罪最初通常都具有合

㉙　Roger Williams, "The Post Office: 300 Years of Prosecuting," 13 *The Retainer: The Journal of the Prosecuting Solicitors Society of England and Wales* 13(Apr. 1984).

㉚　据我所知，最早的事务律师的出庭纲要出现在斯夸特案中。*R. v. Squat*, *P74/253*(1774), Post Office Archives, Mount Pleasant Street Sorting Office, London.斯夸特是一名邮局雇员，1774年7月，他因为被指控盗窃信封中的钱，而被老贝利法庭审判。"邮政局的事务律师帕金先生"就他对本案进行的审前调查出庭作证。*OBSP* (Jul. 1774, ♯548), at 401.最后，对被告的一项指控不成立，但另一项成立，并被流放。在《审判实录》中，邮政局提出控告在此前数十年就已出现，但记述并不详尽，不能判断当时事务律师是否已经参与其中。E g., Samuel Snow, *OBSP*(Mar. 1720) 6(抢劫邮件："在提出控告时，代表国王的出庭律师"描述了案情原委)；John Hawkins and George Simpson *OBSP*(May 1722)("五月"是正确的日期；原误作"四月"), at 2—3(拦路抢劫邮件；这是一件污点证人指证的案件，一名共犯向邮政局总长卡特里特坦白；在后者的指挥下，嫌犯被捕拿, Ibid. at 3.其中未提及事务律师或出庭律师)。

㉛　William Oliver, *OBSP* (Dec. 1740, ♯35), at 9—10(从东印度公司盗窃逾400磅胡椒；控方明显有出庭律师)；John Waite, *OBSP*(Feb. 1743, ♯162); at 102(盗窃东印度公司债券；其中提到三名控方和四名辩方的出庭律师)；Winifred Jackson and Judith Mayers, *OBSP*(Feb.1744, ♯♯167—168), at 80(在转让债券时欺骗东印度公司；控、辩双方都有律师出庭)；Hugh Pelling, *OBSP*(Jan. 1747, ♯103), at 58(伪造欺诈南海公司；控、辩双方均有律师出庭)；William Martin, *OBSP*(Oct. 1747, ♯383), at 277(盗窃东印度公司)。据《审判实录》，在1747年至1748年间，还有大批货物税(即走私)案件，大多由总检察长或副总检察长提出指控；几乎所有此类案件中，都有辩护律师出庭的记载。

㉜　贝蒂发现，在1696年就已经设立了第二个财政部事务律师的职位，专门控告叛逆罪和伪造货币罪。Beattie, *Policing* 232. 1714年10月起，在米德尔塞克斯治安委员会设立了两名公务次长，无疑是为了授权他们监督治安官。Ibid. at 384—391.

法占有权。㉝因此,需要法律技巧来恰当地撰写起诉状、寻找和安排证人,以证明这些犯罪的构成要件。

单位控诉人处理的刑事案件,通常需要坚定而持续的调查来查找和逮捕罪犯,并且收集、保全和提交证据。在这些情况下的控诉需要技术、精力和只有单位才能提供的条件。这些机构会安排一位精通法律的事务律师来管理这笔相当于执法经费的预算。

(一)事务律师的工作:以造币厂为例

据我了解,18世纪早期涉及控诉活动的最有用档案材料是皇家造币厂的资料。㉞一批被称为"造币厂办公记录簿"的材料记录了从1713年起造币厂事务律师的阶段性财务状况。由于这些记录逐项列举了办理刑事案件的步骤,并且这些事项产生了事务律师要求支付的费用㉟,所以这些事项也提供了一个了解他们控诉

㉝ 实体法关于这些问题的发展,see Jerome Hall, *Theft, Law and Society* 3—36(1935)。例如,在1745年一件盗用英格兰银行资产案的起诉中,"嫌犯的辩护律师着力于'盗用'这一词语意义和解释的有关法律要点,强调嫌犯的行为并不符合议会制定法案的本意和表述。这一问题经过[双方出庭律师的]充分辩论,最后法庭认为,嫌犯的行为符合该法案的本意和表述"。Robert Scruton, *OBSP* (Sept. 1745), at 231, 235.

㉞ 感谢约翰·贝蒂教授惠教相关资料的信息。约翰·斯泰尔斯在其文章中也提到相关内容;John Styles, "'Our Traitorous Money Makers':The Yorkshire Coiners and the Law, 1760—1783," in *An Ungovernable People:The English and Their Law in the Seventeenth and Eighteenth Centuries* 172, 183—186(John Brewer and John Styles eds.) (1980) [hereafter Styles, "Coiners"]。此前拙文论及这些资料时,未注意到该文;John H. Langbein, "The Prosecutorial Origins of Defence Counsel in the Eighteenth Century:The Appearance of Solicitors," 58 *Cambridge L. J.* 314(1999) [hereafter Langbein, "Prosecutorial Origins"]。道格拉斯·海也曾论及早期造币厂在斯塔福德郡的起诉;Douglas Hay, "Crime, Authority and the Criminal Law:Stanffordshire 1750—1800," at 342—344 (unpub. Ph. D. thesis, University of Warwick, 1975) [hereafter Hay, thesis]。See also Beattie, *Policing* 236—237, 239—240, 243—245(关于17世纪90年代对伪造货币的指控)。

㉟ *Mint Office Record Book*, vol.8(1699—1713), Public Record Office [hereafter PRO], Mint 1/8, at 115—120("近两年来,在伦敦、威斯敏斯特、萨瑟克、埃塞克斯和金斯顿巡回法庭,对伪造和损坏本王国现行钱币者、明知伪造而使用者及其他法律诉讼进行控告和定罪过程中经费和支出的记录;从1713年米迦勒开庭期至1715年米迦勒开庭期。")[series hereafter Mint Books]。
造币厂的档案还反映了各种代表造币厂,但未明确说明系由事务律师进行的刑事调查情况。1714年3月25日的"亨利·史密森先生纪念册"中记载:"这位亨利·史密森先生受雇于前任和现任的造币厂执行官长达近14年,从事逮捕和控告"伪造者的事务。*Mint Book*, vol.7(1699—1728), at 64.史密森当时要求向他支付各项费用。他的"收费和开支目录"的条目包括"本人助手和马匹在追缉和抓捕伊丽莎白·特卡夫、弗朗西斯·巴克尔等人及其他嫌疑犯的收费和开支;伊丽莎白·梅特卡夫被定罪、并处决,其他人被处罚金和监禁……"Ibid. at 65.

工作的窗口。

造币厂事务律师在控诉工作中有一名杰出的先驱，那就是艾萨克·牛顿（Isaac
Newton）。他于1696—1699年担任造币厂的执行官㊱，他发现自己在刑事调查工
作中起领导作用。㊲他对这项工作非常不满，认为这项工作应该交给律师。"这是
律师的业务，它应该属于国王的总检察长和副检察长，他们最有能力胜任这项工
作，尤其是有些帮助只有他们才能提供。"㊳不久，担任造币厂厂长的牛顿，按照自
己的设想将刑事调查和起诉工作交给了律师。1706年，他为造币厂警务工作争取
了更稳定、更充足的公共经费，并于1715年指派了一位获得法律职业资格的人另
外担任书记官，以让这项工作更为专业。造币厂的事务律师（也由此）成为副执
行官。㊴

造币厂事务律师的主要工作是为审判而调查犯罪、收集证据。他有时完全自
行调查，有时与他人合作或者通过雇用他人开展工作。1714年，老贝利法庭在指
控约翰和伊丽莎白·贝克私铸货币案的过程中，事务律师理查德·巴罗（Richard
Barrow）为收集证据而花钱"招待法官（即主导审前羁押程序的治安法官）和住在沃
平郡及其他偏远地区的证人"。㊵他花费更多的钱"调查犯罪嫌疑人的情况并向提
供信息的人支付费用"。他还"支付费用给乡村警察（constable）以扣押被缴获的私
造工具，将其搬到他的住处"，并"花钱买了一个箱子、一把篮锁和钥匙以保管这些
证据"。他还花"更多的钱，几次前往纽盖特监狱询问是否有人提供消息"。在1715
年的另一个案件中，巴罗的继任者，卡尔弗利·平克尼，申请了一笔经费，用于"去
萨里郡从几名证人那里寻找和收集证据"以指控嫌犯。他还"向一个叫伍德沃德的
人支付费用……让他提供他声称拥有的线索"。㊶

㊱　See John Craig, "Isaac Newton and the Counterfeiters," 18 *Notes and Records of the Royal
Society of London* 136(1963)［hereafter Craig, "Newton"］.

㊲　关于牛顿的调查，被PRO大量证实，Mint 15/17。这套资料中包括500余份"1698年5月至
1706年5月间在执行官、市长和治安法官面前指控伪造者、或由伪造者作出的证词；以及一些给执行官
的信件和向其提出的赦免请求"。

㊳　Letter to the Commissioners of the Treasury(No.553)，Jul.—Aug.1696, in 4 *The Correspon-
dence of Isaac Newton：1694—1709*, at 209, 210(J. F. Scott ed.)(1967).

㊴　Craig, "Newton," *supra*. 36, at 143.

㊵　*Mint Books*, *supra* n.35, vol.8, at 118.

㊶　Ibid. at 122，123.

　　在调查和收集证据阶段,造币厂的事务律师逐步涉足了以下工作:准备证人、拟订和签发起诉状以及安排开庭控诉策略等。根据巴罗记载,他曾于1713年3月在埃塞克斯巡回法庭,"以出售伪造货币为由"起诉威廉·斯特兰奇和詹姆斯·罗宾逊。他因"收集信息和强制证人宣誓作证"以及起草两份起诉状,向治安法官的书记员支付了费用。"在巡回法庭审判期间",他支付"证人的日常开销",并额外"给证人"1镑10先令。在该案件中,巴罗还雇用了出庭律师,支付了起诉状建议费("审读诉状"⑫)和指控被告的出庭费。

　　18世纪的造币厂档案材料记载了四种费用开支:调查费用、支付给书记员与其他职员的费用、证人费用和出庭律师费用。我们还在《审判实录》的法律报告中

发现了事务律师的工作记录⑬:当时他(事务律师)在老贝利法庭作证,陈述其如何调查或逮捕被控的私铸货币者。⑭

寻找证人并安排出庭

　　到18世纪中期,造币厂账簿有时能够提供反映其事务律师与控方证人关系的更详细信息。1756年,在斯塔福德待审的一件伪造案中,事务律师参与五位具名人士和其他证人的取证,并且参与另一位具名证人的取证及送达传票,事务律师因参与取证而收取费用。⑮事务律师与证人的这些接触已超出其调查的范围,成为我

---

　　⑫　Ibid.这些开支经常出现在造币厂的账目上和其他地方。在伦敦档案馆,有一份伊丽莎白·尼科尔斯案的起诉状拟稿,当时送交出庭律师约翰·特雷西审核。尼科尔斯被控恶意起诉。特雷西提出了一些修改建议,并在拟稿末尾写道:"我已审读本起诉状拟稿;同意。"签名日期为1743年11月30日。Corporation of London Record Office[hereafter CLRO], *London Sessions Papers* 1744, at 9.特雷西对拟稿提出了一些修改建议。有一处,他建议插入"用暴力和武器"的用语。在页边,应该是向伦敦市政的事务律师提供建议。他解释说:"我知道有不用这些用语的先例,也有使用它的情况。不过补入不会有任何弊害,而缺少它倒可能招致些小的异议,我觉得还是增入为好。"Ibid. At 6.(本文献承约翰·贝蒂惠予提示。)

　　⑬　关于这些文献的情况,参见第四章注释⑦—⑫及其相应正文。

　　⑭　E.g., Mary Haycock and Ann Haycock, *OBSP* (Jul. 1734, ##19—20), at 147—149(事务律师诺斯作证). Catherine Bougle, *OBSP* (Jul.: 1734, #27), at 152, 155(诺斯作证说明其在收集其他证据时,如何"尽可能对已有信息保密");John Irons, *OBSP*(Apr. 1737, #555), at 110, 112(诺斯作证说明该案所涉及的伪造技术);Judith Murray *et al.*, *OBSP*(Apr.1738, ##14—16), at 63, 65—66(诺斯作证说明其对现场的追踪调查);Jonathan Thomas, *OBSP*(Sept. 1738, #22), at 130, 134(诺斯作证说明逮捕嫌犯和搜查其房屋的情况);Patrick Kelly *et al.*, *OBSP*(Jan. 1743, ##116—119), at 70, 73(诺斯再次作证)。

　　⑮　*Mint Books*, *supra* n.35, vol.11(1752—1764), at 84(account for 1755—1756).

们现在所称"挑选证人和安排出庭"的典型律师业务。

与治安法官合作

在有些案件中,造币厂的事务律师与伦敦的治安法官合作开展工作,而非独立进行调查。根据事务律师记载,在前面提到的 1714 年约翰和伊丽莎白·贝克斯私铸货币案中,他与伦敦的治安法官合作。数十年后,在米德尔塞克斯郡推行所谓的治安法官体制时,事务律师正好利用了这一制度。至少在 18 世纪 30 年代或者更早时[46],中央政府会任命一名"米德尔塞克斯治安法官"来处理刑事调查和指控的特别事务。人们将这种机构称为"治安法院",这里的"法院"是指(指派治安法官的)中央政府。治安法官可采取经费补贴与事后报销的方式获得资金支持。[47]自1729 年起,任职于米德尔塞克斯和平委员会的退伍军人托马斯·德维尔(Thomas Deveil)就曾出任治安法官,直到 1746 年去世。此前是否有人担任德维尔的这个职位,尚无证据予以证实。他的继任者是小说家亨利·菲尔丁(Henry Fielding),到1754 年去世;其后是他同父异母的兄弟、著名的盲人治安法官约翰·菲尔丁(John Fielding)爵士。这三人都在鲍街办公,即鲍街治安法院的起源,该法院一直延续至今。[48]造币厂充分利用了这些治安法官。例如,在 1756 年调查亨利·莱陶勒等人的案件中,我们看到事务律师求助于治安法官约翰·菲尔丁,请其批准逮捕。事务律师询问了嫌犯,起草了指控书,指控书中还指控了其他几个人。当莱陶勒被进一步询问并羁押时,事务律师"参与了菲尔丁法官对嫌犯的取证。"[49]有时情况则与此相反,如在约翰·多迈恩买卖伪造基尼货币案中,事务律师写道:"应菲尔丁先生的

---

[46] 一位佚名作者提出 17 世纪可能存在任职者,所以可以将法庭治安法官制度追溯至伊丽莎白时代,但并无实质性证据加以佐证。Anon., *Memoirs of the Life and Times of Sir Thomas DeVeil, Knight* 22—34(London 1748)[hereafter *DeVeil Memoirs*].韦布夫妇重复了这一说法。1 Sidney and Beatrice Webb, *English Local Government from the Revolution to the Municipal Corporations Act: The Parish and the County* 337—338(1906).

[47] 关于法庭治安法官制度,see Langbein, "Ryder" 60—61。

[48] 3 Radzinowicz, *History* 29 n.2; see generally Anthony Babington, *A House in Bow Street: Crime and the Magistracy in London 1740—1881*(1969).

[49] *Mint Books*, supra n.35, vol.11(1752—1764), PRO, Mint 1/11, at 90(account for 1755—1756).关于该案多层面的讨论,Styles, "Coiners;" supra n.34, at nn.178—181, 184, 190—191, 230—233.

提议,在讯问和羁押被告时,我参与了整个取证过程。"⑤⑩

资助刑事调查

造币厂事务律师对调查和起诉的贡献之一就是金钱资助。在多迈恩案中,事务律师为搜查嫌疑人的住所支付了费用,发现了私铸钱币的工具。⑤①因此,造币厂的资金就源源不断地为鲍街治安官的捕贼人和乡村警察团队提供支持,这些人在伦敦警察获得正式承认前的数十年间充当着"准警察"的角色。⑤②后来,随着造币厂的案件不断增多,这些专职事务律师逐渐将审前调查和审判安排等工作委托给在每一个案件中雇用的外聘事务律师。⑤③

指导出庭律师

在 18 世纪早期,造币厂事务律师并非在每一起提交审判的案件中都雇用出庭律师。⑤④他认为,有时候让证人以类似于"争吵式"审判的方式陈述自己的故事也不错。但是到了 18 世纪 30 年代,雇用出庭律师已经变成了由事务律师主导案件的一个通行做法。⑤⑤审前程序的律师主导,促进了审判程序的律师参与。事务律师通过寻

---

⑤⑩⑤① *Mint Books*,*supra* n.35,vol.11,at 97.

⑤② 在个案中向鲍街的这批治安力量提供资助的,并非只有造币厂。在英格兰银行为数不多的档案中,一份 1779 年鲍街人士开出的账单,因为他们逮捕了一名罪犯,并前往其母亲位于牛津的住处找回藏匿的银两。*R. v. J. Matthison*,Bank of England,F2/190(1778—1779).该案成为当时一份小册读物的主题。Anon.,*Memoirs of the Life of John Matthieson*[*sic*],*Executed for a Forgery on the Bank of England* 17(London 1779)(Yale Law Libr. Shelfmark RB SSP M512 c.1).参见第五章注释⑳⑥。

⑤③ 到 19 世纪 40 年代,造币厂的事务律师已成为起诉活动的管理者,他们将大多数法庭的工作都外包给其他外聘人员。See *Report of the Commissioners Appointed to Inquire into the Constitution*,*Management*,*and Expense of the Royal Mint*(London 1849)(copy preserved as PRO,Mint 2/17).造币厂事务律师约瑟夫·布伦特曾向一个议会委员会作证说明其岗位职责。Ibid. at 183.他指出,从 18 世纪 80 年代至 19 世纪 40 年代,起诉刑事案件的数量和费用都在持续攀升。1786 年,造币厂提起了 22 项指控,花费 1 325 英镑;而到 1842 年,他们提起了 457 项指控,耗资 10 744 英镑。Ibid. At 184.布伦特作证中说,他并不参与审前的调查或审判。他的工作是,根据治安法官的书记官进行的审前讯问,"为出庭律师准备出庭纲要。我提出简短的案件分析,作为一种出庭纲要,提醒出庭律师注意一些证据,否则他们就得自己到处搜寻不同问题的要点。"Ibid. at 189.造币厂还雇用当地的事务律师处理起诉事宜。"我们通常喜欢聘请一些人提出控告,往往是治安法官的书记官;如果他[很有经验,]……我会就证据的缺陷和他进行交流。"Ibid at 192.关于治安法官的书记官与执业事务律师的重合,参见后注⑩—⑬及其相应正文,以及注释⑯。

⑤④ 例如,对约翰和伊丽莎白·贝克案中,根本就没有提到。参见前注⑩—⑪及其相应正文。

⑤⑤ E.g.,Mary Haycock and Ann Haycock,*OBSP*(July 1734,♯♯19—20),at 147—149;Elizabeth Tracey and Ann Knight,*OBSP*(July 1734,21—22),at 149—152;Catherine Bougle *OBSP*(July 1734,♯27),at 152—155.

找、选择并安排证人出庭等主导刑事诉讼，他们同样需要一名法律职业人士引导那些审判中的证人。后文在述及控方聘请律师出庭逐渐增多时，将再讨论这个问题。

（二）行政机关提起的控诉

18世纪早期，作为控方的国王和政府也不断地加强刑事控诉。

1722年，约翰·伍德伯恩和阿伦德尔·科克因在贝利市的圣爱德蒙兹大街上撕裂了爱德华·克里斯普的鼻子而被判有罪，这一案件成了人尽皆知的名案，被收入《国家审判实录》之中。⑤⑥根据《政府文件》记载，这一野蛮的犯罪行为侵害了权贵利益，国王对此极为不满。他担心罪犯可能会逃脱惩罚，指示总检察长聘请得力的出庭律师和合适的事务律师进行起诉，费用由国王支付。⑤⑦总检察长任命尼古拉斯·帕克斯顿担任控方事务律师。⑤⑧两个被告人最终被判有罪。帕克斯顿收取的费用达到85英镑，毫无疑问，其中包含了出庭费用。国务秘书指示财政部事务律师支付了这笔钱。⑤⑨

一年后，国王再次介入，为一位叫安妮·布里斯托尔的妇女被害案件安排了律师，以指控嫌犯；被害人的惨死成为当时伦敦这个大都市骇人听闻的案件。四人因涉嫌轮奸、谋杀而被指控。他们否认指控，辩称死者可能是在跑动时被马车意外撞死的。⑥⑩国王认为"不能让这四名在斯玛尔伯里绿地如此残暴杀害安妮的船夫逍遥法外"，指示总检察长"亲自处理本案控告，在老贝利法庭审判时出庭"。⑥⑪国务秘书告诉财政部的事务律师说，国王希望"你努力收集必要的证据，交给总检察长，他会

---

⑤⑥ *R. v. John Woodburne & Arundel Coke*, 16 *St. Tr.* 53(Suffolk Assizes 1722).根据1670年立法，该犯罪被定为重罪，不能享受神职人员减刑特权。22 & 23 Car. 2, c.1，§7(1670).

⑤⑦ *State Papers Domestic Entry Book*, PRO, SP 44/81 at 24(entry for 5 Feb. 1722).

⑤⑧ 1722年，帕克斯顿在另一案件中代表国王，并垫付了费用，将一名嫌犯从北部解送到伦敦。Ibid. at 139.财政部事务律师的档案中，有1729年6月帕克斯顿为另一件煽动性诽谤案准备的控方辩论提要。PRO, TS 11/424/1290. 18世纪30年代，帕克斯顿在王座法院代表国王的起诉中非常活跃。E.g., PRO, SP 44/82, at 68，69，71，72，74，76.贝蒂提到了帕克斯顿在本案中的工作，认为他是财政部助理事务律师。Beattie, *Crime* 354；Beattie, *Policing* 389 n.62.关于帕克斯顿依据《取缔流浪者条例》进行的各项起诉，see E. P. Thompson, *Whigs and Hunters：The Origin of the Black Act* 212—213 (1975), noted in Beattie, *Crime* 354 n.92；Beattie, *Policing* 386—387. 贝蒂还发现，帕克斯顿曾经手乔纳森·怀尔德案。Ibid. at 382 n.39.关于怀尔德，参见后注㉒—㉓、㉖—㉘及其相应正文。

⑤⑨ *State Papers Domestic Entry Book*, PRO, SP 44/81 at 69，119，171.

⑥⑩ George Smith *et al.*, *OBSP*(Apr. 1723), at 1.两名医务专家作证，反驳辩方的说法。

⑥⑪ *Sate Papers Domestic Entry Book*, PRO, SP 44/81 at 189, Townshend to Attorney General, ibid. at 189(entry for 11 Mar. 1723).

根据指示亲自妥善提出控告,并在老贝利法庭审判时出庭"。[62]尽管律师在本案中费尽力气,陪审团仍不能确定事实真相如何,最后裁决被告无罪。[63]

政府介入这种与国家事务无关但备受关注的刑事案件,在 18 世纪 50 年代都有相应的记载。比如,在 1752 年切姆斯福德巡回审判期间,约翰·斯旺和伊丽莎白·杰弗里斯被控谋杀杰弗里斯的叔叔,"总检察长……接到起诉的指示,费用由国王承担"。[64]政府还负责指控著名的玛丽·布兰迪杀人案[65],被告人因父亲反对其恋爱而毒死其父;被告于 1752 年在伦敦被判有罪。控方的出庭纲要仍保存在财政部事务律师的文件中[66],其中记载了控方律师巴瑟斯特对陪审团所作的开场陈词,他完全按照纲要逐句宣读:"我在本案中代表国王,以其名义并由其承担费用,提起本控告……"[67]将已出版的《审判报告》与事务律师的出庭纲要比较后就能发现,出庭律师的开场陈词严格遵照事务律师在出庭纲要中所写的案件总结,有时一字不差。[68]道格拉斯·海在 18 世纪 50 年代的一些其他案件(一件投毒案和一件团伙抢劫案)中进一步指出,这些影响恶劣的严重犯罪均由政府负责指控。[69]

在这些案件中,我们看到了贝蒂曾经强调的主题[70],即中央政府在 1688—1689 年光荣革命之后的几十年里对刑事执法承载越来越多的利益。值得指出的是,为了实现其利益,当中央政府想要加强刑事执法的时候,他们就会雇用律师参与指控。他们雇用事务律师调查事实、策划控诉,雇用出庭律师参加审判。就像造币厂和英格兰银行这些机构的作法一样,中央政府的不断介入,刑事指控越来越被视为

123

---

[62]　Ibid. at 189, Townshend to Cracherode.

[63]　OBSP(Apr. 1723), at 3.《审判实录》的记述长达双面的三页之多,在当时压编式的体例下,是一份格外详细的报告。其中概括了控、辩双方证人的证言,但没有提到控方有出庭律师参加。

[64]　Foster, Crown Law 104.该案由福斯特主审, see 18 St. Tr. 1193, 1197(Chelmsford Assizes 1752)。

[65]　R. v. Mary Bland, 18 St. Tr. 1118, 1120(Oxford Assizes 1752).

[66]　PRO, TS 11/854/2948(包括控方的辩论提要和审前羁押程序中获得的证词副本).

[67]　18 St. Tr. at 1120.

[68]　例如,在出庭律师的陈述中,包括与辩论提要里完全相同的一些段落:18 St. Tr. at 1126—1127; PRO, TS/11/864/2948, at 1—14.

[69]　Hay, Thesis, supra n.34, at 346.

[70]　Beattie, Policing, passim; J. M. Beattie, "The Cabinet and the Management of Death at Tyburn after the Revolution of 1688—1689," in The Revolution of 1688—1689: Changing Perspectives 218(Lois G. Schwoerer ed,)(1992).

律师的工作。基于律师主导控诉的现象日益增长，霍金斯认为刑事辩护"并不需要技巧"的说法㉑，必然显得更加空洞，毫无说服力。

（三）私人控诉中的事务律师

在 18 世纪早期的数十年间，很难在一般刑事起诉案件中看出律师的作用。普通公民缺少单位起诉人聘请律师所具有的资源和动力，他们也没有早期政府机构那样的利益动机和能力去保存诉讼文件。

到 18 世纪中期，从布拉德福德的著名事务律师约翰·伊格尔的财务账本上可发现，当时就似乎已经存在日常的起诉活动。他在 1759 年的数十年间就非常活跃，在自己的职业生涯中曾起诉过六起刑事案件。㉒在 1765 年 4 月，他办理了三名被告盗窃斜纹薄呢（羊毛内衬）、麦芽酒以及银勺的案件。他询问证人、制作出庭纲要；被告在庞蒂弗拉克特的审判中被判有罪，并处以流放刑。㉓乡村警察等公务人员与私人聘请的控方事务律师积极合作。例如，1769 年老贝利法庭审理一起谋杀案的小册报告中，正好保存了乡村警察的证词，说他"积极收集所有证据……交给控方的事务律师，让其自由使用"。㉔在 18 世纪早期，事务律师很可能已经从事调查事实和策划控诉，但尚没有历史文献予以证实。㉕

㉑　2 Hawkins，*PC* 400.

㉒　Michael Miles，"'Eminent Attorneys'：Some Aspects of West Riding Attorneyship c.1750—1800"（unpublished Ph. D. thesis，University of Birmingham，1982）［hereafter Miles，Thesis］，at 257.此处转述迈尔斯的研究，没有核查原文。

㉓　Ibid. at 257 n.2.迈尔斯称他找到六个案件，但只论述了本案。

㉔　John Barrett，*OBSP*（Oct. 1769，♯560），at 423，427.

㉕　1768 年，由一位被判无罪的刑事被告詹姆斯·奥利芬特出版的一本小册，反映了当时已普遍聘用事务律师收集起诉证据的状况。奥利芬特是一名外科医生，被控杀害了一位年轻女佣，而他则抗辩说死者是意外溺水。在出版的小册中，奥利芬特说，有一个恶意的验尸官执意要控告他和他妻子谋杀了这个女孩。其中描述验尸官在准备起诉奥利芬特夫妇的案件时格外卖力，抱怨说"他在控告中就像个事务律师；他在询问一些证人后，又下乡去寻找其他证人，以获得更多能在庭上指控被告的证据……"Anon，*The Case of Mr. James Oliphant，Surgeon，Respecting a Prosecution which he ... Underwent in the Year 1764*，at 49（Newcastle 1768）（YALE Univ.，Beinecke Libr.，shelfmark British Tracts 1768 OL 4）.

此前十几年，另一份小册描述一位地方代理律师爱德华·怀斯和他在伦敦的代理人根据追捕罪犯的各项制定法，成功地指控了一名刑事罪犯。Edward Wise，*The Remarkable Tryal of Thomas Chandler，Late of Clifford's Inn，London，Gent.，Who Was Tried and Convicted at the Lent Assizes at Reading，1750，before Mr. Baron Clive，for Wilful and Corrupt Perjury，in Swearing That He Was Robbed of Fifteen Bank Notes of the Value of €960，5 Guineas in Gold，20s. and Upwards in Silver，and a Sliver Watch ... in Berkshire，in the Road to Reading，by Three Men m Foot*（Reading 1751）.

我发现，目前关于 18 世纪早期事务律师为私人起诉者服务的最有价值的材料是 1728 年伦敦出版的一份佚名小册读本，题为《控贼指南：无需纽盖特事务律师的错误指导》（后文简称《指南》）。[76]虽然作者告诉读者，他"并非专门从事法律职业"[77]，但与伦敦的法律活动保持着密切的联系，因此愿把这本小册子献给威廉·汤姆森爵士——一位有名的伦敦记录者。[78]作者对于刑事实务非常熟悉，该书后半部分阐述了刑事实务的基本原理，这些原理出自霍金斯的《刑事诉讼》。[79]《指南》的一个重要主题是，出庭律师与事务律师相比，在刑事实务中的建议者角色更具有优势。尽管该书对事务律师充满敌意，但它反映了当时的一种看法，即在老贝利法庭和其他较低层级的伦敦刑事法庭，事务律师在组织和安排诉讼中的作用日益突出。

作者宣称其目的是，"为了揭露并终结伦敦重罪案件中事务律师的压榨和欺骗"。[80]他为雇用事务律师参与老贝利法庭审判的花费而感到痛惜。由于费用的增加，这些"纽盖特事务律师"加剧了害人不愿控诉的心理。[81]因为被害人对法律制度一无所知，"他们对案件事务的了解完全依靠事务律师的任意解释"，即使事务律师的"收费"比裁缝因人而异的报价还不合理。[82]事务律师的阴险狡诈、臭名昭著弥漫在这本小册子里，这反映了当时人们的某种重大担忧，这种担忧将在后文涉及"纽盖特事务律师"现象时予以讨论。

《指南》描述了伦敦的事务律师们热衷于推销他们的服务。"事务律师请求一名被抢劫的受害人"[83]委托自己代理，"如果有报纸上说某人被抢……如果没有这些多管闲事的事务律师提供建议，他就不需要花太多的时间……"[84]事务律师的前

---

[76]　Anon., *Directions for Prosecuting Thieves without the Help of Those False Guides*, *the Newgate Solliciors*［sic］(London 1728)（Oxford Univ., Bodleian Law Libr. shelfmark L. Eng. B. 62. e. 93）［hereafter Directions］, discussed in Langbein, "Ryder" 109 n.441, 127—129, n.511, Langbein, "Prosecutorial Origins," *supra* n.34, at 335—338, 348（正文所述即来自该篇拙文）；Bettie, *Policing* 395—398。

[77]　Directions, *supra* n.76, at ii.

[78]　关于此人，see Bettie, *Policing* 424—448。

[79]　Directions, *supra* n.76, at 14—27.

[80]　Ibid. at ii.

[81][83]　Ibid. at 2.

[82]　Ibid. at 4.书中列出了一张事务律师处理案件的账单样本，主要是审前事务，计 3 镑 8 先令 9 便士。Ibid. at 10.如果"你不用事务律师来做，控告一个窃贼总共费用不会超过 2 先令 4 便士"。Ibid. at 11.这数据如何获得，书中没有解释，可能是指书记官撰写起诉状的费用。

[84]　Ibid. at 2—3.

期事务是撰写起诉状，"事务律师拿出笔记本，记录控告者的名字、所在地区以及被盗窃物品的价值，并且特别要求被害人详细描述财产和被告的特征……"[85]这本书一再贬低事务律师的作用，主张任何人都能做此事，"这样的工作，就算比之更复杂的工作，任何人不用事务律师的帮助都可以独立完成"。[86]

这份小册报告显示，事务律师在安排庭审、准备证人过程中发挥了一些作用："接下来是大肆折腾一番，召集审判嫌犯时要出庭的证人，告诉他们谁应该先发言以及如何对法官和陪审团进行陈述……"[87]我们发现根据该描述，基于控诉纲要和其他档案资料的上述推断被证实，即事务律师在选取、准备、召集和安排证人出庭顺序方面已经非常积极。

虽然《指南》将事务律师的审前活动贬低为无事生非，但是这一观点似乎过于陈旧并且没有说服力。作者认为事务律师安排证人的活动并没有达到预期效果，反而适得其反："法官们更希望听到最简单、平实的事实陈述，而非接受高调的事务律师们操控的程序及其不良后果。"[88]只有"傻瓜才会相信，如果没有事务律师的指点，他们就无法进入法庭；如果他们不夸大其词，就不会有人听……"[89]事实上，"最容易的莫过于说出事实，说出你所知道的和看到的，而不是别人说的，因为那不是证据……"[90]这些言论，似乎与霍金斯站在控方立场、认为被告无须辩护律师的观点遥相呼应："任何一个正常的被告人，都似最好的律师一般，可以进行恰当地（自行辩护）"，因此，"实施朴素、诚实的辩护并不需要什么技巧"。[91]

《指南》没有描述事务律师如何指导出庭律师，同样也没有提到出庭律师在审判中的表现。这个小册子暗示了1728年的出庭律师在审判中的作用仍然不重要。

126

---

[85][87]　Ibid. at 3.

[86]　Ibid.类似地，作者建议被害人"向草拟起诉状的给予指导"。Ibid. at 7.这些人即市政厅、希克斯大厅或威斯敏斯特大厅的书记官。Ibid. at 9, 27.如果你能够提供准确的信息，那么这些书记官将会欣然帮助的。Ibid. at 9.控告人不用事务律师去和书记官打交道更好，因为首先，书记官会对事务律师言听计从，而后者往往想把事实搅混；再次，事务律师"总是千方百计的想把他们那些愚蠢客户的钱给榨干"；而且，"事务律师很有可能会和你的对手狼狈为奸来坑害你，一方面拿了你的钱，同时也会向天发誓尽其所能地去（惩处）被告……"Ibid. at 9—10.

[88][89]　Ibid. at 5.

[90]　Ibid. at 6.

[91]　2 Hawkins, *PC* 400.

审判法官被描绘为审判中的询问者角色㉒，这一期待还持续了数十年。㉝小册子还含有一名事务律师向其当事人开具的账目样单㉞，其详细列明了事务律师提供的各项服务。账单上有事务律师的各类收费项目，包括初始建议费，"询问证人和提示证人"的费用、申请传票的费用（可能是强制控方证人出庭）、"会见嫌犯并引导其认罪"的费用、在"希克斯大厅等候"的费用（其中还提到草拟起诉状的过程并获得大陪审团的批准），还有"在老贝利法庭的出庭费"㉟，但没有列入聘请出庭律师的收费项目。所以，根据这一史料，1728 年在老贝利法庭由被害人提起的案件诉讼中，控方事务律师为出庭律师准备出庭纲要并非当时的惯例。后文将看到，《审判实录》反映的情况与此一致。㊱

这份特别的文献进一步证实了以下观点：18 世纪早期实现律师主导控告过程的主要动力是事务律师，而非出庭律师；律师发挥影响力的主要范围是在审前程序，而非审判程序中。《指南》指出，它所批判的由事务律师来安排刑事控告的做法，已成流行之势，足以在伦敦地区维持一支全职的专业队伍。㊲

127

尽管小册子显示的服务收费账单假定事务律师通常不会雇用出庭律师，但"当审判结果非常重要，很有必要提供法律意见时"，作者确实建议聘请出庭律师提供咨询。㊳作者宣称"精通法律的出庭律师"会给当事人"带来法律和事实的恰当建议，而且最后会发现收费少于纽盖特事务律师；而事务律师尽管也做了些什么，但事实上却完全没有效果；假如没有他，可能会更好"。㊴这段文字表明，作为刑事律师而提供如何审理案件的"法律建议"时，事务律师和出庭律师是竞争对手的关系。尽管作者偏向出庭律师而敌视事务律师，但他并未提及出庭律师有出庭的权利，即

㉒　因为控告人出庭时神情紧张、并且反复陈述，法庭肯定会要求其以"温和良善的方法去描述案情……"*Directions*, *supra* n.76, at 13.

㉝　新任王座法院首席法官的达德利·赖德并不熟悉老贝利法庭的审判实务。他在日记里吐露，他打算"晚几天去老贝利法庭，这样可以在开庭的时候看看，我就能知道法官怎么进行总结和询问证人"。Ryde, "Assize Diary" 18.

㉞㉟　*Directions*, *supra* n.76, at 10;参见前注㉒。

㊱　参见后注⑱—⑲。

㊲㊳㊴　作者写道："我知道一些家伙，一些年以来无所事事，但是他们可以压榨那些在市政厅、希克斯大厅和老贝利法庭的开庭期时寻求帮助（和一些应该被称为'不当处理'的服务）的民众。"*Directions*, *supra* n.76, at 12.

出庭律师相对于事务律师的一项巨大优势。如果出庭律师很重要的话,我认为作者定会大加宣扬,但作者对此缄默不语,证明他也认为在普通重罪案件中律师的作用就是进行审前工作;控方证人仍被认为是在法官的指导下进行庭审陈述,而无出庭律师的介入。

(四)治安法官的书记员担任事务律师

《指南》认为[100],事务律师通过新闻报道的方式,逐步接触到他们潜在的控方客户;无论伦敦的某些情况是否准确,这并未反映出聘用模式的典型特征。起诉人与事务律师联系的较常见途径是通过治安法官,本书第一章已经对其有所讨论,被害人首先会到他这里来报案并启动程序。治安法官经常让书记员处理刑事诉讼初始阶段的文书工作,包括记录审前对起诉人及其证人的询问、签发各类令状以及接受保证金或保证书。[101]治安法官任命事务律师或代理律师等私人职业者充当其书记员,这是非常普遍的情形。[102]通过与无经验被害人的早期正式接触,这种内部渠道很容易让被害人聘请书记员担任其事务律师。

在18世纪末的史料记载中,迈克尔·迈尔斯(Michael Miles)注意到事务律师从治安法官手里招揽业务的这种做法。迈尔斯研究了约克郡事务律师约翰·豪沃思(John Howarth)的材料,此人曾在1769年12月被治安法官乔舒亚·霍顿任命为书记官,任职长达二十余年,[103]直到霍顿1793年去世。豪沃思"是所有申请起诉和咨询问题的第一个受理者",[104]包括可能的刑事起诉。豪沃思从事事务律师活动的现金账簿显示,他曾帮助一位起诉者控告违法狩猎,于审前询问控方证人。[105]另

---

⑩ Ibid. at 2—3;参见前注㉞及其相应正文。

⑩ 伯恩的治安法官手册列出了以下几种内容的标准格式:(1)被控重罪的被告在审前的讯问记录;(2)控方证人的审前询问记录;(3)强制证人出庭作证;(4)强制控方出庭起诉;(5)召集可能的证人接受治安法官的审前询问。Burn, *JP* 208—209.

⑩ "[18世纪]最后二十几年[在肯特]几乎所有治安法官的书记官都包括在各郡代理律师的名单中;该名单最早出版于1775。"Norma Landau, *The Justices of the Peace*:1679—1760, at 229 n.50 (1984).

⑩ "根据这一材料,豪沃思的年收入,从1770年的68镑至1778年的151镑不等。"Mile, *Thesis*, *supra* n.72, at 267(根据豪沃思的账册、即所谓的"现金账簿")。

⑩ Ibid. at 267.豪沃思也向曾被其他治安法官传唤而可能成为民、刑事被告的人提供建议。Ibid. at 268.

⑩ Ibid. at 268.

一案中，豪沃思准备了一件抢劫案调查中的告示，并收取费用（可能是一件拦路抢劫案，因此要制作悬赏告示）。[106]迈尔斯指出，"豪沃思每年在季审法庭所办的案件数量，1769年仅有9件，而到1770年出任治安法官的书记官之后，增加到了23件"[107]；"豪沃思进行这些指控活动的年收益，从1768年（出任治安法官的书记官之前）的平均6镑左右……飙升至1770年至1780年间的34镑之多"。[108]

当作为控方事务律师时，豪沃思利用了制度允许的两种职业的交叉重叠[109]：一方面作为治安法官的书记员依职权办案，另一方面作为事务律师收取佣金提供服务。当控诉人在治安法官书记员的权力范围内接触豪沃思时，他时常将这些控告人看作其客户。"在这些控诉中，这些要提起指控的人通常先告诉豪沃斯案件细节和证人情况，之后，在豪沃思将案件移交法官之前收集信息或者发布搜查令……"[110]奇怪的是，豪沃斯并不把自己的这项工作看成辩护工作的障碍。迈尔斯说道："豪沃思的每日账簿披露了他在盗窃案、私铸案、偷猎、故意伤害等案件的控诉中，同时给原告和被告的亲戚提供法律建议，并代理他们进行诉讼。"[111]

这种由治安法官的书记员充当控方事务律师的模式也出现在单位控诉人的事

---

[106]　Ibid.

[107][108]　Ibid. at 270."不过，他在巡回法庭的业务只有小幅增长。"Ibid.

[109]　巴恩斯已经注意到17世纪上半叶治安法官的私人业务。Thomas G. Barnes, *The Clerk of the Peace in Caroline Somerset* 37(1961).又参见后注[167]—[168]、[174]及其相应正文，涉及1733年伦敦大陪审团报告；在根据玛丽式审前程序履行治安法官职责的过程中，治安法官的书记官向个人控告者收取费用，遭到报告抨击，被斥为滥用权力。

[110]　Miles, Thesis, *supra* n.72, at 270."哈利法克斯的亚麻布商约翰·弗格森店中的丝质手帕遭窃，调查认为是玛丽·弗斯所为；1771年8月，失主带证人来见豪沃思。豪沃思记录了弗格森和两名女证人提供的信息（即玛丽式审前询问），然后去豪劳埃德见［治安法官］霍顿。"Ibid. at 270 n.3.(citing Howarth's MS day book).乔治·费希尔发现，1786年在曼彻斯特的索尔福德季审法庭的盗窃案中，发放了131笔给控告人的诉讼补偿费，大多数被约十几名代理律师领取，其中许多人是治安法官的书记官。到1796年，其中一人领取了80%以上的补偿费；而当年一共发放了200笔，每笔都超过了5英镑。George Fisher, "The Birth of the Prison Retold," 104 *Yale L. J.* 1235, 1250—1251(1995).1752年以后的一系列法令规定，应视不同情况返还一些起诉费用，see 2 Radzinowicz, History 76—77.金的研究指出，在18世纪80年代晚期的埃塞克斯，有一半以上起诉财产犯罪的控告人得到了补偿。King *Crime* 49—52 and fig.3.1.

[111]　Miles, Thesis, *supra* n.72, at 270."例如，他向来自马斯登的约翰·霍尔罗伊德建议，如何控告一个伤害其三头公羊的嫌犯。1770年1月，特维恩的卢克·杜赫斯特因修剪钱币被捕，其妻向豪沃思咨询。同样，他还向戈尔卡山的泰勒先生提供建议，因其子被控非法捕鱼。他房客的兄弟被控私铸，他也提供了建议，并在1770年3月约克巡回法庭为其担任辩护人。"Ibid. at 270 n.2.

务中,并持续到 19 世纪。在 19 世纪 40 年代,造币厂的事务律师告诉议会的一个委员会说,"我们更愿意雇用传递信息的绅士(作为控诉案件的事务律师),他通常是治安法官的书记员……"⑫史蒂芬在 1863 年写道:"控诉方的代理律师通常都是治安法官的书记员……"⑬

约翰·豪沃斯偶尔担任辩方事务律师的这种做法并非绝无仅有。在犯罪控诉中事务律师作用越来越大的几十年间,也是这种职业在刑事案件辩护中作用也越来越大的几十年间。再次声明,由于历史文献过于稀少,以至于我们很难了解到这种担任辩方事务律师的频繁程度,但我们能了解大致概况。禁止刑事被告雇用出庭律师的规则是一项庭审规则,对于被告聘请事务律师从事审前工作,并无禁止规则的存在;尽管我们看到在斯图亚特王朝晚期的叛逆罪案件(法律报告中首次提及⑭辩方事务律师)中,对那些帮助叛逆罪被告的事务律师存在深度的不信任。⑮在 18 世纪的《国家审判实录》中并没有禁止被告聘请事务律师的记载。该报告提及被告雇用事务律师的案件主要有:1713 年理查德·诺贝尔的故意杀人案⑯、1719 年约翰·马修斯印刷诽谤性文件的叛逆案⑰和 1722 年克里斯托弗·雷尔的

130

---

⑫　*Report of the Commissioners Appointed to Inquire into the Constitution*, *Management*, *and Expense of the Royal Mint*(London 1849), *supra* n.53, at 192.

⑬　Stephen, *General View* 155.《法律时代》'经常猛烈抨击治安法官的书记官,因为其作为代理律师,起诉那些被治安法官羁押的人'。"Philip B. Kurland and D. W. M. Waters, "Public Prosecutions in England,1845—1879:An Essay in English Legislative History," 1959 *Duke L.J.* 493, 495n. 10, quoting the 2 *Law Times* 259(1843), with further citations.

⑭　除了正文将论及的《国家审判实录》,还有一份对 1680 年老贝利法庭所审某案的小册报告,其中辩护律师在开场陈词中提到他的"辩护提要",即由事务律师为他提供案件指导的辩论要点。"如果我的辩论提要属实,那么我别无所求,只是希望法官大人和陪审团能够相信……[被告]与这件血案无关。" Anon., *The Tryal of John Giles at the sessions House in the Old Bayly* 30(London 1681)(被控谋杀害蒙茅斯治安法官、议会议员约翰·阿诺德未遂)(Lincoln's Inn Libr., shelfmark Trials 216, no.3)。本案中,被告之所以有辩护律师,是因为所控为轻罪。

⑮　参见第二章注释㉖—㉟、㊵—㊿及其相应正文。

⑯　*R. v. Richard Noble et al.*, 15 *St. Tr.* 731n(Surrey Assizes 1713)."嫌犯们的代理律师之一(因为他们有多名律师)林赛先生作证说,他草拟了给一名证人的传票,并派一个信使到伦敦送达,但是他尚未返回。"Ibid. at 732.

⑰　*R. v. John Matthews*, 15 *St. Tr.* 1323(O.B.1719).根据 1696 年《叛逆罪审判法》,辩护律师基特尔比可以进行完全辩护代理。在开场陈词中,他提到了事务律师的辩护提要。"根据我们的辩论意见,我们能提出大量证人,来推翻[现在]这些证人的证词……"Ibid. at 1368—1369.

叛逆案。⑱自 18 世纪 30 年代后，小册子报告对老贝利法庭审判的描述越来越详细，他们有时会叙述辩方事务律师参与一些诉讼，比如向法院解释证人或出庭律师为何缺席审判。⑲

当行政机关人员或公职人员自己因为职务行为而受到指控，单位起诉人发现他们自己也需要聘请事务律师进行辩护。⑳作为激发公职人员热情的一个因素，政府有时会宣称乐于帮助作为公民的职务人员在民事和刑事案件中进行辩护，1742 年国王命令镇压科文特花园的街头犯罪，便是其中一例。㉑

《审判实录》也描写了一些关于辩方事务律师的工作，这将在后面讨论"纽盖特事务律师"时一并讨论。㉒

---

⑱　*R. v. Christopher Layer*，16 *St. Tr.* 93(K.B.1722).辩方律师亨格福德对控方要宣读一些文件的做法提出反对："虽然我不知道其内容，因为我的辩论提要里没有涉及……"Ibid. at 199.在 1724 年著名的爱德华·阿诺德恶意伤害案中，辩方事务律师获得了各种权利，参见后注㉗—㉙及其相应正文。*R. v. Edward Arnold*，16 *St. Tr.* 695(Surrery Assizes 1724).

⑲　例如，在威廉·基钦曼盗窃白洋布案中，其事务律师拉特维奇先生努力要求延迟审判："嫌犯的姐(妹)给了我辩护律师费和明天的传票费用"，"我已经将传票交给了多特利夫妇，但我以为他的案子要等到明天才审"。但是，法庭并没有采纳其意见。Willian Kitchinman，*OBSP*(Sept. 1736，♯75)，at 186.在约翰·拉图尔案中，被告对于法庭说："他的代理人已经为他聘请了辩护律师；但控方昨晚告诉他，事情已经和解了，所以现在没有人代理他出庭。"John Latour，*OBSP* (Sept. 1736，♯75)，at 186.拉图尔的代理人康普顿先生证明其所说属实："发现拉图尔先生仍被传受审，我非常吃惊；如果我知道是这样的话，我就会聘请高级律师海伍德先生。如果我有所准备，我会建议传唤[一名证人来说明事实的一个关键问题]。"Ibid.

⑳　1803 年，一个关于伦敦事务律师工作的委员会将事务律师追溯到 1545 年，并指出："如果有针对本城治安法官和公职人员在执行其各自公务、履行职责中的行为提起诉讼，此人将受聘为他们进行辩护。"*Report in Relation to the Nature，Duties，and Emoluments of the Office of City Solicitor*，CLRO，Papers，Acts and Reports(PAR)，book 13(Common Council，27 July，1803)，at 3.

在前注㉚提到的邮政局档案中，有一份辩论提要，题名为"国王诉里德：重罪；辩护提要"。P74/271.这是 1793 年由安东尼·帕金事务律师行的帕金和兰伯特拟定的。安东尼·帕金当时是邮政局的事务律师。该案中，邮政局为其一名雇员辩护：此人是埃克塞特邮政车的保卫，声称是为保护邮车而开枪。《审判实录》记述了审判过程及被告被判无罪，但没有提到辩护律师曾经出庭，尽管邮政局事务律师为之准备了辩论提要。Patrick Read，*OBSP* (Jan. 1793，♯128)，at 199.

㉑　1742 年 12 月，国王谕示纽卡斯尔，让其致函威斯敏斯特会议的主席，表达国王对清理考文特花园地区的利益所在。纽卡斯尔写道："考文特花园滋生大批有名的盗贼、扒手和各种铤而走险之徒；他们啸聚成堆，来往于国家剧院和附近地区的良民频遭袭击，危险不堪。国王陛下希望能够整肃这种严重的混乱状态，特谕示我告知阁下，向财政部事务律师发布命令：如有该城市和特辖区的乡村警察及其他治安官员，因出于前述目的而忠实履行职责、执行治安官签发的各项命令，但受到任何法律上的民、刑事讼扰，都由国王出资，由该律师为其进行辩护。"PRO，SP 44/82，*Criminal book*，17 Dec. 1742，at 188.纽卡斯尔希望，"对因此带来的各种麻烦和花费的忧惧，不会妨碍他们执行如此重要的任务，为陛下的臣民们实现秩序和安全"。Ibid. at 189.

㉒　参见后注㉗—㉞及其相应正文。

三、重罪起诉协会

聘请事务律师处理刑事控诉的另一个渠道是通过重罪起诉协会。这些引人注目的组织不计其数,遍布英格兰大部分地区。目前所知最早的协会出现于 17 世纪 90 年代[123],在 17 世纪 70 年代后的数十年内,这些组织就独具特色。[124]到 19 世纪中期它们逐渐衰微,最后被官方警察制度和警察起诉制度所取代。这些起诉协会的数量,有人估计是 1 000 家[125],而有人估计有 4 000 家。[126]许多协会存在的时间非常短暂[127],而有一些协会则存在了数十年。实际上,有少数协会作为地方性的餐饮协会延续至今。

关注这些协会的原因之一就是,它们有助于弥补 18 世纪刑事诉讼的史料偏重于伦敦地区的缺陷。虽然有些起诉协会成立于都市[128],但大多数都在周边地区上运作,对盗马或盗窃其他家畜等犯罪特别重视。例如,关于 1770 年"由诺丁汉郡的绅士、商人、农民及其他群体共同发起的……协约和协约条款,其目的是控告盗马贼在该郡的偷马犯罪活动"。[129]

这些协会成员分担调查和起诉的费用,希望以此来促进刑法的执行。1699 年兰开夏郡马格尔地方的一份协会公约是留存至今的一份最早资料。其内容表明,成立该协会是防止重罪犯人可能"会逃脱起诉和惩罚,因为失窃物品的主人如果要

---

[123] 将这些组织按年代所做的列表,see David Philips, "'Good Men to Associate and Bad Men to Conspire': Associations for the Prosecution of Felons in England 1760—1860" [hereafter Philips, "Associations"], in Hay and Snyder 113, 161—166.关于 1699 年兰开夏郡马格尔的协会,参见后注[130]及其相应正文。道格拉斯·海发现有材料证明,1693 年在特伦特河畔斯托克,成立了一个专门对付盗马贼的协会。Hay, Thesis, *supra* n.34, at 355.他认为,"在[18]世纪上半叶,这种组织在富裕的农民和商人之间可能并不少见",但"因为地方性的出版业在 18 世纪 30 年代后才获得显著发展",所以从悬赏告示和失物说明中难觅踪迹;而许多后来的协会都在这类材料中得到反映。Ibid."在斯塔福德郡,未能找到其他 1763 年前这类协会的资料。"Ibid. at 356.

[124] Philips, "Associations," *supra* n.123, at 161—166.关于斯塔福德郡,海发现了少数成立于 18 世纪 60 年代的协会,另有 38 个成立于 18 世纪 70 年代、33 个在 80 年代。Hay, Thesis, *supra* n.34, at 356—357.

[125] Philips, "Associations," *supra* n.123, at 120.

[126] P. J. R. King, "Prosecution Associations and their Impact in Eighteenth-Century Essex" [hereafter King, "Essex"], in Hay and Snyder 171, 173 n.8.

[127] Ibid. at 180(在已研究的埃塞克斯各协会中,"1785 年以前成立的,有半数可能到 19 世纪已不复存在")。

[128] 1795 年后伦敦控告重罪协会的活动,参见第五章注释[283]—[284]及其相应正文。

[129] Nottingham County Record Office, DD. T. 25/1(24 Oct. 1770).

到合适的法院起诉这些重罪，必须承担各种费用和支出"。⑬⁰

重罪起诉协会已经引起了法史学者的注意。⑬¹虽然协会与事务律师这一职业的关系并不是本书关注的重点，但是有充分资料表明，在18世纪律师逐渐主导刑事起诉的过程中，这类协会是律师参与诉讼的一种主要途径。遗憾的是，我们目前对18世纪早期协会的活动知之甚少，尽管该时期是本章特别关注的时期。由于18世纪下半叶之前的档案记载非常少，我们的了解只能从更晚的资料中进行推测。

顾名思义，起诉协会是一种自愿自发的组织，其性质类似于现在的互助保险团体。会员缴纳会费，享有各种规定的权益。比如，我参加汽车俱乐部，我的车在入会期间出现故障，汽车俱乐部会来拖走或者给它充电。这个协会不仅提供专门的汽车维修服务，而且还具有保险的功能。因为并非所有成员的服务内容都会实际上发生，所以这些组织就像风险基金一样运作，将服务费分摊到大量会员身上。这种分摊费用的性质，使得协会向会员提供的服务能够远远低于个体应该支付的服务费。

重罪起诉协会是一种利益团体，其目的是在会员遭受重罪侵害时分担其费用。会员表决通过协会条款并缴纳会费。如果某会员遭到条款中所列犯罪的侵害，协会将支付刑事调查和起诉的费用，它会发出寻找失物的启事以及返还物品、擒拿罪犯的悬赏广告。有的协会条款还规定提供赏金给"提供线索指控罪犯并将其定罪的人"。⑬²当然，这些私人提供的赏金与针对某些犯罪依法由王室提供的赏金是有

---

⑬⁰　*Maghull Agreement for the Prosecution of Felons*, dated 21 July 1699, extracted in Adrian Shubert, "Private Initiative in Law Enforcement: Associations for the Prosecution of Felons, 1744—1856," in *Policing and Punishment in Nineteenth Century Britain*, at 25, 26(Victor Bailey ed.) (1981) (attributed to Lancashire Record Office, PR 2814/1) [hereafter Shubert, "Initiative"].

舒伯特还提到了1744年布雷瑟顿协会对其目的的类似表述。其条款写道："近年各种夜盗和严重犯罪肆虐"，但"此类控告费用不菲，故对犯者未能以应有之力序予以追控。"Ibid. at 26, citing Lancashire Record Office 2851/12/1.其结果，"由于此类控告费用高昂，失主往往自认损失，并不着力查寻或控告犯者，致其逍遥法外"。Ibid.

⑬¹　Philips, "Associations," *supra* n.123.该文着重于1760—1860年这一时期，尤富启发性。See also King, "Essex," *supra* n.126; and Shubert, "Initiative," *supra* n.130. 1975年道格拉斯·海未公开出版的博士论文中，补充了斯塔福德郡的情况。Hay, Thesis, *supra* n.34, at 355—394.

⑬²　*Rules and Orders of the Binbrook Association for the Prosecution of All Persons Who Shall be Guilty of Felonies, Thefts, Crimes, or Misdemeanors* (Louth 1820) (printed handbill) (exemplar in Lincolnshire County Record Office, classmark 4 BM 5/5/2/2).

区别的,本章后文将对此继续讨论。有些协会还有补偿基金的功能,如果失物未被返还,由协会补偿其成员的部分损失。[133]最后当罪犯被发现后,由协会承担所有或者部分收集证据和提起诉讼的费用。[134]18 世纪,为应对另外一种普遍的担忧,即预防、扑救火灾以及补偿损失等费用产生的风险,类似的协会应运而生。[135]

　　到了史料丰富的 18 世纪下半叶,协会表现出的一个特征是:协会通常由事务律师来管理。协会的秘书或财务人员通常是事务律师,一般根据协会条款予以任命。[136]虽然有些协会让会员自行起诉,然后报销相关的费用[137],但更普遍的形式是将协会设定为服务的提供者,由事务律师进行调查和起诉,同时也承担协会的管理工作。例如,根据林肯郡宾布鲁克起诉协会的条款,任命来自马基特雷森的托马斯·罗兹为财务主管兼秘书和提起诉讼的事务律师,并授权他"从本协会的基金中领取

---

　　[133] *E.g.*, *Rules and Orders of the Fakenham Association against Horse-Stealers*, at 8—9 (Norwich 1782) (Yale Univ., Lewis Walpole Libr., shelfmark 767So5)(其中规定,遭窃三个月后,协会将赔付该马匹的价值,最高不超过 20 英镑)。前注[132]提及的诺丁汉协会规定,一年后向失主赔付马匹的半价,上限为 13 镑. Nottingham County Record Office, DD. T. 251, art.5(24 Oct. 1770).

　　[134] 有的协会条款中规定了报销的一般性理由,例如:"对侵犯本协会会员的罪犯,所有在抓捕和控告中产生的合理费用,均由共同基金承担……" *Rules of the Linton*, Hildersham, *Bartlow and Hadstock Association for the Detection and Prosecution of Felonies and Misdemeanors* (20 Nov. 1818), art. 2; Cambridges-hire Record office, L95/18/1.宾布鲁克协会规定,"每位控告人和证人租用马匹前往治安法官或法庭处所",每英里向会员补贴 4 先令;"对每位男性证人所付出的时间、精力和花费,每天补贴 5 先令";"对每位女性证人所付出的时间、精力和花费",每天 4 先令. Binbrook Association, *supra* n.132, art. IV, at 4(1820).

　　[135] 1666 年的大火刺激了这一发展。那场火灾造成的损失"超过一千万英镑,约相当于当时全国收入的四分之一"。因没有保险行业,这成为一起"完全无保"的事件. 1 Clive Trebilcock, *Phonix Assurance and the Development of British Insurance*:*1782—1870*, at 4(1985).到 18 世纪晚期,存世资料显示,菲尼克斯(保险公司)已参与控告纵火罪。公司"在火灾现场附近发放传单,刊登报纸告示,进行悬赏;他们也常赞助控告的费用."Ibid. at 141."在 1782 年至 1800 年间,菲尼克斯起诉了的个人纵火犯不下 17 名". Ibid. at 142.其中有些是民事诉讼。1781 年,鲍街的差役们,即治安法官雇用的捕快追捕罪犯至[德国的]法兰克福,获得 25 基尼补偿. Ibid. at 143.伦敦另一家保险业者阳光火事局控告了一起纵火罪,有大量庭审法律报告;see David Clary and Elizabeth Combert, *OBSP*(Apr. 1788, ♯270), at 367。

　　[136] 例如,诺丁汉协会的条款中就任命事务律师乔·布拉夫,会员要向他申报损失;*supra* n.129, art. 3.同时,要求他将多余的资金投资于"政府证券"。Ibid. art. 6.当布拉夫于 1795 年去世时,据协会议事录:由"纽瓦克区的银行家波克林顿和康帕尼先生"接替他任财务主管,爱德华·史密斯·戈弗雷和本杰明·约瑟夫任"协会的代理人和事务律师"。Ibid. entry for 1795.

　　[137] 舒伯特指出,兰开夏郡特顿协会的条款中细致地说明:控告人必须"自行承担所有起诉及举证事务……如同其自费起诉". Shubert, Initiative, *supra* n.130, at 32(citing Lancashire Record Office, UDTul9).菲利普斯认为,特顿协会成立于 1789 年. Philips, "Associations," *supra* n.123, at 163.

薪酬，并支付因本协会事务而额外工作的合理费用"。⑬戴维·菲利普斯(David Philips)研究了200多宗协会的档案，其中大多数是1760年及以后的资料。他总结道："事务律师总是最能从协会中获得经济利益：他们获得协会的固定佣金，然后处理协会的所有事务，接受会员有关犯罪的报案，实施随后的控诉，宣传该协会及其会员，收取会费。"⑲1799年后，贝德福德郡的一个起诉协会相当活跃，其事务律师提交的年度账单中有以下项目："因伯顿先生的母马被盗……支付印刷费、分发传单费"；"书记员前往纽波特，探访了两名偷马嫌犯的姓名、住所"；"因托马斯·诺曼偷窃布拉塔姆先生的咸肉一案，前往特维调查证据"；"因起诉托马斯·霍金斯盗窃恩伯顿的布鲁克斯先生麦垛一案，向出庭律师及其书记员提供出庭纲要"；"为马歇尔偷窃粗面粉一案，向格里格斯先生等人收集信息，并为控诉提供指导意见"；"因马歇尔案支付数名证人来往以及在艾尔斯伯里的起诉费用"。⑭菲利普斯评论道："详细看了这些账单的细目，其中每次会见都收费3先令4便士或者6先令8便士，而且不久后很快涨价。我们不难明白，重罪起诉协会对事务律师而言是多么好的一项业务。"⑭

从这些协会的档案中，我们可以看到，律师接手了地方刑事调查和刑事起诉的一部分重要工作。对事务律师来说，起诉协会是其理想的客户。事务律师收取聘金并管理该组织的日常工作，然后按调查和起诉活动的工作量来收费。同时，协会还让事务律师与协会成员中的重要人士保持经常联系，从而可获得其他业务。事实上，有充分理由认为：设立这些协会的大部分创始人完成了从普通公民到事务律师的职业身份转变。约翰斯·泰尔斯明确指出了这一点："一本始于18世纪50年代的约克郡代理律师的判例手册中含有……一份成立专门起诉重罪协会的协议，它暗示自那一天起，他们就已经从事代理律师的部分工作了。"⑭菲利普斯认为："种种迹象表明，事务律师是协会最积极的倡导者，他们鼓励当地的财产所有人建

---

⑬　Binrook Association, *supra* n.132, art. 11, at 7—8(1820).

⑲　Philips, "Associations," *supra* n.123, at 136—137.

⑭　Olney, Turvey and Harrold Association, Bedfordshire Record Office, GA 1108, solicitor's bills loose pages, filed by date from 199, entries for 1799, 1800, 1808.

⑭　Philips, "Associations," *supra* n.123, at 137.

⑭　John Styles, "Print and Policing: Crime Advertising in Eighteenth-Century Provincial England" [hereafter Styles, "Advertising"], in Hay and Snyder 55, 64.

立这种组织;许多事务律师所提供服务的协会都不止一家。"⑭

综上所述,起诉重罪的协会组织可以追溯到 17 世纪 90 年代。到 18 世纪下半叶,在地方中心城市和农村,它们已经成为律师参与刑事调查和刑事起诉的重要渠道。18 世纪早期的档案太少,无从判断这些现象是何时开始兴起的。如果到 18 世纪 30 年代,这些协会已经开始影响进入到法庭的刑事诉讼,那么当法官们重新考虑是否禁止辩护律师出庭的规则时,协会对刑事诉讼法律职业转型的贡献,就可能就是他们权衡的因素之一。

四、纽盖特事务律师

18 世纪 30 年代,英国法官作出了允许辩护律师在法庭上调查控方证据的划时代决定。人们开始对控辩双方律师提交证据的可靠性,越来越感到担忧。

人们对事务律师可能歪曲事实真相的担心,早在 1681 年英国的一些读本文献中就已经有记载了。伦敦的一份佚名报道痛斥道:"有各种手段可以网罗证据或者伪造证据,有多种手段可以买通陪审员……"⑭作者还抛出这样一个问题:"难道不允许对证人进行质问或进行其他干预吗?"答案是:"可以,但是要有某些限制;否则,可能存在证人作伪证、贿赂证人、法官和陪审员滥用权力,而无辜者就将蒙受冤屈。"⑭作者对(事务律师)职业规范的正确界限提出质疑,他支持审前调查,但担心事务律师教唆证人作伪证,"事务律师……不能教唆、威胁或贿赂证人如何作证"。⑯

1728 年,批判伦敦控方事务律师的小册子《指南》曾作出警示:因判决有罪而获得法定赏金的案件中,事务律师都尽量夸大其词,歪曲证据,使其归入那些可领取赏金的类别。这样,"由于事务律师的狡猾和起诉人的贪财,真相会被歪曲……"⑰1696

137

---

⑭　Philips, "Associations," *supra* n.123, at 137.金指出,埃塞克斯的"代理律师威廉·梅森……在埃塞克斯东北地区至少担任五个起诉协会的书记官"。King, "Essex," *supra* n.126, at 192.

⑭⑮　*Seasonable Cautions for Juries, Solicitors and Witnesses; To Deterre from Man-Catching,* 1ʳ(London 1681)(Huntington Libr., San Marino, CA, shelfmark 133509).

⑯　Ibid.文中继续说道:"他可以与他们讨论,询问他们对这个或那个问题是否还有话可说,以省却法庭之累;但他不能出于赏金目的,或担心遭受损失,而让他们言不由衷地添油加醋或有所保留……"在如此论述这一问题后,作者笔锋一转,在剩余部分大谈伪证的危害。

⑰　Directions, *supra* n.76, at 4.作者举例说,有人把"控、辩双方之间的口角之事",夸大为拦路抢劫。Ibid.

年,艾萨克·牛顿给财政部写信抱怨:他作为造币厂执行官,承担控诉工作,却饱受"私铸货币者及其事务律师的污蔑,这些人以各种不实谣言和伪证来诋毁我"。[148]

(一)行为不端的事务律师

1732年9月,在皮特·巴克拦路抢劫案的指控[149]中,我们看到了《指南》作者所担心的情况,即一名事务律师为了获得赏金而精心炮制了一起虚假诉讼。约瑟夫·费希尔扮演受害者,他作证称巴克在钱瑟丽大街强行拦住他,抢走了他的鼻烟盒。被告人的妹妹作证称,这项控告的产生是由于勒索未成,组织者是活跃于本法庭的一位名叫格兰姆斯的律师。在庭审之前格兰姆斯律师约见过她,还介绍她与费希尔认识,即那位将在法庭上指控她哥哥犯有抢劫罪的人。当时,指控拦路抢劫并被定罪之人可以获得40英镑的赏金[150],还可以获得国王100英镑的另外奖励。[151]格兰姆斯告诉被告人的妹妹,如果她想救哥哥的命,就要支付他和费希尔一定费用。格兰姆斯律师想要3英镑,他说这是她哥哥本来就欠他的,还要求给费希尔2基尼。费希尔告诉她"假如你满足了格兰姆斯律师的要求,并支付给我2基尼,我会撤诉作为补偿"。[152]另一位证人作证称,"费希尔几天前很懊悔地告诉她,他诬告了巴克,并且说是格兰姆斯律师让我干的"。[153]

于是,审判法官命令将格兰姆斯律师带上法庭,"予以严词训诫,并永远禁止他在该法院办案"。[154]陪审团当即宣告巴克无罪,但对格兰姆斯的审查继续进行。一位陪审员对法官说:"法官阁下,我们观察到这名律师在整个办案过程中频繁接触证人。"一位叫罗伯特·纳什的人告诉法官,"格兰姆斯的业务就是将一群人聚集到一起,搬弄是非,煽动他们起诉";纳什本人就曾经为避免诉讼而给他好处。还有一人证实是陪审员的妻子,主动揭发称:"格兰姆斯律师在丘奇院胡同开办了一所妓院。"[155]庭审法官对这些举报回应道:"了解这些事的人,应像检举其他不法行为和普通人开设妓院一样检举这名律师。"[156]

---

[148] Letter to the Commissioners of the Treasury, *supra* n.38, at 210.
[149][152] *OBSP* (Sept. 1732,#53),at 210.
[150] 4 & 5 Wil. & Mar., c.8,§2(1692);参见后注[206]及其相应正文。
[151] 关于18世纪30年代此类特旨的状况,see Beattie, *Policing* 401—402 and table 8.1.
[153] *OBSP* (Sept. 1732,#53),at 211.
[154][155][156] Ibid.这份报告中认为格兰姆斯还有一个别名,叫约翰·格雷厄姆;参见后注[159]。

然而,格兰姆斯不是那么容易放弃其业务的人。时隔不久,报告者告诉我们:"一位陪审员的妻子,玛丽·汤普森向法庭宣誓作证说,格兰姆斯在法庭门口与她接触,把她带到一边,告诉她亨利·戴维斯的案子,此人很快会因入室盗窃而受到审判。"入室盗窃也是由法律明文规定,如果罪名成立同样可以获得 40 英镑的赏金。[157]格兰姆斯对她说:"你悄悄让你丈夫告诉其他陪审员,如果他们判决戴维斯有罪,每人可以获得 2 基尼酬劳。"[158]该报道继续讲道:"据此,法庭立刻下令逮捕这名律师。"[159]

　　在 1732 年 9 月老贝利法庭的同一审判时期,报告不仅记载了格兰姆斯律师企图诬告、贿赂陪审团的案件,还记载了另一涉及非法教唆证人的案件。在詹姆斯·刘易斯伪造遗嘱案中[160],控诉律师出庭指控他。控诉称刘易斯是一名向水手放款的放贷人,这些放贷人通常都要求水手在借贷之前,制作有利于放贷人的遗嘱。此案中,控方律师声称被告在水手死后篡改了遗嘱。有证人被传唤至法庭,来证明遗嘱订立签字的时间。一名叫作约瑟夫·沃斯的控方事务律师,被别人偶然听到,他指使一名证人作证说死者在 10 月 30 日签字订立遗嘱。一位未具名的公职人员打断庭审,向法官说:"法官阁下,这就是教唆证人的那个人——约瑟夫·沃斯。"[161]另一名听到沃斯说话的未具名旁观者也提供了同样的信息。法官让他们宣誓作证,然后问他们听到沃斯说了什么。每位证人都证明,沃斯告诉过他们如何对水手死亡的时间进行作证。沃斯自我辩护称:"即使我确实说了,但是我认为这并没什么危害。"法官勃然大怒,说:"没有什么危害吗,先生? 当你组织好语言放在证人嘴边,并指导他们如何宣誓,不知道这关系到一个人的生死吗? 来人,把他抓起来!"[162]在法官们允许辩护律师对证人交叉询问的前夕,老贝利法庭的法官认识到事务律师可能"组织好证言放在证人嘴边,并指导如何宣誓……"的危险。

139

---

　　[157]　10 & 11 Wil. 3, C.23, §2(1699).

　　[158]　*OBSP*(Sept. 1732, #53), at 211.

　　[159]　Ibid.这些事件其他材料中也有记载;2 *Gentleman's Magazine* 975(Sept. 1732)(entry for 11 Sept).1732 年的开庭期中,另外一件可疑的诉讼也牵涉到格兰姆斯,当时他以其别名约翰·格雷厄姆参与。在安妮·福斯特案中,被告被控盗窃了一本夹有期票的小笔记本。起诉的被害人张贴告示,说明遗失物况。他告诉法庭,格兰姆斯找到他,说笔记本在福斯特手里,他才要求逮捕和控告福斯特。福斯特举证说明那些东西是她捡到的,最后被裁决无罪。Ann Foster, *OBSP*(Sept. 1732, #20), at 180.

　　[160]　*OBSP*(Sept. 1732, #17), at 178.

　　[161]　Ibid. at 179.

　　[162]　Ibid.法官下令将沃斯押送纽盖特监狱;后来的情形,我们就不得而知了。

我们已经看到,1728 年批判事务律师的读本《指南》,痛斥事务律师在老贝利法庭表现出的奸诈狡猾。作者强调,控方事务律师"经常会为了获取嫌犯的费用,建议控方审前对重罪案件进行和解或者审判时不出庭;而这样做,控方本身理论上是应受到指控的"。[163]几年后的 1741 年,《审判实录》记载了这样一件拦路抢劫案:被害人帕里什遭到抢劫后,提供证言称,"我不知道该怎么提起诉讼,有个叫贝克的伙计说,他可以做我的代理律师提供帮助,他按自己的想法撰写了起诉状。我付给他两先令,然后他丢下我,拿着起诉状跑了"[164]。后来,贝克在审判中作为辩方证人出庭,他声称,"帕里什在案发时根本没有看清罪犯"。法庭对贝克在本案中的做法予以严厉训斥。[165]

　　老贝利法庭的资料同样记载了事务律师携款逃跑的情形。例如,可怜的詹姆斯·英格利斯,在 1736 年被指控盗窃服装,他告诉法庭:"我没有任何证人,因为我把所有钱都给了一名叫马克什么的纽盖特事务律师,让他办理我的案子,结果他什么事也没有做,就带着钱跑了。"[166]法庭显然相信了他,判他无罪。

　　(二) 1733 年的伦敦大陪审团报告

　　1733 年 9 月,伦敦大陪审团提交了一份特别的报告,声称"有人向我们提起很多无根据的恶意控诉……"[167]报告提到两种滥用职权的现象。一是治安法官的书记员们经常自己以事务律师的身份开业,但在履行治安法官的公职时仍收取费用,公私不分。[168]二是"书记员、事务律师们和一批自称乡村警察者、纽盖特事务律师及

---

[163]　*Directions*, *supra* n.76, at 14.

[164]　George Stacey and Matthias Dennison, *OBSP*(Jan. 1741, ＃＃24—25), at 11, 12(拦路抢劫)。

[165]　Ibid. At 13.两名被告被判有罪并处死刑。该案还是斯蒂芬·麦克丹尼尔首次出现于《审判实录》中的记录。此人在 1754 年赏金的大丑闻中被证明是流氓头子,参见后注[236]—[237]及其相应正文;相关细节,see Langbein, "Ryder" 110—114。麦克丹尼尔作为污点证人出庭,指认其原来的同伙。如其以后的伎俩一样,这是一件拦路抢劫案,对每名嫌犯,将依法给予告发和证明者 40 英镑赏金。赏金制度,参见后注[206]—[247]。佩利指出,在本案中,因两人被判有罪,帕里什、麦克丹尼尔和其他六人分了 80 镑的法定赏金。Ruth Paley, "Thieftakers in London in the Age of the McDaniel Gang, c.1745—1754"[hereafter Paley, "Thieftakers"], in Hay and Snyder, at 319.

[166]　James English, *OBSP*(Jul., 1736, ＃13), at 154.

[167]　CLRO, London Sessions Papers, September 1733, doc. Unnumbered[herealter 15 Grand Jury Presentment].报告当时还被印制成双面的传单;有一份与 1733 年庭审小册装订在一起,收于芝加哥法律图书馆所藏《审判实录》的汇编中。Langbein, "Ryder" 109 n.441.

[168]　报告中说:"国王陛下在本城治安法官属下的各色人等,包括书记官和差役们,因履行公务或以此名义,竟向被告及原告收取不少费用,伪称是因逮捕令、羁押、保证金、撤销令以及其他本就属于治安法官职权范围的事项;这有悖国法和公道,是对陛下臣民的严重压迫。"1733 Grand Jury Presentment, *supra* n.167, at 1.(转下页)

其他作为事务律师或代理人者联合……专门鼓动、教唆不懂法律的贫弱群体"提起无根据的不实控告,然后"搜刮其养家糊口的钱财"。⑯

伦敦大陪审团对这种诬告之风的担心,需要在近代早期刑事司法制度的显著缺陷背景下来理解。在 18 世纪,并没有一个有效的审前过滤机制来筛选不实之诉;直到即将审判之前,才由大陪审团审查起诉状中的控方证据,驳回不实之诉。⑰露丝·佩利(Ruth Paley)曾评论说,"依靠私人提起诉讼",容易滋生"不实控告"。⑰事实上,不加掩饰地以提起不实控告相要挟,就足以说明可以用这种手段来榨取钱财。活跃于 18 世纪 20 年代的托马斯·尼夫斯——"一个出名的劫匪",他曾经吹嘘运用这种方法多次"得手"。⑫对鸡奸罪(当时还列为重罪)的诬告,尤其会让人们害怕声名扫地。⑬在伦敦大陪审团报告的背后,隐含着当时人们的一种担忧:专门

（接上页）1738 年一件老贝利法庭案件反映了五年前大陪审团所揭露的这类情况。在约瑟夫·戈尔丁拦路抢劫案中,一名证人说,他向治安法官法默提供信息。法默的书记官沃伦纳因为他没有付一基尼钱,因此拒绝接受证据。Joseph Golding, *OBSP*(Apr.1738,♯22),at 66."法庭怒斥沃伦纳的行径,宣称治安委员会各委员的所有书记官应该随时履行其公务,而不能另行收费。"Ibid. at 67.

关于事务律师为治安法官服务与其个人业务之间的矛盾,参见前注⑩——⑬及其相应正文。

⑯ 1733 Grand Jury Presentment, *supra* n.167, at 1.

⑰ 参见第一章注释⑰——⑰及其相应正文。

⑰ Paley, "Thieftakers," *supra* n.165, at 312.佩利研究了 18 世纪四五十年代伦教的几个捕贼群体,揭示其通过恶意构讼,轻而易举地聚敛钱财。Ibid. at 312—313 and n.39.

⑫ 他会"去找治安法官,报告一桩某个时候发生的抢劫案,通常就能弄到一张逮捕令。然后他就带着它,直到他抓到……(被陷害的人,除非对方付给他钱;否则)他们就会被抓、作为嫌疑犯送关进监狱。然后,他会(故伎重演,)找到一个人来控告他们。"Anon., *The Life of Tho*[*mas*]*Neaves, the Noted Street Robber* 26(London[c.1729]),discussed in Langbein, "Ryder" 109—110.

至少有一次,尼夫斯显然不只是以诬告相威胁,而是成功地实践了一回。1729 年 2 月,尼夫斯因盗窃商店物品被判有罪,在蒂波恩被处决。在当时的报告中,我们发现了这件实例。1727 年 12 月,尼夫斯指证理查德·尼科尔斯在商店盗窃了 10 只手表;后者被判有罪,1728 年 5 月 20 日被处决。当尼夫斯行将就刑时,"因其作证而被处决的尼科尔斯的父亲和妻子到囚室里,问尼夫斯,他当年指证尼科尔斯的证据是否属实。尼夫斯承认,那是假的,尼科尔斯是无辜的,他也根本没见过尼科尔斯,直到后者被捕的那天。"3 *Select Trials at the Sessions-House in the Old Bailey* 175(London 1742 edn.)(4 vols.)[hereafter *Select Trials*].

⑬ 例如,1720 年托马斯·埃尔姆斯拦路抢劫案中,他抗辩说控方诬告他抢劫,是因为他发现对方的同性恋行为。他的抗辩没有被采信,被判犯有抢劫罪。1 *Select trial* 10, 11.

在 1743 年布里斯托尔巡回审判中,根据一个叫伯吉斯的人作证,两名被告被控同性恋。被告举证说,"伯吉斯数月前曾在老贝利法庭的另一件鸡奸案中充当污点证人,而且还曾提出,如果给他两基尼钱,他就可以不作证"。最后他们被无罪释放。4 Gentleman's Magazine 509(Sept. 1734).

1751 年另一件类似案件的详情,可以从记载该案小册的标题中看出;*A Full and Cenuine Narrative of the Conspiracy Carried on by Cather, Cane, Alexander, Nixon, Paterson, Falconer, Smith, Which Last Was Executed at Tybourn with McLeane, against the Hon. Edward Walpole, Esq,*（转下页）

从事刑事控诉的事务律师们随时可以让普通公民陷于诉讼,使其遭受诉讼带来的各种危险、经济损失以及为指控而辩护的屈辱。⑭

控方事务律师这种恶棍形象持续了几十年。它在 1773 年罗伯特·霍洛威(Robert Holloway)充满谩骂的小册子读本《鼠夹》之中⑮再次出现,嘲讽伦敦治安法官的书记员是一个"讼棍式的代理律师:一个从事无耻职业的恶棍,卑鄙下贱得不会做任何事情,只能在各个地方转来转去做事务律师的勾当。这个恶棍可以出入罪,只要起诉人给他好处费或者贼匪给他贿金……"⑯霍洛威描述"某个老贝利法庭的事务律师,……从(亨利·菲尔丁和约翰·菲尔丁先后担任治安法官的)鲍街(被辞退后),在(另一处治安法官任职的)利奇菲尔德街找到了一个特别的成功

(接上页)*Charging Him with the Detestable Crime of Sodomy*,*in Order to Extort a Large Sum of Money from Him*,*together with an Account of Their Remarkable Trial and Conviction before the Rt. Hon*,*The Lord Chief Justice Lee*,*in the Court of Kings Bench*,*Westminster*,*July 5th*,*1751*(2nd edn. London[1751])(Yale Unvi., Beinecke Libr., shelfmark British Tracts 1755 f 95).(该标题大意为:某七名案犯阴谋的完整实录:此辈为巨额勒索控告某人鸡奸,最后均被正法;还包括 1751 年 7 月 5 日由王座法院首席法官李勋爵主持对其审判和定罪过程的记载——译注。)

詹姆斯·奥尔德姆讨论了两例 18 世纪 70 年代由曼斯菲尔德勋爵审理的类似案件;James Oldham,"Truth-Telling in the Eighteenth-Century English Courtroom," 12 *Law and History Rev.* 95, 107—108 (1994)(*R. v. Foote*(1776)(unreported),and *R. v. Donnally*,Leach 199,188 *Eng. Rep.* 199 (1779)).曼斯菲尔德担心,这种案件"最近似乎已成为一种常见的抢劫类型"。Quoted in Oldham,*supra*,at 108.

老贝利法庭审理的一件诬告鸡奸案中,有一位事务律师卷入其中。George Sealey and Thomas Freeman,*OBSP*(Sept. 1736,♯♯78—79),at 188.被告弗里曼抗辩称,被告人"认识一名叫卡廷斯的老贝利事务律师,然后[弗里曼和这个卡廷斯]让人拟写了控告我鸡奸罪的起诉状"。Ibid at 190.在另一案中,全体法官合议,确认了一项对拦路抢劫案的有罪和死刑判罚。该案中,被告威胁受害人,要诬告其鸡奸,从而进行讹诈。*R. v. Thomas Jones*,1 *Leach* 139,168 *Eng. Rep.* 171(O.B. 1776).关于全体法官审判的程序,参见第四章注释及其相应正文。

⑭ 据《绅士杂志》记载,除了上文论及的报告外,"大陪审团还提出了四名劣迹昭彰的事务律师,他们为了赏金,鼓动和进行一些陷害无辜的控告,等等。法庭对大陪审团表示感谢,承诺将严厉惩办犯者"。3 *Gentleman's Magazine* 493(Sept. 1733).贝蒂在伦敦的档案中找到了这份报告,并确认了这四名事务律师的名字。Beattie,*Policing* 398—400.针对报告,老贝利法庭徒劳无功地做了一项规定,要求在该法院执业的事务律师必须是"在威斯敏斯特某法院录用并宣誓的代理律师,且在执业中奉公守法"。1733 Grand Jury Presentment,*supra* n.167,at 1ᵛ.这一措施,是针对前注⑯所述的 1729 年有关事务律师注册的立法。

⑮ Robert Holloway,*The Rat-Trap*,*Dedicated to the Right Hon. Lord Mansfield*,*Chief Justice of England*;*Addressed to Sir John Fielding*,*Knight*(London 1773)(Lincoln's Inn Libr., shelfmark Law Pamphlets 29,no.5).

⑯ Ibid. At 15—16n.作者继续写道:因为"法官、律师和捕快之间和谐的三重唱很有默契,所以在许多案件中,几乎不可能确定由谁来承担陷害良善,或包庇恶人的名声"。Ibid at 16 n.

机会,他可以在每年起诉的 500 镑收入中分一杯羹;而每绞死和流放一名无辜者,他能赚取 5 基尼"。[177]霍洛威不无夸张地得出结论:"意大利的杀手如果单枪匹马地行刺,会提出双倍的价钱;而我们的杀手(事务律师)只需要作出一系列伪证即可。"[178]

(三)纽盖特辩护人

对提交于法庭之上的证据,当时人们担心律师会妨害其可靠性,这种担心不仅限于控方律师。许多人害怕事务律师会编造被告人不在犯罪现场的证据。亨利·菲尔丁于 1751 年批判道:"负隅顽抗的犯罪分子还有最后一招,他们让投机钻营的事务律师为他们作虚假辩护,并且很多人做虚假证言支持他们。"[179]1735 年,控诉托马斯·格雷(别名麦克雷[180])公路抢劫案就是一个具有警示意义的例子。[181]麦克雷在犯罪现场附近被逮捕。提起控诉的受害者是一名牧师,他作证说十分确定自己对罪犯的辨认。抢劫案发生的当晚,在皎洁的月光下,他完全看清楚嫌犯的整张脸。当麦克雷被逮捕的时候,身上持有一把锁和钥匙,控方辨认出那正是被抢财产的一部分。

为驳斥这项有力指控,被告人提出了不在犯罪现场的证人。控诉律师不信任这些辩方证人,要求在他们单独作证时,其他证人应该离开法庭,并解释道"我们害怕一些恶劣的做法……"[182]麦克雷主张这项指控纯属捏造,是选举中竞争对手的恶意控告;当抢劫发生的时候,有证人证明他不在犯罪现场,而在霍尔本地区的一个酒吧中处理选举事务。他的第一位证人吉尔伯特·坎贝尔表明自己是一名律师,是他把麦克雷带到酒吧去处理一位客户的业务。另外两名证人印证了坎贝尔的说法,一个是屠夫拉夫海德,另一个是朱利安·布朗。布朗的出庭引起了审判席上治安法官托马斯·德维尔爵士[183]的注意。他回忆起布朗四年前就被控抢劫罪,但他

---

[177][178] Ibid.

[179] Fielding, *Enquiry* 75, 77.

[180] 麦克雷是一个伦敦犯罪集团的头目,该集团的成员在 1735 年左右老贝利法庭的许多案件中出现;希瑟·肖尔正在对其进行研究。

[181] *OBSP*(Jul. 1735,♯22),at 89.

[182] Ibid, at 90.

[183] 参见前注㊽及其相应正文。

侥幸被判无罪，尽管指控他的证据很充足。虽然针对麦克雷的控诉证据非常有力，但面对不容辩驳的不在现场证明，陪审团还是认定其无罪。

与《审判实录》同时代的报告对麦克雷进行了记载，显示报告人并不相信这些不在犯罪现场的证明。其中一个注释中指出，坎贝尔数月前还在另一重罪案件中作辩方证人。[184]另一个注释则提醒读者注意 1731 年控告布朗的案例报告。[185]治安法官德维尔爵士死后，他的传记于 1748 年出版，其中提到臭名昭著的事务律师威廉·里索克(William Wreathock)策划了不在现场的伪证，救了麦克雷。[186]里索克作为代理律师，因 1725 年在财税法院无耻地提起所谓"公路抢劫案"而著名。该案声称这是一起合资收益的纠纷，但法院发现双方都是拦路抢劫者，因分赃不均而产生纠纷；案件因此被驳回，里索克因蔑视法庭罪而被处以 50 镑罚金。[187]1735 年，里索克在老贝利法庭因拦路抢劫罪[188]被判处死刑，后来减为流放刑，最终被赦免。他回到伦敦，重操事务律师的旧业；但最终于 1758 年被除名。[189]

德维尔自传同时表明，麦克雷团伙对德维尔调查他们的"严重罪行"非常警醒，计划在 1735 年 10 月让朱利安·布朗刺杀德维尔，但布朗最后胆怯退缩了，并提醒了德维尔。这本自传还记载，麦克雷团伙中有一些法律人士，通晓如何成为纽盖特事务律师的"黑科技"，这些人能够安排和搞定任何事情；凭借着这种娴熟的技能，只要给出简短的信息，就没有他们不能证明或者证伪的事情。[190]由于担心伦敦犯罪团伙也能学会事务律师的技术，赏金制度在这里受到了影响，我们后文予以讨论。麦克雷他本人有时就以事务律师的身份出现。在 1734 年 12 月，麦克雷本人在老贝利法庭

---

[184] *OBSP* (Jul. 1735，＃22)，at 90.

[185] Ibid at 91, citing Julian Brown, *OBSP* (Sept. 1731，＃7)，at 11.次年 10 月，布朗被控强奸一名 11 岁的女孩，但被宣告无罪。Julian Brown, *OBSP* (Oct. 1735，＃35)，at 161.

[186] 里索克"策划了整个伪证这一幕，使麦克雷得以在米德尔塞克斯全身而退，并在萨里也进行了一次类似的大胆尝试，试图使其获得无罪裁决，但这次没得逞"。*DeVeil Memoirs*，*supra* n.46，at 38（本段文献承希瑟·肖尔惠予以提示）。关于德维尔和他的传记小册，see Langbein "Ryder" 59—60。

[187] 该案在财税法院的衡平庭以诉状形式提起，但未记录在法律报告中。其档案资料的讨论和摘要，see "Note, The Highwayman's Case(*Everet v. Williams*)，" 9 *Law Quarterly Rev.* 197—199(1893).

[188] William Wreathock *et al.*, *OBSP* (Dec. 1735，＃＃67—71)，at 18.他在自我辩护中得意地告诉法庭，"我干了 18 年代理律师，凭此本领，赚了一点小钱"。4 *Select Trials* 139，145.

[189] *Birks*，*Gentlemen*，*supra* n.15，at 135，149；12 Holdsworth，*HEL* 59.

[190] *DeVeil Memoirs*，*supra* n.46. at 34—35.

以被害人的身份起诉(这个案件是现在所知道的最早的有辩护律师出庭的案件之一)。当询问他的职业时,他就回答道"我是从事法律工作的,我一直就是干这个的。"[190]

事务律师在老贝利法庭已经声名狼藉,一个佚名作家精心写成的小册子[192]描述了 1737 年被定罪并执行死刑的托马斯·卡尔案。他认为对事务律师的偏见影响了陪审团,使其作出了错误裁决,卡尔因此被判持刀抢劫罪成立。在讨论了他无罪的证据后,作者认为陪审团错误裁判的部分原因源于对事务律师的偏见与敌意。[193]

18 世纪 30 年代中期,众多案件使公众和法官逐渐意识到某些事务律师办理刑事案件的危险性,这些事务律师为证实或证伪案件而不择手段[194],只以胜诉为目的。法官之所以允许辩护律师在庭审中对证人进行交叉询问,在我看来,很大程度上因为他们逐渐认识到律师主导的审前程序中必然存在歪曲和编造证据的危险,尽管这些隐藏在法官主持庭审的表象之下。

五、控方出庭律师

在重罪案件的审前程序中,控方事务律师已牢固地确立其主导地位;与此同时,律师的主导地位也由审前程序开始向审判程序延伸。从史料中看出,越来越多

---

[190] Margaret and Hester Hobbs, *OBSP*(Dec.1734,♯29),at 16(秘密偷窃)。该案由托马斯·格雷提出控告,又名麦克雷,是前述"麦克雷"同音的异体形式,也是同一人。他声称两名妇女偷了他的钱;她们抗辩说,这是出于忌恨的指控,是由犯罪团伙故意策划的。陪审团裁决其无罪。

[192] Anon., *Some Observations on the Trial of Mr. Thomas Carr, who was Executed at Tyburn, January 18,1737*(London 1737)(Lincoln's Inn, shelfmark Trials 101, no.1).

[193] "对卡尔先生的职业普遍存在偏见,特别是对他有时并不情愿地接受聘用的做法,以及因他另类的生活方式、因他的辩护活动曾涉及某些不利于其声誉的人和事,从而引起对其个人的偏见,加上控方不露破绽的指控,这些都影响到陪审团的判断,对他产生了先入的成见。" Ibid. at 6.该案的报告,Thomas Car [*sic*] and Elizabeth Adams, *OBSP*(Oct. 1737,♯4—5),at 204.另外,陪审员似乎对辩护律师咄咄逼人地质问一位控方证人很为恼火。据记载,他们向法官请求,"能让提的问题合适一些,而且不要打断[证人]"。Ibid. at 206.根据另一份记述,卡尔"与某些人有染;每当、而且只要有需要,这些人就会收集有些事情的证据。如果不是巴伦·汤普森先生和其他可敬的治安法官们极力反对,这种恶行现在一定就泛滥无度了。看起来,卡尔在这种时而会得逞的勾当中也分肥不少……"4 *Select Trials* 254,272(这是一份纽盖特监狱日常的摘录,附于 1737 年 9 月托马斯·卡尔和伊丽莎白·亚当斯案的审判报告之后)。罪犯被宣判后、等待执行死刑时,由英国国教会教士对其完成一些宗教仪式。教士的记述,就是由他们写作和出版的、对这些罪犯生平的描述。See generally Peter Linebaugh, "The Ordinary of Newgate and his Account," *in Crime in England*:1550—1880, at 249(J. S. Cockburm ed.)(1977) [hereafter Linebaugh, "Ordinary"].

[194] *DeVeil Memoirs, supra* n.46, at 35.

的控方律师在庭审程序中出现，进行重罪指控，因此18世纪的刑事审判就与托马斯·史密斯笔下公民控诉人和公民被告人之间的、无律师帮助的"争吵式"审判渐行渐远。18世纪20年代前后，《审判实录》记载了少量案件（大概每年一件）中控方律师出庭的情况。[195]在18世纪30年代早期，报道出来的控方律师出庭案件逐渐增多。1734年，《审判实录》首次披露了辩护律师出庭的记录；而当年，确认有八宗案件存在控方律师出庭。[196]

如前所述，造币厂事务律师已在诉讼中聘用出庭律师。[197]18世纪早期的一些事务律师并不聘用出庭律师，他们依靠证人在"争吵式"审判的氛围中独立陈述案件事实。然而，到了18世纪，出庭律师的聘用已经成为惯例。通过寻找、挑选和安排证人出庭作证，事务律师已经设计好了刑事控诉的具体策略，需要出庭律师在法庭上引导证人。通过这种方式，审前程序的律师化推动了审判程序的律师化。

英国法律职业的两种不同分工，让策划案件的事务律师无法出庭，只有出庭律师才有权出席庭审。[198]因此，控制审前程序的事务律师需要将其工作成果移交给在庭上陈述案情的出庭律师。向出庭律师提供案件信息的过程，称为"指导出庭律师"或为其"提供出庭纲要"。由事务律师准备一份称为"出庭纲要"并概括了案件要点的文件，交给出庭律师，这种惯例一直延续至今。

18世纪早期的控方出庭纲要在现存档案中相当少见。其主要原因是：正如证明事务律师在审前工作的其他证据一样，出庭纲要已经在庭审中完成了其使命，没有人认为它还有多少保存价值。造币厂的账册有时会记载因准备控方出庭纲要而支付的费用。[199]在其他机构的事务律师档案中，也保存了一些出庭纲要。英格兰银行的档案中保存一些文件资料，包括1719年罗伯特·迈纳斯被控使用伪造汇票案

---

⑮　Discussed in Langbein, "CTBL" 311.

⑯　Ibid. at 312 and n.160.

⑰　参见前注⑮及其相应正文。

⑱　进行调查的事务律师有时确曾就其审前工作作证。在著名的塞缪尔·古德尔谋杀其兄弟一案中，控方事务律师贾里特·史密斯是第一个被询问的证人。Samuel Goodere *et al.*, 17 *St. Tr.* 1003, 1017—1026(Bristol Assizes 1741).对于证明伪造案中造币厂的事务律师作证的例子，参见前注⑭。

⑲　例如，在萨拉·哈里斯一案中，造币厂的事务律师"为审判时的案情摘要和副本支付了费用"。*Mint Books*, *supra* n.35, vol.8, at 116(Kingston Assizes, 1713).在1756年约克郡四旬斋审判期的巡回审判中，埃米·希利伪造一案中的事务律师为"撰写辩论摘要"支付了费用。Ibid., vol.11, at 82—83.

的出庭纲要。银行的主管们要求，"如果伍德福德先生（银行的事务律师）认为合适"，就起诉迈纳斯（这表明日趋复杂的组织在作为单位起诉人时，通过其内部的事务律师制度授权给单位的事务律师处理）。[200]针对本案，事务律师伍德福德在给出庭律师的两页出庭纲要中[201]概括了起诉书的内容，并提供了一段简短的控方陈词。其主要部分为"本案的证明"，列出了一系列的事实性主张，例如，"证明收款人的笔迹"，"证明伪造票据与迈纳斯的笔迹相仿"以及"证明票据的交付"。除此之外，事务律师列出了将作证支持每一要点的证人姓名。[202]在伦敦市事务律师的档案中发现了更早的一份出庭纲要，发生于1702年，它例示了这种文书更为早期的版本。[203]

到了18世纪，控方的出庭纲要也变得更加详细。有时，事务律师通过出庭纲要对出庭律师的庭审策略提出建议。在1741年发生的一起刑事恶意控诉案件中，伦敦市的事务律师彼得森就提醒出庭律师，辩方会提出控方证人之前参与共谋犯罪，具有被判处戴枷示众的前科。因此，请尽力反驳以保护我方证人。一般来讲，如果他们试图对他（证人）的品格进行质疑，我们就说"在共谋犯罪这样恶劣的罪行中，只有这种品行较差的人才参与，所以只能提供这样的证人"。[204]通过早期律师主导的刑事庭审策略这个罕见窗口，我们看到现代对抗式制度令人担忧的特点：当时律师在搜集和提交证据的时候也是有倾向性的。伦敦市的事务律师希望掩饰有关证人的真相，但如果不成功，他建议通过一些策略来淡化这个缺陷。

第二节　控方伪证

事务律师会危害刑事审判中证据的真实性，人们对此不断担忧之时，法官也逐渐意识到18世纪早期刑事审判实务中另外两种支柱性制度催生了大量伪证，一是

148

---

[200]　*Bank of England v. Robert Minors*，Bank of England F4/38/1(1719). 这份材料还包括起诉状的副本，F4/38/2；以及一份由伦敦司法官威廉·汤姆森主持的迈纳斯审前讯问记录，F4/38/3。

[201]　F4/38/5(1719).

[202]　Ibid. at 2.

[203]　*R. V. Savage*，CLRO，*London Sessions Papers 1702*，Miscellaneous Documents file（刑事诽谤案）（这要归功于约翰·贝蒂）.

[204]　CLRO，*London Sessions Papers*，*September 1744*（所引用的辩论摘要是1741年的，但与1744年涉及同一事项的文件一起提交）.

赏金制度,二是污点证人制度。在 18 世纪 30 年代,法官允许辩护律师出庭的初心便是通过交叉询问来审查控方证据,以此防范控方证据中日益增长的伪证风险。[205]

一、赏金制度

1692 年开始[206],议会出台了一系列法令,对于严重财产犯罪者(如拦路抢劫、入室盗窃、私铸货币、盗窃牲畜等)[207]予以抓捕并成功定罪的,给予高达 40 英镑的奖励。[208]第一批赏金法令是威廉三世时期严格执法计划的组成部分,反映了在 1688—1689 年的光荣革命之后,新生政府对城市骚乱可能危及王室新政权的担忧。[209]当时已被接受认可的警察实务和控诉实践中忽视了调查功能[210],即在犯罪事实不太明朗之际去查找犯罪线索。玛丽式审前制度将这些工作留给了受害人或业余的治安法官,但如果他们没有能力或不愿处理这一事务,这项任务便无法完成。赏金法令为其他人参与调查工作提供了一种新的动力。

提供经济资助鼓励人们主动参与执法活动是英格兰早已有之的做法,而 17 世纪 90 年代的立法将其扩大至重罪案件。议会制定的各种规范文件都规定了罚金之诉,信息提供者根据这些规定可从对违法者的罚款中分到一部分奖励。[211]18 世纪

---

[205]　1786 年,法官们"在曼斯菲尔德勋爵的内阁召开会议,提出了一项法案,规定该罪可判处死刑",在 18 世纪,对民事和刑事案件中的伪证行为感到不安。2 Oldham, Mansfield 1066; see generally ibid. at 1066—1106.

[206]　4 & 5 Wil. & Mar., c.8, § 2(1692).

[207]　拦路抢劫和入室盗窃的赏金都是 40 英镑。2 Radzinowicz, *History* 57—59. 对于私铸货币和盗窃牲畜的行为,奖励额度为 10 法郎。有些法规除现金奖励外,还提供所谓的"泰伯恩票",即可转让的教区和选区的职役豁免证书,可在市场上自由交易。Ibid. at 155—161.

[208]　See the list compiled in Patrick Colquhoun, *A Treatise on the Police of the Metropolis* 390—392 (7th edn. London 1806) (1st edn. London 1795) [hereafter Colquhoun, *Police*]. 令人的描述,Beattie, Policing 376—417; Beattie, *Crime* 50—59; 2 Radzinowicz, *History* 57—60; Langbein, "Ryder" 106—114。

[209]　Beattie, *Policing* 376—417; see also Robert B. Shoemarker, "Reforming the City: The Reformation of Manners Campaign in London, 1690—1738," in *Stilling the Grumbling Hive: The Response to Social and Economic Problems in England: 1689—1750*, at 101 (Lee Davison *et al.* eds.) (1992) [hereafter Davison, *Hive*](针对轻微犯罪的措施,包括 1692 年 1 月 21 日的反对渎神、粗口、醉酒等的国王公告).

[210]　Beattie, *Policing* 226.

[211]　See, e.g., Langbein, *PCR* 44; Margaret Gay Davies, *The Enforcement of English Apprenticeship: 1563—1642* (1956) (关于学徒管理,the Statute of Artificers, 5 Eliz.1, c.4(1563)); Mark Goldie, "The Hilton Gang and the Purge of London in the 1680s," in *Politics and the Political Imagination in Later Stuart Britain* 43 (Howard Nenner ed.) (1997)(执行《非国教信徒秘密集会法》以打击贵格会信徒). See generally "Notes, The History and Development of *Qui Tam*," 1972 *Washington Univ. L.Q.* 81, 83—91.

30 年代就以这种方式来施行《禁酒令》，产生了很大的争议。[212]英国公共执法机构的落后，使政府别无选择，只能将调查工作交给私人执行。当政府认为复仇观念或者其他动机无法有效提升执法水平时，他们只能时常通过奖励执法的方式来鼓励更多人提起控告。

除了法律规定的赏金外，政府还时常以公告形式进行悬赏，主要针对大城市的拦路抢劫和谋杀案件，有时金额高达 100 英镑。[213]如果法令赏金与公告赏金相重叠，那么控告一人拦路抢劫成功的话，就奖励他 140 英镑[214]；如果最后能将两人定罪，就可得到 280 英镑；如果是三人团伙，那就是 420 英镑。根据《绅士杂志》记载，1732 年 5 月，"有四名罪犯（有具体姓名）在吉尔德福德被处决，财政部向抓捕者支付了 400 英镑。"[215]当时，这是一笔巨款，因为一个手艺人一年只能赚 20 英镑，而一个劳工的年收入还不足 15 英镑。[216]有时，地方政府、个人以及重罪起诉协会，还会

---

[212] Lee Davison, "Experiments in the Social Regulation of Industry: Gin Legislation, 1729—1751," in Davison, Hive, *supra* n. 209, at 25, 36("4 000 名信息提供者要求赏金"); see also Jessica Warner and Frank Ivis, "Vox Populi and the Unmarking of the Gin Act of 1726," 33 J. *Social History* 299(1999).

[213] Beattie, *Crime* 52—53.拉奇诺维奇将这些公告追溯到 17 世纪，并得出结论，它们启发了后来的成文法制度。2 Radzinowicz, History 84—88.

[214] Paley, "Thieftakers", *supra* n. 165, at 324.在 1733 年起诉的一起拦路抢劫案中，被告之一威廉·布思在受审时的陈述中显示，140 英镑是伦敦的普遍费用，而不是 40 英镑的基本法定赏金，布思在谴责指控他的同谋证人时说："我在他身边的国王纹徽那放了一根蜡烛，正好烧着了他的假发，因此他才作证，因为他想要 140 英镑。"John Ackers *et al.*, *OBSP*(Jan. 1733, ♯♯34—36) at 44, 45. 1722 年，詹姆斯·肖在 1722 年也是以污点证人的同谋证言被起诉的，他向法庭抱怨说，污点证人"以前在法庭上被证明是作伪证的，现在他为了 140 英镑的赏金，甚至发誓放弃自己的生命"。James Shaw and Richard Norton, *OBSP*(Jan. 1722), at 3, 4.关于污点证人制度，参见本章后文。贝蒂认为，从 17 世纪 20 年代到 1745 年，伦敦的拦路抢劫和盗窃罪的皇家公告，对在伦敦 5 英里范围内所犯的罪行追加 100 英镑的悬赏，是持续有效的; see Beattie, Policing 379—380; 1749—1750 年，这一制度又重新实行; see ibid. at 414 n. 142.在 1754 年被任命为王座法院首席大法官的达德利·赖德，为了准备当年夏天的第一次巡回审判，不得不学习赏金制度，他在日记中记录道："不久前，还有一个额外的悬赏 100 英镑的公告，给予伦敦 5 英里范围内的拦路抢劫者，按财政部的规定支付报酬，但这个已经过期了。"Ryder, "Assize Diary" 1.
1738 年的萨里郡巡回审判材料显示，一名成功的控告者托拜厄斯·沃尔（高速公路抢劫案的受害者）计算了给抢劫犯定罪应得的 140 英镑。主审法官告诉沃尔，他"会给他一张证书，以代表［沃尔 40 英镑赏金的一半］。沃尔先生说，他认为除了 40 英镑赏金之外还有其他好处，抢劫案发生在伦敦 5 英里以内，而且有一份公告，规定任何人定罪都可获得 100 英镑"。Samuel Caton, *SAP*(Mar. 1738) at 4, 5.

[215] 2 *Gentleman's Magazine* 772(May 1732).

[216] E. H. Phelps Brown and Sheila V. Hopkins, "Seven Centuries of Building Wages," in 2 *Essays in Economic History* 168, 177(table 1) (E. M. Carus-Wilson ed.) (1962).

提供额外的悬赏。[217]审判法官们对于赏金制度也变得非常熟悉,因为有很多人声称参与其中并将被告定罪,法令要求法官们来处理赏金的分配问题。[218]根据彼得·金(Peter King)的估算,18世纪下半叶的埃塞克斯巡回审判中,"在埃塞克斯有16%的控告者曾获得赏金"。[219]

(一)诱发伪证

当时的人们认为,地方上对严重财产犯罪指控乏力,而赏金制度的出现正是为了应对这种情况。亨利·菲尔丁认为"怠于起诉"有多种原因,包括懒惰、证人对公开审判中出庭的不适应、对死刑的厌恶、不愿承担控诉费用、对重罪进行和解(接受赔偿而不起诉),以及害怕犯罪团伙的威胁。[220]尽管赏金制度提供了克服这些风险的动力,但经济学家则说,它同时也有过度激励的风险。随后,早期的雇佣警察就出现了,也就是捕贼人;他们生活在伦敦底层社会,以欺诈诬告来谋求生计。因赏金而谋生的捕贼人,对如何区分无辜者和罪犯并无特别的兴趣。正如1737年出版的一份小册子中所说,这项制度的危险在于:为获得赏金而控告者,"可能会作证指控无辜之人,因为他们每成功定罪一人就确定能够获得40英镑或者50英镑"。[221]1723年,一名被告在老贝利法庭受审,他在作证时对臭名昭著的"捕贼头目"乔纳

---

[217] See 2 Radzinowicz, *History* 98—137.关于协会的悬赏行为,see Styles, *Advertising*, *supra* n.142, at 60—62.赃物的拥有者也刊登广告,奖励归还货物和逮捕罪犯并将其定罪。本文讨论了《伦敦公报》中的例子;in Malcolm Gaskill, "The Displacement of Providence: Policing and Prosecution in Seventeenth— and Eighteenth-Century England," 11 *Continuity & Change* 341, 348—349(1996)。被称为《乔纳森·怀尔德法案》的立法中对无条件酬赏返还失物的悬赏行为处以重罚;3 Geo. 1, c.11(1717)。

[218] 关于这种分配的讨论,Beattie, *Policing* 401—405;Langbein, "Ryder" 107—108;Paley, "Thieftakers," at 317—318。1692年法案指示初审法官出具证明,授权治安法官支付赏金,在涉及一个以上赏金请求人的案件中,"如果可能发生任何争议",法官有权"按该法官认为公正合理的份额和比例"分配钱款。4 Mil. & M., c.8, §1(1692).这些文件后来被称为"血钱证",有的还留存于各种档案中。CLRO, Misc. MS152. 5("Sessions: Certificates for Reward for Apprehending Highwaymen and Housebreakers, 1732",八件);PRO, E 407/27—30(blood money certificates, 1649—1800, 数百件散页).该类凭证的样本,see W. Stubbs and G. Talmash, The Crown Circuit Companion 30—31(London 1738).在公共档案馆所藏财政部档案中关于郡守的描述中,记录了赏金支付的全过程。具体例证,in Langbein, "Ryder" 107 n.431(Old Bailey cases 1754—1756)。

[219] King, *Crime* 48."另外还有4%拿到了泰伯恩赏。"Ibid.

[220] Fielding, *Enquiry* 154. 除了捍卫奖励制度和随之而来的盗贼,菲尔丁敦促在必要时提供公共补贴,以补偿"极端贫困的控告人"。Ibid. at 151—154, 157.

[221] Anon., *An Enquiry into the Causes of the Encrease and Miseries of the Poor of England* (London 1738) (Yale Univ., Beinecke Libr., shelfmark CP 1020).

森·怀尔德(Jonathan Wild)[222]痛斥道:"在这个上帝创造的世界里,没有比乔纳森更无耻的恶棍了。他为谋取赏金而不惜牺牲老实人的性命,他就是这样存活于世的。"[223]

当时始终有一种担心,也就是陪审团意识到这个危险之后,会不再相信基于赏金的控告。早在 1696 年,关于告发伪造货币或私铸货币的悬赏法令制定数月后,造币厂执行官艾萨克·牛顿就写信给财政部:"每定罪一人奖励 40 英镑的新法令,导致法官与陪审团不愿意相信证人,郡长则选任那些品行不良的陪审团,让我们的代理起诉人员和证人们都深受打击,因为成功的希望渺茫,且被斥责是为了钱才起诉和作证的。"[224]

即使指控真正的罪犯,为奖赏而起诉也是一份不光彩、不体面的工作;同时,它也不能树立良好的榜样。亨利·菲尔丁曾在其鲍街办公场所附近召集了一小部分捕贼人,但他感叹这批人"在人们的印象中可能还不如盗贼"。[225]露丝·佩利研究了1740—1750 年左右捕贼人活跃于伦敦的十年间,他发现"所有人都与首都的犯罪圈子存在密切联系,几乎所有人都有犯罪记录"[226];许多人都与敲诈勒索、告状邀赏的犯罪团伙有牵连。佩利略带夸张地强调,"悬赏 40 英镑的后果,没有调动犯罪调

152

---

[222] 关于此人,see Gerald Howson, *Thief-Taker General*: *The Rise and Fall of Jonathan Wild* (1970) [hereafter Howson, *Wild*]; Andrea McKenzie, entry for Wild, in *New Dictionary of National Biography* (forthcoming 2004)。

[223] 威廉·杜斯因拦路抢劫而被判死刑。1 *Select Trials* 357, 360—361(Jul. 1723)(这要归功于安德列亚·麦肯齐慧).关于杜斯的两次审判(分别以不同的罪名),《审判实录》中没有包含所引用的文字。William Duce and James Butler, *OBSP*(Jul.1723), at 6.

豪森报告说,1720 年,枢密院就如何减少拦路抢劫案的问题征求了怀尔德的意见,怀尔德建议王室在法定的 40 英镑之外,再通过公告提供 100 英镑。Howson, *Wild*, *supra* n.222, at 125.怀尔德早先在盗贼和受害者之间进行调停,要求归还被盗财产,后来转入起诉以获取报酬。我们追溯了 17 世纪在这一领域的一些先驱者,in Tim Wales, "Thief-takers and Their Clients in Later Stuart London," in *Londinopolis*: *Essays in the Cultural and Social History of Early of Modern London* 67(Paul Griffiths and Mark S. R. Jenner eds.) (2000); and Beattie, *Policing* 226 ff。

[224] Letter to the Commissioners of the Treasury(no.553), July—Aug. 1696, in 4 *The Correspondence of Isaac Newton*: *1694—1709*, at 209(J. F. Scott ed.) (1967).牛顿所关注的问题在半个世纪后仍困扰着当局。1750 年撰写一份国家档案报告说,用巨额奖赏鼓励下层人民的行为证明是对作伪证的强烈诱惑,以至于陪审团更倾向于无罪释放而不是定罪,而逮捕被告的主要动机似乎是为了奖赏。2 Radzinowicz, History 97 n.65, quoting Memorandum, "Precedents etc.," S. P. 37/15(1750).

[225] Fielding, Enquiry 151.

[226] Paley, "Thieftaker," *supra* n.165, at 304.

查的积极性,反而鼓励了策划诬告陷害的阴谋。捕贼人这个职业不是发现犯罪,而是从事犯罪"。[227]

(二)赏金丑闻

赏金制度会导致错案,这种担心由来已久,1732 年爆发的赏金丑闻最终证实了这一点。一个叫约翰·沃勒的人为谋取赏金而诬告他人拦路抢劫,在老贝利法庭被判轻罪。有证据表明,他在其他地方曾实施这类诬告并获得成功,最后他被判有罪,处以枷刑。[228]当他在七盘口(今剑桥广场)戴枷示众时,一位名叫爱德尔·多尔顿的被害人弟弟[229]对他发动攻击,致其死亡。随后,爱德华·多尔顿在老贝利法庭受审,其对沃勒的攻击行为被认定为谋杀罪,处以死刑。[230]这个名副其实的希腊

---

[227] Ibid. at 323.

[228] John Waller, *OBSP*(May 1732, ♯89), at 146—148.

[229] 被害人詹姆斯·多尔顿于 1730 年 4 月因前一年 11 月抢劫沃勒而被定罪。James Dalton, *OBSP*(Apr. 1730), at 13; 3 *Select Trials* 167. 沃勒声称和多尔顿一起开了一家酒吧,据说多尔顿之后用手枪抽打了他,并拿走了钱、衣服和一些茶叶。沃勒指认多尔顿因另一件事被拘留在纽盖特。多尔顿作为一个可能的罪犯是一个很好的选择,其最近承认了长期的犯罪行为。这些对以前罪行的披露很可能是作为污点证人交易的一部分,并公布于忏悔小册子中。*A Genuine Narrative of All the Street Robberies Committed Since October Last, by James Dalton, and His Accomplices, Who Are Now in Newgate, to Be Try'd Next Sessions, and against Whom, Dalton(Called Their Captain) is Admitted Evidence ... Taken from the Mouth of James Dalton*(London 1728)(BL shelfmark 1080. m32. 2); *The Life and Actions of James Dalton, (The Noted Street-Robbe.) Containing All the Robberies and Other Villanies Committed by Him*(London 1730)(BL shelfmark 615. b. 29. 3).在他因抢劫沃勒而受审时,多尔顿谴责沃勒是"一个性格卑劣的家伙,一个下流的证人,他发现了一种新的生存方式,通过作证来剥夺他人的生命。"3 *Select Trials* 167, 168; accord, *OBSP* (Apr. 1730), at 13.尽管多尔顿坚持认为他这次是被沃勒诬告的,但他承认自己犯了另一起抢劫罪,而且他曾在 1730 年 1 月被审判并被无罪释放。豪森追溯了詹姆斯·多尔顿的犯罪前科。Howson, *Wild*, *supra* n.222, at 125, 139—140, 167, 211, 221, 243, 247, 310. 我们从另一份材料得知,沃勒成功控告多尔顿是他第二次尝试这么做。据说,沃勒最初作证控告多尔顿抢劫时,多尔顿正在监狱里。当他发现自己的算计失败时,他"放弃了这一控告",在多尔顿刑满释放后等待了大约一个月,再次指控其抢劫。*The Life and Infamous Actions of That Perjur[e]d Villain, John Waller, Who made His Exit in the Pillory, at the Seven Dials, on Tuesday, the 13th Day of this Instant June. Containing All the Villa[i]nies ... Which He Practised ... In swearing Robberies against Innocent Persons, to Take Away Their Lives, for the Sake of the Rewards Granted by Act of Parliament* 15(London 1732)(BL shelfmark 518. e. 20. 10) [hereafter Waller Pamphlet]. 如果允许多尔顿的律师就沃勒早些时候是悬赏而指诉的活动进行盘问,多尔顿据此在审判中指控他,那么多尔顿很可能会被无罪释放,特别是如果沃勒早些时候对多尔顿的虚假指控被提出来的话。因此,在这个案件中,法官即将允许的那种律师工作很可能会发现并击败作伪证的控告。在被处决时,多尔顿承认他一生的罪行,但再次坚称,关于他被定罪的罪行,"他完全是无辜的","约翰·沃勒仅仅是为了议会法案给予的奖励而作证置他于死地"。Ibid.

[230] Edward Dalton *et al.*, *OBSP*(Sept. 1732, ♯♯86—88), at 219, 221.

式悲剧曾轰动一时。当时,一份小册报告的标题描述了此事在当时引起的恐慌:"作伪证的恶徒约翰·沃勒的一生及其丑行:今年6月13日,星期二死于七盘口戴枷示众期间,他为获得法定赏金而指证无辜者抢劫,枉顾他人生命……所作所为……劣迹斑斑。"[230]

沃勒事件发生数月后,老贝利法庭又曝光了一起为获赏金而诬告的案件。在9月份的审判中,巴塞洛谬·哈尼特控告威廉·霍姆斯拦路抢劫。哈尼特声称,霍姆斯拦住他问路,把他骗到一个隐蔽的地方,然后和一个持械的同伙共同实施了抢劫(该同伙逃亡)。选择霍姆斯作为被害人是哈尼特犯下的严重错误。霍姆斯并非无亲无故的年轻人,不是诬告对象的最佳选择。相反,他是一个已婚男士,有一个关心他的雇主,而且有环环相扣的不在犯罪现场的证据:在哈尼特实施抢劫之时,他正在远离犯罪现场的一个地方,与几位受人尊敬的朋友共进晚餐。霍姆斯最终被判无罪。[232]哈尼特则被法庭认定应该对伪证诬告行为承担责任,他随后受到审判,被判罪名成立,处以枷刑,最后被流放。[233]

关于沃勒和哈尼特的丑闻,国王肯定有所耳闻。1732年10月的《绅士杂志》报道说:"国王陛下已得知此事,即抓捕劫匪的巨额悬赏导致了伪证和其他恶劣后果。因此,国王命令将以后赏金的自由裁量权交由市长和审理罪犯的法官。"[234]

沃勒单枪匹马从事诬告活动,并未形成团伙。与几十年后团伙性的诬告陷害相比,他的手段就显得很原始。他假装在某个酒吧外遭到抢劫,然后指证某个倒

---

[230] *Waller Pamphlet*, *supra* n.229, at 29(人们摧毁了枷木,打碎了沃勒的头,践踏了他的身体)。这本小册子还记录了沃勒为获得赏金而提起的诬告;Ibid. at 15—20。《绅士杂志》记载了事件的后续发展;see 2 ibid. (May 1732) 774(entry for 29 May)。报道了沃勒的审判和定罪,并评论道:"他把在巡回法庭上对无辜的人指证作为他习以为常的行为,以便获得赏金。"2 ibid. 823(entry for 13 June)(报道沃勒在枷刑中死于人民之手).

[232] William Holms, *OBSP* (Sept. 1732,#37), at 189, 191.

[233] Bartholomew Harnet, *OBSP* (Dec. 1732,#84), at 24;2 *Gentleman's Magazine* 1123 (Dec. 1732)(entry for 11 Dec.);其中评论称"与……沃勒案可相提并论"。

[234] 2 *Gentleman's Magazine* 1029(Oct.1732)(entry for 9 Oct.). 这里所谓"巨额悬赏抓捕拦路抢劫的匪徒",是指对伦敦周边五英里内发生的抢劫罪犯,如将其绳之以法,就根据上谕额外奖励100英镑。参见前注[213]—[219]及其相应正文。伦敦市长任期一年,并非法律人士,但与法官一起在老贝利法庭主持审判。

霉蛋是作案者。㉓审判中,沃勒以自己的证词指控无辜者。而像迈克丹尼尔这样的团伙㉖(他们活跃于 18 世纪 40 年代㉗,于 1754 年被调查并受到指控㉘),则运用

㉓　John Waller, *OBSP* (May 1732, ♯89), at 146, 148.

㉖　E.g., John Warwick *et al.*, *OBSP* (Jan.1737, ♯♯33—35), at 52.被告被判在阴谋诬告约翰·德林克沃特拦路抢劫过程中犯有伪证罪。德林克沃特在伪证案的审判中作证说,是一名事务律师谋划了这项拦路抢劫的诬告,"一个叫坎贝尔的家伙自称是代理律师,他把我从切姆斯福德带到哈特福德监狱。"Ibid. at 53.

㉗　从《审判实录》中,可以发现麦克丹尼尔 1741 年后在老贝利法庭的一些活动:

(1) George Stacey *et al.* *OBSP* (Jan.1741, ♯♯24—26), at 11—14(拦路抢劫).麦克丹尼尔以共犯身份作证。关于污点证人制度,参见后注㉔—㉘及其相应正文。

(2) Samuel Ellard, *OBSP* (Oct. 1744, ♯468), at 261(从流放地逃回;罪该处死,告发者可获赏金;16 Geo. 2, c.16, §3(1743)).麦克丹尼尔在本案中是捕贼人,提交了一份被告曾有前科的证明。

(3) William Taylor, *OBSP* (Jan. 1745, ♯145), at 77(秘密偷窃,即扒窃他人口袋).泰勒辩驳说,麦克丹尼尔与另一名捕贼人查尔斯·雷明顿狼狈为奸:"就是他自己,把手帕从那位先生口袋里掏出来,现在想栽赃给我。他们是世界上最大的流氓和捕贼人。他们为了得赏金就这么干。"Ibid.泰勒还说,麦克丹尼尔"已经充当证人(即污点证人,指证以前共同犯罪中的同伙),把两个人送上了绞架"。麦克丹尼尔马上针锋相对地反唇相讥:"我就是做了证人,我已经是个诚实的人。我确实被人告过,可我已经五年没干了(即'我已经五年没犯过罪了')"。Ibid.陪审团裁决泰勒有罪,但低估了赃物的价值,不仅使其免于一死,而且使麦克丹尼尔和雷明顿不能获得赏金。对这种做法的讨论,详见后注㉓—㉔及其相应正文。

(4) Priscilla and Ann Saunders, *OBSP*(Oct. 1745, ♯♯389—390), at 250—251(拦路抢劫).麦克丹尼尔和一同伙斯蒂芬·贝里共同指证被告。陪审团裁决无罪。贝里在该团伙诬告基登等人的过程中非常活跃,最后在 1754 年丑闻中被揭露。1756 年,他和麦克丹尼尔一起被处枷刑;Langbein, "Ryder" 112。

(5) Felix and Anthony Matthews, *OBSP*(Sept. 1746, ♯♯314—315), at 248—250(拦路抢劫).被告人被判有罪、处以死刑。麦克丹尼尔是本案的捕贼人。菲利克斯和马修斯声称是麦克丹尼尔把武器放在他身上的。

(6) Elizabeth May, *OBSP*(Sept. 1747, ♯338) at 234(拦路抢劫)被告被判无罪。她被捕时,麦克丹尼尔在现场。Ibid. at 235.

(7) Thomas Dunkin and Edward Brusby(July 1749, ♯♯486—487), at 106—107(拦路抢劫).麦克丹尼尔自称是受害人。陪审团裁决无罪。

(8) Randolph Branch and William Descent, *OBSP*(Spet. 1752, ♯♯487—488), at 268—272(拦路抢劫和谋杀).犯罪确有其事。麦克丹尼尔以捕贼人的身份,就逮捕两名被告的问题作证。麦克丹尼尔和审问的治安法官都在证言中提到,两名被告都希望作为污点证人指证对方。Ibid. at 270.这种争做污点证人的现象对证据法发展的重要性,详见第四章。本案中,两名被告都被判有罪,并处以死刑。

高级警官考克斯在 1754 年揭露了麦克丹尼尔团伙,并在 1756 年出版了描述该集团行径的书籍。他指出,这些人的活动可以追溯到他出版该书前 18 年左右的一次未遂的诬告;那应该是在 1738 年。Joseeph Cox, *A Faithful Narrative of the Most Wicked and Inhuman Transactions of That Bloody-Minded Gang of Thief-Takers, Alias Thief-Makers, Macdaniel ...* 57 ff(London1756).

㉘　Extensively discussed in 2 Radzinowicz, *History* 326—332; Langbein, "Ryder" 110—114; Paley, "Thieftaker", *supra n.*165, at 331—337. 1754 年对这一团伙的揭露,当时引起轰动;discussed in Langbein, "Ryder" 112—14。

更高超的技巧来作伪证，以谋取赏金。他们雇用若干人提供表面相互印证的证据，如被控"劫匪"的抓捕者，有时有一个伪装的受害人，有时还有一些其他虚假证人。[239]这些团伙在选择他们要陷害的对象时非常聪明。"这些被陷害者都年纪轻轻、涉世未深，通常都是第一次来到首都，……他们没有辩护律师，面对的实际上是枉顾真相的职业控告者。"[240]约翰·巴斯克就是这样的受害者。1736年2月他在老贝利被控入室盗窃时告诉法庭："这是捕贼人收拾年轻人的伎俩，将他们灌醉，让他们说出自己想要的话，然后就可以为赏金而夺人性命。"[241]该案中，陪审团可能出于对赏金动机的疑虑，作出了一项降格处罚裁决(partial verdict)[242]，认为巴斯克的行为未构成入室盗窃罪，但构成一般盗窃罪，是盗窃超过一先令的非死刑重罪，最后被判流放刑。因为不构成入室盗窃罪而不符合领取赏金的条件，所以控方一无所获。亨利·菲尔丁作为当时米德尔塞克斯的治安法官，希望赏金为其建立一支早期警察队伍提供部分资金支持[243]，因此他对"陪审团如此愚蠢的宽恕行为"极为恼火："裁决嫌犯不构成入室盗窃罪，而认定其构成其他的一般重罪，或者认定赃物价值不满5先令——而事实上这种做法往往与证据明显相悖；这种裁决导致案件完全不能适用议会的赏金法令。"[244]

在18世纪30年代，沃勒和哈尼特丑闻事件必然对法官们触动很大，他们开始允许辩护律师来帮助刑事被告出庭查证控方证据。法官们已经意识到，在他们主持的审判中，赏金制度会严重危害控方证据的可靠性。在我看来，在所有的担忧之中，对这一危险的担忧是法官允许被告人获得出庭律师帮助从而审查控方证据的主要因素。在18世纪，赏金制度还可能间接推动控方更多地聘用事务律师以及出

---

[239]　例如麦克丹尼尔集团的一次控告：Joshua Kidden *OBSP* (Jan. 1754, ♯129)，at 71，discussed in Langbein, "Ryder" 110。

[240]　Paley, "Thieftakers", *supra n.165*, at 328.

[241]　*OBSP* (Feb.1736, ♯50)，at 78.

[242]　降格处罚裁决的现象，参见第一章注释[22]—[24]及其相应正文。See Beattie, *Crime* 419—430; Langbein, "Ryder" 41—43, 47—55; King, *Crime* 231—237; see also 1 Radzinowicz, *History* 83—106, 138—164(1948).

[243]　Discussed in Langbein, "Ryder" 60—67.

[244]　Fielding, *Enquiry*. 152.

庭律师。基于经济利益驱动，为了提高定罪的可能性，从而获得 40 英镑、140 英镑乃至更多倍的赏金，控告者不吝惜在法律服务方面加大投入。㉔

在 1818 年赏金制度废除前，受赏金驱动而导致刑事控告的不可信，对法院而言始终是一场噩梦。㉕我们在第五章中将看到在赏金驱动的控告中，质疑控方证据的可靠性已经成为辩护律师的主要工作。当然，允许辩护律师出庭并不足以完全消除赏金所诱发的伪证风险。辩护律师不可能揭露所有为谋取赏金的伪证行为，而且许多被诬告的受害人通常因贫穷而无力聘请出庭律师（即对抗式刑事诉讼的"财富效应"）。而且，出庭律师并不限于为无罪之人提供法律服务，科洪在 18 世纪末写道："在某些赏金案件中，一些罪大恶极的罪犯经常能够逃脱法律制裁"；因为在这些以赏金为基础的刑事控告中，辩护律师往往能轻易否定控方证据的可靠性。㉖

18 世纪 30 年代，法官开始允许被告人在审判中获得出庭律师的帮助，不是因为他们认为出庭律师能够化解赏金制度诱发的风险，而是因为这种审判程序的调整是更容易实行的一种应对之策。英国政府一直无力提供与商业大都市相配套的警察体制和控诉机构，法官也没有办法解决这些审前程序的体制性缺陷。

二、污点证人的控告

18 世纪早期，为刑事控告提供动力的另一项制度，是获取共犯证言的污点证人制度。如果共犯同意指证其以前的犯罪同伙，治安法官（通常是米德尔塞克斯地

㉔ E.g., Daniel Tipping, *OBSP* (July 1732, ♯23), at 160(拦路抢劫).该案中，一位污点证人控告一项有赏金的犯罪，整个案件由控诉律师处理。Ibid. at 163.

㉕ 关于推动赏金制度最终废除的丑闻，see *The Whole Four Trials of the Thief Takers and Their Confederates …… Convicted at Hicks Hall and the Old Baily, Sept. 1816, of a Horrible Conspiracy to Obtain Blood Money*(London 1816)（BL shelfmark 6497. b. 17)。关于废止赏金制度的专门立法，即《贝内特法案》，58 Geo.3, c.70(1818), discussed in 2 Radzinowicz, *History* 74—82.当然，该项制度的废止，并不妨碍后来政府和个人提出个别的悬赏，如 1840 年谋杀威廉·拉塞尔勋爵案中的做法, discussed in David Mellinkoff, *The Conscience of a Lawyer* 27—28, 82—86, 92—93(1973)。

㉖ Colquhoun, *Police, supra* n.208, at 393.

区的治安法官㉔或者伦敦城内的"值班市政官"㉔）会对他免予追诉。㉕

在地方巡回审判中，审判法官会对地方治安法官豁免污点证人的做法进行审查，这种审查具有监督性质。在著名的威廉·多德博士伪造案的认罪答辩程序中，威尔斯法官描述了他在污点证人案的巡回审判中所发挥的作用：

> 巡回法庭的书记员在巡回审判区来见我，告诉我：某位治安法官这么做了，如果您对此没有异议，他希望接受某名嫌犯作为证人来指控另一嫌犯。这时，我总是尊重治安法官的裁量权，除非根据当时的具体情况，他的做法明显不当。有时巡回法庭的书记员把治安法官收集的证据拿给我看；我会仔细阅读，并决定是否同意某人具有指控其同伙的证人资格。如果我觉得其证言并不可能将其同伙定罪，我就不会认可其具有污点证人的资格。㉕

在同样的诉讼程序中，古尔德法官讨论了另一种模式，即由地方的大陪审团而

㉔　参见前注㊻—㊽及其相应正文。《审判实录》有时记载了治安法官作证，说明其执行污点证人制度的情况。例如，被告被控盗窃约翰·克鲁的雄鸡，治安法官托马斯·德维尔爵士说明了他与一名被告戴维的谈话情况："我告诉他，如果他能够在另一件埃塞克斯郡的雄鸡被盗案中作证，我会考虑他的家庭情况，接受他[作为污点证人]。但他矢口否认他知道那桩盗案中的任何情况，因此我就将他收押……"William Brown and Moses Davis, *OBSP*(Jan. 1742, ＃＃1—2), at 22—23.德维尔和菲尔丁兄弟调查工作及其所获证据的其他事例，参见第四章注释⑩—⑭及其相应正文。

㉔　市政官们从中心城区开始，轮流到各处去任治安法官，进行审前讯问，驳回理由不足的案件，及签发羁押令。关于18世纪50年代的这一制度，see Langbein, "Ryder" 76—81.贝蒂将当值市政官的程序追溯到18世纪30年代中期。See Beattie, *Policing* 91—113, 417—420.贝蒂强调，与菲尔丁兄弟作为米德尔塞克斯治安法官坐镇鲍街不同，"市政官并不将侦查作为治安法官的公务之一"。Beattie, *Policing* 420. 而且，他们也不"形成'警察法庭'，由专业的治安法官率领一批职业乡村警察调查和起诉严重犯罪"。Ibid at 419.伦敦城区治安法官的逐日轮替，使其难以领导这样一支团队。伦敦城区的犯罪、区域和人口数量都比较有限，而且在各分区都实现有偿的巡夜人制度，可以更好地防范犯罪。关于在城区的有偿巡夜人和乡村警察，see Ibid. at 155—157, 172—207。因为菲尔丁兄弟靠中央政府资助，在履行政府职能上更有效，所以其功能很难适用于谨守独立地位的伦敦市政当局。Ibid. at 419—421.

㉕　拙文曾解释了曼斯菲尔德勋爵的话(*R. v. Rudd*, 1 Leach 115, 168 *Eng. Rep.* 160(K. B. 1775))如何误导了史家，让其误认为污点证人制度就是同意赦免这些污点证人。赦免是选项之一，如曼斯菲尔德勋爵在"拉德案"中所说；但事实上这根本不需要，因为通常的情况下，根本不起诉污点证人，使其不会被定罪，就更不用赦免。See Langbein, "Ryder" 91—95.拉德案的伪造罪指控，参见后注㉚；又参见第四章注释⑰及其相应正文，以及附图4.1(本译中未收入附图——译注)。

㉕　William Dodd, *OBSP* (Feb. 1777, ＃161) at 94, 103—104(伪造罪)。多德通过辩护律师对起诉状提出异议，认为这是基于大陪审团得自一位证人的主张；而这名证人本不应出现。承审的法官将这一问题提交全体法官合议，最后一致同意否定多德的主张。关于他们对该问题的意见，in *OBSP*(May 1777), at 244.关于"多德博士案"的传奇故事，see Gerald Howson, *The Macaroni Parson: A Life of the Unfortunate Dr. Dodd*(1973)[hereafter Howson, Dodd]。

非治安法官，来指定污点证人。"我记得他们来找我，特别是在兰开斯特，有三四例。他们说，现在这几个人实施了犯罪，可是如果没有这人或那人作证，就不可能起诉他们。我阅读了其审前证言和其他证据信息后，同意采纳该污点证人的证言。"[252]

马修·黑尔于1676年去世，他去世前夕的著作表达了对污点证人所作证言的担心。"如果某人作证指控某个同伙，就因此承诺赦免他，我总是认为其证言应该无效"，[253]他应该因利益关系而被剥夺证人资格。然而，当时这个问题的做法与黑尔的异议完全相反，甚至在其观点提出前就是如此。[254]在一般重罪案件中，允许污点证人作证的做法差点成为一项基本原则，其例外是在罚金之诉（即国王将一部分罚金分给提供线索的控告者）中，即完全相同的问题，处理结果却相反：信息提供者因有利害关系而被剥夺作证的资格。[255]

在提供赏金的犯罪案件中，如果使用共犯证言给被告定罪，此时污点证人制度的运作就与赏金制度紧密联系在一起（竞合）。事实上，一些主要的赏金法令都规定，如果共犯能够作证使其同伙获罪，则可获得赦免；[256]但该措施似乎并不经常使用，无疑是因为不起诉的简单处理，对控方（检控机关）而言更易于操作，对共犯来说也更加可靠。

---

[252] *OBSP*（Feb. 1777，♯161），at 104.

[253] 2 Hale，*HPC* 280.

[254] 1 Ibid at 304. 黑尔提到，他和另一位法官是少数派，但他没有说明案件的名称或时间。污点证人是否应该基于利害关系而排除，至1708年还存在争议。在一件弑母案的抗辩中，辩护律师（因提出法律问题而被接受出庭）指出，"一个被说服充当证据而因此获得赦免承诺的人，不能作为证人"。Anon.，*The Truth of the Case：Or，a Full and True Account of the Horrid Murders，Robberies，and Burnings，Committed at Brad forton and Upton-Snadsbury，in the County of worcester* 21（London 1708）（Lambeth Palace Libr.，shelfmark OB. 55. 8. 27）.巡回法庭法官约翰·鲍威尔爵士驳回了这一观点，他说："这样的证人经常在老贝利法庭被接受。为更好地揭露夜盗等犯罪，最近的法令也支持这种做法。而且，除非接受同案犯作为证据，并同意赦免他们，这些神出鬼没的杀人犯和恶棍们就一个都找不到……"Ibid.鲍威尔所说的法令中提到，将两名或两名以上同案犯定罪的罪犯，"可以获得国王陛下最宽厚的赦免"10 Wil. 3，c.5（1698）.霍金斯在1721年的著述中，认为这一问题已经"早有定论"，支持共犯的证词有效。2 Hawkins，*PC* 432；cf Ibid. at 434，§25.

[255] *R. v. Shipley*，temp. 4 Anne（Q. B. 1705），reported in Anon. *A Collection of select Cases Relating to Evidence：By a Late Barrister at Law 11*（London 1753）（attributed to Sir John Strange）. The same source also cites *R. v. Cobbold*，12 Anne（Q. B. 1713）.

[256] Discussed in John Fielding，*Extracts from the Penal Laws* 316—320（London 1768 ed）.

"在 17 世纪晚期萨里郡的巡回审判中,污点证人作证的情形非常普遍。"[257]在老贝利法庭,我们仅在 1721 年就发现 14 件污点证人指控的案件[258];而在 1722 年仅 9 月的一个开庭期,就有 5 件这样的案件。[259]大多数污点证人的案件都涉及拦路抢劫、入室盗窃、私铸货币、盗马或者盗窃商铺等定罪后可获赏金的犯罪指控,这就突出表明:导致伪证的两种诱因可能作用于同一个案件。1721 年老贝利法庭审理的 14 宗案件中,下层社会的捕贼人乔纳森·怀尔德就积极参与其中 6 宗。[260]在 1725 年怀尔德垮台时出版的一本小册子中提到,他向伦敦的劫匪收取保护费;如果有人不付钱,他就安排假冒的污点证人控告此人,同时从中牟取赏金。[261]如前所述,一位

---

[257] Beattie, *Crime* 366.

[258] 这些案件罗列如下:(1) William Spigget and Thomas Phillips, *OBSP* (Jan. 1721), at 6—7(拦路抢劫);(2) William Barton, *Select Trials* 33(Apr. 1721)(拦路抢劫);(3) Barbara Spencer, 1 *Select Trials* 40(May 1721)(私货币);(4) William Wade, *Select Trials* 44(May 1721)(拦路抢劫邮件);(5) Mary Roberts *et al.*, 1 *Select Trials* 54(Jul. 1721)(秘密偷窃,即扒窃);(6) James Reading, *OBSP* (Sept. 1721), at 6(拦路抢劫);same, *Select Trials* 66(misdated Aug. 1721);(7) John Wigley, *OBSP* (Sept. 1721), at 7(拦路抢劫);same, *Select Trials* 67(misdated Aug. 1721);(8) John James, *OBSP* (Oct. 1721), at 2(拦路抢劫);same, 1 *Select Trials* 88;(9) William Courtney, *OBSP*(Oct. 1721), at 3 (夜盗);(10) John Dikes, *OBSP*(Oct.1721), at 4(拦路抢劫)("乔纳森·怀尔德誓作证,说他打听到戴克斯和[污点证人]的情况,……将他们逮捕;戴克斯告诉他,可以揭露[污点证人]的些小问题,但都不值一提");same case, 1 *Select Trials* 91;(11) William Field *OBSP* (Oct. 1721), at 6—7(盗窃室内财物) (裁决无罪,基于各项证据,包括乔纳森·怀尔德的证言,说他以前曾听污点证人说如果他找到嫌犯,就要扎死他;ibid at 7);(12) John Beton and Richard Farthing, *OBSP* (Dec. 1721), at 5;(13) Butler Fox, *OBSP*(Dec. 1721), at 6(拦路抢劫);same, 1 *Select Trials* 111;(14) James Wright, *OBSP* (Dec.1721), at 8(拦路抢劫).

[259] Arthur [Hughs] and John Casy, *OBSP*(Sept. 1722), at 2(拦路抢劫);Robert Wilkinson and James Lincoln, *OBSP*(Sept. 1722), at 4(同案;除污点证人的证言外,另有证人称,曾在纽盖特监狱的排查程序中,从"十四、五名嫌犯"里指认被告为罪犯);John Dyer, *OBSP* (Sept. 1722), at 5(秘密偷窃);Joseph Bury and Thomas Williams, *OBSP* (Sept. 1722), at 6(被控盗窃商铺,金额超过神职减刑特权的数额;陪审团裁决有罪,但估赃为 10 便士,因此两名被告得以免死而被流放);William Peters, *OBSP*(Sept. 1722), at 6—7(窃石板,陪审团裁决有罪,但估赃为 10 便士).

[260] 前注[258]的第 6—8、11、13、14 案。

[261] 如果拒绝向怀尔德支付保护费的劫匪被逮捕,但"缺乏定罪的证据,他通常会逮捕他的一名手下;此人的命运操于其手,因此会自供曾参与其前述人等涉嫌的抢劫。陪审团有时会采纳他的证据。如果怀尔德是在该案中逮捕他们的人,他就可得到赏金"。Anon, *The History of the Lives and Actions of Jonathan Wild*, *ThiefTaker* 15(3rd edu. London [1725]) (BL shelfmark 10825. aa. 16);see also H. D.["late Clerk to justice R_"] *The Life of Jonathan Wild Form His Birth to His Death* 18(London 1725) (BL Shelfmark 1419, i. 26) (another version).关于怀尔德收受赃物案的审判及定罪,see Jonathan Wild, *OBSP* (May 1725), at 5—7.

怀尔德的受害者痛斥其"牺牲老实人的生命来牟取赏金,苟以为生"。[262]

污点证人提供伪证有一个重要诱因,以一名被告在此类案件中自我辩护的话来说,因为共犯"为了保住自己的性命,就会无话不说"。[263]正如一位维多利亚时代的法官所言:"该制度的危险就在于,如果一个人身处险境,知道自己的罪行已经败露,他就会诬告他人以换取免受惩罚。"[264]在污点证人案件中,伪证现象时有发生。例如,1715 年老贝利法庭的约翰·滕特盗窃案中,"一个名叫摩西·惠特尔的人作为共犯作证说,他和嫌犯滕特以及其他一些人……闯入住宅,盗窃了财物"。[265]然而,滕特得知(或许是其事务律师调查的结果)惠特尔在治安法官富勒主持的玛丽式审前听证中曾说,他根本不认识滕特。审判中,滕特"要求治安法官富勒的书记员予以证实(即确认惠特尔在审前程序中的陈述);结果,他被宣告无罪"。[266]1731年,约翰·戴维斯因拦路抢劫罪和谋杀罪被捕,他为了成为污点证人,"谎称有一个叫纳撒尼尔·格雷维特的人和他一起参与犯罪……"但控告者的陈述戳穿了其谎言,他作证说:"我见过格雷维特,我被抢时和嫌犯戴维斯在一起的那个人,肯定不是他。"[267]

1745 年在克罗伊登的萨里巡回审判中,一件入室抢劫案件生动展现了污点证人案件出现虚假证言的潜在风险。亨利·西姆斯是该案的一名共犯,他在证人席上承认自己诬陷了被告人。他说:"我对这桩抢劫案一无所知;我在审前询问中提供的信息全是虚假的,'嫌犯'都是无辜的。我受一个名叫威尔·哈××的捕贼人怂恿,才这样做的。"西姆斯说,除非同意在自己参与的街头犯罪中充当污点证人,否则,捕贼人恐吓会告发他。"但这些还远远不够,这个捕贼人又二次来找我,告诉我……必须……指证本案中的这些被告,否则我就别想活命。于是我又去找(米德

　　[262] 威廉·杜斯的陈述;in William Duce and James Butler, 1 *Select Trials* 357, 360—361(July 1723);参见前注 [22]—[23] 及其相应正文。贝蒂认为,怀尔德原本的营生是有偿地为受害人寻找赃物,后来因为 1720 年国王制定的政策把夜盗和拦路抢劫的赏金提高到 140 英镑,才诱使其另谋生路,通过告发犯罪来谋求赏金。Beattie, *Policing* 379—382.

　　[263] Richard Munday, *OBSP*(Apr.—May 1756, ♯203), at 169, 170.

　　[264] Lord Abinger, speaking in *Regina v. Farler*, 8 C. & P. 106, 108, 173 *Eng. Rep.* 418, 419 (Worcester Assizes 1837), cited in 4 Wigmore, Evidence § 2057, at 358; § 2059, at 362.

　　[265][266] John Tent, *OBSP*(Feb. 1715), at 2(夜盗).

　　[267] 3 *Select Trials* 269, 270.

尔塞克斯的治安法官)托马斯·德维尔先生,编造了这起抢劫案,但那不是真的。"[268]法官大吃一惊,问道:"西姆斯,这些全是假的吗?"西姆斯回答说:"没有一句话是真的。我做了伪证,只是为了保命。"[269]

如果政府让两个或更多的嫌犯争当污点证人而彼此竞争,那么伪证的诱惑就更强烈了。当政府允许严重罪行者指证较轻罪行者时,审判法官对这种竞争的结果时有不满。1746年就发生过这样一起私铸货币案,法官告诉陪审团"我希望污点证人被定罪,而由这个可怜的被告作证……"[270]陪审团接受了这种暗示并判决被告无罪。争当污点证人的竞赛有时会发展成一种竞标比赛,免于起诉的奖励将会给予指证罪犯最多的竞标者。在1744年约翰·希尔拦路抢劫案中,我们看到了这样的竞争。被捕时,他指证了同伙沃特斯和加斯科因。希尔"希望警察向该案法官说情,让他充当污点证人,他答应会充分披露真相"。[271]当沃特斯被捕时,"他也乞求成为污点证人",但有人告诉他,希尔已经控告了他和加斯科因,"他见到法官后说他可以指证九个人……"[272]1739年,由于同伙托马斯·曼的指证,威廉·尤德尔因拦路抢劫被捕;而尤德尔"希望能够作证指控曼,并说他还能够提供另外三四个人的犯罪信息"。[273]1723年,汉弗莱·安杰在老贝利法庭因拦路抢劫接受审判;他说他

---

[268] William Cavenagh *et al.*, *SAP*(Mar. 1745), at 3, 7(夜盗).法律报告人隐去了主使者的姓氏,将其写作"Will H_"。这可能是为了防止遭到民事诽谤控告的风险。《审判实录》中,数十年间都有类似这种谨慎的处理方式,例如"H._J._",*OBSP*(May—June 1723), at 6(不透露这位被判无罪的强奸嫌犯的姓名)。

[269] *SAP*(Mar. 1745), at 8.法庭指示做无罪裁决,并对西姆斯提起伪证控告。Ibid. at 9, 10.西姆斯在审前程序中的控告及在庭审中撤销控告,是否构成伪证,已不得而知。他后来因盗窃室内财物,在老贝利法庭被判有罪。Henry Simms, *OBSP*(May 1745, ♯241), at 172—174.该案的审判中,他坚持说,此前他对(治安法官)德维尔的供述不能作为指控他的证据,因为那是宣誓作出的(为指控他人);显然,这一说法获得了支持。See ibid. at 173.其中记载,西姆斯曾说,"一个人不能宣誓指控自己。"

[270] Anne Wilson, *OBSP*(Apr. 1746, ♯191), at 137, 140.

[271] John Hill, *OBSP*(Dec. 1744), at 7(拦路抢劫).

[272] Ibid(捕贼人迈尔斯·卡罗尔的证言).治安法官并不一定要选择这一竞标的胜者。在有关案件中,其他诸如年龄、罪犯恶性等因素,都会综合考虑。例如,在1753年的一件入室盗窃案中,15岁的污点证人约瑟夫·史蒂文斯说出了治安法官为何选择他而非另两名被告之一的汉密尔顿。"威瑟斯先生说我最小,他选我做证人。"Paul Wood & Samuel Hamilton, *OBSP*(July 1754), at 232, 233.威瑟斯的书记官作证说,威瑟斯还有另一个原因:他知道汉密尔顿"在一月开庭期已经做过一次证人,把五个人送去流放了(即作证使五个人被定罪、处流放),所以不选他,而另选旁人了"。Ibid. at 233.

[273] William Udal, *OBSP*(Feb. 1739, ♯143), at 46(正文中所引述的内容是早期警察的证言;他还说,"因为[尤德尔]以前做过几次证人了,所以他的请求被拒绝了")。

有一本记事本"记载了他实施的所有抢劫",准备有朝一日用于和其他同伙竞标。[274]
这些案件中不断增强的动力,即比竞争对手指控更多人数所产生的竞争优势,进一步诱发了伪证。

164　　控制这种竞争的治安法官[275]不仅挑选出优胜者作为污点证人来指证出局者,而且他还收集后者在其未遂竞争中所作供述,然后在法庭上指证他们。[276]在第四章中,我们将看到,这些竞争非常普遍,最终使污点证人制度与口供规则(刑事证据法最早的制度之一)发生了冲突。[277]

　　几乎整个 18 世纪,污点证人制度是伦敦地区当局对付团伙犯罪的唯一措施。[278]1721 年,治安法官霍金斯写道:"如果不允许共犯作为证人,一般就不可能找到证据将那些罪大恶极的犯罪分子予以定罪。"[279]1751 年,亨利·菲尔丁评论道,"找到一般街头抢劫犯的办法,就是抓住团伙中某个可能犯有其他罪行者,由于害怕惩罚,他就会供出同伙以求自保。"[280]在污点证人的控告诉讼中,人们对犯罪和

---

　　[274] 法庭问他,保留这样一个记事本的目的,是否为了历数他这些劫案后,他会感到特别后悔? 他回答说,不的,这是为了他自己保命;如果他需要充当证人以保住性命,他有了这个就更有把握。Humphrey Anger, *OBSP*(Aug. 1723), at 7; same case, 2 *Select Trials*(Aug. 1723), at 1—14.关于该事件,see also Linebaugh, "Ordinary," *supra* n.193, at 265(spelling Anger as Angier)。

　　[275] 治安法官不会因起诉人的想法而改变自己的看法。在一个案件中,起诉人作证说:"我非常希望……[三名被告之一]充当证人,但他们告诉我,如果那样我的保证金会被没收,所以我必须自己起诉。"William Kelley *et al*., *OBSP*(July 1745, ♯327—329), at 193, 194(拦路抢劫).他提到的保证金,是根据玛丽式审前程序要求缴纳的,调查的治安法官以此要求被害人出庭起诉。参见第一章注释[153]及其相应正文。

　　[276] 例如,在 1751 年的一件拦路抢劫案中,两名劫犯布朗和文森特争相当污点证人。亨利·菲尔丁选定布朗,又安排了另一名证人出庭作证说,文森特"在考文特花园区的鲍街对事实供认不讳。他希望充当证人,供述出了几件劫案,特别是本案"。WilliamVincent, *OBSP*(Jan. 1751, ♯136), at 55.

　　[277] 参见第四章注释[190]—[217]及其相应正文。

　　[278] 菲尔丁兄弟的小册子,以及他们米德尔塞克斯治安法官的同事桑德斯·韦尔什对此都有不少论述。亨利·菲尔丁提到,他用政府资金酬劳一名告发人,"让他向我招募的一批捕贼人透露[某些团伙成员]";他还提到"整日地……讯问……收集指控他们的证言,有时甚至夜以继日,特别是当难以获得充足的定罪证据时"。Henry Fielding, "Introduction," in *the Journal of a Voyage to Lisbon* 17, 20(2nd edn. London 1755). See also John Fielding, *A Plan for Preventing Robberies within Twenty Miles of London*(London 1755), at 10—11; Saunders Welch, "A Letter upon the Subjectof Robberies, Wrote in the Year 1753," in *A Proposal to Render Effectuala Plan to Remove the Nuisance of Common Prostitutes from the Street of This Metropolis* 61(London 1758).

　　[279] 2 Hawkins, *PC* 432."在 1772 年至 1800 年埃塞克斯的 20 次巡回审判中,有 3.4％的候审犯人是污点证人。"King, *Crime* 49 n.3.

　　[280] Fielding, *Enquiry* 158.

出卖的套路已经非常熟悉，所以贺加斯将它用作自己"勤劳与懒惰"系列作品的主题。[281]

在第四章中我们将看到，由于污点证人控诉的不可靠性已引起很大的忧虑，所以在 18 世纪 40 年代乃至更早，法官创立了补强规则（这是最早的刑事法律证据规则之一），以排除那些没有其他证据补强的共犯证言。因此，18 世纪 30 年代，法官开始允许重罪被告获得出庭律师的帮助，以调查法庭上的控方证据，这是因为法官敏锐意识到赏金制度和污点证人制度都极可能引发伪证，采取了相应的措施。然而，"在缺乏常规警察和侦查队伍的情况下，免于起诉（配合悬赏制度）是政府获取证据的唯一手段，尤其是指控犯罪集团的成员"。[282]法官既没有办法，也没有责任去弥补审前程序的缺陷；因此，建立一个适应都市社会需要的警察队伍和控诉机构，这份责任另有承担者。法官的任务只是探索，如何调整审判方式以避免污点证人制度固有的危险。

法官的解决办法是：允许被告在调查控方证据时获得帮助——辩护律师的帮助。允许辩护律师对控方证人进行交叉询问，并非解决问题的万能药方；被告可能请不起出庭律师，交叉询问并不总是能揭露诬告真相；但允许辩护律师帮助被告是法官能够办到的简单对策。法官只需将轻罪案件[283]和 1696 年后叛国罪案件中已有的做法，适用于重罪审判即可。

---

[281] 该系列中的第 10 幅作品描绘的就是一个犯罪的"懒惰新手"在伦敦市政官（相当于米德尔塞克斯的治安法官）面前接受审前讯问、大难临头的场景。贺加斯的标题指出，这个懒惰的新手是"被同伙告发的"。这个犯罪的同伙在前面的一幅画中出现过，他和这个新手一起被捕；他被描绘成一名被接受的污点证人。画中他宣誓招认，供出了那个懒惰的新手。贺加斯作品的观众知道，污点证人会在老贝利下次开庭时，再次出庭供出那个懒惰的家伙，决定他的命运（在第 11 幅作品中，描绘了懒惰的新手被判有罪，在囚车中被押往泰伯恩刑场的绞架）。关于该系列作品，see 2 Ronald Paulson, *Hogarth's Graphic Works*, pl. 180—191(1695)。关于第 10 幅画作的细节，see 1 ibid. at 200。该幅画作的初稿，2 Ronbald Paulson, *Hogarth: His Life, Art, and Times* 69(1971)。保尔森判断该系列作品创作于 1747 年左右。Ibid. at 75. 感谢彼得·莱恩博的好心提示，使我注意到贺加斯作品中描绘的污点证人。
到 18 世纪 40 年代，伦敦市政官在有人捐赠的一处建筑中办公，即所谓"法官办公室"，在市政厅的铺地廊厅中。贺加斯描绘的室内场景是其假想的，与当时实际的场所图景不同。关于该问题，see Langbein, "Ryder" 78, 84; Beattie *Policing* 108—109。

[282] Beattie, *Crime* 369.

[283] 例如，在 1729 年前基本上属于轻罪的伪造案中，法官们在证据复杂的案件里已经看到了辩护律师的出现；Elizabeth Wartly, *OBSP* (Oct. 1715), at 2(伪证)（就被告在一个民事程序中所作的证言，辩护律师提出了自己的证人，以反驳控方证人的证言，最后被告被裁决无罪）。

第三节　伪造成为重罪

就事实问题允许重罪被告获得出庭律师帮助，促使法官作出该决定的另一个因素是伪造罪的实体法发生了重大变化，兰德尔·麦高恩（Randall McGowen）在其史学研究中充分揭示了这一点。[284]

1729 年，议会将原属轻罪[285]的"伪造私人金融票据罪"规定为重罪[286]，旨在适用死刑予以惩处。[287]结果，轻罪被告聘请律师的传统权利被转瞬剥夺；[288]由于这类案件证据复杂[289]，要求被告自己交叉询问或引导辩方证人尤为困难。而且，伪造案件的控方通常聘请事务律师和出庭律师进行，一方面因为其证据复杂，另一方面则因为

---

[284]　Randall McGowen, "From Pillory to Gallows: The Punishment of Forgery on the Age of the Financial Revolution," *Past and Present* 107(no.165) (Nov. 1999) [hereafter McGowen, "Gallows"]; Randal McGowen, "Knowing the Hand: Forgery and the Proof Writing im Eighteenth-Century England," 24 *Hisorical Reflections* 385(1998) [hereafter McMowen, "Proof"]; Randall McGowen, "Forgery Discovered: Or the Perils of Circulation in Eighteenth-Century England," 1 *Angelaki* 113(Apr. 1994) [hereafter McMowen, "Perils"].

[285]　有些特殊形式的伪造行为，如伪造英格兰银行票据，在 17 世纪 90 年代后期就已被定为重罪。See McGowen, "Gallows," *supra* n.284, at 111.其具体例证，see the trial of Frederick Schmidt, *OBSP* (Feb., Mar.—Apr. 1724), at 7(伪造英格兰银行钞票，被判死罪；控方有出庭律师)。

[286]　2 Geo. 2, c.25(1729).

[287]　其背景是："消费者越来越多地使用钞票，是比较晚近的现象。这很大程度上是由于银行的飞速发展，不仅在伦敦，而且是在全国范围。"McGowen, "Perils," *supra* n.284, at 117. 到 18 世纪 80 年代，陌生人向商铺业主支付这种外省的票据，已经司空见惯了。"社会正日益依赖于纸面票据。不过，只接受熟人票据这种传统的保障方式，在以消费者为导向的匿名交易中，已显得过时了。"Ibid. at 121.

[288]　"直到 1729 年，伪造罪都作为轻罪处理，这些案件中的被告都可以有出庭律师。"McGowen, "Proof," *supra* n.284, at 390.

[289]　伪造罪的成立，通常需要特别难的证据，包括票据的确认、签名、在流通中的占有关系及受害人的接受等。See McGowen. "Perils," *supra* n.284, at 122—126(讨论 1777 年至 1785 年间老贝利法庭的一批案件)。"一项成功的控告要求：对票据进行完整而准确的描述，并提供该票据从出票之日起、直至庭审时止的整个流转过程。这样的详情很难证明。一个卓有成就的商人会把一张票据塞进抽屉，里面有各种其他票据，然后就无法辨认"，或者，这张票据被其他人拿走了。Ibid. at 125.与 18 世纪 80 年代伪造案审判中日益麻烦的规则一样，各种辩护非常有力，巧妙而充分地利用了这些困难。Ibid. 伪造案件复杂性的另一表现，是它们有时会导致使用特别裁决；这是一种解决法律难点的方式，将适用法律的责任从陪审团转移给法官。例如，John Seal, *OBSP*(Oct 1715), at 2(伪造)(存在一个法律问题，法庭指示陪审团作出特别裁决)；Richard Wamer, *OBSP*(Jan 1745, ♯85). at 57—58(伪造)(特别裁决)；James Gibson, *OBSP*(Jan 1746, ♯109), at 81, 89(伪造)(将行为是否适用该法案作出特别裁决)。这种情况下，法官往往在判决前征求其他法官的意见。

被害人往往是银行或者商人。因此,伪造案件的审判就完全不同于过去的控辩双方皆为平民的"争吵式"审判模式。1729年后,以事务律师和出庭律师提起控告为特征的一般伪造案件审判中,被告先前充分享有的律师辩护权则因议会加大制裁力度(成为重罪)而被意外剥夺。

通常而言,伪造罪被告比拦路抢劫罪或入室盗窃罪被告的社会地位更高,这是因为伪造罪被告都受过文化教育。因此,伪造罪被告或者凭借其个人财富,或者因其与富人关系密切的缘故,更有能力支付聘请出庭律师的费用。[290]麦高恩评论道:"这看起来似乎很不公平,特别是对于这类被告而言,将该罪定性为死罪之后,原有的权利也被剥夺了。"[291]

因此,一般伪造案件都会牵涉一名令人同情的刑事被告,他受到一群律师的追诉,必须面对各种疑难复杂的事实问题和法律问题;而在1729年前,他本来有权根据轻罪程序获得律师的充分辩护。控方律师化以及赏金制度、污点证人制度诱发伪证风险等因素,让法官们承受了更大的压力,而伪造罪被告的地位变化进一步动摇了剥夺被告辩护律师帮助权的正当性。

第四节 辩护律师进入重罪审判

如前所述,禁止重罪案件的被告就事实问题获得出庭律师的帮助,该规则的理由是被告并不需要律师。治安法官霍金斯在他的专著中写道,被告"可以像最优秀的律师那样恰当地陈述事实……它并不需要技巧而仅仅是一个简单诚实的辩

---

[290] 有些被告人是行骗高手。但其余大多数是书记员、大小商人,或其他体面阶层的人,迫于经济压力或诱惑。最有名的是社团教士多德博士案:他因为在经济恐慌中伪造了一张票据,于1777年受审,并被处决。这成为一个转折点。公众开始不再支持对财产犯罪使用极刑。William Dodd, *OBSP* (Feb. 1777, ♯161), at 94, discussedin 1 Radzinwicz, *History* 450—472; Howco *Dodd. Supra* n. 251.另一件比较有名的伪造案是佩罗—拉德事件,其中数位有身份的罪犯获得了很好的代理。Discussed in Donna T. Andrew and Randal McGowen, *The Perreaus and Mrs. Rudd：Forgery and Betrayal in Eighteenth-Century London* (2001).该案的审理过程中,曼斯菲尔德勋爵发表了其关于污点证人制度之性质的著名意见。*R. v. Rudd*, *Leach* 115. 168 *Eng. Rep.* 160(K.B. 1775), discussed in Langbein, "Ryder" 91—96.

[291] McGowen, "Proof," *supra* n.284, at 390.

护……"㉙18 世纪 30 年代,本章节中所探讨的新型控诉政策使法官们意识到,在其主持的众多刑事审判中,托马斯·史密斯爵士笔下的那种被害人和被告之间无人援手的"争吵式"审判已不复存在。特别是在伦敦,大部分财产犯罪的控诉越来越成为了以下人员的业务:(1)律师;(2)牟取赏金的捕贼人——这是一个臭名昭著的群体;(3)已招供的罪犯,他们为自保而充当污点证人。上述以定罪为目的的控方势力让提交法庭的控方证据变得更加不可靠。

18 世纪 30 年代的法官们通过允许辩护律师对控方证人交叉询问,努力矫正控辩双方出现的不平衡:一方是孤立无援的被告;另一方是律师和准职业捕贼人日益参与其中的刑事控告方。当时法官默认控方证据需要经过调查,但是巡回审判的法官由于积案压力而无力承担这项工作。于是法官们不再坚持"由法官担任辩护人"的旧习,而开启由"律师担任辩护人"的新规。

辩护律师就这样悄无声息地进入重罪案件审判之中。由于《老贝利审判实录》和其他小册子庭审报告大多忽略了对律师出庭情况的记载㉝,因此,我们无法统计律师出庭的数量。尽管如此,我们从这些资料中仍可看到"禁止被告聘请出庭律师的规则很快土崩瓦解了"。㉞我们有理由认为,这个变化很可能早在 1730 年就已经发生了。㉟可

㉙　2 Hawkins,*PC* 400;参见第一章注释⑭及其相应正文。

㉝　Langbein,"Ryder" 23—24 and n.80(1754 年至 1756 年,有四个案件的法官记录中,记载有辩护律师出庭,但小册报告中未提及);参见前注㉝;《审判实录》中详细记述 1723 年一个著名谋杀案中的证据情况,但没有提到控方有出庭律师;而我们从其他史料中看到,这名律师在本案中非常积极主动。

㉞　Beattie,*Crime* 357.

㉟　我怀疑在 1730 年 2 月弗朗西斯·查特里斯爵士这个放荡名士的审判中,就有辩护律师参与。关于此人,see Langbein,"CTBL" 296 n.96.老贝利法庭裁决他对女佣安妮·邦德犯有强奸罪、判处死刑;后来被国王赦免。《审判实录》中只记载了审判的结果,并解释说:"本案的审判中出现了如此之多的特殊情况,出版者觉得应该暂缓公开这些内容,等几个郡的[春季]巡回审判结束、法官回来之后,再以一种真实、公正的方式发布。"*OBSP* (Feb. 1730),at 17.出版商实施了这一计划,另以单册形式出版了审判和赦免的内容。*The Proceedings at the Sessions of the Peace and Oyer and Terminer for the City of London … in the Old Bailey … upon a Bill of Indictment Found against Francis Charteris,Esq.；for Committing a Rape on the Body of Anne Bond,of Which He was Found Guilty*(London 1730)(BL shelfmark 1379. g.25).查特里斯家的女佣邦德作证说,他把她叫到他房间,拴上门,然后抽打和强奸她。我之所以怀疑查特里斯有律师出庭,是因为对邦德的交叉询问充满敌意,而且是基于受害人和被告以前相互关系的情况,而这是法庭无从知晓的。交叉询问以被动语态记录,隐去了提问的主体。如果是被告自行询问,报告中应该会说明,这是当时《审判实录》的惯例。

她接受交叉询问。问:她是否在兰开夏郡的科克拉姆认识被告? 她说不认识。

问:她住到被告家里的时候,是否给他带过一封信? 她说没有。(转下页)

以确定的最早事例出现于 1732 年的萨里郡。[296]"在 1734 年至 1735 年间的老贝利法庭上,确定无疑地出现了辩护律师进行询问和交叉询问的事例;仅 1736 年被报道出来的案件就有 9 起。"[297]贝蒂指出,1738 年至 1742 年间萨里巡回法庭出现的 9 起案件中,大多是抢劫案和入室盗窃案。[298]

尽管史料并不尽如人意,但应该可以确定的是:在 18 世纪晚期之前,只有很少一部分案件聘用了辩护律师。这种看起来意义不大的改革可能麻痹了法官,让他们认为:允许辩护律师进入庭审并不会扰乱原有的审判秩序。[299]贝蒂对《审判实录》这套唯一可用的史料进行了仔细统计,作为量化研究的对象,它实际上具有不可靠的本质缺陷,因为编者并无兴趣记录律师的出庭。贝蒂的结论是"直到 18 世纪中期,拥有出庭律师的被告应不超过 10%"。[300]直至 18 世纪 70 年代的几年间,他发现记载有辩护律师的案件中只占百分之一二。[301]到 18 世纪 80 年代,辩护律师的使用呈井喷之势,对抗角逐才成为激烈争辩的刑事审判特色。[302]"到 18 世纪末,老贝利

（接上页）问：她是否和被告在同一张床上躺过？她说,没有。

问：她是否在这间卧室里被告床边的小轮矮床上躺过？她承认她在那里睡过四个晚上,到第五天,他有另一个女佣和他一起睡;后来他又叫她去,说他会像接受吊唁一样（他是这么说的）躺着不动,但她没去,此后再没睡过那个小轮矮床……

问：在他勾引她发生关系后,她是否接受过他送的一个大珍珠鼻烟壶？她说,那是他强迫她收的。

Ibid. at 6—7. 小册中没有提到任何一方有出庭律师。不过其中确实记载了受害人邦德有比斯先生帮忙。他可能是个事务律师,帮她准备了起诉状。他还出庭说明被害人在事件发生后不久由同事陪同来见他的情况。他说起诉状"开始指控的是人身侵犯及强奸未遂,但大陪审团询问他后,认为这应该是强奸罪,因此就修改了起诉状"。Ibid. at 8. 当时强奸案件往往仅被指控为强奸未遂,其原因详见第五章注释[24]。

[296]　Beattie, *Crime* 356—357;参见前注[6]及其相应正文。

[297]　Langbein, "CTBL" 312—313 and n.161.

[298]　Beattie, *Crime* 356—357.

[299]　参见第五章注释[11]—[13]及其相应正文。

[300]　Beattie, "Scales" 227(Table 1).

[301]　他指出,1750 年是 1.1%,1770 年和 1775 年是 2.1%。Ibid.(Table 1).

[302]　贝蒂指出,1782 年 12.8% 的案件有辩护律师,1784 年是 17.6%,1786 年达到 20.2%,1795 年高达 36.6%。Ibid. 菲利和莱斯特也统计了《审判实录》中律师出庭的情况,与贝蒂依据的材料相同,但时间跨度达 20 年,从 1775 年至 1795 年,正值辩护律师大量涌现之时。1795 年,他们的图表显示,他们称为"辩护人"的出现比例约 40%,与贝蒂 36.6% 的结论一致。Malcolm Feeley and Charles Lester, "Legal Complexity and the Transformation of the Criminal Process" in *Subjektivierung desjustiziellen Beweisver fahrens*：*Beitrage zum Zeugenbeweis in Europa und den USA*（*18—20. jahrhundert*）337, 341 (fig.5)（Andre Gouron *et al.* eds.）(1994).兰兹曼也研究了《审判实录》;对 1782 年这一年间有辩护律师出庭的案件数量,他列出了明显更高的数字。对这一年份,他和贝蒂都作了统计研究,他的结果是当年 21.37% 的案件中有辩护律师,几乎是贝蒂 12.8% 这一数据的两倍。Stephen Landsman, "The （转下页）

法庭有四分之一至三分之一的被告以及绝大多数的控诉者都能享受到出庭律师带来的好处。"[303]

一、保留"被告陈述式"审判

如第一章所述,"争吵式"审判的逻辑是让被告有机会亲自对指控和不利证据作出回应,因此,被告对法庭而言就是案件的信息来源。禁止辩护律师出庭的原因是担心辩护律师会干扰"被告陈述式"审判。回想前面的内容,1651 年基布尔法官主审一件谋杀案时,解释了他为何拒绝被告要求辩护律师出庭的请求:"我们何曾随便让哪个人来答辩? 对于那些抢劫、盗窃或者杀人者,何时才能对其执行刑罚?"[304]1721 年,霍金斯的著作中也赞同此类观点,他提出:"让那些有罪的被告自我辩护,往往有助于揭露事实真相,但如果由他人代为辩护,则真相不太容易被发现。"[305]

在 18 世纪 30 年代,法官们开始允许出庭律师进入一般的刑事审判,他们同时试图保留"被告陈述式"的审判模式。法官们允许出庭律师帮助被告人进行交叉询问,但禁止其向法庭陈述案情,即对证据发表评论或代替被告陈述事实。1750 年,一名辩护律师对老贝利法庭说:"我非常清楚,我无权就事实问题进行辩论"[306];而实践中允许出庭律师对证人进行交叉询问的模式此时已成型。1766 年,老贝利法庭的一次审判中,在控方举证环节结束后,法官传唤被告并让他发言,被告说:"我

(接上页)Rise of the Contentious Spirit," 75 *Cornell L. Rev.* 497, 607(table II)(1990)[hereafter Landsman, "Spirit"].出现这一差别,可能是因为如果"程序过程的状态(即高度复杂的交叉询问或广泛的法律性争议)明显表示有律师参与其中",兰兹曼就将该案也计算在内。Ibid. at 519 n.100.

[303] Beattie, "Scales" 8.阿莉森·梅对 19 世纪前 30 年提出了可参考的数据,根据《审判实录》中记载的律师出现状况,她进行存在风险,但无法避免的统计。她发现辩护律师出现的频率比控方律师要高一些:1805 年是 25.7%,降至 1810 年的 12.9%和 1820 年的 14.8%;但 1825 年又回升到 25.2%,1830 年达 27.7%。而关于控方律师,1805 年是 22%,1810 年降至 6%,1820 年又回升到 10.7%,并在整个 19 世纪 20 年代徘徊于 8%左右。May, Thesis 91—92 and table 3.1. 19 世纪二三十年代优秀的刑事辩护律师查尔斯·菲利普斯在 1836 年向上院的一个委员会提出,他一个人干的就不止这些:"1828 年,我命里注定要在老贝利和牛津巡回审判区替至少 800 名嫌犯进行辩护,……这一年[老贝利的]九月开庭期里,我拿到 110 份不同的辩论提要……"Quoted in Cairns, *Advocacy* 10.

[304] *R. v. Christopher Love*, 5 *St. Tr.* 43, 61(High Court 1651);参见第一章注释[120]及其相应正文。

[305] 2 Hawkins, *PC* 400;参见第一章注释[124]及其相应正文。

[306] *The Trial of William Baker for Forging an East India Warm ... at the Old-Bailey 13[on the Dec. 1750]* (2nd edn. London 1751).

让我的律师来说。"⑦法官马上告诉他："你的律师不能替你说。如果你有什么要说的,你得自己说。"⑧1777 年,另一位老贝利法官对一名重罪被告说："如果你的辩护有关事实问题,那么你得亲自告诉我和陪审团。"⑨1783 年老贝利法庭审判的一起案件中,出庭律师对一名叫麦克纳马拉的当事人解释道："虽然你要说的案件事实,在我的出庭纲要(即事务律师给出庭律师的参考书状)里有记载,但我不能替你说。"⑩法官随即更直接地告诉被告："麦克纳马拉先生,现在是你自行辩护的时候……你的律师……对此不能替你辩护,他只能询问证人、评论法律要点。"⑪

二、控辩的平衡

18 世纪 30 年代,法官们决定允许辩护律师出庭时,因为有 1696 年《叛逆罪审判法》确立的先例而心安理得,这一点是可以确定的。如前所述,霍金斯于 1721 年指出,法案将辩护律师出庭限定于叛逆罪被告的主要理由是:这些案件中的控方(国王)有律师出庭。他写道:"与一般案件相比,叛逆罪案件的控方律师通常有高超的法律手段、更大的热情来维护国王的利益……"⑫

到 18 世纪 30 年代,辩护律师涉足"一般刑事控告"已经变得日益明显。正如 1696 年法案为制衡始终由律师参与控诉的控方,从而允许叛逆罪被告拥有完全的律师辩护权;18 世纪 30 年代,由于重罪控告的控方证据逐渐由律师准备并且伪证倾向日益严重,法官们也开始允许被告获得出庭律师的帮助,以便对这些时常具有风险的证据进行调查。

尽管 17 世纪 90 年代叛逆罪审判改革和 18 世纪 30 年代一般重罪的审判改革都是追求控辩平衡的结果,但法官在两者之间的作用却截然不同。如第二章所述,斯图亚特时代的法官正是出台 1696 年法案所针对的罪魁祸首之一;而 18 世纪 30

172

⑦　Joseph Trout, *OBSP*(Dec. 1766,♯23), at 11, 12(盗窃室内财物)。关于原来这种日益格式化表述的历史及其意义,参见第五章注释⑭—⑮及其相应正文。

⑧　*OBSP*(Dec. 1766,♯23), at 12.

⑨　Russen, *OBSP*(Oct. 1777), at 374(强奸), cited in Landsman, "Spirit," *supra* n.302, at 534 n.183.

⑩　William Macnamara, *OBSP*(Sept 1783,♯641), at 857, 858(盗窃商铺财物)。

⑪　Ibid. at 858.

⑫　2 Hawkins, *PC* 402;参见第二章注释⑯及其相应正文。

年代的法官们则是废除重罪审判中禁止律师出庭规则、加强被告权利保障的改革者。时隔一代,法官们的态度为何发生了如此深刻的转变? 我以为,回答这一问题的起点,是避免夸大对比斯图亚特法官们的罪恶和他们继承者的善良品德。在"天主教阴谋案"或"血腥巡回审判案"中,法官的谄媚形态并非刑事司法的常态;在常态司法中,他们并不存在与控方保持一致的职业压力。而且,通过 1701 年的《王位继承法》,司法独立也得到了基本保障⑬,让法官们不再受制于政府的安排,为他们转变态度而更加宽容地对待被告提供了坚实的基础。17 世纪 90 年代和 18 世纪30 年代两次改革之间最重要的联系是,18 世纪 30 年代的法官们从斯图亚特式叛逆罪审判中得到了一个深刻的教训,即在普通法的刑事诉讼程序中潜伏着可能错判无辜的风险。

三、以司法为基础的推动

法官们在 18 世纪 30 年代扮演重罪审判变革的推动者角色,引出了另一个问题,即法官权力的来源问题。1696 年,首席大法官霍尔特认为,通过 1696 年《叛逆罪审判法》授权的方式赋予被告律师辩护的权利,而将法官的自由裁量权完全排除在外;因此,该法令生效的前一天,法官都不可以赋予被告这项权利。霍尔特告诉被告威廉·帕金斯爵士:"我们必须遵守现行法,而不是明天的法律,我们曾经宣誓必须这样做。"⑭如果 1696 年的法官们认为,他们无权在过渡期的案件中允许辩护律师参加庭审(完全属于制定法的范围),那么在不同于叛逆罪的其他案件中,18世纪 30 年代的法官有何理由修正禁止辩护律师参与的规则呢?

法官们是如何改变重罪审判程序的,我们已经无从得知。如果全体或部分法官对这一改革进行了商议,并形成了集体决议来改变这种做法,他们却没有留下任何记录;如果他们的决定出现在司法裁判过程中,当时的法律文献应该会有记载。实际上,所谓的法官在 18 世纪 30 年代"决定"引入辩护律师,这种说法是一种误导。这一变化似乎在个别法官的业务中早已发生,他们在审判工作中以法官传统

---

⑬　参见第二章注释⑱—⑳及其相应正文;其中提到了重要的任职标准。

⑭　Foster, *Crown Law* 232. Another version: *R. v.* William Parkyns, 13 *St. Tr.* 63, 72—73 (1696).

自由裁量权的方式已经践行这种做法。"决定"可能经过了这种裁量权的实践；根据1721年霍金斯的论述，还有另一种实践："法庭有时会给予嫌犯接受出庭律师帮助的恩典，不仅允许在押期间向他们提供建议，而且法庭上可以站在他们身边提供服务。"⑮1733年，一位资深评论家写道："近期，嫌犯的出庭律师可以坐在他们身边，指导他们如何进行自我辩护了。"⑯

禁止辩护律师出庭规则的最早突破可能只是一些例外案件，他们仅服务于某些特殊目的，并无意改变此规则。据资料记载，1724年的爱德华·阿诺德案就是一例。⑰该案被告阿诺德精神失常，被控犯有故意伤害罪。实际上，审判法官允许被告的事务律师引导他在庭上自我辩护。⑱事务律师对一名控方证人（主持审前羁押听证的治安法官）交叉询问，并从辩方视角陈述了案件事实。⑲阿诺德被定罪，判处死刑，但最后减为终身监禁。

174

在18世纪30年代中期的实践变化发生后，早期很长一段时间里存在着一种观念，即"辩护律师能否出庭取决于审判法官的裁量权"。1738年12月，一位老贝利法官依然拒绝辩护律师出庭。当一名重罪被告告诉法庭"我已聘请了一名律师"（自己出钱雇用的律师）。这位法官仍然重复了霍金斯禁止出庭律师的理由，他回应道："但这里不涉及法律问题；而你和你的律师一样知道如何陈述事实问题。"⑳

----

⑮　2 Hawkins, *PC* 401.

⑯　*Reports on the Laws of Connecticut by Francis*, *K. C.*, *Standing Counsel to the Board of Trade and Planations* 73(Charles M. Andrews ed,)(1915).引文来自费恩关于《康涅狄格法案》的报告：该法案禁止刑事案件中的辩护律师。费恩向该部门建议说，他"怀疑禁止辩护律师的做法是否是种值得赞赏的做法甚至是否合理"特别是鉴于引文中所描述的英格兰的新做法。Ibid.本文献承罗伯特·史蒂文斯惠予提示。

⑰　*R. v. Eduard Amold*, 16 *St. Tr.* 695 (Surrey Assizes 1724).本案中，法官对陪审团的指导意见成为早期在精神病辩护的发展史上的里程碑。See 1 Nigel Walker, *Crime and Insanity in England*: *The Historical Perspective* 53—57(1968).

⑱　在询问中，阿诺德的出庭律师提到其当事人的病情，请求让阿诺德"的事务律师和他在一起，仅用于传唤其证人。"16 *St. Tr.* at 697.控方高级律师切希尔以众所周知的"法庭就是律师"为理由，反对这一请求。"大人您就是所有嫌犯的辩护律师，按照法律他们不能有律师，就像此人也不能。"16 *St. Tr.* at 697.控方的另外三名出庭律师也支持切希尔的观点。16 *St. Tr.* at 697—698.

⑲　E. g. ibid. at 714—715, 717."被告的事务律师"传唤了被告的兄弟来证明他的精神状况。法官询问了证人，控方律师也对其交叉询问。Ibid. at 717—718.大多数问题似乎是由法官根据事务律师的要求提出的，如"法官大人，我希望您证人"这个或那个。e. g. ibid. at 740—742.

⑳　Robert Andrews, *OBSP* (Dec. 1738, ♯16), at 9, 11.

1741 年,在布里斯托尔审理的塞缪尔·古德尔谋杀案中,控方律师对允许辩护律师询问和交叉询问证人的新规则提出了质疑。[321]在庭审法官[322]问被告是否打算对关键证人交叉询问时,被告的出庭律师插话道,他请求法庭同意"让律师来替被告提问……"[323]控方律师认为这时他有必要提出反对,在下面这段著名的发言中,他就"是否以及如何引入辩护律师进行交叉询问的司法裁量限度"提出了自己的看法:

> 我认为,这纯粹是一件法庭自由裁量的事项,而不是作为一项权利任由被告向本庭或者其他法庭提出要求。法官会视情况作出合适的决定,就我的观察而言,几乎没有法官会在个案中照搬同一规则:有的法官已经走得很远了,会允许辩护律师询问和交叉询问证人;有的法官要求律师把问题提交给法庭;有的甚至仍裁定嫌犯应该自己提问。对这个问题的处理方式各有不同,并无统一规定;但是我们可以确定的是,根据法律规定,嫌犯在事实问题上不能获得出庭律师的帮助,而只能由法庭提供帮助,因此他要么自己向证人提出问题,要么把问题提交给法庭。[324]

这种观点认为,被告是否获得辩护律师帮助"纯粹基于法官的自由裁量",而且"几乎没有法官会照搬同一规则",它也印证了这一点:庭审实践中的变革,并没有依照权威命令的形式,而是基于法官审判管理的自由裁量权。

十年以后,在殖民地安提瓜岛依照英格兰程序进行的一场审判,也保留了类似观点的记录。在 1753 年审判的一起谋杀案中,被告要求"允许律师为我辩护,不仅就法律问题,而且就事实问题,为我作最充分的辩护"。他提出,这项要求"并不新鲜,据我所知,在英格兰普遍都是这样做的……"[325]控诉律师是副总检察长,刚

---

[321]   R. v. Samuel Goodere, 17 St. Tr. 1003(1741).

[322]   迈克尔·福斯特作为布里斯托尔的司法官主持审判;他后来出任王室法院法官(1746—1763)。在 1762 年出版的《刑事法》中,福斯特仍然对刑事辩护中出庭律师的新角色怀有敌意。"我对这条规则的合理性确信不疑。""根据普通法,在任何死罪案件中,如果针对'有罪'和'无罪'的[事实]问题,不允许有辩护律师,除非出现法律问题。而且,也只能用于疑难案件,而非普通案件。"Foster, Crown Law 231.此前的 1741 年,当规则刚出现松动时,福斯特的观点也毫不温和。因此,控方律师极力让其拒绝古德尔的辩护律师出庭陈述。不过,福斯特还是承认,根据 1696 年法案将辩护律师引入叛逆案件具有合理性。Ibid. 另见第二章注释[168]及其相应正文。

[323][324]   17 St. Tr. at 1022.

[325]   R. v. John Barbot, 18 St. Tr. 1229,1231(1753).

离开英格兰前来就任。他告诉法庭,被告误解了英格兰的做法。"那里并没有走得那么远,只是允许辩护律师对证人进行询问和交叉询问而已",这"起初纯粹是一种恩典,然而现在似乎已经发展成为一种权利,一项……(如果)我代表国王会同意授予的权利。"㉖他强调,辩护律师"从未"被允许"对证据进行评论,或根据证据对相关问题作出推论或结论,他们不能以正式或全面辩护的形式为所有事项辩护"。㉗

直到 1769 年,理论上重罪案件中被告获得辩护律师帮助的权利仍属于个别法官的自由裁量范围,布莱克斯通对此感到担忧。他批判禁止律师辩护规则"与英格兰法对嫌犯的其他人道待遇格格不入",㉘但他又欣喜地写道:"在现代司法实践中,法官们已深知这些缺点,因此他们毫不犹豫地允许辩护律师在法庭上,站在嫌犯身边,指导他们如何对事实问题提问,甚至代其提问……"㉙布莱克斯通继续写道:"然而,这个问题极其重要,它不应该仅取决于某一位法官的喜好,而需要立法机关的介入……"㉚

刑事被告对事实问题可获辩护律师的帮助,这一实务变革具有法官裁量特征,18 世纪 80 年代的人们依然记得,这一时期出庭律师的聘用似乎已大为增加。1786年在老贝利审判的一个案件中,当希思法官允许哑巴被告通过翻译接受询问时,辩护律师威廉·加罗(William Garrow)提出反对。据一份当时对话的手稿记录显示,在法官驳回加罗的反对意见后,他仍固执己见。希思随后训斥了他,并提醒他:"在刑事案件中,因为法庭的允许,你才能站在这里(出庭)!"㉛

在老贝利法庭的小册报告中,我们同样发现,法官在一些案件中通过自由裁量来解除对辩护律师残存的限制,允许扩大辩护的范围。1771 年发生的一起邮件抢劫案中,被告受审时患病。法官说:"鉴于嫌犯的健康状况,允许其辩护律师向陪审团发表辩护意见。"㉜1738 年,在一名德国人盗窃珠宝的审判中,由于被告是外国

176

㉖㉗   Ibid.(着重号为引者所加).

㉘   4 Blackstone, *Commentaries* 349.(同第一章注释⑰——译注。)

㉙㉚   Ibid. at 349—350.

㉛   哈佛法律图书馆 1786 年 1 月《审判实录》藏本一同装订的一份抄本,following the case of William Barlett, *OBSP*(Jan. 1786,♯151),at 247. 本段引文出现于首页,着重号为原文所有。

㉜   William Davis, *OBSP*(Dec. 1771,♯40),at 16, 25.

人,尽管聘请了一名德语翻译,法官仍然允许出庭律师为其发表辩护意见。[33]

从 1741 年古德尔案出庭律师的发言来看,取消辩护律师禁止规则的变革模式,可能基于一个个特定案件的审判而逐步实现,而不是完全依赖于某个法官的自由裁量权。1742 年 7 月,在一起报道极为详尽的老贝利案件中,辩护律师提到,其认为关于"允许律师辩护的范围"在老贝利法庭有一个自己的演变过程。[34]众多法院个案判决存在的差异,[35]进一步说明禁止辩护律师的规则不可能是通过某个权威的宣告而骤然改变的,而是通过个案裁决逐渐形成的。

在这一改变发展过程中,有一个极具讽刺意义的现象。审判法官非常强势,他可以批准辩护律师出庭,即安提瓜副总检察长所说的"恩典"。但是,随着裁判先例的积累,许可辩护律师出庭的权力不能永远停留在司法裁量的层面上。正如安提瓜副总检察长所说,随着时间推移,它逐渐变成(被告的)一项权利。18 世纪 30 年代的法官们将普通法的刑事诉讼引上了这条道路,但完全没想到辩护律师会突破法官们设置的限制;他们无法预料,辩护律师会从根本上重组刑事审判的结构,最后被迫将刑事审判的主导权拱手让给律师。相反,18 世纪 30 年代推动变革的法官们肯定对自己巧妙的设计感到无比自豪:他们既让被告获得辩护律师帮助以应对日益增加的控诉危险,但又将辩护律师的作用限制在对证人的询问和交叉询问之上,从而保持"被告陈述式"的审判模式。如果被告想提出己方版本的案件事实,或反驳控方版本的案件事实,或希望通过向陪审团提交自己的品格证据和其他个人情况而促使法官作出降级、降格裁判,或促使法官建议对他宽大处理,他仍然需要自己辩护。

---

[33] Charles Bairnes, *OBSP* (Feb. 1783,♯197), at 292. 法官对辩护律师说:"由于嫌犯是外国人,虽然让你替他进行陈述不符合法庭的做法,不过还是请你来告诉我事实吧。"

[34] 辩护律师说,"他知道,根据老贝利法庭的惯例,他不能评论控方证据",不过他还是被允许介绍有关被告的事实与证据,"但不对其进行任何评论"。James Annesly and Joseph Redding, *OBSP*(July 1742)(supplementary pamphlet),at 19(谋杀)。The case also appears at 17 *St. Tr.* 1093, 1113 (O. B. 1742)。

同年,另一个案件中则表现出对老贝利规则的迟疑。据记载,被告请求允许辩护律师出庭:"我有律师:我请求能让这位先生来替我提问。"William Remue, *OBSP*(Dec 1742,♯44), at 32(强奸)。

[35] 直到 19 世纪,在各个巡回审判区之间,对控方律师的角色限制,也存在细微差别。See 1836 *Report* 10 n.(讨论各巡回审判区的差别:在开场陈词中,控方律师能否将控方证据预先告知法官和陪审团)。

在第五章中,我们可以看到辩护律师是如何摆脱这种限制,并主导整个审判程序的。辩护律师最后终结了"争吵式"审判模式,让被告可以保持沉默,让法官边缘化,并打破了法官和陪审团之间的工作关系。不过,在描述这一变化之前,我们在第四章探讨另一项18世纪的法官们为加强被告辩护权的保障而作的努力,即刑事证据法。法官们发展出一套规则,用以排除有问题的证据。这套新规则的核心是补强规则和口供规则,法官创制这些规则与他们允许辩护律师参与重罪审判的原因是相同的,即对同一个问题深表担忧:本章探讨的控方措施让无辜者被错误定罪的危险性不断增加。

第四章　刑事证据法

　　在 18 世纪的刑事审判中,允许辩护律师对控方证人证言进行交叉询问,是法官为提高证据可靠性而采取的两大措施之一。针对这一时期控诉实务中出现的错误风险,另一项对策是创设一套证据规则,以排除某些有问题的证据。这些规则最后形成为一个法律领域,即刑事证据法①;这个领域一度被认为是独立的领域,后来被归入统一证据法中。虽然刑事证据法出自法官之手,但后来为律师所利用,因为他们在排除规则中找到了一些可以让其主导刑事审判的工具。

　　在 18 世纪的刑事审判中,出现了四项主要的证据规则,其中三项为刑事审判所特有,即品格证据规则、补强规则和口供规则。第四项规则是传闻规则,为民事司法和刑事司法所共有,但适用于刑事案件时,被有些著作视为刑事证据法的一部分。②

　　品格证据规则是为了禁止控方提交被告的不良品格证据,特别是有关前科的证据;但也有例外,即允许在反驳中提及。根据 18 世纪已经成熟的规则,"控方不得提及被告的品格问题,除非被告自己首先提及自己的品格,并传唤证人予以证实,控方才能提及;即使在这种情况下,控方也不得询问某一特定事实"。③

---

①　E.g. Lenonard MacNally, *The Rules of Evidence on Pleas of the Crown*(1st edn. Dublin 1802); I cite the American Edition(Philadelphia 1811)[hereafter, MacNally, Evidence]; Henry Rosecoe, *Digest of the Law of Evidence and Practice in Criminal Cases*(1st edn. London 1835);I cite the Sharswood editiion (George Sharswood ed.)(3rd Am. edn. from 3rd London edn. Philadelphia 1846)[hereafter Rosecoe, Criminal Evidence].该传统为 Adrian Zuckerman, *The Principles of Criminal Evidence*(1989)所继承。

②　E.g., Roscoe, *Criminal Evidence*, supra n.1, at 22.

③　利奇的表述;4 Hawkins, PC § 206, at 457(Thomas Leach ed.)(7th edn.1795)(引用布勒《民事巡回审判》作为依据;参见后注⑮)。

补强规则是针对污点证人的证词;这种后患不断的控方新举措,在第三章已有讨论。针对共犯证词中隐含的伪证风险,补强规则要求:如果让陪审团裁决有罪,除共犯证词外,还需要其他证据。到 18 世纪 80 年代,这一规则逐渐弱化为:仅须对陪审团作出提醒或建议的规则,其发展详见后文。④

口供规则旨在排除被告人在法庭外作出的犯罪供述,除非该供述是被告自愿作出的。根据这个较为成熟的规则,各种"因虚假承诺的欺骗或者刑讯逼供的恐惧而违背其意志"所获得的口供,均不得被采纳。⑤

传闻证据规则规定,如果证言是为了证明法庭外某一陈述内容的真实性,则由他人转述的证言不应被采用。排除传闻证据有三个主要原因:首先,接受转述的陈词有悖于最佳证据规则,后者要求事实的证明应采用能够获得的最好证据;其次,由于法庭外的陈述人未经宣誓,该证词缺乏当庭宣誓作证以增强真实性;最后,庭外陈述者无法接受交叉询问。直到 19 世纪中叶才最终形成共识:有利于促进交叉询问是传闻规则的理论基础。传闻规则的这三大理由对于民事案件也同样适用,它符合民事原告、刑事控告人以及被告人的利益。因此,传闻规则并非专门适用于刑事证据法,即在 18 世纪出于防止控诉权的滥用,催生了刑事证据法的核心规则,即补强规则和口供规则。

威格摩作为学界先驱,其著述一直影响着我们对于证据法史的理解,但他错判了上述这些规则出现的时间和原因。根据《国家审判实录》和其他已出版的法律报告,他将品格证据规则和传闻证据规则出现的时间认定为 17 世纪(判断过早),并将补强证据规则和口供规则出现的时间认定为 18 世纪末(判断过晚)。⑥本书的论述主要是基于《老贝利法庭审判实录》,这是关于伦敦市法庭审判的系列小册报告,已被本书前面各章广泛引用。威格摩(及其前辈斯蒂芬和塞耶)所不了解的这些文献,却能够让我们更加清楚刑事证据规则在何时及以何种方式形成,并让我们更好地理解哪些因素促使法官推动这一重要进程,将有关证据排除于陪审团的考虑之外。

180

---

④ In *R. v. James Atwood and Thomas Robbins*,1 Leach 263,263—264,168 Eng. Rep. 334 (1788)[sic;1787];参见后注⑭—⑯及其相应正文。

⑤ *R. v. Jane Warickshall*,1 leach 263,263—4,168 Eng,Rep.235(1783).

⑥ 参见后注⑤—⑤、⑯—⑰、⑬、⑰—⑰、⑭、㉕—㉒、㉔的内容。

第一节 以《审判实录》为视角

由于本章的论断主要基于《审判实录》⑦,因此,需要关注并牢记该文献的优劣特点。

一、偏重于伦敦

基于《审判实录》的刑事诉讼法史研究必然带有一种城市倾向。与地方性巡回法庭相比,在老贝利法庭审判的案件中,商铺盗窃案较多而牲畜盗窃案较少。由于伦敦地区的案件量非常庞大,致使老贝利法庭开庭愈加频繁,一年有八个开庭期;而地方巡回法庭一年仅两个开庭期。除实行轮换的王室法官外,老贝利法庭有一名常驻法官,即伦敦司法官,来保证法庭持续运转并指导法庭工作。⑧

在第三章节中,我已经强调大都市警察力量的缺乏,已成为制约都市中犯罪侦查和犯罪控告的突出问题,同时也催生了两项有严重缺陷的控告制度:赏金制度和污点证人制度。"法官在证据提交和交叉询问证人方面允许被告获得辩护律师的帮助",一定程度上是为了应对这些新控诉措施所隐含的伪证风险。本章的主题为:正是基于同样的考虑,才形成了两个最有特色的刑事证据规则:补强证据规则和口供证据规则。这些新证据规则出自一个规模很小的法官群体,这个群体在任何时候都由十二名法官组成。这些法官轮流在老贝利法庭和各巡回审判区进行审判。⑨因此,虽然大都市的特殊问题形成了我们在老贝利法庭看到的审判程序,但并未将其发

---

⑦ 该系列报告的标题变化多样,但早期以后,基本形式为《奉国王关于治安、刑事审判和清狱审判的委任状……在老贝利法庭审判(某日)》。关于其他一些郡的类似小册报告,参见第三章注释⑥。早期《审判实录》的状况,Langbein,"CTBL"267—272;18 世纪中期《审判实录》的情况,Langbein,"Ryedr" 3—5,10—18,21—26。关于 18 世纪晚期该系列的状况,参见西蒙·德弗罗,"城市和审判实录:伦敦'公众正义',1770—1800,"35J.英国研究 466(1996)[德弗罗之后,城市];id,《审判实录的衰败:18 世纪晚期伦敦的刑事审判与大众传媒》(1999 年稿)[刑事司法史,第一部][德弗罗之后,"衰败"]。

⑧ 参照贝蒂的论述 Beattie, *Policing* 424—462;其中特别论述了任职于 1715—1739 年的威廉·汤姆森爵士的努力和影响;可对照参考反面的人物传记;8 Edward Foss, *The Judges of England* 173—176(London 1864)。

⑨ 参见 Langbein,"Ryder"115—123;关于 1755 年这一典型年份中老贝利法庭和各巡回法庭的日程表,见 ibid at 12n.29。关于 18 世纪萨里郡巡回法庭实践的论述,参见 Beattie, *Crime* 267 ff.。

展限制在伦敦之内。⑩由此创造出来的规则不是伦敦法而是英格兰法。⑪

二、出版物的系列演变

《审判实录》是由早期煽情的流行文学类小册读本演变而来，其所记载的犯罪报道可追溯至伊丽莎白时代。⑫这些出版的小册读本面向公众售卖。每一本小册读本都详述了最近发生的犯罪，（通常）还记载了犯罪所引发的侦查、审判、定罪以及刑罚的执行。现存最早的《审判实录》来源于17世纪70年代。⑬该文献将老贝利法庭在一个开庭期内审判的案件作为主题；而这样的开庭期大约平均每六周一次。这些小册读本报告的内容经过精心挑选，只记载那些最能引人注目的案件。另外，早期《审判实录》带有一种道德说教意味，这也是该小册读本具有的一大特点（例如记述有"鉴于我们所有的不幸和恶行都源于女性，所以我们就从三个年轻姑娘的审

---

⑩　在18世纪早期，推动流放刑作为死刑替代刑种的原因，可通过类似观点来阐释。贝蒂已经指出，伦敦市是如何严重影响这项发展进程的，参见贝蒂：《治安管理》427—462；但最后流放刑的法案在全国适用。

⑪　例如，18世纪70年代出版的约克郡巡回法庭的小册系列审判报告中（参见第三章注释第⑥条），有许多证据适用采用了口供规则；而本章将从老贝利的文献中追溯其发展。关于约克郡适用口供规则的案例，参见Langbein, "Evidence"1198 n.147。同样《萨里郡巡回审判实录》所记录的从17世纪80年代至18世纪70年代的内容，普遍证实了本章探讨的规则发展历程，在地方巡回法庭也有出现。关于《萨里郡巡回审判实录》的讨论，参见第三章注释⑥，Beattie, Crime 364—373。

⑫　Langbein的论述，PCR45—54。

⑬　我见过的最早样本：Anon, The Truest News from Tyburn 或 An Exact Account of Tryal, Condencation[sic：Condemnation] and Execution, of the Syrurgion[sic：Surgeon], and Butcher, and the Rest ... Sentenced to be Hang[e]d for Their Several and Respective Offences Herein Particularly Specified。在老贝利司法厅，1674年12月12日（伦敦1674）。这本小册和其他十几本17世纪70年代的珍贵小册，都与当时的一些小册读物装订在一起，藏于伦敦市政厅图书馆（shelfmark A5.4, no.34）。在1676年4月的小册（藏于市政厅）前言的第3页，反映了出版者得意于其创作之新颖。他指出，"刚出版的小册非常受人欢迎，我们认为值得继续推出，这份实录同以前一样引人注目"。

在同一时期，中央巡回审判区也有类似小册的出版，但是并没有获得持续性的市场。当时伦敦还出版了一本记述1676年7月在赫特福德巡回审判区所审案件的小册，在其充满希望的前言中，提到了其他的类似尝试："最近，在几个巡回审判区，关于主要诉讼案件的报道被新近出版，广受有识之士欢迎，其目的，不仅是满足读者的猎奇感，而且通过这些恶徒的劣迹警示无辜之人……[出版者决定]向公众推出以下几件关于臭名昭著的恶徒的审判实录或概要；这些案件在1676年7月15日和16日在赫特福德郡巡回法庭进行了审理。Anon,《关于赫特福德高等法院审判过程的真实叙述》，1676年7月2—3日（伦敦1676）[亨廷顿出版社，圣马力诺，加州，shelfmark 54791(No.13)]。

由于这些早期的小册子对本书中研究的刑事诉讼程序问题记述不详，因此我并没有进一步去探究其他此类记述的情况，也未去了解是否有更早的文献存世。

第四章　刑事证据法　167

判开始……") 。⑭

从此以后，《审判实录》就成为一个连续出版的系列，长达近两个半世纪。⑮该系列读本在篇幅、格式、内容和功能方面都经历了不断调整。它从最初的临时性小册读本发展为定期刊物，在法庭一年的 8 个开庭期内，随着每次开庭期结束就立刻出版，每本售价数便士。到了 17 世纪 80 年代，由于其出版需要获得伦敦市政的特许，所以这些小册读本便带有官方色彩⑯；到了 18 世纪晚期，市政开始补贴资助其出版发行。⑰此时，《审判实录》不再限于选择那些引人入胜的案件，而开始大幅报道那些广泛存在于老贝利法庭的普通财产犯罪案件。低俗煽情的文学故事从标题页中消失⑱，其内容也不再具有道德说教意味。该系列读本开始以完整性为要求记录案件；至少对各开庭期的每个案件审判结果都有记录。⑲到了 18 世纪，《审判实录》已不再是街头售卖品，而变成一份枯燥乏味的准官方犯罪记录，该记录文件经伦敦市政特许出版，并最终受到伦敦财政支持。

三、范围和可靠性

1710 年左右，《审判实录》对大多数个案的记述都很简略，并未记载当时发生

---

⑭ 安农：《老贝利法庭审判过程的真实描述》(1676 年 8 月 3 日)，(Guildhall Libr. shelfmark. A.5.4, no.34)。

⑮ 1913 年 4 月，该系列在刊完一篇简短的两页报道之后停刊了，这篇报道是关于妇女选举权运动领袖艾米琳·潘克赫斯特共谋炸毁劳合·乔治的房子这一引人注目的案件。关于该案内容，参见 Martin Pugh, *The Pankhursts* 258—261(2001)。很多年来我在下列的五个图书馆搜集《审判实录》的文献资料：牛津博德利法律图书馆；大英图书馆；市政厅图书馆(伦敦)；哈佛法律图书馆；以及芝加哥大学图书馆。苏塞克斯的哈维斯特出版社利用哈佛和市政厅的藏品，以"老贝利案件"为题，将 1714—1834 年间的《审判实录》商业性地制作成缩微胶卷，1984 年完成，共 38 卷。谢菲尔德大学的罗伯特·休梅克和蒂姆·希契柯克正在将 17 世纪 70 年代至 1834 年的《审判实录》电子化，从而建立一个可以通过网络进行单词检索的数据库。该数据库截至 1788 年的文献部分，预计于 2002 年开通。关于其详情，参见 〈www.shef.ac.uk/uni/academic/D-H/hri/bailey.htm〉。

⑯ Beattie, *Policing* 3 n.6.

⑰ Devereaux, "City", supra n.7, at 468.

⑱ 最后是 1682 年 4 月期煽情的标题页。其中对一个案件以大号、特粗字体，突出标题是"关于某人被指控使其女儿怀孕"。

⑲ 1742 年 1 月期遗漏了一些案件，在 2 月期中补刊，并加入下述前言："以下五人的审判，由于版面原因，在上期未刊载，特此补刊，以免有人猜测是由于故意安排或居心不良等各种原因而遗漏这些内容。"*OBSP* (Feb. 174[3]), at 42.

的程序细节。自 1715 年以后,有一些案件开始描述得更为细致,开始记述控诉者的个人陈述、证人证言以及被告的辩护。[20]18 世纪的《审判实录》出自制作报告的速记员之手,由其当庭记录,经过整理后随即出版。[21]在 18 世纪 30 年代,我们发现以速记手稿形式记载的小册子偶尔会采用"问答式"的方式进行记载(正如第三章所论,在 18 世纪 30 年代,如果没有这些记载,我们就不可能觉察到辩护律师已经进入审判程序)。随着报道渐趋细致,其篇幅也日益增长。早年通常是四页对开的装帧,到 1715 年以后至 18 世纪 20 年代变为 8 页对开纸,然后在 18 世纪 30 年代成为 20 页四开的单册。[22]在 18 世纪 30 年代,一个开庭期一般需要两册(有时甚至三册) 20 页的单册。至 18 世纪 80 年代,有时记述一个开庭期要用 10 册。[23]如此规模的扩大篇幅,即每个开庭期,从纲要式的 4 页发展到有时 200 页逐字逐句的庭审记录,反映了(案件数量增加以外)《审判实录》的性质已经改变,它从大众读物变成了官方资助的准法律报告。

---

⑳ 贝蒂认为,1714 年以后《审判实录》中的详细报道,与汉诺威王朝初年高度重视暴力犯罪的威胁有关。Beattie, *Policing* 370—376.

㉑ 因此,报告人被用作伪证罪审判的控方证人,以证明被告在此前庭上所作陈述,这已成为普遍现象;e.g., James Payce, *OBSP* (Otc. 1751, ♯609), at 311; Thomas Ashley, *OBSP* (Apr. 1752, ♯268), at 148; Moses Henericus, *OBSP* (Jan. 1758, ♯95), at 83; Henry Myers, *OBSP* (June 1758, ♯255), at 256; John Luthwart and John Simpson, *OBSP* (Apr. 1763, ♯♯193—194), at 136, 137(被控在老贝利附属的海事庭作伪证); Mary Heather, *OBSP* (Jan. 1764, ♯124), at 88; Edward Smith, *OBSP* (Feb. 1771 ♯230), at 152; Elizabeth Young, *OBSP* (Dec. 1773, ♯98), at 43; Thomas Chalk-ley, *OBSP* (Apr.—May 1775, ♯389), at 207(格尼的书记官作证说,格尼当时忙于"记录一件上院上诉案件的辩论;但我记得很清楚,并没有看格尼先生对嫌犯当时证词的记录"); Henry Harvey, *OBSP* (Sept. 1785, ♯909), at 1152, 1154.

㉒ 装帧上的这一变化发生于 1730 市政年度。1729 年 12 月(即该市政年度首个开庭期)的小册"前言"中,说明了装帧上的变化,并解释说,这是为了便于收集、装订为一套年册。*OBSP* (Dec. 1729) at 2.此后,出版者会推出"一套完整的年度案件名录",即年度报告的索引;建议读者将某一年度的各单册与该索引合订为"美观的一大册"。Ibid.出版者还希望,鼓励读者收集《审判实录》单册、再这样订成年册后,能够消除散册的市场需求,因为那样就"不值得花费功夫重印[审判报告的]散册;制作这些散册需要额外费用,只有以前印在劣质和大开纸张上的那些[旧《审判实录》]纸张破损时,才有必要……"Ibid.装帧的改变还有进一步的目的:可以更细致地记述关于"犯罪、证据和嫌犯辩护"等细节内容。Ibid.第一份索引与一些存世的《审判实录》合订,市政厅图书馆有藏,题名为: *An Alphabetical List of All the Persons tried …… in the Year 1730*. 当年,该系列出版物的页码就整年连续编号,而不是像以前按开庭期分别编码;这无疑是为了方便年度的索引编辑。另一项征引工具是对每名被告编号,始于 1733 年市政年度,从 1732 年 12 月开始。本书引用《审判实录》案例时,在括号中保留了这些编号和报告时间。

㉓ 从 1783 年至 1790 年,每个开庭期的《审判实录》至少 8 册,有时甚至 10 册。Devereaux, "Fall", *supra* n.7, text at n.57.

作为史料,《审判实录》的最大缺陷就是它往往压缩审判的报道,而且其处理方式使我们无法准确判断被删减的内容及删节原因。例如,在18世纪30年代,每个开庭期要持续2—5天,审理50—100宗重罪案件,但所有这些案件都要全部包含在两三本20页的小册子里。到18世纪70年代,尽管《审判实录》极尽详细,但仍然在其记载的大多数审判中略去了大部分内容。《审判实录》中省略了许多内容,经常仅用三言两语来概述整个案情。例如,1763年的一件伪造案总共只用了一句话:"基于控方律师的起诉,似乎不能作出有罪裁决,且没有确凿的证据证明他们有罪,所以作出了无罪判决。"㉔这一结果肯定基于许多非常重要的司法考量因素,但报告中已无迹可寻。在记述较为详细的案件中,《审判实录》也会压缩报道的内容。因此,即便是记载详细的案件,也未必是完整的。所以,根据这样不完整的数据进行定量分析,是有很大问题的;进而推断某些现象未发生,这尤其危险。仅仅因为这些小册子没有记载,就推断某些现象在这些审判中没有发生,这是不妥当的。㉕但另一方面,我们不必担心其内容有加工或杜撰的成分。报告的正规性和官方性不断增强的特点说明其不会允许臆造或杜撰的存在。几年前,我曾指出:当时王座法院首席法官的达德利·赖德(Dudley Ryder)爵士有一批极为详尽的法官笔记;将18世纪50年代《审判实录》中案件的记载与他审理这些案件的笔记对校后,可以发现该出版的报告略去了许多内容,但报告记载的内容并无编造。㉖因此我断定,如果《审判实录》"记载某事曾经发生,那就确有其事;如果……报告没有记载某事,那么它仍然可能发生过"。㉗

㉔　John Deschamps and Sarah Tompson,*OBSP*(Jan. 1763,＃＃91—93),at 58.

㉕　参见第三章注释⑩—⑬及其相应正文。

㉖　"Law notes of Sir Dudley Ryder"(1754—1756),doc. Nos. 12—17,Harrowby Manuscripts,Sandon Hall(judge's notes)(tytpescript transcript,copies on deposit at Linclin's Inn Libr.;Univ. Chicago Law Libr.,shelfmark KA 29. R96A4. 1973)［hereafter Ryder,"Judge's Notes";除非特别说明,本书所有引用都来自第14号文件,即赖德在四次老贝利开庭期的记录］。关于赖德的这些记录,See Langbein,Ryder:8—10;Langbein,"Evidence"1176—1178。关于其风格,see James Oldham,"Eighteen-century Judges' Notes:How They Explain,Correct and Enhance the Reports,"31 *American J. Legal History*(1987)。

㉗　Langbein,"Ryder"25.从某些方面证实《审判实录》记载真实性的另一个办法,是将这些审判报告与当地档案馆中存世的公共档案进行比较;后者中有时包括审判的一些起诉状、出庭起诉的保证书、候审人犯的监禁记录、陪审团名单的审前讯问的证词等。See ibid. at 50—51 n.193.这些档案目前保留在伦敦档案馆(市政厅)和大伦敦档案馆。另外,如第三章所述,在各种中央档案中,特别是《国家审判实录》和财政部档案中,保留了一些《审判实录》中所载的控诉策略和裁决后宽赦程序等方面的相关信息。

假如从一个法史学者的角度去理解刑事诉讼法和证据法的发展,那么《审判实录》可能要让他们非常失望,因为记述者对这个主题明显没有兴趣。《审判实录》主要是犯罪的报告,重视犯罪的情节及其侦查、处罚。比较而言,出版商对刑事司法制度、程序和人员几乎毫无兴趣。例如,《审判实录》中完全没有记载,法官们在18世纪30年代允许辩护律师向被告提供帮助。㉘这些年,之所以能够从《审判实录》中窥见辩护律师出庭的身影,因为它记述的那些零散问题经辨认是由出庭律师提出的。㉙

《审判实录》的出版者经常面临着经济压力,不得不通过压缩篇幅来降低成本,删去了我们最想看到和保留的那些法律程序上的细节。因此,从1742年9月起,报告仅记载"证人们对问题的回答;而为了简洁,问题被省略了,只能根据回答来判断问题是什么"。㉚到18世纪40年代晚期,《审判实录》中再次出现对有些问题的记载,但没有提问的主体,仅简写为"问",无从知道到底是谁提出了这些问题(法官、双方律师还是其他什么人)。在1749年和1750年市政年度,每期中都有一份向公众保证的"声明":在该市长任期内,"《审判实录》将始终保持四便士的售价,绝不涨价;对每个开庭期的所有记述,都会包含在这样一本精心编辑的四便士小书之中,不会增加购买者的负担"。㉛伦敦市长于1772市政年度规定,每个开庭期记述的内容不得超过两册。㉜在1774年至1777年,一大批案件(特别是无罪案件)都只有三言两语的简略记述,显然是为了压缩篇幅,降低出版成本。

在漫长的18世纪,《审判实录》并未详细记载法官的意见。由于这个时期受到
禁止披露法官意见的限制,小册子记载的裁判结果都没有说明理由;即使在特别需要法官解释他们为何这样判决的情况下,也不给出理由。㉝多年来,竟然是《审判实

㉘ 不过当时人们已经意识到法律职业中潜在的市场:根据《审判实录》的记述所编《审判选录》的第一版(1735年)广告中称:"这些审判……对所有的律师、治安法官、撰写起诉状的书记官以及其他与起诉人有关的人士都很有用……"*OBSP*（Apr. 1735)at 81, 82.

㉙ 参见第三章注释㉓—㉘及其相应正文。

㉚ *OBSP*（Sept. 1742）, at 26 n.

㉛ *OBSP*（Dec. 1749）, at 1.

㉜ *OBSP*（Dec. 1771）, at 32.

㉝ 例如,《审判实录》的报告人托马斯·格尼以单册形式记述的一件伪证罪,后来被收入《国家审判实录》;小册中记述了控辩双方各两名、总共四名出庭律师的辩论,讨论一名污点证人是否因其利害关系而被剥夺证人资格。R. V. Timothy Murphy, 19 St. Tr. 693(O.B. 1753), at 702—709.法官在裁定中拒绝剥夺该证人的作证资格,但书中只用了一句话,并加括号表示没有记录其具体意见。Ibid, at 709.该案的讨论,另见后注㉟及其相应正文。

录》的编辑们在刻意隐藏法官的意见。基于 1769 年 1 月那一期偶然披露出来的著名案件——布伦特伍德地区选举案，我们得以了解这一做法。这件谋杀案的两名被告被控在选举时用棍棒将一名政治对手的支持者殴打致死。㉞该案的报告极其详细，分两部分出版。第二份小册子有一个尾注对此作了解释：由于公众对该案高度关注，出版商将第一册匆忙付梓，并记载了法官们的判决理由。㉟报告者托马斯·格尼（Thomas Gumey）㊱承认，"未经允许或审核，刊登法官们的意见是非常之举"，对本案中的这种做法，他深表歉意。㊲

之所以对刊登法官意见持谨慎态度，可能因为当时高级法院的法律报告有此惯例。高级法院的通常做法是，报告人记录法官的口头意见后，将初稿提交给法官，由其修改和润色后再付梓发行。㊳这种缓慢的节奏，明显有悖于《审判实录》的快捷风格，它要在每次开庭期后立即发行传播。托马斯·格尼解决这个问题的办法似乎就是直接删除法官的判决理由——从史料的角度来看，这可能是最糟糕的解决方案。这种对待法官意见的做法为人所知后，似乎很快随着《审判实录》易主而结束。新任报告人约瑟夫·格尼（Joseph Gumey）在 1770 年从其父亲手中接管《审判实录》后，就突破了不公开法官意见的常规。在他接手后的第一册就有好几个案件，都明确载有法官的判决意见。㊴

1778 年 12 月，约瑟夫·格尼改变了简略记述的传统，将每个开庭期的报告篇幅增加到四册，每册 20 页。他说这是市政主管部门的决定，即伦敦市政官和公共委员会法庭最近决定，将来老贝利法庭的审判应详尽刊印，无论有罪、无罪案件，平等对待。㊵

㉞　Laurence Balfe and Edward McQuirk, *OBSP* (Jan. 1769, ＃＃108—109), at 66—100.

㉟　Ibid. at 74—76.

㊱　关于此人，see Langbein, "Ryder" 12。

㊲　*OBSP* (Jan. 1769), at 100.

㊳　W. T. S. Daniel, *The History and Origin of the Law Reports* 66, 102(1884).霍尔兹沃思认为，对于报告人须经法官允许后才能出版其判决报告的惯例，第一位破例者是詹姆斯·伯罗爵士；他于 1756—1771 年出版了五册王座法院法律报告。12 Holdsworth, *HEL* 112—113.

㊴　E. g., John Higgs, *OBSP* (July 1770, ＃467), at 309, 310; Higham Sclomon, *OBSP* (July 1770, ＃491), at 313; Frances Cuff, *OBSP* (July 1770, ＃494), at 314, 315.

㊵　*OBSP* (Dec. 1778), at 40; ibid. at 60. See also Devereaux, "City", supra n.7, at 468;其中指出，1778 年，伦敦城的一个委员会坚持《审判实录》应对老贝利法庭的所有审判进行'真实、公正和完整的记述'。从次年开始，大多数审判报告的篇幅都明显增长"。

当时，《审判实录》已得到市政府的财政资助，在1795年，年资助额达到105英镑。[41]

　　18世纪80年代《审判实录》进入其短暂的黄金时期。在1782年9月至1790年12月担任报告人期间，埃蒙德·霍奇森（Edmund Hodgson）对许多案件作了详细的记载。霍奇森有时会记述交叉询问的长篇问答，还有出庭律师的动议、辩论以及法官的裁决。西蒙·德弗罗认为，这一时期《审判实录》的编撰为赦免程序的运作提供便利，其记述死刑犯罪的各种细节，帮助法官、枢密院和国王谨慎作出是否执行死刑的裁决。[42]

　　霍奇森通常都会记述出庭律师的姓名。事实上，确实有人认为，他试图开拓市场，想要将《审判实录》作为一种法律报告。[43]18世纪80年代，老贝利法庭的著名出庭律师威廉·加罗似乎就拥有一整套《审判实录》。其中，1784市政年度有一册现藏于芝加哥大学法律图书馆[44]，上面有加罗亲笔的校正和批注，说明他当时将其作为一种参考书。[45]次年，据一份庭审报告记载，加罗在法庭上使用了1784年的这份

---

[41]　Devereaux, "Fall," supra n.7, text at n.28.

[42]　Devereaux, "City," supra n.7, at 471—481.

[43]　"由于霍奇森师徒开辟法律界的市场，因此从他编辑《审判实录》开始，首次列出了所有在老贝利审判出庭的律师姓名。"Devereaux, "Fall," supra n.7, text at n.73.德罗弗指出："在霍奇森的营销中，律师的地位举足轻重；在他向市政提交的账目中，将购书的客户分为两类，其中之一就是律师。1786年的账目中标示：销售给'出庭律师'"；而在1790年，购书的几位出庭律师被具名开列，其中包括威廉·加罗。Ibid., text at n.81.

[44]　Shelfmark K2025.C9L85/（1783—1784）［heareafter 1784 Chicago Volume］.

[45]　他对许多判决的法律要点做了批注，在报告的上方或旁边标注了主题；这应该能表明，他希望在将来的案件遇到这一问题时，能够在报告中找到相应的内容。例如，"利害相关的证人"，ibid. at 344；"夜盗"，ibid. at 1033.加罗有时会在判决的某些文字下划线，e.g.，at 1047；或标注制定法的引用号，ibid. at 1059，1070；或批注相关的后来案件，ibid. at 1071.

加罗的有些批注补充了报告者对审判的描述。在一件伪造遗嘱案中，加罗补充了报告中对他庭上辩论的记述："异议（指报告中对加罗在庭上所提异议的记述）所述不确。"他补上了自己的版本，内容如下："在1784年12月开庭期的约翰·默里案中，我提出了一项类似的异议。拉夫伯乐勋爵和司法官都认为，这一罪行可以因虚假宣誓构成……（其余部分，因装订时的页边裁切而无法辨识）。"Kyrin Ryen，OBSP（Sept. 1784，#827），at 1146.其提到的案件应该是：John Murray，OBSP（Dec. 1784，#198），at 222. 不过在已出版的该案报告中，对加罗提出的异议和法官的裁判都没有记录。在另一个私铸货币案中，Elizabeth Shaw，OBSP（Sept. 1784 #924），at 1219，加罗解释了报告中所未载的法庭理由："司法官先生认为，记录和证据之间存在重大不同，但证人（一名捕贼人）出庭修正了其证言，与所控事实相符。"1784 Chicago Volume，supra n.44，at 1219.

加罗的有些批注完全像日记体。在一件夜盗案中，John Lucas，OBSP（May 1784，#540），at 736，他曾为被告辩护，后者因法律理由被裁决无罪；加罗在页边记下了这位客户的结局："1785年12月开庭期，卢卡斯被控进入托马斯·诺特家实施盗窃，被判有罪。"1784 Chicago Volume，supra n.44，（转下页）

《审判实录》。加罗当时为一个走私案件辩护，他对法律规范中关于某一法律术语的构建提出了自己的观点。他向法庭提交了法官们在之前案件中的判决意见；据报告人记载，该意见载于市政官佩卡姆任市长那一年《审判实录》的某个脚注中。[46]而罗伯特·佩卡姆担任伦敦市市长，就是在 1784 年。

　　18 世纪后几十年，由于《伦敦日报》的竞争，加上市政当局无力或不愿兑现其承诺，即允许对老贝利法庭的审判进行垄断报道，《审判实录》逐渐丧失了大众市场。[47]它不再是一种以大众读者为定位的出版物。直到 18 世纪末期，它几乎完全为了行政目的而出版。[48]（该系列一直残延到 19 世纪，于第一次世界大战前夕停刊。）

190　　18 世纪 80 年代《审判实录》的报道异常详尽，这引发了对其自身如何解释的问题。比如，在这些年间[49]，我们发现关于控辩双方出庭律师活动的报道激增，这反映了律师化程度的增强，还是文献资料详尽所带来的错觉？或是兼而有之？在霍奇森以后，《审判实录》的报告质量急剧下降。个案审判的记录更加简略，法律细节亦再度被删减。自 1790 年 12 月后的两年间，在霍奇森的继任者马诺阿·西布利的主持下，《审判实录》不再记录无罪案件。[50]也就是说，《审判实录》又恢复了先前的做法（18 世纪 70 年代约瑟夫·格尼主持下较少报道无罪判决的做法），且比先前的记录更为简略。这可能是因为市政官认为，将这些成功辩护的细节公之于众，会鼓励模仿或诱发辩护中的伪证行为。[51]在无罪案件中，辩护律师的作用至关重要，若减少或者删除对这类案件的报道，显然严重损害了这些报道作为研究当时程序

（接上页）at 736.另一件拦路抢劫案中，Lorentz Greenhome, *OBSP*（Sept. 1784，♯818），at 1133，加罗出任辩护律师。他描述了当时在老贝利法庭看到不同寻常的热气球："庭审期间，在法庭可以看到卢纳迪先生乘坐在一个热气球悬挂的望台上飞越伦敦——这是英格兰历史上首次热气球升空。"1784 Chicago Volume, *supra* n.44, at 1135.

　　＊　文森佐·卢纳迪(1759—1806)，意大利人，于 1784 年 9 月 15 日在伦敦成功实现热气球载人升空。——译注

　　[46]　George Gossaans(alias George Teapot)，*OBSP*（May 1785，♯600），at 722, 780.

　　[47]　Devereaux, "Fall," *supra* n.7, text at nn.39—43.

　　[48]　Ibid., text between nn.31—32.

　　[49]　参见第三章注释[302]及其相应正文。

　　[50]　德弗罗提出了一些事例证明，当时资助出版的市政官员们开始担心，《审判实录》会教导各种潜在的刑事被告，使其学会如何能获得无罪判决。Devereaux, "Fall," *supra* n.7, text at n.57.

　　[51]　Ibid., text at n.31.

发展和证据法演变的史料价值。

二十五年前，首次使用《审判实录》发表作品时，我就有所警惕：根据这些有问题的文献来研究刑事诉讼发展史是"一项有风险的工作，如有更理想的文献可以利用，我们当然愿意去放弃这些资料"。但据我推断，"鉴于我们当前对存世史料的了解，就描述 18 世纪晚期之前英格兰普通刑事法庭的状况而言，《审判实录》是我们目前掌握的最好素材"。[52]二十五年来，还没有出现新的发现让我改变这一论断。以《审判实录》为视角的分析难免有所局限，但却无法替代。

第二节　品格证据规则

在谈到《国家审判实录》所载 1653 年的一起刑事案件审判过程时，斯蒂芬认为，"在当时，传唤证人证明嫌犯有不良品行而推定其有罪是常规做法"。[53]威格摩 191 发现了 1669 年也有一个类似案件。[54]但他认为，1684 年[55]约翰·汉普登案和 1692 年[56]亨利·哈里森案已建立了一条沿用至今的规则：品格证据排除规则。

在王室法院审理的汉普顿案中，被告被指控犯有煽动集会的轻罪。辩护律师（轻罪案件中允许）提供一名证人去质疑控方证人霍华德勋爵的可信度，理由为据称他是一名无神论者。法庭拒绝听取证人的证言，其中一位法官评论称近期的一件伪造案中，王室法院拒绝控方"提供其他伪造案中的证据……因为我们无法容忍在某人的一生经历中去搜寻，然后提出一些令他措手不及的证据"。[57]在哈里森谋

---

[52]　Langbein,"CTBL"271.

[53]　1 Stephen, History 368, discussing R. v. Benjamin Faulconer, 5 St. Tr. 323, 354—356(Upper Bench 1653),(伪证罪).

[54]　R. v. Robert Hawkins, 6 St. Tr. 921, 935, 949(1669 年,英国皇室白金汉宫的巡回法庭)(盗窃), discussed in Wigmore, Evidence §194, at 646 n.1.如本书缩略表中所载,本书引用的威格摩尔专论是 1940 年第三版,为他本人所著的最后一版。此后,各位编辑者出于征引的目的,对其内容不断更新;目前,密歇根大学法学院的理查德·D.弗里德曼教授正在主持对该书进行全面修订。(该书的修订版已陆续推出。——译注)

[55]　R. v. John Hampden, 9 St. Tr. 1053, 1103(K. B. 1684)(煽动).

[56]　R. v. Henry Harrison, 12 St. Tr. 833, 846, 874(O. B. 1692)(谋杀).(首席法官霍尔特禁止一名证人指证被告在大约三年前所犯下的严重罪行,问道:"你想要去控诉他的一生吗?")

[57]　9 St. Tr. 1053, at 1103.

杀案中,首席法官霍尔特拒绝允许一位控方证人去指证被告大约三年前犯下的所谓重罪行为。霍尔特精彩发问道:"你准备控告他的一生吗? 去吧,去吧,这是不允许的;这是与本案无关的。"⑧因此,在这些 17 世纪的案件中,品格证据对案件是否具有实质性、是否令被告措手不及从而有失公正,法官已经对此表示担忧。他们尚未提出现代社会排除品格证据的主要考量因素,即这种证据会对被告造成严重的司法伤害⑨,因为它分散了法官对当前案件事实的关注。

192

一、老贝利的做法

关于品格证据排除规则的当时现状,《审判实录》显示并非威格摩所说已经确定为一项法律规则。1683 年 10 月,在伊丽莎白·黑尔的私铸货币案中;"有证据表明,她曾有前科,三年前被赦免,最终陪审团判决她有罪"。⑩1684 年,就在汉普顿案(即威格摩认为是品格证据排除规则的转折点)判决的同年,我们发现老贝利法庭审判的案件不仅采纳了品格证据,而且对最终结果发挥了关键性的作用。1684 年7 月,托马斯·布朗被指控在某酒吧偷窃银制啤酒杯,他称这是别人所为,"但他手上已有烙印,还有其他一些对他不利的情况,他……被判有罪"。⑪同年 12 月,在安妮·加德纳骗取丝绸案中,她否认事实,"但因其欺诈的恶名远扬和偷盗商品的斑斑劣迹,而最终被判有罪……"⑫在下一个开庭期,即 1685 年 1 月,阿布拉罕·比格斯被判入室盗窃罪成立;"他是纽盖特[监狱]的常客,而且,[他对如何获得该物品的解释]听起来像是诡辩,因此他被判决有罪……"⑬在此后的三十年间,《审判实录》中对该类案件的记载源源不断。

193

正如托马斯·布朗案的审判报告中记录的那样,有时被告手上有烙印或者拇

⑧ R. V. Henry Hampden, 12 St. Tr. 833, 864, (O.B. 1692),在正文所引话语但我在报道中并未找到,据威格摩说,霍尔特还称:"在一项他不知道的控告中,他是如何进行抗辩的呢?"1 Wigmore, Evidence § 194, at 647.

⑨ 1 *McCormick on Evidence* § 186, at 649(John W Strong ed.)(5th edn. 1999)(2 vols.)[hereafter McCormick, *Evidence*](品格证据"几乎没有证明作用,而在许多情况下,证明的价值极其微弱而造成偏见的可能性却很大").

⑩ Elizabeth Hare, *OBSP*(Oct. 1683), at 4.

⑪ Thomas Brown, *OBSP*(July. 1684), at 4.

⑫ Anne Gardener, *OBSP*(Dec. 1684), at 5.

⑬ Abraham Biggs, *OBSP*(Jan. 1685), at 3.

指上有标记。烙印标记是实施"神职减刑特权"这项减刑制度的一个步骤,对于那些并非严重犯罪的人员在定罪后可免除死刑。⑥在1685年的威廉姆·西姆斯盗窃案中,"被告曾有前科,手上有烙印,其辩解缺乏证据支持,因此被陪审团认定有罪"。⑥1685年,塞缪尔·普雷斯比被控盗窃了价值36英镑的丝绸,并有证据证明他曾承认犯此罪行;"他手上先前被烙有印记,因此判决有罪"。⑥1687年,约翰·撒克及其两名共犯被控偷盗锡盘,并在其住所搜出物品,"他们的辩解苍白无力,且其中两人手上先前被烙有印记,因此全部都被判决有罪"。⑥

　　根据神职减刑特权的规定,接受审判并被认定犯有重罪的被告,如系初犯,可以免除死刑,但需要在拇指烙上标记。由于标记直接烙在犯罪分子的身上,所以烙印是一种令人痛苦的惩罚;由于犯罪的标记暴露在外,让罪犯受到社会排斥,所以它也是种耻辱刑。烙印标记还意味着:罪犯再次犯有其他重罪,不得要求享有减免特权。犯罪记录集中保存制度出现以前,烙印将罪行刻在肉体上,以此证明这个人已利用了其一生只有一次的神职减免特权。⑥但是神职减免特权只适用于惩罚环节,而不适用于定罪环节。理论上,因为被告已经因犯罪享受了神职减刑特权,接下来是否有资格再度享受的问题,完全不是陪审团要考虑的问题。这个问题应该放在定罪之后讨论,即出现在法官对新罪进行量刑时。因为烙印作为证明前科的身体证据暴露在外,这很难让陪审员对烙印视而不见。⑥但是法官们如果在意这一问题,他们可以设计一种方法让被告的手处在陪审团的视线之外。《审判实录》反

---

⑥　本文曾概述神职减刑特权的起源及其18世纪的机制。Langbein, "Ryder" 37—43.

⑥　William Sims, *OBSP* (July 1685), at 1.

⑥　Samuel Presby, *OBSP* (Oct. 1685), at 2.

⑥　John Thacker et al., *OBSP* (Feb. 1687), at 3.

⑥　即便如此"拇指上的烙印也不是法律记录;它只是提醒法庭公职人员,可通过出示前科记录来反驳神职减刑的要求"。John Baker, "Criminal Courts and Procedure at Common Law 1550—1800," in *Crime in England*: 1550—1800, at 15, 41—42(J.S. Cockburn ed.) (1977).

　　1717年,在老贝利控诉的一件谋杀案中,被告曾被烙印这一证言被法庭接受。因为谋杀这一罪行不能要求神职减刑特权,因此这一证言显然是作为被告的品格证据而被采纳。"他因抢劫巴特菲尔德女士,曾在赫特福德巡回法庭被判有罪,在手上烙印,这份档案记录被当庭出示;有好几人不远长途,赶到法庭,希望将他绳之以法,为自己讨还公道,将这样麻烦和危险的一位邻居从生活中铲除。"Joseph Sill, OBS (Feb.—Mar.1717), at 2—3(谋杀)。最后裁决西尔有罪。

⑥　1699年至1706年这数年间,烙印改在面颊部,而不再施于拇指,它作为痛苦刑,既损毁容,也带来耻辱。See Beattie, *Policing* 330—334.对这样一大批犯有前科者,要掩饰印标记就不太可行了。

复报道，当陪审团在判决被告新罪时，看到了被告显著的烙印标记，这说明法官并未采取任何努力来避免陪审团获知这一信息。

在不涉及烙印标记的案件中，老贝利的陪审团经常听到关于被告不良品行的证言。1696 年 5 月的《审判实录》记录了汉娜·韦斯科特被指控盗窃锡盘的案件。"教区警察出庭指控她，并且提供证据说从她那里搜出了锡盘，并证明她是一个品行不良的人，她自己也没作什么辩解，最终被判有罪"。[70]在随后的一个开庭期，约翰·科普被指控在路边停放的马车上偷盗一件外套。除了目击证人的证言外，《审判实录》还记载"被告之前因为其他重罪被关到监牢里面，他最终被裁决有罪"。[71]这类案件一直持续到 18 世纪早期。在 1707 年托马斯·迪克森入室盗窃案中，被告"在法庭辩护中几乎无话可说，而且是惯犯、有前科，因此陪审团裁决起诉状所指控的罪名成立"。[72]同年，另一个团伙入室盗窃案中，"证据十分清楚，被告均有前科，陪审团最终裁决他们都有罪……"[73]在同一开庭期的约翰·里德的盗马案中，"他仍然几乎未为自己辩护，并且是一个偷马惯犯，陪审团最终认定他有罪"。[74]（本案中，盗马罪属于死罪，不适用神职减免特权的案件，所以他之前可能没犯过此罪。从《审判实录》所收集到的证据来看，很可能是证人宣称里德盗窃过其他马匹。）1708 年 12 月，三个人被控盗窃商店货物罪；"由于之前是惯犯，而且他们几乎没有为自己进行任何辩护，陪审团最终认定起诉状中指控的罪名成立"。[75]

1710 年后的几年间，《审判实录》对此类案件的报道依然源源不断[76]；其中仅在 1714 年就有六件。[77]自此以后就非常少见了。由于《审判实录》在这些年间的记述

---

[70] Hannah Westcot, OBSP(May 1686), at 4.

[71] John Cope, OBSP(July 1686), at 4.

[72] Thomas Dickson, OBSP(Apr.1707), at 1(入室盗窃).

[73] John Hall et al., (Dec.1707), at 2, 3.

[74] John Read, OBSP(Dec.1707), at 3.(入室盗窃).

[75] Joseph Hatified et al., OBSP(Dec. 1708), at 3.

[76] E.g., Peter Cartwright, *OBSP*(May 1711), at 2(拦路抢劫)("因曾有前科")；Josiah Wilson, *OBSP*(May 1711), at 2(侵入民宅)("因曾有前科")；Alice Mills, *OBSP*(Jan.1721), at 1(盗窃商铺)("因她曾有前科")；John Appleton, *OBSP*(Feb.1712), at 2(盗窃)["因曾有前科(尽管年纪小)"].

[77] Anthony Grey, *OBSP*(April 1714), at 1, 2(抢劫)("他被证明曾有前科，在去年夏天才得到女王陛下的恩赦；随后他被裁决犯有起诉状所控之罪")；Elizabeth Boyle, *OBSP*(Apr.1714), at 5(盗窃室内财物，在该开庭期内第二次受审)(她无可置辩，而且被证明是一个臭名昭彰的惯犯，因此她也被裁决犯有起诉状所控之罪.)；Katherine Kirk, *OBSP*(May 1714) at 2(盗窃)("她否认是其所为，并(转下页)

非常详尽,所以有理由从这类案件的减少推断出:品格证据排除规则在老贝利法庭的最终确立大约在 1715 年左右。因此,尽管品格证据排除规则及其理由在 1684 年和 1692 年的案件中已经非常明确地予以报道(威格摩也据此认为品格证据排除规则在此时确立),但老贝利的史料显示,这个所谓的规则出现在英格兰的这个最重要刑事法庭,此后的数十年间一直未受重视。事实上,即便品格证据规则貌似确立以后,但使用品格证据的记载在《审判实录》中仍时常出现。在 1717 年[77]、1721 年[79]和 1726 年[80]等年度的审判中,都出现了背离这一规则的案例。1732 年,约翰·沃勒伪证案庭审中(如第三章所述,这是首例重大赏金丑闻而引发的控诉),由于他在剑桥提出的一项控诉,其行为受到怀疑,诺福克巡回审判区的下级职员对其进行了调查讯问;法庭允许该职员出庭就其调查作证。他作证说:"巡回法庭的法官要求我调查他的品行。我询问了塞特福德的一位先生。他说,'沃勒,这个奸猾至极的家伙怎么还活着? 他为了牟取控告劫匪的赏金,专干虚假作证、取人性命的营生。'"[81]次年,在老贝利审理的一件污点证人案中,法庭允许一名叫特恩奇的人作证,他作证说被告曾经充当污点证人(即认罪而被免于起诉的重罪犯):"被告去年夏天指控了五个年轻人,结果都被判死罪,不过后来改为流放刑。"[82]直到 1743 年 2 月,在约翰·威斯盗窃铁器案中,控告人作证显然未遭到反对,他说:"据我所知,嫌犯因该类行为已经五次进入纽盖特监狱了。"[83](这一证词表明,传闻证据规则也没有被严格执行,该问题本章稍后述及)。而直至 1747 年 12 月,报告中仍提

(接上页)且说她被错抓,先前曾有人也被这样指控过;但这些都无可证实,而且她被证明曾有前科,因此她被裁决犯有起诉状所控之罪");Mary Skinner, *OBSP* (May 1714), at 3(盗窃)("她谎称是控告者借给她的;但证据显示她曾有前科,最后被判处重罪");James Powell, *OBSP* (July 1714), at 2(入室盗窃)("被证明曾有前科");William Dyer, *OBSP* (July 1714) at 4(两份起诉状控其入室盗窃和偷盗)("他被证明曾有前科,随后他被裁决犯有起诉状所控的两项罪名")。

[77] Jacob Shoemaker, *OBSP* (Jan.1717), at 2(欺诈;典当一只用银擦洗过的铜杯,冒充纯银)("有其他证言证明其有类似罪行,因此陪审团裁决他有罪")。

[79] Richard Browne, *OBSP* (July 1721) at 2(盗窃)("证据确凿,并且曾有前科,因此陪审团裁决他有罪")。

[80] William Marjoram, *OBSP* (Oct. 1726), at 2(秘密盗窃)(嫌犯曾有前科,曾作为证人指证布卢伊特及其团伙,被释放后不到一周就因本案被捕。陪审团裁决其有罪……")。

[81] John Waller, *OBSP* (May 1732, #89), at 146, 148.

[82] William Norman, *OBSP* (Feb.1733, #58) at 71(侵入民宅,盗窃室内财物)。

[83] John Wyth, *OBSP* (Feb.1743, #151) at 91.

到一名扒窃罪的被告"被指证曾有同类前科"。⑧

综合上述案件可知,从 1684 年至 1717 年的三十多年间,在老贝利法庭实施的品格证据规则少有人关注,此后三十多年间也并未严格执行。因此,似乎在证据法的这一形成时期,即使"采纳品格证据并非明智之举"已成共识,某些法官仍可在一段时间内保留"背离该规则"的自由裁量权;或者这种"背离做法"的出现并无正当理论,只是因为缺乏有效的方法来矫正法官的"错误做法"。除非可以聘用辩护律师(而如前所述,18 世纪 80 年代之前辩护律师出庭相对而言仍不普遍)⑧,否则,没有人会发现、阻止或反对这种"错误做法"。在这种情况下,尽管早期刑事证据规则的形成是在辩护律师缺位的情况下完成的,但从实践性规则到法律性规则的转变,辩护律师的出庭恐怕是不可或缺的。

二、反驳例外

品格证据排除规则受到一种很重要的限制⑧,并一直延续至今,据 18 世纪中期老贝利法庭的文献材料记载,这项限制性规则已经得到充分发展。法庭允许,甚至鼓励被告提出证据以证明他品行良好,但是假如他这样做了,就为对方证人指证他的不良品行敞开了大门。因此,最终成型的品格证据排除规则成为一种预防性选项,而不是禁止性规则,至今亦是如此。"控方不得提及被告的品格问题,除非被告传唤证人证明自己品格良好,控方才能提及。"⑧反驳例外规则将权利从控方手中转移到辩方手中,由辩方决定是否让法庭评估控方关于被告品格的证据。⑧因为被告援引优良品格证据面临这种压力,所以反驳性例外极大限缩了品格证据的适用范围。⑧

---

⑧　William Clark, *OBSP*(Dec.1747,＃37), at 13.

⑧　参见第三章注释㉚及其相应正文。

⑧　See 1 McCormick, *Evidence*, *supra* n.59, §191, at 673.

⑧　Leach's formulation in 4 Hawkins, *PC* §206, at 457(Thomas Leach ed.)(7th edn. 1795).(略同前注③。——译注)

⑧　欧陆刑事诉讼与此不同,在刑事审判开始之前,法庭会调查被告的背景及相关情况,这与控辩双方的要求无关。我的专著探讨了德国的实践情况,see John H. Langbein, *Comparative Criminal Procedure*: *Germany* 71—72, 76—77(1977)。

⑧　例如,在 1784 年玛丽·希金斯盗窃商铺案中,法官告诉被告可期待的是什么:"你有没有什么人可以替你说话,证明你是个诚实的妇女?"她回答说:"我没有任何朋友;我男人是个裁缝,他到乡下去找活儿了。"于是法官说道:"假如你是个诚实的女人,就会有人认识你,你就有一个品行的证明。"Mary Higgins *OBSP*(Mar. 1784,＃454)at 623, 627.

我们在 18 世纪中期的几宗老贝利案件中看到,控方律师坚持了反驳例外规则。据报道记载,在 1748 年的一件走私案中,控方律师对法庭提出动议说:"既然嫌犯已提及其品格,我请求法庭允许我传唤一名证人"[90],然后证人作证说:"嫌犯天性就是一个走私犯。"[91]1761 年的一件伪造案中,控方律师说:"因为被告已经将其品行作为辩护的一部分,我同样有权利传唤一个证人证明其品行。"[92]该请求获得法庭的允许。1767 年的一件盗窃案审判中,控方律师援引反驳例外规则说:"因为嫌犯已经传唤证人证明他的品格,我也有一个证人能够描述嫌犯的品格。"[93]虽然资料并未表明是基于反驳例外而听取证据,但在另外一些案件中,我们可以看到品格证据在反驳过程中被使用。[94]1729 年杰维斯·罗斯拦路抢劫案审判中,被告提出了己方的品格证人,《审判实录》报道:"法庭的一名职员(可能是早期警察)被控方传唤,出庭作证说,他之前并不认识嫌犯,但有一次他去考文特公园的时候,发现那里的人都认识嫌犯。嫌犯经过此地的时候,他听到人们说,'那就是杰维斯·罗斯,他是英格兰最可恶的流氓'。"[95]陪审团裁定起诉书所载的罪名成立,处以死刑。(我们再次惊讶地看到当时人们对传闻证据完全无感,后文我们将对此继续探讨。)

当品格证据因该例外规则被采纳时,仅限定于一般的意见表述,并不适用于以往特定事实。[96]正如首席法官霍尔特对品格证据排除规则形成初期所阐释的基本原理那样,排除特定事实的该项衍生规则是对这类事实产生担忧的回应,即它们既不具备实质性又未经事先提示。1734 年约翰·汤姆金斯被控闯入民宅,盗取大量现金,该案审判法官排除证据的理由就是如此。据记载,一名显然是控方在反驳中提供的证人作证说:"12 年或 14 年前,我就曾因嫌犯偷了一双丝袜而将其定罪。"法官打断他说:"你不能讲这些特定事实,因为我们认为,嫌犯没有准备来应对

---

⑩ Samuel Childers and Robert Scott, *OBSP*(Jan. 1748, ♯103—104), at 70, 73.

⑪ Ibid, at 74.

⑫ Nichoals Campbell, *OBSP*(Jan. 1761, ♯66), at 72, 85.

⑬ Williams T. Gilliard, *OBSP*(Feb. 1767, ♯187), at 133, 135.

⑭ E.g., John Smith, *OBSP*(Jan. 1735, ♯53), at 34, 40(盗窃)("后来有一天来了一些士兵,说他隶属于丘吉尔中校团,是个逃兵");John Busk and Eleanor Wingfield, *OBSP*(Feb. 1736, ♯♯50—51), at 78("我知道威尔福德品德败坏,以前曾在金斯顿巡回法庭受审")Robert Rhodes, *OBSP*(Apr.—May 1742, ♯38), at 80(伪造水手遗嘱).

⑮ *OBSP*(Dec. 1729), at 24.

⑯ 3 Wigmore, *Evidence* §979, at 532—538.

这些指证。"⑰许多年后,在 1748 年的詹姆斯·沃特林走私案审判中,再度出现了禁止提出特定事实的规则。辩方律师传唤了一个名叫塞缪尔·巴伯的证人,旨在质疑控方证人约翰·里德的品格。辩护律师问巴伯:"能否请你描述一下里德的品格?"巴伯回答说:"他品格败坏,经常干一些偷鸡摸狗的事。"控方立即反对,实际上重述了辩方的问题,他说:"你不能描述这些具体事情,他的品格总体上如何?"鲍勃回答:"非常败坏。"⑱在 1783 年的一个审判中,被告被控偷盗了 50 磅木材,控方律师对陈述被告品格的证人进行交叉询问,他问道:"你曾听说过嫌犯盗窃木材吗?"辩护律师打断说:"不应该这样发问。"庭审法官支持辩方意见,说:"这个问题不合适。"⑲

因为品格证据规则并未限制被告对控告者或控方证人的品格进行质疑,所以在强奸案中质疑受害人的品格并无障碍。⑳在《审判实录》中,有时候强奸案被报道得非常详细,特别在该系列出版物出版的早期,那时候出版商们为了开拓大众市场,当然要迎合低俗的色情偏好。1735 年的一起案件里,受害者是一名年轻的姑娘⑩,她声称自己本是处女,因为她的这次遭遇而感染了性病。⑩被告同父异母(或

---

⑰　John Tomkins, *OBSP*(Dec. 1734,♯23),at 13.

⑱　James Walting, *OBSP*(May 1748,♯291),at 186,189(走私).辩护律师继续追问,使巴伯说出了里德曾被收监的事情。

⑲　Francis Hall, *OBSP*(Sept. 1783,♯667),at 893,896.

⑳　当然,受害人可以提出品格证人进行反制,因此就会影响到辩护律师的策略,使其慎重考虑是否要给被害人抹黑。在一起强奸案中,控方律师提示对方:"我们有数名被害人的品格证人,如果他们质疑该问题,我们可以传唤他们。"被告的辩护律师答称:"我们不准备对此提出质疑。"Daniel Lackey, *OBSP* (Apr.1757,♯187),at 166.

⑩　Edward Jones, *OBSP*(Dec. 1735,♯84),at 36.与不满 10 岁的幼女发生性关系,在 16 世纪被定为不可享受甚至减刑特权的重罪,进一步明确了此前的制定法规则,18 Eliz. 1, c.7(1576)。

⑩　这一事实的重要性:Antony E. Simpson, "Vulnerability as the Age of Female Consent: Legal Innovation and Its effect on Prosecutions for Rape in Eighteenth-Century London," in *Sexual Underwords of the Enlightenment* 181(G.S.Rousseau and Roy Porter eds.)(1987). 辛普森在 1730—1830 年老贝利的案件中发现了 57 起被害人为不满 10 岁幼女的强奸案。Ibid. at 188 and table 1. 未被记载及未起诉的案件,肯定还大量存在。后文简述了一些《审判实录》中记载的奸淫幼女案件,参见注释㉖—㉗,还有一件,被告举证说孩子未感染性病。Thomas Slade, *OBSP*(Sept. 1734,♯6),at 174. 另外一件发生于 1758 年,收于曼斯菲尔德的巡回法庭记录。See 2 Oldman Mansfield 1397—1399.辛普森将老贝利法庭这些案件的数量与巡回法庭这类案件的作了比较,认为奸淫幼女案件"似乎主要发生在大城市的现象"。Simpson, *supra*, at 192.辛普森还指出,性病的情况伦敦比地方上更普遍;他提到,根据当事人的说法,当时"在底层民众中有一种普遍看法,无论男女,如果他们与一位健康的人交合,就可以治好自己的病"。Ibid at 193.

辛普森认为,伦敦及其周边地区居高不下的强奸幼女现象,至少在一定程度上是因为这些本已感染性病的罪犯想借此获得治疗。Antony E. Simpson, "Masculinity and Control: The prosecution of sex offense is in 18th century London"(unpub. Ph.D thesis, New York University 1984.)

同母异父)的兄弟被允许出庭作证,他陈述道:"我听说她是一个放荡的女子,并且长期与巴伯混在一起,巴伯是患有性病的人。"另外一个辩方证人玛丽·普罗克特作证称:"我听说她是一个道德败坏、满嘴谎言的女子,经常鬼混到三更半夜,正是巴伯把性病传染给她的。"[103]最后法庭无罪释放了被告,这些(传闻性质的)品格证据在裁判中起到了怎样的作用,我们尚无法断定(在后文探讨对受害人的传闻证据被长期使用时,有关强奸案的讨论会更多)。

三、暂不适用于治安法官

从《审判实录》的记载中我们可以发现,有些案件未遵守品格证据规则,这种现象很明显,但又出人意料。直到 1770 年前后,老贝利法庭似乎对治安法官显得很宽容,即有关治安法官审前调查的陈述不适用品格证据排除规则(即"玛丽式治安法官",在米德尔塞克斯被称为"治安法院法官")。老贝利法庭在两种情况下会采纳品格证据,一种是治安法官在法庭上所作陈述,另一种是第三人就治安法官的审前调查所作证词。1734 年玛丽·伊格因在一家酒馆耍酒疯杀人而被控谋杀,治安法官作证说:"她臭名昭著……我已有好几项针对她及其同伙的指控;她们经常躺在海格特街道,只需支付 1—2 便士就向人展示她们的身体。"[104]

托马斯·德维尔爵士自 1729 年起担任治安法官,直到 1746 年去世。[105]生前,他经常在审判中与老贝利法庭法官同席就座。[106]在案件报道中,有时候谈及他在审前程序中的作用,有时候仅简单称为"法官席上的先生"。德维尔似乎完全不受品格证据排除规则的制约,可以对被告及他人的品格进行评论。在马默杜克·比格内尔和理查德·福特案中,被告被控从比格内尔酒吧的一个顾客那里盗窃财物。据记载,被害人即控告者提出,"希望询问'法官席上的先生',问他是否认识嫌犯"(毫

---

[103] *OBSP*(Dec. 1735,＃84),at 37—48.

[104] Mary Eager, *OBSP*(Sept.1734,＃4),at 170,171.

[105] 关于德维尔参见第 3 章注释㊽、[183]、[190]及其相应正文。

[106] 德维尔任职于米德尔塞克斯治安委员会。贝蒂指出,直到 1717 年,米德尔塞克斯的治安法官也未能获得老贝利法庭清狱审的任命,因此不能在法官席就座;对此他们愤愤不平。Beattie, Policing 13—14,16.这种对米德尔塞克斯治安法官的成见不知消除于何时。约翰·贝蒂私下向我提到,"法官席上的先生"这种委婉的表述说明,德维尔当时作为米德尔塞克斯治安法官,能在法官席就座,仍不属于其职分所当。

无疑问,这是事前设计好的);于是,这位可能是德维尔的"先生",就作了下面这份长篇大论(其中充斥着传闻和不具相关性的内容):

> 他作证说,他认识这两名被告;在全城和威斯敏斯特辖区,大家都知道他们的品格败坏。比格内尔经营的"玫瑰"屋,就是一处声名狼藉的贼窝。他认识两被告已经多年,他们曾多次因为被控重罪而被带到他面前。那个名叫罗丝·马隆的女人,比格内尔说是他的妻子,也是臭名昭著,他们俩有好几次被控重罪,后来都以和解了事;罗丝·马隆还曾因重罪受到审判。除了比格内尔的老东家伊斯特米德的房子,他们这房子可算是威斯敏斯特最罪恶的地方了。[107]

本案中,法庭允许这位"先生"无视品格证据规则及其反对特定事实的子规则进行陈述。又过了两次开庭期,在一件扒窃案中,"法官席上的先生作证说,……他知道(被告)是个恶名昭著的扒手,她和她丈夫都几次因为重罪而被收押,后来均以和解了事"。[108]在 1743 年审理的詹姆斯·汉斯拦路抢劫案中,其中一位控告者希望德维尔上校能对一名叫纽伯里的辩方证人"作一个介绍",该证人为汉斯提供了不在场证明;德维尔之前曾就赃物的返还出庭作证,他回答道,"他很遗憾被问到这样的问题,但是他不得不说,纽伯里先生恶名远扬,世界上任何一个法庭都不会相信他的话"。[109]

在另外一些案件中,法庭采纳治安法官提供的品格证据,或者是与其相关的品格证据(即以庭审作证方式转述其在审前阶段的各种陈述)。1743 年,安妮·萨金特被指控在酒吧盗取罗伯特·摩根的钱包。在庭审中,摩根作证说明,他是如何让警察逮捕她并将其押送到"德维尔上校那里……那里有一个女人,说嫌犯是一个诚实的妇女,但是德维尔上校说,他见过(萨金特)至少有八九次了"[110],换言之,她已经因各种指控而被多次带见治安法官。次年,在塞缪尔·古德曼拦路抢劫案中,起

201

---

[107]　Marmaduke Bignell and Richard Ford *OBSP*（Feb.Mar. 1740，##159—160）at 89, 91.这位"先生……还说,这两名嫌犯有几位证人,他们的德性并不比嫌犯更好,……特别是米尔斯有好几次因重罪被扭送到他那里。"Ibid, at 91.

[108]　Margaret Newel, *OBSP*（Apr.1740，#197），at 105, 107.

[109]　James Hanns, *OBSP*（Sept. 1743，#379），at 221, 228.

[110]　Ann Serjeant, *OBSP*（June—July 1743，#344），at 207.她被判无罪。

诉人（即被害人）的丈夫作证说，治安法官在审前程序中认出了古德曼，说："哦，我的老朋友，你这段时间去哪儿了？什么，你还没被绞死呀？"[⑪]古德曼的辩护律师，对被害人及其丈夫进行了交叉询问，主要对其牟取赏金的指控动机产生怀疑；但在报告的记载中，他未对被害人丈夫带有偏见、传闻性质的品格证据提出任何异议。

从18世纪60年代到1770年，我们找到了很多与此类似的案件。在亨利·菲尔丁担任治安法官之时，有不少来自审前程序的不良品格证据被采纳。1767年爱德华·赫尔被指控盗窃财物，将他当场抓获约瑟夫·利瓦伊一事告诉法庭，他曾将赫尔带见约翰·菲尔丁爵士。那里的人都认识他（即那里的常客）。约翰·菲尔丁的书记官对赫尔说，"你在上次开庭期侥幸逃脱，但这次不会那么幸运了"。[⑫]在1770年罗格·普拉特商业欺诈案中，被告曾在菲尔丁面前接受审前讯问。在老贝利法庭上，控诉人就被告在菲尔丁面前接受讯问的程序作证："我们大概有36个人要就此事控告他……据我所知，法庭上有近百人指控他以这种方式骗取财物。"[⑬]在1768年约翰·马丁入室盗窃案中，被害人作证说，在约翰·菲尔丁主持的审前程序中，"马丁想要做污点证人，并自称能揭发大案。约翰爵士说，（马丁）是一名惯犯、有前科，不会接受他的请求"。[⑭]（我们能够看到在本案中，不仅仅是审前程序中传闻性质的品格证据被提交给法庭，而且被告试图做污点证人、逃脱指控而作的口供也被法庭采纳。涉及这类口供的案件是口供规则史上的重要组成部分，详见本章后文。）

允许治安法官或者其他与治安法官有关的人提交被告的品格证据，这种无视品格证据排除规则的做法在1770年之后就销声匿迹了。我不清楚究竟基于什么样的理由容许采纳这种证据，并一直持续到1770年。有一种说法：这些案件表明，有些品格证据规则的例外规则可以让涉及治安法官审前程序的证言免受这一规则

---

⑪　Samuel Goodman, *OBSP*(Dec.1744,＃69), at 34, 36.

⑫　Edward Hull, *OBSP*(June 1767,＃282), at 181.

⑬　Roger Part, *OBSP*(Jan. 1770,＃127), at 100, 101.

⑭　John Martin, *OBSP*(Dec. 1768,＃13), at 7, 8.在另一起同类案件中，有人告诉法庭，菲尔丁不接受被告作为污点证人，因为其犯有前科，see Moses Lyons, *OBSP*(June 1770,＃385), at 231, 232（入室盗窃）。

的约束,而该原则当时是公开的,但目前已无从考证,不过这种可能性不大。对于这种正式的例外,法学文献应该有所涉及,但目前在法律报告和各种论著之中都没有发现。[⑮]与传闻规则结合起来看,该规则形成后的很长一段时间内,法庭也仍允许使用证言中的传闻证据:这些证言涉及被告如何被调查、被拘捕,我称之为"追踪传闻"。我猜想当时是否也有一种关于追踪品格证据的类似理念。

202　　在案件中重复这一过程的是德维尔本人,他通常会参加老贝利法庭的审判,可能还提前和法官一起核查审判日程,这会使法官因为碍于情面而不去排除他的证言。事实上,在一些案件中,当德维尔提到被告的不良品行时,严格意义上讲,他并不是在作证,即并非以证人的资格向法庭宣誓后进行陈述;他可能只是以旁观者或者法官的身份主动发言。所以,我倾向于认为,在 1770 年前后,法官仍然具有一种裁量权,当他们认为品格证据特别具有权威性时,可以不适用品格证据规则。

　　综上所述,尽管品格证据排除规则形成于 17 世纪 80 年代,又经过约 30 年后才在英格兰最重要的刑事法庭最终确立。但在 1715 年前后仍然存在明显背离这一规则的情形。品格证据的反驳例外规则被接受,并一直持续有效;允许采纳有关治安法官审前调查的品格证据这一令人困惑的例外,直到 1770 年左右才逐渐消失。但除此以外,从 18 世纪早期开始,被告具有前科的这类品格证言在老贝利的审判中已经消失,被告也就可免受这种有偏见证据的威胁。

203　　在一般重罪的审判实现律师化之前,品格证据排除规则就已经成为对刑事被告的保障。因此,推动这一规则的动力来自法官,而非基于辩护律师的要求。此后,法官们创设了其他两项明显不同的刑事证据规则,即对共犯证言的补强规则以及被告人口供规则;但它们依然遵循品格证据排除规则形成的相同路径:将一些有证明价值的证据排除于陪审团的视听之外,以实现其表面上提高裁判可靠性的目的。

第三节　补强规则

　　补强规则,又称共犯规则,是在涉及污点证人的案件中,由法院在司法实践中

---

　　⑮　与此相对,使用审前陈述而产生其他方面的一些问题,在各种专论中倒是有所讨论;e.g., 2 Hawkins, PC 429—430。

发展出来的保障性规则。关于污点证人制度的运作,本书第三章已经详述。被抓获的罪犯可通过作证指控其共犯同伙,以换取免受起诉的待遇。因为污点证人只有同意指控他人并获得定罪,才能挽救自己的生命,所以他有作伪证的强烈动机。如第三章所述,法官在18世纪30年代允许重罪被告获得出庭律师帮助,以便在庭上核查控方证据,这是对污点证人伪证风险的警惕是诸多动力之一。

补强规则是应对污点证人伪证风险的另外一种措施。法官们明白,针对一个谨慎而意志坚决的伪证者,允许辩护律师对污点证人进行交叉询问也并非一种完全可靠的救济措施。而且,许多被告会因贫穷而无力聘请律师。辩护律师意味着对污点证人进行专业地交叉询问,以揭露其证言可能存在的虚假性。相比而言,补强规则旨在识别出污点证人案件中的某一种类——那些缺乏其他证据证明被告有罪的案件,陪审团因证据存在严重问题而无法对其作出有罪判决。

一、排除规则抑或警示规则?

威格摩认为,根据当时出版的法律报告记载,补强规则产生于18世纪80年代。[⑯]而且他坚持认为,"这尚不足以构成证据规则,而仅仅是法官向陪审团作出的一种警示性建议",陪审团对此建议"可以采纳,也可以不采纳……"[⑰]其实,威格摩对这两点的认识都不能成立。补强规则形成于18世纪40年代,而非80年代,而且是一项排除规则,而非仅仅是一种警示规则。威格摩在18世纪80年代法律报告中看到的警示规则表明,它是对早期排除性规则的否定。

尽管法官们对污点证人伪证风险的担心可以追溯到黑尔(1676年去世)[⑱]时代,而且在有些案件中,确实对某项未补强的污点证人控告存在疑问,导致陪审团作出无罪裁决[⑲],但从《审判实录》的记载来看,老贝利法院直至1744年之前并没

204

---

⑯　7 Wigmore, *Evidence* §2056, at 313 and n.3(补强规则实行于18世纪"末期").

⑰　Ibid. at 315(着重号系原文所有).

⑱　黑尔的忧虑后来促使法庭发展出补强规则。他指出:"仅凭这样一位为求自保而宣誓、但自认犯有如此重罪的证人所述,就要剥夺他人的生命,这都是很难的,除非另有相当之情形可印证其证言。" 1 Hale, *HPC* 305.

⑲　E.g., Simon Jacobs, *OBSP*(Oct. 1722), at 3, 4(侵入民宅、盗窃未遂)("鉴于了污点证人洛克,别无证据指控嫌犯,而该证人品行恶劣,陪审团最后裁决嫌犯无罪");Susan Bean and Christian Smith, *OBSP*(Dec. 1731), at 3, 4("除了贝丝·威洛比,别无证据指证嫌犯,陪审团裁决他们无罪").

有适用补强规则。⑫就在那一年，有四件记述详细的案件，1 月⑫和 5 月⑫各有两件，似乎都仅凭共犯的证言而无其他补强证据，就作出了有罪裁决。

在 1744 年 1 月的约瑟夫·艾瑟克斯入室盗窃案中，污点证人与被告间的交锋清晰地展现了促使前者背叛同伙、实施控告的强大动力。被告对污点证人痛斥道："你是为了自己活命，才这样指证我、要我性命。法官阁下，我请求调查他的品行。"污点证人反驳道："你的德行和我一样。我是个流氓，你也一样；你以前在另外两个案件中也做过污点证人。所以你就别吹嘘比我还诚实了。"⑫根据记载，对于污点证人的反驳，法庭并没有制止，也没有评论。

根据《审判实录》记载，突然之间，1744 年 12 月就有三起案件被判无罪，所记载

---

⑫ 根据《审判实录》记载，1744 年之前，在下列案件中，因污点证人指证但无其他明显补强证据，被告仍被裁决有罪。

（1）Peter Cartwright，*OBSP*（May，1722），at 2（拦路抢劫）."案件参与者朱厄尔……明确指认嫌犯实施了这两项抢劫，而且其曾有前科，陪审团裁决他有罪……"

（2）Steven Nott，*OBSP*（Sept. 1714）at 1（盗窃四只鹅）."证人曾参与盗窃，他宣誓作证说，嫌犯和他还有另外一人，拉起控告人家畜栏的木板，盗取了这些鹅……"

（3）Mary's D'Arbieau，*OBSP*（Apr. 1722），at 5（入室盗窃）.共犯作证说，他和嫌犯，还有另一人，共同实施了入室盗窃，但"全部事实都是基于污点证人的证据，故陪审团仅裁决其重罪罪名成立"。Ibid.在这一案件中，陪审团似乎对根据共犯的孤证定罪心存疑虑，所以作出了一项降格降级有罪裁决，被告被判一般盗窃，而非入室盗窃，因此被处流放、而非绞刑。I bid. at 6.

（4）Thomas Smith，*OBSP*（May 1722），at 5（misprinted as 6）（入室盗窃）."威廉·福克纳作证说，嫌犯和他实施了这一罪行。""嫌犯辩护说他从未参与此事，是因为乔纳森·怀尔德和福克纳记恨他，所以作证以置其于死地，裁决：有罪。"关于乔纳森·怀尔德，参见第三章注释⑫—⑫、⑱—⑫及其相应正文。

（5）William Cady，*OBSP*（May 1738，♯34），at 95—96（拦路抢劫）.共犯斯蒂芬·霍斯内尔的证言是指证卡迪罪行的唯一证据，该案是捕贼人约瑟夫·巴恩斯组织的一起为谋取赏金的冤狱。巴恩斯作证说他前往布里斯托尔逮捕了卡迪。

⑫ Thomas Talbot and Patrick Gaffey，*OBSP*（Jan. 1744，♯♯104—105），at 43—44（在商店偷窃一顶假发）；Joseph Isaacs，*OBSP*（Jan. 1744，♯116），at 50—52（入室盗窃）。在前案中，《审判实录》不厌其烦地记述了对污点证人证言的疑虑。在污点证人约翰·霍金斯的证言之后，以星号标记注释，说明其证言前后矛盾：霍金斯曾说在 1743 年 11 月 29 日晚，他曾与两名被告共同进行盗窃，而在同一开庭期的另一案件中，他也充当污点证人，当时却说"当晚他没干过别人的抢劫勾当"。Ibid. at 43.

⑫ Robert Hodges et.al，*OBSP*（May 1744，♯♯244—245），at 107（盗窃泊船的财物；窝赃）；Robert Rockett，*OBSP*（May1744，♯273），at 126—129（拦路抢劫）.在前一案件中，指控被告窝藏赃物，两名证人提出的传闻品格证据被接受，其中一人说，"人们以前都说他偷偷地弄到煤和玉米"，而另一人说，被告"曾被怀疑干这些窝藏赃物的勾当，我先后有七次听说，别人在他那儿找到他们的东西"，*OBSP*（May 1744），at 109.

⑫ Joseph Issacs，*OBSP*（Jan. 1744）at 50，51.

理由均是没有其他补强证据。詹姆斯·利基和威廉·罗宾逊被控从一住宅内盗窃银器和布匹,其共犯约瑟夫·厄普特贝克作证陈述了他们三人如何实施盗窃并销赃的情况,但没有其他证据能够印证两名被告的罪行。报告对此总结道:"对该指控,除了共犯证言外,并无其他证据予以印证,所以嫌犯们均被判无罪。"[124]第二起案件中,根据共犯约瑟夫·沃特斯的指认,爱德华·希尔和约翰·希尔被控拦路抢劫。"对于两名嫌犯,控告人均无法确定,且除了共犯证言外别无它证,因此嫌犯被判无罪。"[125]被记载的第三起案件:"除了共犯,无其他证据予以补强,因此嫌犯被判无罪。"[126]

根据记载,这三起案件均由于缺乏补强证据的印证,而导致嫌犯们被裁决无罪。但这些记载都是概述而非详细记载,因此无法揭示补强规则是如何形成以及如何适用的。这些案件的裁决可能是基于警示性规则而作出的,也可能是根据强制性规则而由法官指示陪审团作出。在后来几年,《审判实录》中记载了许多因缺乏补强证据而被判无罪的污点证人案件[127],但也没有揭示该规则是强制性的还是警示性的。这些年的《审判实录》中同样记载了一些根据共犯证言定罪的案件,其中并没有记述其他补强证据。[128]从这些案件中,看不出究竟是法官在这些案件中拒

206

---

[124]　James Leekey and William Robinson, *OBSP*(Dec. 1744, ♯♯10—11), at 5.

[125]　Edward Hill and John Hill, *OBSP*(Dec. 1744, ♯♯26—27), at 9, 10.这父子二人在另案中受审时,有出庭律师代理。Edward Hill and John Hill, *OBSP*(Dec. 1744, ♯♯24—25), at 8—9.据记载,律师在交叉询问中对控告人谋取赏金的动机提出质疑:"你是不是受人唆使,到国王大道去假装遭到抢劫的?""你没有为此拿过哪怕一先令钱吗?"不过,报告中没有提到辩护律师诉诸补强规则。

[126]　James Ruggles et al., *OBSP*(Dec. 1744, ♯♯93—95), at 48, 49.

[127]　E.g., Sarah Lambert, *OBSP*(July 1745, ♯300), at 179(入室盗窃)("由于除了共犯证言,对嫌犯没有其他肯定性证据,因此她被裁决无罪");John Stephens and John Jenning, *OBSP*(July 1746, ♯242—243), at 185(拦路抢劫);John Lawrence and William Prossey, *OBSP*(Jan.1747, ♯♯94—95), at 54(偷煤)("由于除了共犯米勒,没有其他证据,因此他们被裁决无罪");Thomas Lane and William Clark, *OBSP*(Apr.—May 1747, ♯214—215)(在商店偷窃帽子), at 150, 151("由于除了共犯布朗,没有其他证据,也没有发现赃物,因此嫌犯被裁决无罪");William Grace, *OBSP*(June 1747, ♯137), at 171, 172(由于除了共犯巴特勒,没有其他证据,因此嫌犯被裁决无罪);John and Miles Nutbrown, *OBSP* (Jan. 1751, ♯♯116—117), at 52, 53.

[128]　其中有一个案件非常成问题。Robert Grane, OBSP(Apr. 1745, ♯197), at 105, 106(盗窃室内珠宝、家用银器和衣服).该案仅凭约瑟夫·厄普特贝克的证言定罪。此人曾于1744年12月作为污点证人指认詹姆斯·利基和威廉·罗宾逊,但证言因缺乏其它佐证而被拒绝。本案中,他控告格雷恩参与了上述二人的另一次盗窃。报告中不仅没有记载其他补强证据,而且厄普特贝克实际上承认这是报复性控告。格雷恩质问厄普特贝克:"警察让你控告我之前,你就准备把我列在诉状上吗?"厄普特贝克答道,他"把格雷恩列在我的诉状里",是因为他得知格雷恩是"使我被捕的主要人物"。Ibid. at 106.《审判实录》的保管人在一个星号注释中指出,厄普特贝克庭上的证言,与其在治安法官审前讯问中(转下页)

绝适用或忽视了补强规则,还是因为《审判实录》编者的忽视而没有提及其他补强证据。

从 1751 年出版的亨利·菲尔丁小册子《新近劫匪增多的原因调查》(以下简称《调查》)中,我们可找到补强规则性质的明确表述。作为米德尔塞克斯的法庭治安法官,菲尔丁对补强规则深为不满,希望有所改变。菲尔丁的著作在形式上将审判程序列为一章,但事实上只讨论了补强规则这一主题。他抱怨说:"即使共犯的证词非常肯定、明确,而且联系紧密、概率很大,但如果没有其他证据予以补强,依然不足以定罪。"[129]在谈到根据该规则起诉拦路抢劫犯的困难时,他接着说:

> 因此,除非劫匪非常倒霉,当场被抓获(鉴于其人数、持有器械的情况,这通常不太可能),基本上不可能获得这样的补强证据;但是如果只有共犯的孤证,没有其他证据,那么与舆论以及几乎所有人的观念相悖,那么这些恶徒会被裁决无罪。他们会嘲笑法庭、蔑视法律,扬言报复控告人,然后更加有恃无恐、更残忍地实施犯罪。[130]

这段文字无疑清晰地表明,菲尔丁所面对的补强证据规则,是通过法官指示裁决来执行的强制性要求。[131]当"共犯的证言不足以产生嫌犯进行辩护的必要性时,

---

(接上页)的陈述有所不同。Ibid.

这些年代,其他污点证人控告成功,但并无明显补强证据的案例还包括:John Short and George Thomas *OBSP*(July 1746, ##266—267, 268—269 两案), at 202—210(拦路抢劫);John Pagon, *OBSP*(Sept 1746, ##305 两案), at 242, 244(盗窃)(被告有辩护律师);Richard Clay and John Mathews, *OBSP*(Dec. 1746, ##1—3 两案), at 2—5(入室盗窃)Thomas McLane, *OBSP*(Feb 1. 1747, #139), at 92—93(盗窃银搭扣)(11 岁的惯犯前往一艘海军船只服役,以代替流放);John Hudson and William Blank-flower, *OBSP*(Apr.—May 1747, ##210—211), at 146(入室盗窃)(一人有罪,另一人无罪)。此案后面紧接的,就是一个适用补强规则开释两名被告的案件;Land and Clark, cited supra n.127.

[129] Fielding, *Enquiry* 158.

[130] Ibid. at 159.

[131] 毫无疑问,这时运用的裁决方式是指示裁决的方式。在一件盗窃家用物品案件中,Mary Sawhagen *OBSP*(Oct. 1754, #469),根据承审法官同时是王座法院首席法官的达德利·赖德所做的记录,他"告诉陪审团这项控告不能被判为重罪,因为财物被嫌犯占有是基于合议,我指示陪审团作出无罪裁决……"Ryder, "Judges' Notes 15." 同年一件侵犯人身的侵权案中,赖德写道:"我指示陪审团必须支持原告,而且不能将赔偿金额定得太低,因为这完全是由被告一手造成的。"*Fisher v.Chappel*(1754), in Ryder, "Judges' Notes" 1, 3. 在一件出卖租赁物获得价金的案件中,赖德写道:"我在结论中支持原告,并指示陪审团裁决原告胜诉。最后裁决:原告获赔 30 镑。"*Fisher v.Perrif*(1754), Ryder, "Judges' Notes" 19, 21.(转下页)

法庭就会指示陪审团裁决无罪"。[132]菲尔丁希望污点证人案件中的共犯证言能够进入陪审团的视听范围之内,即仅仅是给陪审团传达警示的一项提示性规则。[133]

当然,不排除一种可能,即菲尔丁误解了当时适用的补强规则,并在其著作中作出了错误表述,不过出现这种可能的概率很低。作为米德尔塞克斯的法庭治安法官,他比英格兰的任何人都更了解污点证人陈述的相关法律。威格摩撰写补强规则的历史发展时,没有参考菲尔丁的小册子著作。威格摩并无具体理由将其补强规则的研究延伸至菲尔丁的纪实类著作,这是可以理解的。如果他看过该书,并且了解菲尔丁在污点证人问题上的权威性,肯定会对补强规则持另外一种不同观点。威格摩的结论可能就会是:在1751年菲尔丁出版其《调查》一书时,强制性的补强证据规则就已在实践中运行,而非作为警示性建议规则出现于18世纪80年代。

从18世纪40年代具有强制约束力的补强规则发展成为18世纪80年代的建议性规则,《审判实录》向我们展示了这一过程中许多具有里程碑意义的事件。在菲尔丁的著作出版后的十多年间,老贝利法庭的实践做法看起来都与其描述的情形一致。据记载,因为共犯的证言"缺乏……其他可靠之人的印证",不断有案件被裁决无罪。[134]事实上,这些案件的结果呈现出如此规律性,而控方仍继续把这些结

(接上页)奥尔德姆强调指出:"当时的指示裁决与现在作为终审结果的概念有所不同。在18世纪,一般认为,陪审团在道德上有义务遵循法官的指示及其关于相关法律的指导建议,但在法律上,他们并无这一义务。不过法官确实经常指示陪审团裁决一方或另一方胜诉,而陪审团通常都遵照其指示。" 1 Oldham, Mansfield 150.现代美国的指示裁决,事实上是法庭作出裁决,这直到19世纪下半叶才出现。 William W. Blume, "Origin and Development of the Directed Verdict," 48 Mich. L. Rev. 555(1950); Frank W. Hackett, "Has a Trial Judge of a United States Court the Right to Direct a Verdict", 24 Yale L. J. 127, 137—141(1914).

[132]　Fielding, *Enquiry* 158.

[133]　菲尔丁还希望共犯证言能够将提出证据的责任、可能还有说服的责任都转移至被告方。"我只是希望这样的证据能够要求嫌犯作出自我辩护,迫使其提出不在现场证据或其他证据以反驳控方的事实主张或提出一些德高望重的人来证明其品行良好。"Ibid at 16.

[134]　Andrew Gray and William Corning, *OBSP*(Jan. 1753, ＃＃65—66), at 47; accord, Paul Kenady et al., *OBSP*(Apr—May 1754, ＃＃267—269), at 137(共犯的"证据没有任何其他可靠证据的印证,他们三人都被裁决无罪");Thomas Tailor and John Russell, *OBSP*(Jan.1761, ＃47), at 59 ("由于没有其他可靠的证据以印证共犯的陈述,而证人是有罪之人,因此他们被裁决无罪");Thomas Davis, *OBSP*(Dec. 1761, ＃10) at 7, 18("由于共犯没有认其他任何可靠的证人印证,因此裁决嫌犯无罪");Humphrey Millar and William Gabriel, *OBSP*(Jan.1763, ＃＃75—76)at 43(共犯的"证(转下页)

局已经注定的案件提交审判，会让我们感到有些困惑。最有可能的解释是，他们盼望更多的证据随后出现，或者寄希望于那些没有代理人的被告在自行辩护时作出供认，从而形成证据的补强。即使预见到无罪裁决的结果，治安法官仍把这些案件提交审判，可能是希望让被告遭受审前羁押的痛苦和对审判的恐惧。[135]

　　我们无法排除这样一种可能：补强规则并非如现有文献所记录的那样被一贯适用。这些年间的《审判实录》记载了一些作出有罪判决的污点证人案件，而我们从其记载中并未发现存在补强证据。[136]这些案件的记载常常较为简略，其内容仅寥寥数行，即使在一些记述更详细的案件中，报告内容也是经过删减的（删去了许多内容），因此我们无法就此推断：实际上确实没有其他补强证据。更可能的情形是，当时存在补强证据，但报告人对其没有特别兴趣，所以没有提及。

二、共犯作证资格禁止规则

　　《审判实录》显示，从 1764 年开始，补强规则在老贝利法庭的适用，比 1751 年困扰亨利·菲尔丁之时更加严格。根据菲尔丁对补强规则的描述，如果共犯证言没有其他证据补强，法庭会指示陪审团作出无罪裁决。从 1764 年的审判实务中可以看出，除非控方一开始就提供了补强证据，否则，有些法官根本就拒绝听取污点证人的证言。我看到的最早此类案件是 1764 年 2 月理查德·希钦斯盗窃案的审判。该案的受害人即控告者赖特，作证说明了其遭受的损失以及与污点证人帕森斯的关系。控告人赖特提出由帕森斯作证，证明帕森斯与理查德·希钦斯曾经共

（接上页）据没有其他任何可靠的证人印证"). John Oberend etal., *OBSP Davis and Robert Addison*, *OBSP*（Apr. 1763，♯♯141—142），at 112（"没有其他证人印证共犯的证据"）；John Swift and Dennis McCarty, *OBSP*（May 1763，♯♯251），at 163（"共犯的证言，没有任何可靠的证人印证"）；Samuel Beeton, *OBSP*（July 1763，♯♯299），at 182（共犯"没有其他任何可靠的证人印证"）；John Robinson and Rowland Jones, *OBSP*（Sept. 1763，♯♯423—424），at 229（"除了共犯证据，别无其他证据"）.

[135] 关于现在类似的情况，see Malcolm M. Feeley, *The Process Is The Punishment: Handling Cases in a Lower Criminal Court*（1979）。

[136] 自 1751 年（菲尔丁出版《调查》）至 1764 年（如下文所述，补强规则此时有新发展），相关事例如下：William Hatton, *OBSP*（May 1751，♯♯374）at 173；John Briant *et al*.，*OBSP*（Dec 1753 20—22），at 6；John Mason and John Welch, *OBSP*（Dec 1753，♯♯46—47），at 12—14；Michael kelley *et al*.，*OBSP*（Apr.—May 1754，♯♯275—278），at 139—142；Michael Taraham, *OBSP*（May 1755，♯♯248），at 220；William Gold and Thomas Shervil *OBSP*（Jan. 1756，♯♯68—69），at 66；William Page, *OBSP*（Feb. 1758，♯135），at 133—135；Geogre Waren, *OBSP*（Sept. 1762），at 190—192.

同实施盗窃。审判法官巴伦·佩罗特问赖特:"你是否有其他可靠证人来印证帕森斯的证言?"他回答说:"没有其他证人。"法官佩罗特就问他,他自己是否知道希钦斯参与此事;赖特说他也不知道。报告人最后记述道:"法庭认为让帕森斯作证是不当的。裁定被告人无罪。"几年后[137],在1770年《审判实录》中记载了多起此类案件,我称之为"共犯作证资格禁止"案件。1766年1月审理的两人盗窃奶酪的案件中,"在事实方面唯一证据来源……便是共犯,于是没有让其作证,就裁决被告无罪"。[138]同年4月,伦敦司法官詹姆斯·艾尔审理被告人詹姆斯·穆封从一住宅内盗窃银器和珠宝,"除了共犯琼斯外,别无其他证据予以补强,琼斯被禁止作证。被告人被判无罪"。[139]

210

　　1767年报道的共犯作证资格禁止案件超过了2起[140],1770年就有5起案件被报道。[141]数年后,在1784年5月的威廉·邓巴案中,由霍奇森担任报告人,在《审判实录》中详细记录了该案的庭审过程,我们在记录中发现有一段关于共犯作证禁止理由的论述。当时,邓巴被控伪造英格兰银行货币。控方律师威廉·菲尔丁(William Fielding)(亨利·菲尔丁之子)告诉法庭,他准备申请传唤一名共犯。菲尔丁说:"我知道,法庭通常都反对首先传唤共犯证人……"[142]法官答道:"我并不认为,在何种案件中有何种规则能将其排除在法庭的权力之外……这从来都属于法官自由裁量的范围。不同的法官有不同的做法;不过我确信,禁止共犯首先作证会是更

---

　　[137]　Richard, Hitchins, *OBSP*(Feb. 1764, #182), at 133, 134.

　　[138]　John Currant and James Cunnningham, *OBSP*(Feb. 1766, ##192—193), at 131, 133.

　　[139]　James Muffin, *OBSP*(Apr. 1766, #274), at 170.

　　[140]　Joseph Fletche, *OBSP* (July 1767, #368), at 242, 243("法庭认为不宜允许共犯作证,因为没有可靠证据印证其证言");Samuel Randall, *OBSP*(Jan. 1768, #149), at 75, 76(共犯"未被允许作证,因为没有可靠证据印证或补强其证言。裁决无罪")。

　　[141]　William Moody, *OBSP*(Jan. 1770, ##107—109), at 84, 88(入室盗窃);John Lister and Isaac Pemberton, *OBSP* (Jan. 1770, #117—118), at 95, 96(起诉书中所控第一项罪名成立,但与第二项所控罪名无关;"由于没有可靠证据印证或补强[共犯]所作陈词,他未被允许作证,两名被告均被裁决无罪");James Smith and Thomas Abet, *OBSP*(Feb.1770, ##157—158), at 114(入室抢劫)(两份起诉书都指控无关罪行,但其共犯证人均为乔治·梅默里;在第一起案件中听取了梅默里的证言,"但其证言缺乏可靠证据印证,因此两名嫌犯均被裁决无罪";在第二起案件中,由于"缺乏可靠证据补强梅默里的证据,梅默里并未被允许作证");Shepherd Strutton and William Ogilvie, *OBSP* (Apr.—May, 1770, ##230—231), at 159(入室抢劫);James McDonald and James Smith, *OBSP*(June 1770, ##338—339), at 210, 211(入室抢劫)。

　　[142]　Joseph Dunbar, *OBSP* (May 1784, ##656), at 836.

好的做法,其原因是:如果最终陪审团没有看到该证据,那么他们就不应受此类证据的影响。"⑭邓巴的辩护律师威廉·加罗马上对此理由表示赞同:"阁下,我不希望陪审团听到一些他们随后被要求忘掉的东西。"⑭但是在18世纪70年代和80年代,从《审判实录》中记载的案件来看,1784年邓巴案中所提倡的"共犯作证资格禁止"的做法似乎并未被广泛遵循,大多数法官只是在共犯作证后才运用补强规则,指示陪审团作出无罪裁决,或要求他们对未经补强的证言不予考虑。⑮

1784年邓巴案中共犯作证资格禁止的理由表明:当时补强规则仍然是一项强制性规则,正如1751年亨利·菲尔丁描述并批评的那种规则,而不是威格摩所理解的警示性建议规则。法官在邓巴案件中解释说,他希望禁止共犯的作证资格,以免"根据法律最终不被采纳的这些证据,却对陪审团产生影响",这说明法官有权指示陪审团不予考虑那些未经补强的证据。禁止共犯的作证资格,是被法官视为适用强制性补强规则更为可取的一种方式。要求陪审团不予考虑共犯证言或是完全剥夺共犯证人资格,无论是哪一种方式都并非威格摩所持的看法,即补强规则"尚不足以构成证据规则,而仅仅是法官向陪审团作出的一种警示性建议",对此陪审团"可以采纳,也可以不采纳"。⑯如果陪审团可以忽视这种警示,那么法官既没有理由剥夺陪审团依法采纳证言的自由,也没有理由阻止他们听取共犯证言。

---

⑭ Ibid. at 836—837.

⑭ Ibid. at 837.

⑮ 以1770年9月至1771年9月相关案例较丰富的这一年度为例,相关案件如下:William Moreton and Catherine Graham, *OBSP*(Sept. 1770,##502—504)(两案), at 320(盗窃窝赃)("由于除了共犯泰勒的证言,别无它证,因此三人都被判无罪");John Simpson, *OBSP*(Sept. 1770,##550)at 333(入室盗窃);Benjamin Murphy et al., *OBSP*(Sept. 1770,##583—586), at 341(入室盗窃);William Cox and Richard Prarie (Sept. 1770,##599—600), at 344, 345(盗窃、窝赃)Geogre Humphreys, *OBSP*(Oct. 1770,#680), at 376, 377(窝赃);Solomon Wood, *OBSP*(Dec. 1770,#28), at 17(入室盗窃)("除了共犯詹姆斯·赫伯特的证言,别无它证;裁决无罪");Samuel Davis, *OBSP*(Jan. 1771,#88), at 77(入室盗窃);Nicholas Murphy, *OBSP*(Apr. 1771,#235), at 162(入室盗窃);John Moody et al., *OBSP*(Apr. 1771,#257—259), at 168(入室盗窃)(据记载,法官当时说:"除了共犯证言,本案中没有其他指控这些嫌犯的旁证");William and Jane M'Cloud, OBSP(July.1771,##447—449), at 314(盗窃室内财物)("除了共犯托马斯·扬纳的证言,别无他证可使指控成立");Matthew Holland and Joseph Lyon, *OBSP*(July. 1771,##483—484), at 234(入室盗窃)("除了共犯帕特里克·芬利的证言,别无其他不利于嫌犯的证据");William Thwaits *OBSP*(July 1771,##509), at 392, 393(拦路抢劫);William Chesterman et al., *OBSP*(Septe. 1771,##535—537), at 403(拦路抢劫)("除了共犯证词,别无旁证可使指控成立");John Richardson, *OBSP*(Sept. 1771,##633—636), at 486(入室盗窃).

⑯ 7 Wigmore, *Evidence* § 2056, at 315;参见前注⑩.

在本章后文,我将再次论及加罗在邓巴案中提出的赞同意见:"我不希望陪审团听到一些他们随后被要求忘掉的东西。"[147]这种观点反映了 18 世纪七八十年代出现了一种担忧:防止陪审团受到相关证据信息影响的证据法,如何能够真正地排除其影响?

三、阿特伍德和罗宾斯案:补强规则的削弱

在 1787 年作出裁判的阿特伍德和罗宾斯案中[148],补强规则发生重大变化,该案也因此成为经典判例(leading case)。[149]它将补强规则弱化为一项警示性规则。促成这项变革的弗朗西斯·布勒是高等民事法院的法官、民事审判实务名著《民事巡回审判》(1772)[150]的作者,他当时在西部巡回法庭对阿特伍德和罗宾斯案进行了首次审判。这是一起拦路抢劫案件。三个人在夜间拦截控诉人,抢劫了他的钱财。由于夜色昏暗,控诉人无法辨认出劫匪。不过,他向法庭提供一名自称是三劫匪之一的共犯,指控其他两人,但没有其他补强证据。在没有实质性补强证据的情况下,法官布勒既没有剥夺共犯的证人资格,也未指示陪审团忽视其证言。"相反,布勒允许其作证,该共犯宣誓作证说,他和法庭上的两名嫌犯共同实施了这次抢

---

[147]　*OBSP*(May 1784),at 837;参见后注⑪及其相应正文。

[148]　James Atwood and Thomas Robbins,1 *Leach* 464,168 *Eng. Rep.*334(1788)[sic:1787].

[149]　本案因利奇的法律报告而出现在法律文献中,参见上注 148 页;其中将本案系于 1788 年。但根据 1787 年 12 月的《审判实录》记述,其判决在 1787 年。See John Durham and Edward Crowther, *OBSP*(Dec. 1787,♯38),at 52(入室盗窃).该案讨论并适用了阿特伍德和罗宾斯案。主审该案的法官巴伦·佩林引述了阿特伍德和罗宾斯案的理由作为依据,驳回了辩护律师加罗提出的排除共犯证言的动议。佩林告诉加罗,"在这个开庭期的第一天,布勒法官审理了一件重罪案,仅凭共犯证言就将其定罪了,他把案件提交全体法官合议。当时出席的 10 名法官一致同意,这只与其可信度有关,而与其证人资格无关,他可以作为证人。"Ibid. at 53.

[150]　Francis Buller, *An Introduction to the Law Relative to Trials at Nisi Prius*(London 1772)[hereafter Buller *Nisi Prius*].此书后来在 1773 年、1775 年、1781 年、1785 年、1790 年、1793 年和 1817 年均有新版。1 *Sweet & Maxwell's Legal Bibliography* 335(2nd edn. 1955).布勒的《民事巡回审判》实际上是在另一书的基础上修改而成[Henry Bathurst],*The Theory of Evidence*(London 1761)[hereafter Bathurst,*Evidence*]。该书作者巴瑟斯特是布勒的舅舅,曾在 1771 年到 1778 年间担任大法官。当时他任命 32 岁的布勒出任王座法院法官。Biographical Dictionary of the Common Law 36—37,87—89(A. W. B. Simpson ed.)(1984).巴瑟斯特后来扩充并重新出版了其著作[Henry Bathurst],*An Introduction to the Law Relative to Trials at Nisi Prius*(London 1767)(2nd edn. Dublin 1768).布勒沿用了这一书名。

劫。"⑮陪审团作出了有罪裁决。法官布勒没有对两名罪犯进行量刑,而是将其暂缓判决(即押回监狱,等候量刑),然后"将案件提交全体十二名法官组成的大审判庭进行合议。"⑮

将案件提交全体法官合议相当于上诉审查的一种做法。当遇到疑难问题、法官不愿意自己裁决时,特别是涉及死刑判决、罪犯会被立即处决时,法官可以暂缓量刑,将问题带回伦敦,提交一般由十二名法官组成的大审判庭,法官们来自三个不同的普通法法院。⑮他们会对本案作出判决,从而为将来的审判实践提供先例。在阿特伍德和罗宾斯案的记载中,没有提到被告有出庭律师,因此恐怕是布勒法官主动将案件提交给十二名法官合议的。他解释说:"我对陪审团有罪裁定的合理性存在疑问,认为把案件交给十二名法官合议更为合适。"

事实上,在所谓"存疑"的文雅表述背后,布勒故意挑起与补强规则这一既有做法的冲突,获得一个与该规则相背离的裁决,迫使英格兰的法官们考虑共犯作证资格禁止规则,而且打算让他们推翻这个既有规则,从而在后来的污点证人案件中严重削弱对被告的保护。我们不知晓,是何种原因让布勒如此作为,有意在阿特伍德和罗宾斯案中挑起对该规则的重新考虑,也不知晓是否有其他人对此规则不满? 不过我们知道,至少从 1751 年亨利·菲尔丁的著作《调查》问世以后,就有一种看法认为,污点证人案件中的补强规则过于偏袒刑事被告。⑮在阿特伍德和罗宾斯案发生的两年前,马丁·马登在其具有攻击性的短文《实现正义的思考》(1785)中就涉及这一主题,作为全面批评刑事司法(过于)宽容的一部分,他对共犯作证资格禁止规则表示了担忧。⑮

十二名法官在阿特伍德和罗宾斯案中将他们的裁判结果建立在作证资格和证据可靠性的错误三段论上面,背离了污点证人案件中政策平衡的真正目的,即打击犯罪和保障人权的平衡。在报道全体法官的合议结果时,布勒似乎想表示,是他以那种方式提出了疑问。"我的疑问是:共犯证言如果没有其他证据的补强⋯⋯是否

---

⑮⑮ 1 *Leach* at 464,168 *Eng. Rep.* at 334.

⑮ "某一问题是否需要提交合议,完全由法官决定,而法官是否提交则取决于法官自身对案件的看法。"D. R. Bentley,*Select Cases from the Twelve Judges' Notebooks* 13,14(1997).

⑮ 参见前注⑮及其相应正文。

⑮ [Martin Madan]*Thoughts On Executive Justice,with Respect to our Criminal Laws,Particularly on the Circuits* 151—167.(1st edn. London 1785)[hereafter Madan,*Thoughts*].

足以定罪？法官们一致认为，共犯本身具有作证资格；如果陪审团充分考虑其证言后，认为该共犯值得信任，那么仅凭其证言定罪也是完全合法的。"[156]这种对作证资格的强调与当时民事实务中的做法类似，当时民事司法实践中因利害关系而否定证人资格的情况尤为突出；确实，布勒在其民事审判的著作中对该问题进行了详细的探讨。[157]但是，布勒将补强规则适用中出现的问题归咎为资格问题，这种观点是错误的。事实上，污点证人案件中共犯作证资格问题早有定论，阿特伍德和罗宾斯案没有必要再谈论这一法律问题。如第三章所述，虽然马修·黑尔在 17 世纪对共犯作证资格提出了质疑，但他在世期间的司法定论就未接受其观点。[158]在阿特伍德和罗宾斯案发生前的 18 世纪，根据补强规则来排除"未经补强的共犯证言"，并非由于缺乏作证资格，而是因其缺乏可靠性。当时担忧的是，虽然共犯有作证资格，但其证言仍存在伪证风险。

在十二名法官关于阿特伍德和罗宾斯案的判决理由中，共犯作证资格问题被再度提起，并非因为其本身存在疑问，而是基于错误三段论，即作证资格作为证人可靠性的参照物，补强规则必须在"作证资格"和"可靠性"两者之间选择其一。根据布勒对全体法官所作判决的记录，他们"一致认为，共犯本身能够作为适格证人；并且，如果陪审团评估其证言可靠性之后，认为该共犯值得信任，那么仅凭其证言对被告定罪也是完全合法的"。布勒继续说道：

> 关于证人资格和证人可靠性的区别，早已有定论。如果案件涉及证人资格，那么对该问题的判断权专属于法官；但是如果仅就该证人可靠性提出异议，那么其证言必定被接受，然后交给陪审团判断，陪审团依据法庭对本案情况所作指示和评论来判定证言是否足够可靠，进而据此作出裁决结果。因此，本案中，共犯具备作证资格，陪审团也认为其证言足够可靠，那么即使仅有该共犯证言，作出有罪裁决也是完全合法的。[159]

---

[156]　1 *Leach* at 465, 168 *Eng. Rep.* at 334.

[157]　Buller, *Nisi Pirus*, *supra* n.150, 279—287. 18 世纪的主要论著，以因利害关系而被剥夺作证资格、处理口头证据为主题，Gillbert, *Evidence* 86—94. 在达德利·赖德主审的民事审判中，以处理证人资格问题为重心，see Langbein, Evidence 1184—1186.

[158]　参见第三章注释[253]—[254]及其相应正文。

[159]　1 *Leach* at 465—6, 168 *Eng.Rep.* at 334—335.

　　总之,由于共犯具有作证资格,那么,(1)关于其证言的反对意见,只能针对其可靠性提出;同时(2)关于证言可靠性问题,尽管允许法官发表评论,但其决定权仍专属于陪审团;因此(3)如果证言未因作证资格问题被排除,便是可采的(admissible)。但是,这种表述忽视了当时品格规则、口供规则和(已被接受的)补强规则中已形成的中间地带:对于某些证人证言,即使证人明确具有作证资格,法官仍有权予以排除。阿特伍德和罗宾斯案的判决理由完全建立在不堪一击的假定之上,即资格问题是排除证据的唯一理由,具有资格的所有证据都是可采的。

　　阿特伍德和罗宾斯案并非犯这种错误的首宗案件。我们在比之前早一个世纪(1670 年)的案件中就发现这种观念。在一次民事审判中,王室法官拒绝排除传闻证据,声称证人可以就庭外陈述者所作陈词作证,即使该庭外陈述者被法庭认定不具备证人资格,但因为这项陈词"仅涉及事实问题,因此应该交由陪审团来决定该项证据的可靠程度,而对于一名有作证资格的证人,提供与争议事项相关的任何证词都是合法的"。[160]只要是具备作证资格的证人,所作任何证言均是可以被采纳的。1753 年,在一起报道详尽的蒂莫西·墨菲伪造案中,我们发现控方律师也提出相同的主张[161]:"从来都只有两种方式对证据提出异议:一种是针对证人作证资格,这种情形下完全排除其证言;另一种是针对证言的可靠性,这种情形下的恰当做法是由陪审团进行判断。"[162]在 17 世纪黑尔的专著中,有一篇文章对证人作证资格和可靠性进行了对比,进一步加剧了二者的混乱[163];同时也吸引了后来著述者的目光。[164]在阿特伍德和罗宾斯案中,证人作证资格和可靠性出现混淆的另一个原因可能是:

---

　　[160]　1 John Lilly, *The Practical Register*; or, *A General Abridgment of the Law* 549(1719)(引用了一个目前无从考证的案件引述格式。"22 Car. B. R.").

　　[161]　Timothy Murphy, 19 *St. Tr.* 693(O. B. 1753)(伪造).

　　[162]　19 *St. Tr.* at 707.

　　[163]　1 Hale, *HPC* 305(尽管共犯"在法律上可以被接受为证人,但其证言的可靠性要留待陪审团裁决").

　　[164]　1715 年,亨利·菲尔丁在其对补强规则的批评中提到了黑尔的这段篇文章;see Fielding, *Enquiry* 160。尽管菲尔丁不同意黑尔对共犯证言的忽视,但他认为黑尔在形式上已经承认,"共犯证言的可靠性要留待陪审团裁决,其他所有证言的可靠性亦应如此"。Ibid.菲尔丁对此作出明确回应:"当然,如果共犯证言不足以要求嫌犯进行辩护,那陪审团接受法官的指示裁决被告无罪,……就不能完全说这些证言的可靠性问题是交给陪审团裁决的。"Ibid.在 1785 年马登的著作中,引用但驳斥了黑尔的观点;但他的观点仍然沿袭菲尔丁,可能是从《调查》一书中抄袭而来。Madan *Thoughts*, *supra* n.155, at 158—159.墨菲案的两名辩护律师(内尔斯和戴维),都引用了黑尔的这篇文章, see 19 *St. Tr.* at 703—704, 706.伯恩的《治安法官手册》中也引用黑尔的观点,对资格和可靠性的问题进行区别。Burn, *JP* 203。

我们在前述污点证人案件(从 1764 年的希钦斯案到 1784 年的邓巴案)中所发现的做法,即法官在适用补强规则时,除非首先存在补强证据,否则禁止共犯作证。禁止证人作证意味着剥夺其作证资格。但是,禁止证人作证并不是一项资格规则,而仅仅是排除未补强(共犯)证言的一种更有效方式。

令人惊异的是,在阿特伍德和罗宾斯案中,全部由英格兰普通法法官组成的法庭竟会犯如此低级的错误,与他们当前适用的品格证据规则、口供规则、传闻规则以及补强证据规则的既有做法都背道而驰。这相当于法庭全体法官向公众宣布:他们对"证据排除规则"和"证据可靠性的司法评论规则"无法作出区分。这种混淆在证据规则的起源上或许会给我们提供一些线索。例如,像品格证据规则和补强证据规则这一类的排除规则都源于司法评论权的行使。法官的指导仅具有建议性:一方面,并非所有法官都持有或表达了相同的观点;另一方面,法官对陪审团的建议并不具有约束力。但是,随着法官们对某一问题的共识日益强烈,这种"原则"就会表达为一种"规则",一种法官和陪审团都不能违背的"法律规则"。因此,排除规则的适用就不再由法官或陪审团拥有自由裁量权。

在 18 世纪和 19 世纪,这种把事实问题转化为法律问题的过程也出现在其他法律领域,故在严重犯罪案件的证据规范(即刑事证据法)中,出现这样的变化并不令人意外。布莱恩·辛普森(A.W.B.Simpson)提到,当法庭在其他实体法领域(比如之前很少甚至没有法律规范的合同法领域)创设法律规则时,19 世纪就掀起了"激进的废除陪审团运动"。[165]约翰·贝克(John Baker)同样提到:"19 世纪以前,因为它没有相应的产生机制,大多数问题是以事实问题的形式交给陪审团决定,故几乎没有合同法。"[166]正式的陪审团指示意见,是将事实问题塑造为法律问题的主要机制[167];法

---

[165]　A. W. B. Simpson, "The Horwitz Thesis and the History of Contracts," 46 U. Chicago L. Rev. 553, 600(1979);1 Oldham, *Mansfield* 223.

[166]　John Baker, Book Review of Patrick Atiyah, "The Rise and the Freedom of Contract(1979)," 43 *Mod. L. Rev.* 467, 469(1980), remarked in 1 Oldham, *Mansfield* 222—223.贝克对刑事陪审团的做法提出了类似观点:"在裁判过程中,证据法和刑事实体法……是法官们不允许大众进入的领域……扩大实体法的范围从而使法官们可以在他们认定某些事实可靠时,指示陪审团应如何裁决。" John Baker, "The Re-finement of English Criminal Jurisprudence, 1500—1848," in *Crime and Criminal Justice in Europe and Canada*, 17, 19(Louis A. Knafla ed.)(1981).

[167]　This theme is discussed in Floria Faust, "*Hadley v. Baxendale*—an Understandable Miscarriage of Justice," 15 *J. Legal History* 40, 54—65(1994).

官关于排除证据的指示，也是这一重要模式的组成部分。

现有的文献表明，要求共犯证言补强的这一做法到 18 世纪 40 年代已经超过了实务惯例的界限而成为一项法律规则；但在 1787 年，全体法官通过判例改变了补强证据规则的性质，使其削弱为一项警示性规则。[168]当时的法官们肯定有其政策上的考量[169]，不论其理由是否成立，肯定是想要限制补强证据规则的范围，阿特伍德和罗宾斯案的判决意见未对这些理由进行讨论，而是又回到对证据法如何运作的解释，这种理由陈旧过时而又牵强附会。该判决意见认为，只要证人具有作证资格，其证言就不可能被排除。从全体法官的意见中可以看出，直至近到 1787 年，证据法的理论基础仍是如此的原始、初级！阿特伍德和罗宾斯案以证人资格为中心的思考方式，也反映了法官们仍习惯于当时民事司法实务的思维。在这些案件中，当事人和其他证人因利害关系而被剥夺作证资格，显然限制了口头证据在法庭上的出现。

到了 18 世纪，创造出刑事证据法的法官们对自己创设的成果并不满意。直到 1787 年的阿特伍德和罗宾斯案，他们仍未认识到这些规则的共性，即包括品格证据规则、口供规则、传闻规则的宏大理论框架中，补强证据规则并未被考虑在内。到了 19 世纪，人们才明白这些规则有着共同的目标和统一的理论，即为了实现各种相互冲突的政策目标，通过排除某些类型的证言而提高裁判的准确性，甚至将那些适格的(competent)且具有实质相关性(material)的证言排除在法庭之外。

---

[168] 一个世纪后，补强规则产生了大量自相矛盾的先例，见于 Christopher J. W. Allen, *The Law Of Evidence in Victorian England* 43—47(1997)[hereafter Allen, *Evidence*]。艾伦总结得出："19 世纪中叶的法律状态是，如果在一个案件中，指控嫌犯的唯一证据是未经补强的共犯证据，法官确实有不受审查的自由裁量权：可以将案件从陪审团那里撤回，或者作出指示后交由陪审团裁决，或者完全没有指示而由陪审团自由裁量。"Ibid. at 47.

[169] 如后文所述（见注释[211]—[217]及其相应正文），18 世纪 70 年代口供规则的扩张，排除了一批重要的、原本作为共犯案件中的补强证据，这扩大了补强规则的适用范围，并对执法造成影响。美国革命后大批军人复员，因此，在 18 世纪 80 年代中期的伦敦地区，人们也感到团伙犯罪越来越多。Beattie, *Crime* 224—225；cf ibid at 584—585.此外，戈登叛乱也反映了伦敦警察力量薄弱，但议会仍然对加强警力的建议予以搁置。"18 世纪伦敦经历的许多公共骚乱，在 1780 年 6 月的戈登叛乱中达到高潮，当时伦敦中心的许多地区都被叛乱分子所控制，监狱被焚毁，英格兰银行等机构遭到攻击，治安法官、法官和其他重要人士的住宅遭到袭击、毁坏。"Philips "Engine"164. 政府支持组建一支警察队伍的立法，但在 1715 年，由于政治僵局，法案并未通过。see ibid, at 165—168.

第四节 口供规则

当反驳例外缩小了品格规则的适用范围、阿特伍德和罗宾斯案把补强规则的内容架空之时，形成于18世纪的口供规则逐步扩大自己的适用范围，一直到19世纪。到20世纪，美国法接受了口供规则，并将部分内容写入宪法，以限制警察的讯问。[⑩]

根据口供规则，除非被告自愿，否则其对犯罪的供认不得作为证据。至于"自愿"这一概念，经过扩大化解释而带有明显的技术性痕迹。威格摩认为，根据利奇1789年出版的《刑事案件》(Leach's Crown Cases)，"法官首次提出限制口供可采性"[⑪]的表述是1775年曼斯菲尔德爵士在拉德案中。但实际上，威格摩所引用曼斯菲尔德的那段表述，说明当时口供规则已经完全确立了。[⑫]威格摩的结论是，直到1783年沃瑞克谢尔案[⑬]，"人们才将这项现代规则完整清楚地表述为：通过虚假允诺或威胁获得的口供不值得信任，不能被采纳为证据"。[⑭]沃瑞克谢尔案对口供规则的简洁表述为，"经过虚假允诺或严刑逼迫而违背其意志"[⑮]所获得的口供，不具有可采性。

《审判实录》显示，口供规则在"沃瑞克谢尔案"之前早已存在。事实上，这项规则形成于18世纪40年代，确立于60年代。

在18世纪早期的文献中并未看到对口供证据危险的警惕。1722年，玛格里特·威尔森被控盗窃室内财物，她审前的口供被确认，然后被定罪；虽然她声称，控方"告诉她，如果她认罪，就会获得原谅"。[⑯]在后来的实践中，法官们会公开讨论这样的主张，将一些因"利益引诱"而作出的口供排除。但根据报告的记载，1722年

[⑩] 现代关于现代美国的口供规则，see 2 Wayne. R. LaFave *et al.*, Criminal Procedure §§6.1—6.10, at 435—629(1999& Supp.)(6 vols.)。

[⑪] 3 Wigmore, *Evidence* §819, at 237.

[⑫] 曼斯菲尔德在拉德案中指出："有人因威胁或允诺而招供，这是很常见的事；而其结果通常是，这样的讯问和口供不能在审判中作为指控他们的证据。"*R. v.* Margret Caroline Rudd, 1 *Leach* 115, 118, 168 *Eng. Rep.* 160, 161(K. B. 1775), quoted in 3 Wigmore, *Evidence* §819, at 237.

[⑬] *R. v.* Jane Warickshall, 1 *Leach* 263, 168 *Eng. Rep. 234*(O. B. 1783).

[⑭] 3 Wigmore, *Evidence* §819, at 238.

[⑮] 1 *Leach* at 263—264, *Eng. Rep.* at 235.

[⑯] Margret Wilson, *OBSP*(Jan. 1722), at 5.

老贝利法庭对她的主张根本没有考虑。在另一些案件中,我们发现口供规则的另外一部分内容同样被法庭忽视,即被告主张其口供是受到威胁而作出的。[177]

从 18 世纪 30 年代晚期开始,我们发现了一些变化。据记载,控方证人都宣称,被告的审前口供是自愿作出的,这说明口供规则已经产生。[178]贝蒂注意到,1738 年萨里郡有一个案件,雇主以承诺免受惩罚诱使女佣承认一宗重罪,然后就用该口供来指控她。王室法院首席法官威尔斯主持案件的审判,他谴责雇主的行为,并且说该口供"对陪审团不会产生任何影响"[179]。因此,如威尔斯所言,口供的这种缺点在 1738 年影响到证言的可靠性或"陪审团对事实的评价"。陪审团对该案作出了无罪裁决。与此相反,在老贝利法庭两年后审理的一起类似案件中,就没有出现这样的指示意见。1740 年 4 月,雷切尔·普尔被控盗窃室内银器,控方承认"为了要回我的东西,我曾允诺给她好处";他称并没有答应要宽恕她,不管允诺是什么;"我只是答应给她好处,法律允许范围内的好处"。[180]记载中没有报道法官排除证据的指示;然后她被裁定有罪。

1740 年 7 月,口供规则在另一件室内盗窃案中忽然出现。在对托拜厄斯和雷切尔·艾塞克斯案的审判中,控告人作证说,雷切尔"长达两小时坚决否认,但在我答应对她友善并且不会伤害她后,她认罪了"。[181]报告继续写道,"法官打断控方的话,不允许继续陈述,原本要对被告口供进行陈词的另一名证人也被禁止;因为通过允诺友善或者虚假暗示(也就是后面的案件)所获得的自白,不得用来指控嫌犯"。[182]因此,口供规则在 1738 年的萨里郡[183]还是作为建议陪审团考量案件的参考

---

⑰　E.g., John Kelly, *OBSP*(July 1736, ♯27), at 157, 159;他被裁决有罪,虽然他主张,"我招供之时并非自愿,我是被恐吓才那样说的",但法官没有对此进行调查。

⑱　E.g., John Maxworth, *OBSP*(July 1736, ♯15), at 155(入室盗窃);George White, *OBSP*(Sept.1740, ♯380), at 218, 219(拦路抢劫)(供述中说明,"他是自愿"签字的);Richard Welch, *OBSP*(Sept.1740, ♯391)(盗窃)(说明,这是"自愿,没有任何威胁"作出的供述).

⑲　Ann Wilcox, SAP(Aug.1738), at 6, extracted in Beattie, *Crime* 346—347.

⑳　Rachel Poole, *OBSP*(Apr. 1740, ♯200), at 193—194.

㉛㉜　Tobias and Rachel Isaacs, *OBSP*(July 1740, ♯♯324—325), at 193—194.

㉝　贝蒂认为,根据萨里郡的文献记载,1740 年前后是转折点。"(众所周知,萨里巡回法庭的审判报告篇幅有限。)在 18 世纪 30 年代以前,报告中并未看到法庭上提到口供获得方式的记述……但到 1740 年,法官经常仔细审查口供,时常因为非自愿作出而将其排除。以允诺好处或者豁免的方式进行诱供或威胁,都被认为是致命的缺陷。"Beattie, *Crime* 365.

因素,到 1740 年的老贝利法庭就变成了一项排除性规则。然而,两年后的 1742 年 7 月,我们发现老贝利法庭审理的一起记载简略的案件中,口供规则再次变成了一项警示性规则:如果被告"在自白前得到任何宽恕的允诺……陪审团对此应予以考虑"。[184]又过了一年半,在 1743 年 12 月的开庭期中,塞缪尔·摩西和另外两人被控入室盗窃,其中有明显不适当的诱供做法,但法官并未作出任何反应。在审前的询问中,有确凿的证据证明,治安法官曾告诉摩西,"如果他对所犯的所有抢劫罪行作出坦诚的供述,就可以得到从宽处理……"[185]基于这一诱惑,摩西作出自我归罪的供述,然后该供述被提交审判,但显然法官没有作出排除这些供述的警示或者指示;最后,三名被告都被裁决有罪。

因此,在 18 世纪 40 年代早期,对存疑的口供证据,我们看到不同法官采取了三种互不兼容的处理方式:完全排除、仅仅提醒和完全接受。此时的排除规则(即后来的口供规则)还没有成为一项证据规则,对法官们没有约束力。从 18 世纪 40 年代晚期直至 50 年代,对于胁迫或利诱所获证据的危险性,既有重视的情形[186],也有不重视的情形。[187]但到 18 世纪 60 年代,排除规则似乎已经较为盛行。报告记录中不再出现与排除规则相背离的情况,习惯性做法已经变成了法律。1761 年詹姆斯·麦洛克里因盗窃大量食糖受到审判,却被裁决无罪,因为"没有证据可证明他

---

[184]　Richard Fill(July 1742,♯10),at 3(盗窃).

[185]　Samuel Moses *et al.*,*OBSP*(Dec.1743,♯74—76),at 30,31(入室盗窃)其中没有说明,治安法官所谓"宽大"的允诺意味着什么。如果这是指允许他做污点证人,那么案件就与下文将讨论的共犯争做污点证人问题相关。

[186]　例如,在一件盗窃案中,有人作证说,被告是一个 15 岁的女孩,她向治安法官坦白,是因为她母亲"把她打得全身瘀血"。Elizabeth Goodsense and Mary Delforce,*OBSP*(Feb.1746,♯♯117—118),at 82,83.报告解释说:"女孩年纪太小,她可能是在逼供下作出口供,因此,两名被告都被裁决无罪。"还有一些案件中,法官会审查患病者所做的口供;e.g.,John Wickham,*OBSP*(Sept.1736,♯283),at 224,225(侵入民宅)("在治安法官那里,有没有答应过不予追究?");John Preston and John Dison,*OBSP*(Dec.1754,♯♯16—17),at 10,11("有没有用威胁、胁迫或类似手段让他招供?")。

[187]　酒店老板安妮·汉弗莱斯丢了一只银质酒杯。她认识安妮·佩里,怀疑是她所为,就把她找来。她承认是她偷的,还说了她典当赃物的地方。后来她被控盗窃室内财物。在庭审中,当铺的老板和伙计都指认了被告。在审判即将结束之时,汉弗莱斯说:"她供认此事之前我曾答应过她,如果她承认此事,我就不会伤害她,也不会把她送到纽盖特监狱。"法官对此似乎并未作出任何反应;最后陪审团裁决被告有罪,但低估了被窃银币的价值,从起诉状所称的 7 镑减为 39 先令,这样被告可免于一死,因为盗窃室内财物 40 先令以上才会被处以死刑。Ann Perry,*OBSP*(May,1748,♯281),at 172,173.

有罪,而本人的口供是基于宽大处理的允诺而作出的,因此必须排除"。[188]1764 年,一个制作假发的熟练工人本杰明·马奇被控偷窃雇主 4 基尼。雇主当面对他说:"你今天早上偷了我 4 基尼。把它还回来,就无人知晓这件事。"于是,他承认此事,并归还钱财。报告的结论是:"由于他的口供是基于原谅的允诺而作出,故他被裁决无罪。"[189]毫无疑问,马奇的确实施了所控罪行。因此,对他的无罪裁决,并非基于证据的证明力规则或者是可靠性规则;尽管其口供的可靠性毋庸置疑,但仍然被排除。次年,在约翰·弗林特盗窃案中,报告记载道:"除了他基于'不会受到伤害的承诺'而作出的口供外,别无其他的指控证据,因此他被裁决无罪。"[190]

同样在 1767 年塞缪尔·诺克案中,一位被控盗窃工具的熟练工木匠,在证据的可靠性无可置疑的情况下,却根据口供规则被判无罪。他销售赃物的几处店主都指认了他。根据《审判实录》记载,他的全部辩护如下:"他们告诉我,如果我说出工具在哪里,就放了我。"控告人"承认他们确实作出了这样的允诺。最后裁决:无罪。"报告补充了一段评论,根据当时《审判实录》不直接表明某段话为法官言论的惯例,该评论很可能就是法官的裁判理由:"注意:希望以此警示控方,不要以承诺给予宽大处理来诱取口供。"[191]次年,《审判实录》记载了另一起无罪裁决的案件,其裁判根据是"本人口供,而该口供以法律所禁止的利益相引诱而获得的"。[192]在 1769 年布伦特伍德选举案中,前面已论及该案的报告记录者曾为其违反常规、刊载"他所理解的法官陈词"而道歉。[193]从该案可以明显看出,排除口供的做法已经成为一项法律

规则,不再允许法官自由裁量。古尔德法官说:"如果口供是因胁迫或者利诱而获得,没有任何一个法官会接受它为证据;这有悖于英格兰证据法的基本精神"。[194]的

---

[188]　James M'Lockin, *OBSP*(Sept. 1761, ♯258), at 331.

[189]　Benjamin March, *OBSP*(Feb. 1764, ♯155), at 110.控告人本来并不希望把事情闹大,但他找来了一个警察和他一起搜寻钱款,后者坚持要把案件提交治安法官进行审前询问,后来治安法官执意将被告送审。

[190]　John Flint *OBSP*(Feb.—Mar. 1765, ♯186), at 107.

[191]　Samuel Knock, *OBSP*(Fan. 1767, ♯86), at 63.

[192]　Plymouth Jumboe and Henry Pullen, *OBSP*(Oct. 1768, ♯♯609—610), at 366(着重号系引者所加).

[193]　Laurence Balfe and Edward McQuirk, *OBSP*(Jan. 1769, ♯♯108—109, at 66, 100;参见前注㉞及其相应正文。

[194]　Ibid. at 69.

确如其所言,我们发现在18世纪80年代,即使法官们认为口供规则的范围过宽[195],但他们仍受到口供规则的约束("要改变它们非常困难")。[196]

一、污点证人的口供

在18世纪五六十年代创设口供规则的过程中,法官们存在一个明显的盲点:如果有人为说服政府允许其充当污点证人、免于被控告而认罪自白,则该自白不适用口供规则。此类案件中被告在争取成为污点证人时,对警察或治安法官所作的供述会被提交法庭。早在18世纪20年代,就存在这类案件。[197]此后的半个世纪,这种案例仍时有发生,其中有些案例如下:

(1) 1762年的女团伙商铺行窃案。治安法官沃根作证陈述了审前听证中对嫌犯的询问情况。简·霍尔姆斯"曾表示愿意做证人,让我相信她愿意指证其参与的40次盗窃;不过因为她曾被判流放刑,我未接受她作为证人。后来,萨拉·特纳也愿意做证人,供认她曾和另一名被告凯瑟琳·菲茨帕特里克共同实施了多宗重罪"。[198]依据第四名同案犯玛丽·伯顿的证言,这三个女人都被裁决有罪。

(2) 1731年威廉·纽厄尔盗窃丝绸案。在审判中,被告不满地辩护道:"我提供信息(即认罪自白)是希望做证人。"接着,报告引述法庭治安法官德维尔的陈述说,他"尽力让嫌犯供述其同伙;他(嫌犯)开始非常坚决,但后来第二天来见我时,供述了三个人,均被审判且裁决有罪。我本来准备让他做污点证人,可后来才知道已经太晚了,因为已经有一份起诉状指控他"。[199]即使在纽厄尔被正式指控后,德维

224

---

⑮ 同案中,财政法院法官艾尔说:"我倒认为,为了公义的目的,希望这项原则不要像目前这样被扩展地如此广泛。"Ibid. at 172.

⑯ Samuel Chesham and James Sherrard, *OBSP*(Jan. 1788, ♯135), at 170, 172(per Wilson J)(盗窃).

⑰ E.g., John Savil and William Tibbs, *OBSP*(Dec.1714), at 3(侵入民宅盗窃家庭用品)("指控萨维尔的证据,是他拦路抢劫被抓后在纽盖特所做的供述,他希望因此能够让他作证人");Thomas Tutler, *OBSP*(Jan.1721), at 4(拦路抢劫)(他被发现后就作了供述,"说为了做证人不应该有所隐瞒,陪审团裁决其有罪。死刑");John Dikes, *OBSP*(Oct. 1721), at 4(拦路抢劫)("乔纳森·怀尔德作证说他得到关于戴克斯和该污点证人的消息……并将他们一并抓获;戴克斯告诉他,他可以指证污点证人一些小事,但不是很多").

⑱ John Holms *et al.*, *OBSP*(Aug.—Sept. 1726), at 2—4(关于霍尔姆斯及其他相关被告,有多案记录);引用的语言来自凯瑟琳·菲茨帕特里克和萨拉·特纳,*OBSP*(Aug.—Sept. 1726), at 4.

⑲ William Newell, OBSP(Dec.1731), at 15.

尔不能再对其作免于起诉的安排,但并不意味着德维尔应该作证提及"被告为获得免于起诉而作出的自白"。事实上,一个被正式指控的人仍然可以作证。霍金斯在1721年写道:"经常有这样的裁定:在被定罪前,被正式指控的共犯仍可作为国王(控方)的适格证人。"[200]

(3) 1732年托马斯·法克斯顿和托马斯·史密斯拦路抢劫案。治安法官诺里斯和另一名证人丹尼斯(可能是诺里斯的书记员)对法克斯顿的审前询问作证。丹尼斯说:"法克斯顿到治安法官面前时,我们建议他认罪,这样就可以作为(污点)证人。他听了就跪下来,承认了犯罪事实……"诺里斯作证说,法克斯顿"在我面前承认了事实,而且据我所知,他是自愿的"。[201]

(4) 1737年查尔斯·奥查德拦路抢劫案。他被共犯(作为污点证人)指控拦路抢劫;捕贼人就审前询问的情况作证说,奥查德"请求我让法默法官允许他作为证人,因为他说,'我可以让五个人被判绞刑,还可以推翻其他人的证据,因为他没有供出我参与过的所有抢劫'。他还说,'我在旧衣市场到三间房那片儿还抢劫过一次,他没有提过'。"[202]奥查德被裁定有罪,被判死刑。

(5) 1744年约翰·希尔拦路抢劫案。他被捕时,指证其同伙沃特斯和加斯科因。"希尔希望警察能够向治安法官说情,允许他作为污点证人;他答应说出全部真相。"后来,沃特斯被讯问,"他请求做证人"。当他得知希尔已经指控他和加斯科因时,"沃特斯告诉治安法官,他可以控告九个人……"[203]

值得我们关注的问题,在污点证人供述的案件中,不仅是法庭采纳了通过引诱所获得的证据,从而鼓励了欺骗行为,而且法官们完全没有意识到,这种口供是当时既有口供规则中"虚假允诺"的结果。在污点证人案件中,正因为存在与其他竞争者获胜的强大动力(如第三章[204]及上述最后两例所揭示),嫌犯才会供述更多的犯罪,更多的人被指证为共犯,而不论其供述是否属实。正是因为存在这种动力,

---

[200] 2 Hawkins, *PC* 432(引用《国家审判实录》和各种具名法律报告中的案例).

[201] Thomas Faxton and Thomas Smith, *OBSP*(Feb.1732,♯♯36—7), at 87—89.

[202] Charles Orchard, *OBSP*(Feb. 1737,♯24), at 69.

[203] John Hill, *OBSP*(Dec. 1744,♯23) at 7, 8(拦路抢劫;参见第三章注释第[271]条及其相应正文;讨论内容主要涉及污点证人制度的不当诱因)。

[204] 参见第三章注释[270]—[274]及其相应正文。

才促使法庭创设共犯证言须经补强的要求；但将口供用于指控供述者本人而非同伙，法庭似乎在一段时间内未将二者联系起来，也就是说，恐怕他们还未意识到二者诱发伪证风险的程度相当。

如前所述，亨利·菲尔丁对污点证人的证言充满热情，而对补强规则怀有敌意。在18世纪50年代早期的多起涉及污点证人口供的案件中，都有他的身影。[205]其继任者约翰·菲尔丁则在18世纪六七十年代的此类案件中也频频出现。[206]事实上，在一些案件中，被告为成为污点证人所作的自白，正好可以作为补强规则所要求的补强证据，以印证那些在竞争中如愿成为污点证人的证言。[207]

到18世纪70年代，口供规则与争当污点证人的紧张关系被全面认识，并根据口供规则加以排除的方式得到解决。但在此前很长一段时间内，已有对二者关系忧虑不安的迹象存在。早在1743年玛丽·威廉拦路抢劫案中，被告承认曾对一名醉酒者（控告人）作案，但她被裁决无罪。鉴于没有其他证据印证，只有其本人因希望成为证人而自愿作出的供述（就算证言属实，也仅构成窝藏赃物罪，而非抢劫罪），陪审团裁决其无罪。[208]在本案中，对陪审团无罪裁决理由的明确记载，恐怕反映了报告人对法官作出的陪审团建议或陪审团指示的理解。1751年爱德华·沃德入室盗窃案中，一名证人对亨利·菲尔丁主持的审前询问作证说：当时被告和另一共同被告都承认犯罪，希望成为污点证人。"嫌犯……供述了整个作案经过，他们以什么方式进入室内以及如何洗劫了那户人家。"法官本打算排除该证词："由于嫌犯作出审前供述是为了成为证人，所以该供述在这里不能作为证据。"[209]但可能

———————

[205]　Thomas Lewis and Thomas May, *OBSP*（Apr. 1750，＃＃307—308），at 68（拦路抢劫）；William Vincent, *OBSP*（Jan.1751，＃136），at 55（拦路抢劫）；Thomas Quinn et al., *OBSP*（May 1751，＃＃369—371），at 171（拦路抢劫）.

[206]　Thomas Jacob, *OBSP*（sept. 1766，＃400），at 260（入室盗窃）；John Martin, *OBSP*（Dec. 1768，＃13），at 7—8（入室盗窃）（控告人作证说，马丁"想成为证人；还说他会供述重大事件。约翰爵士说，他是个惯犯，不同意他做证人"）；Mose Lyon, *OBSP*（June 1770，＃385），at 231, 232（入室盗窃）.

[207]　例如，在一件干草盗窃案中，被告被认定有罪，共犯口供的唯一补强证据就是控告人的证词；他说，被告曾向治安法官供述，希望成为污点证人。虽然控告人希望被告米勒作为污点证人，但治安法官选择了其共犯，而不是米勒。Humphry Millar, *OBSP*（Jan. 1763，＃75），at 43.后来，根据同一共犯的证言，米勒还受到另外两项指控，但都被裁决无罪；对这两个案件，米勒还未曾供述。

[208]　Mary Williams, *OBSP*（Jan. 1763，＃113），at 69, 70.

[209]　Edward Ward, *OBSP*（Apr. 1751，＃311），at 140.

第四章　刑事证据法　**207**

是有人作证说，"沃德在被带见治安法官之前"，就已经供述了⑩，因此法官让步了，最后陪审团裁决其有罪。1770年10月，威廉·布伦特被控盗窃室内珠宝和现金，他试图否认自己的口供，说有人答应他，"如果我承认破门而入，他们就允诺我可以成为污点证人"。法官立即向审前询问被告的治安法官克莱调查这一问题："是否说过接受他作为证人这类的话？"克莱说："法官大人，没有这回事。"⑪从法官对被告供述的兴趣来看，他可能已准备排除一份污点证人口供的使用。次年，在指控入室盗窃和窝赃的一场团伙犯罪案件审判中，一名证人作证时声称，他们团伙中有一人在被捕时请求作为污点证人，他说，"他可以指证团伙里至少16人，并能够说出东西在哪里"。法庭表示怀疑，问是否有人"劝说"被告"这样说"。证人回答道，被告被要求"说出真相；如果你想成为证人，你就得这么做"。法庭回应道："那么你就不应该使用这样的证据；这是不对的。"⑫不过，法官很显然并未坚持其观点而排除证据。所有被告均被判有罪。

227　　　在1733年9月的开庭期内，明显出现了一种转变：污点证人基于"虚假引诱"而供述的排除规则转而变成一项污点证人口供排除规则。在托马斯·阿什比和其他两人入室盗窃案的审理中，受害人贝利出庭作证，刚开始说"阿什比想充当证人，他说——"，就被法庭打断，"供述之前你是否曾建议他充当污点证人？"贝利答道："是的。"法官作出裁决道："那么，你就不能提到他说的任何事情。"⑬另一名证人，一位名叫卢卡斯的邻居，他看到了阿什比在现场，并积极参与了次日的抓捕；他也作证说："阿什比曾经承认我说的都是事实。"于是卢卡斯被询问是否"之前曾建议他充当证人？"他说："是的。"法官答道："那么我们就不能听取这些指控嫌犯的证言。"⑭1773年12月，在一件拦路抢劫案中再次宣布适用该排除规则，此案中被告与其他人一起被捕，亨利·菲尔丁提出他可以充当污点证人，于是他作出有罪供述。当菲尔丁发现他说谎时，就将他起诉到法院。这些事实被当庭揭露后，法官

---

⑩　Edward Ward, *OBSP*(Apr. 1751, ♯311), at 140.

⑪　William Brent, *OBSP*(Oct. 1770, ♯684), at 377, 383.

⑫　Luke Cannon et al., *OBSP*(Feb. 1771, ♯136—140), at 104, 111.

⑬　Thomas Ashaby *et al.*, *OBSP*(Sept.1773, ♯512—514), at 353, 354.

⑭　Ibid at 354.

说：“他在争取成为污点证人时所说的话，不能在此后作为证据来指控他。”[215]最后他被裁决无罪。但数月之后，在类似的约瑟夫·埃弗里特案中，法官却没有拒绝使用此类证据。庭审中，实施逮捕的警察作证说：“我抓住埃弗里特时，他说，如果亨利·菲尔丁爵士让他充当证人，他就会交代出一些多次抢劫的人……约翰爵士说，要等到其他人被抓后才能接受他作为证人……”[216]后来，埃弗里特的线索并未起作用，他被起诉，认定有罪并判处死刑。不过，此案之后，基于希望充当污点证人而自白要适用口供规则，违背该口供规则新观点的案件未再出现。在 1775 年 10 月的一起案件中，法庭再次重申这一原则：“禁止提及他为充当证人而作的任何陈述。”[217]此后，仅凭污点证人口供进行控诉的现象在报告中消失了，我认为，这反映出伦敦治安法官和警察们很快意识到此类证据不能使用。

18 世纪 70 年代，口供规则扩大适用到污点证人案件，这是不是影响 1783 年法官作出"阿特伍德和罗宾斯案"判决的一个因素？该案突然之间将补强规则从一项排除性规则弱化为警示性规则。这是我存在疑惑的一个问题。自亨利·菲尔丁时代起，承担控诉职能的警察群体便对补强规则诟病不已，因此我们完全能够想象，口供规则适用范围的扩大进一步削弱了污点证人制度，这可能为重新界定补强证据规则施加了压力。当然，我目前还没有相关文献来证明这个问题。

二、沃瑞克谢尔案与"毒树问题"

如前所述，威格摩认为，利奇所著《刑事案件》[218]中记载的 1783 年沃瑞克谢尔案是界定口供规则的标志性判例。威格摩认为，沃瑞克谢尔案是口供规则适用范围和基本原理的奠基性表述（沃瑞克谢尔案由老贝利法庭审理，因此在《审判实录》中也有记载[219]，但威格摩和其他证据法史的学者并不知晓这些材料）。事实上，沃

---

[215]　John Rann *et al*., *OBSP*(Dec. 1773，＃＃1—4)，at 3(拦路抢劫).Accord：Joshua Coster and Peeling Henre，*OBSP*（Jan. 1774，＃＃157—158），at 85，86(拦路抢劫；治安法官答应"尽力帮助他们"，因此他们作出供述；法官裁定，这"不能作为证据指控他们").

[216]　Joseph Everett，*OBSP*(May 1774，＃＃157—158)，at 229，231—232.

[217]　Wiliam Archer and Charles Reading，*OBSP*(Oct. 1775，＃＃775—776)，at 574，576(入室盗窃).

[218]　*R.v. Jane Warickshall*，1 *Leach* 263，168 *Eng. Rep.* 234(O.B.1783).

[219]　*Sub nom. Thomas Littlepage et al*.，*OBSP*（Apr. 1783，＃254），at 370.

228

尔克谢尔案中对口供规则的表述，只是对上述在18世纪60年代既有规则的重述，我们看到该规则在当时已经稳定运行。该案的判决意见引出另一个附属问题：如果根据口供发现了其他证据，除了排除口供本身外，那么这些衍生证据是否也适用口供规则而一并予以排除？内尔斯法官认为，如果"基于逼供而获得了其他证据"，而这些证据"不需借助口供的任何内容便能取得充分、满意的证明"，那么就完全可以被采纳。[220]沃瑞克谢尔案的观点得到广泛认可。[221]（在20世纪晚期的美国司法实践中，由于口供规则的价值取向已经变为"遏制警察和职业控诉人员的违法行为"，因此有些法院就开始采用相反的规则：排除这些"毒树之果"。[222]）

内尔斯法官摒弃了口供规则是基于"公共信念"（public faith）的观点，并批评它是"错误观念"；在我看来，他实际上在否认这样一种观点：刑事司法制度的廉洁性要求法院排除通过欺骗获得的控方证据（而对这一看法，至今仍存在争议[223]）。在内尔斯对口供规则的阐述中，可靠性是他采纳证据的唯一标准。让排除规则立足于可靠性这一客观标准，比试图从"公共信念"的维度去阐述要容易得多。

在界定可靠性（reliability）标准时，内尔斯的表达方式很奇特：他说，这个问题就是某一口供"是否具有可信度（credit）"？正如当年的阿特伍德和罗宾斯案，使用"可信度"概念去阐释证据排除性规则的理论基础，再度反映出这样一种倾向：将限制采纳口头证据的这些规则放置在"可信度"的旗帜之下，只是因为它们不属于当时最典型的口头证据排除类型——以"作证资格"排除证据。

三、对口供政策的质疑

普通法一直都采纳口供证据，理由显而易见：无罪之人不会自愿去供认他们没有实施过的犯罪，从而受到严厉的刑事处罚。当法庭必须裁决一名被告是否有罪，而该被告声称自己无辜，就很可能存在错判的风险；如果被告的供述确实是自愿

---

[220]　1 *Leach* 264，168 *Eng. Rep.* 235.

[221]　此后20年间的相关判例，see 2 Edward Hyde East，*A Teatise of the Pleas of the Crown* 657—658（London 1803）[hereafter East，*PC*]。

[222]　E.g.，Commonwealth v. Ptater，651 N.E. 2d 833（Mass.1995）；People v. Bethea，493 N.E. 2d 937（N.Y. 1986）.美国联邦最高法院对此含糊其词、左右摇摆。Oregon v. Elstad，470 U.S. 298（1985）.

[223]　See 1 McCormick，Evidence，*supra* n.59，156，§ at 552—554.

的,那该口供实质上会降低错判的风险。此外,由于口供能够帮助法官提高裁决案件的效率,因此它节省了法官裁决争议案件所需的时间和精力。

1721 年,治安法官霍金斯在其著述中对口供证据表现出了极大的热情。他写道:"对于发生在治安法官面前的讯问,无论是在玛丽式审前讯问过程中,或是在危害国家安全犯罪的枢密院程序中……或者是在私人谈话中作出,被告本人的口供一直都可以作为指控他自己的证据……"㉔

威格摩非常清楚口供证据的价值;因此,对于 19 世纪早期法律报告中的一些过度适用口供规则的情形,他进行了激烈抨击,特别是口供规则中一些"虚假允诺型"的案件。他认为,英格兰法官形成了"对所有口供的全盘怀疑,借此反对使用口供的偏见,一种吹毛求疵地排除口供的倾向"。㉕为了弄清楚这种明显"感情用事"的非常之做法㉖,威格摩认为,英国的社会服从模式是支撑口供规则的基础。法官可能已经意识到那些"值得同情又略显愚蠢"的"底层人士"容易受到"社会上层人士"的威胁;这种古老的服从模式"在农民阶级和地主、乡绅等上层人士之间尤为突出。因为前者的命运取决于后者;当然,这种现象并不仅限于他们之间"。㉗威格摩继续写道:"从理性角度看,对于一个正常人而言,可能不会因为蝇头小利或无意义的威吓而作出不实的供述,但或许我们面对的并不是一个可以用正常或理性标准来衡量的人。"㉘

威格摩的这种猜想不仅理论基础薄弱,而且在时间问题上似乎也存在谬误。社会分层历经数个世纪,时间越久远,阶层分化就越明显。法官们为何在乔治三世时代(1760—1820 年)才开始注意这一问题? 威格摩向来直觉敏锐,但是这次他错了。他的疏失之处在于,口供规则并非产生于乡村——这种浅陋农夫讨好乡绅的地方,而是产生于伦敦市——这个当时世界上最大的中心城市。自白者一般是年轻无靠的仆佣(特别是女佣)㉙,或者是学徒、雇工、房客等人,这些人往往背井离

㉔　2 Hawkins, *PC* 469.
㉕　3 Wigmore, *Evidence* § 820, at 238.
㉖　Ibid. § 865, at 351.
㉗㉘　3 Wigmore, *Evidence* § 820, at 353.
㉙　贝蒂提出证据认为,1670—1750 年间在老贝利法庭审理的发生于伦敦市的财产犯罪案件中,近乎 40% 的被告人是女性,而在 1690—1731 年间,女性被告的人数超过男性(原文意为"男性被告的人数超过女性",经核查被征引文献——译注)。Beattie, *Policing* 63—71 and table 1. 4. 当时关于人们对佣人实施盗窃的担心,see id. at 37—38.

乡、无依无靠，被指控盗窃食物、衣服、家庭用品、工具或者商业存货。毋庸置疑，嫌疑人(或男或女)因受到威吓而供述其完全不知情的犯罪案件是很少见的；但令人担心的情形是：一个每日受主人供养而被诬为罪犯的佣人，会因受到恐吓而不知所措；如果主人固执己见，尤其还承诺不予处罚或者予以宽恕的话(即口供规则中的“虚假允诺”)，那么该佣人就会“供认”其从未做过的事情。而且，这些发生在家庭或工作场所的所谓“犯罪”，在有些情况下本身就存在模糊性。根据对雇佣合同条款的理解，佣人本来就对所谓“赃物”拥有一些合理的权利。[230]这些案件并非打家劫
231 舍类的暴力犯罪，而属于工作场所的劳务纠纷。其风险就在于，雇主可能通过以下“三步曲”在此类纠纷中稳操胜券：首先，引诱或者威胁提起刑事控告；然后，答应佣人如果他(她)承认取得财物的行为是盗窃，就不予追究；最后，雇主背弃承诺，根据该口供控告佣人。

推动口供规则扩张至“虚假允诺”类型的另一因素是：人们越来越不愿意将相对轻微的盗窃罪适用死刑。[231]当时的法令对特定罪行不再适用神职减刑特权，主要针对发生在家庭和工作地点的犯罪，包括从室内盗窃价值超过 40 先令的物品，从店铺盗窃价值超过 5 先令的物品。[232]18 世纪，即使对于许多案件，增加了流放到蛮荒之地的流放刑以代替死刑，稳步减少了死刑适用率[233]，但英格兰刑法所规定的死刑仍超出了官方的预期。18 世纪刑事司法的一个核心问题是减少适用死刑的数量。在本书第一章，谈到鼓励陪审团操纵赃物估价以降级降格处罚的方式将死刑

---

[230] 莱恩博把这些案件视为刑事司法的主流。Peter Linebaugh, *The London Hanged: Crime and Civil Society in the Eighteenth Century* (1991). 事实上，这类案件鲜有发生，see John H. Langbein, “Culprits and Victims,” *Times Literary Supp.*, 11 Oct. 1991(reviewing Linebaugh)。虽然少有发生，但这类案件确实存在。贝蒂曾提到，在一起案件中，一名马车夫遭到前雇主的报复性起诉，控告他偷了雇主替换下来的一套马具。经过加罗的交叉询问，控告人承认被告有理由相信马具是给他的额外奖励。William Hayward, *OBSP* (Jan. 1790, #228), at 230, cited in John M. Langbein, “Garrow for the Defense,” *History Today* (Feb. 1991), at 49.在另一个案件中，东印度公司起诉雇员休·多亚尔从其仓库盗取胡椒。加罗交叉询问了控方的重要证人，他承认，“对这样一位员工，晚上把身边的胡椒粒带点回家，这种现象很正常”。结果，多亚尔被裁决无罪。Hugh Doyle, *OBSP* (Sept. 1784, #805), at 1119, 1120.

[231] 参见第五章注释[336]—[400]及其相应正文；see generally 1 Radzinowicz, *History* 301—396, 450—607.

[232] Beattie, *Policing* 329, 335—357.

[233] Beattie, *Crime* 471 ff; see esp. 620 and fig.11.1; see also ibid. at 506—519, 530—548, 560—559, 582—601, 619—621; Beattie, *Policing* 427—462.

减为流放刑时,已经讨论过这种现象;我在第五章讨论当时人们为何对刑事对抗制歪曲真相的倾向表现出如此宽容时,会继续探讨该问题。而当前的关键问题是,在一个需要减少死刑数量的刑法体系中,该口供规则会造成错案的倾向很少受到关注。该口供规则主要适用于主观恶性不大的罪犯实施不太严重的犯罪,通常是一些年轻的仆佣禁不住诱惑或为生存所迫而犯下的轻微罪行。创设口供规则的法官们知道,当时人们最畏惧那些具有铁石心肠的团伙罪犯,他们通常不会因"虚假允诺"而供认。团伙罪犯是污点证人制度主要的打击目标。我们已经看到,同一批法官在扩大口供规则的同时,在阿特伍德和罗宾斯案中缩小了(补强规则的)保护范围,而该保护用于防范污点证人作伪证的可能性。

口供规则与当时提起控告的两大动力也密切相关,即污点证人制度与赏金制度。如早前看到的那样,法官们在经过一番犹豫后,终于承认那些为了充当污点证人所作的口供,完全属于口供规则中"虚假引诱"所禁止采纳的证据类别。而在入室盗窃与拦路抢劫等可以获得赏金的罪行中,赏金制度背后同样存在风险。在每定罪一件就能获得高达 140 英镑赏金的诱惑下,以此为业的捕贼人则既可能采用暴力手段,也可能采用欺骗方法。福斯特对这种"向无权讯问者作出的供认"表示怀疑,同时又充满担忧,他认为口供"是所有证据中证明力最弱、最值得怀疑的证据。口供证据虽容易取得,但在记录的过程中也常被歪曲……"[234]而且,他还认为,"这种特殊证据无法通过一般程序用否定性证据进行反驳(证伪),而一般事实的证明则可以"。[235]此外,即便是有讯问权的治安法官,也难免被怀疑使用暴力。像亨利·菲尔丁这样一位米德尔塞克斯的法庭治安法官,也曾吹嘘其通过营造一种强制的氛围或环境而获得口供。他提到,在对团伙犯罪的成员"讯问……获取证言"时,"往往要对他们进行没日没夜的审讯,特别是当难以获得充足的证据进行定罪时"。[236]

在福斯特著作出版前十年的 1747 年,老贝利法庭审理的一个案子就淋漓尽致地展现了他所担心的状况,因为那时还处于口供规则发展的初期,捕贼人尚不知道:若是承认以欺骗手段获得口供,可能使整个案件的控告失败。1749 年在乔

232

---

[234][235]　Foster, *Crown Law* 243.

[236]　Henry Fielding, "Introduction," in *The Journey of a Voyage to Lisbon* 17, 20(2d. ed. London 1755).(第三章注释[28]略同——译注)

治·威尔登拦路抢劫案的审判中,捕贼人史密斯卖弄审前询问时欺骗犯罪嫌疑人的"聪明才智"。"我告诉他,如果你作出有罪供述,我将解除对你的关押。"威尔登犹豫一下,问道,"你会讲信用吗?"史密斯再度向他保证。威尔登又追问道:"把手给我,并发誓所言属实。"史密斯继续说道:"我伸手给他并发了誓。我说,以上帝之名,若你承认抢劫,我将解除对你的关押。"[237]威尔登作有罪供述,史密斯马上就将威尔登关押候审。在老贝利法庭,审判法官听了史密斯前后不一的证言,惊诧到语无伦次:"什么,你以造物主的名义起誓,如果他认罪了,就不再起诉他……然后……又把他送到这里来领赏……?!"该案发生时,口供规则还未定型,但法官仍自信地指示陪审团,不要相信史密斯在法庭上的陈词。"你是在告诉大家,你的誓言一文不值。"[238]法官们倾向将其作为证明力大小或可信度的问题处理,而非予以排除。陪审团裁决的理由或许是基于法官的指示,《审判实录》记载:"陪审团裁决被告人无罪,没有考虑史密斯法庭上的陈词;因为他不惜违背誓言,以如此无耻的方式从威尔登那里骗取口供,陪审团认为他的意图就是为了获取赏金。"[239]

因此,我的结论是:口供规则中的"虚假允诺"部分不是法官"感情用事的非常"之表达。[240]从 18 世纪 20 年代到 18 世纪 60 年代的这四十年间,英格兰法律对于口供证据的态度已经发生了根本转变:从霍金斯明确提倡使用口供证据,到福斯特认为口供证据是"所有证据中最弱、最令人怀疑的证据"。对口供规则新生的敌意,恰恰是对控方证据不可靠性的担忧,也正是这种担忧催生了补强证据规则,并导致辩护律师在 18 世纪 30 年代被法庭接纳。为矫正错误风险和平衡辩方劣势地位而在司法实践中发展起来的这些保障措施,如第三章所述,都是应对控诉措施逐渐加强的结果。

第五节　尚在发展中的规则:传闻规则

18 世纪的《审判实录》还打开了一扇窗,使我们看到成熟英美证据法的核心内

---

[237]　George Welden, *OBSP* (Apr./May 1747,♯179), at 124, 125.

[238]　Ibid. at 125.

[239]　Ibid. at 126.

[240]　2 Wigmore, *Evidence*,§865, at 353;参见前注[226]及相应正文。

容：传闻规则。不同于另外三项专属于刑事审判的规则（即品格规则、补强规则和口供规则），传闻规则还适用于民事领域。而且与补强规则、口供规则不同，传闻规则与刑事审前程序的缺陷并无联系（并非为弥补缺陷而设立）。直到19世纪早期，传闻规则的基础理论（即促进交叉询问的价值）才确立。㉑

威格摩根据《国家审判实录》和其他官方法律报告中民事案件的记载，认为传闻规则形成于17世纪晚期。根据他的观点，“到18世纪初，传闻规则作为基本法律的一部分，已经得到普遍和明确的认可”。㉒17世纪以及18世纪早期确实有排除传闻证据的判例，但是威格摩仅凭这些案件就误认为传闻规则在当时已经建立。如本章前文所述，在18世纪的老贝利法庭，传闻证据没有遭到任何反对就直接被接受的情形非常普遍。㉓传闻证据被采用的案例充斥于《审判实录》㉔和其他各种小册子文献中。根据达德利·赖德法官在1754年到1756年主持民事审判期间所做 234

㉑ 有人认为，与对于传闻规则的适当范围持续不满一样，确认此规则理论基础的困难之处，也可归因于传闻规则与“对质权”理论的混淆——这是美国宪法的术语，即刑事被告有权“与指证他的证人对质”；U.S. Constitution，Amendment 6(1789)。关于二者的重合之处以及对质权理论的英格兰历史背景，see Richard Friedman，“confrontation：The Search for Principles，” 86 *Georgetown L. Rev.* 1011，1022—1025(1998)；id.，“Anchors and Flotsam；Is Evidence Law ‘Adrift’?” 107 *Yale L. J.* 1921，1938—1939(1998)(review of Mirjan Damaska，*Evidence Law Adrift*(1997))。

英格兰普通法未能将“对质权”理论作为一项理论加以确认并发展，这令人难以理解。即使都铎时代一些著名的国家审判中（如*R.v. Nicholas Throckmorton*，1 *St. Tr.* 869(1554)，and *R.v. Walter Raleigh*，2 *St. Tr.* 1，14—15，18(1603)）仍未采用对质权原则，但这一原则在17世纪晚期已经得到人们充分理解。特别是黑尔，他对此基本原理阐述道“这种于陪审团面前公开[听取]证据的优越性在于，法官、陪审团、诉讼各方及其出庭律师，甚至是对抗双方的证人都在场……这样就有机会与对方证人进行对质……更便于准确、清晰地发现事实”。Matthew Hale，*The History of Common Law of England* 163—164(Charles M. Gray ed.)(1971)(1st edn. 1713)[hereafter cited as Hale，*Common Law*]（遗著，黑尔在1676年去世）有趣的是，虽然黑尔强调在执行对质权理论中交叉询问的重要性，但他并未将交叉询问与出庭律师专门联系起来。“所有的人包括法官、陪审团成员、诉讼各方及其出庭律师或代理人，都有机会随机提出问题以发现真相；这种方式远远胜过仅由证人进行正式、但无法受到质问的陈述……” Ibid. at 164.在这里，黑尔将普通法在民事问题上的审判程序与英格兰民事法院（即教会和大学的）可能还有衡平法院的做法进行比较。

㉒ 5 Wigmore，*Evidence* §1364，at 26.

㉓ 参见前注(83)、(95)、(103)、(106)、(111)、(114)和相应正文及后注(277)。

㉔ 我讨论了17世纪70年代至18世纪30年代《审判实录》中出现的案例：Langbein，“CTBL” 301—302。关于1710—1729年间这些文献中更多的事例，Stephen Landsman，“The Rise of the Contentious Spirit：Adversery Procedure in the Eighteenth Century England，” 75 *Cornell L. Rev.* 565—567(1990) [hereafter Landsman，“Spirit”]。关于18世纪50年代的案例，Thomas P. Gallanis，“The Rise of Modern Evidence Law，” 84 *Iowa L. Rev.* 499，514—515(1999) [hereafter Gallanis，“Iowa”]。

的丰富记录,我在其他文章中描述了当时的情形。㉕出庭律师几乎并未对传闻提出异议,赖德也大量接受这种传闻证据。㉖18世纪80年代,曼斯菲尔德勋爵的笔记㉗进一步展示了民事审判中采用传闻证据的案例。戈贝尔和诺顿指出,在殖民时代的纽约,手抄本和小册子记载的刑事案件中也有类似发现:"许多今天会作为传闻证据被排除的证言,在18世纪则作为证据被采纳。"㉘

我们发现,对于现代英美国家律师站在嫌犯的立场上认为是传闻的证据,法庭也对它们日益敏感。从18世纪30年代开始,《审判实录》中记载了一些法庭排除此类证据的案件。㉙在18世纪三四十年代的案件中,法官并未使用"传闻证据"的说法,而是说这种证言"不是证据"而不予采纳。"别人告诉你的事情不是证据。"㉚"他父亲告诉你的,不是证据。"㉛"张三、李四告诉你的都不是证据,他们本人在这里吗?"㉜"那不是证据。你不能宣誓说你听到的,而只能说你知道的。"㉝"你不能宣誓后陈述你岳母告诉你的事情,那不是证据。"㉞"和她一起做工的佣人告诉你的事不是证据;你见过她本人吗?"㉟在1730市政年度,因为《审判实录》的装帧形式发生变化,记载更为详细㊱;所以,后来上述报告中所揭示的发展变化实际上可能早已出现,只是前期文献未予记载而已。

㉕ Langbein, "Evidence".

㉖ Ibid. at 1186—1190.

㉗ James Oldham, "Truth-Telling in the Eighteenth-Century English Courtroom," 12 *Law and History Rev*. 95, at 104—105 and nn.46—47(1994) [hereafter cited as Oldham, "Truth-Telling"].

㉘ Julius Goebel Jr. Raymond Naughton, *Law Enforcement in Colonial New York: A Study in Criminal Procedure* (1664—1776), at 642(1994). 关于18世纪一些著名审判中传闻事例的讨论, see ibid. at 643—644.

㉙ 贝蒂也引用了1739年萨里巡回法庭文献中的两件此类案例。Beattie, *Crime* 364 n.123, citing Cobbing, *SAP*(Summer 1739, at 19; Edmundson, *SAP*(Lent 1759), at 7.

㉚ Joseph Pearson, *OBSP*(Dec.1732, ♯80), at 23(强奸).

㉛ John Bennett, *OBSP*(Jan. 1733, ♯3), at 31(谋杀).

㉜ George Sutton and Willim Simonds, *OBSP*(June 1733, ♯♯46—47), at 191, 193(拦路抢劫).

㉝ Mercy Hornby, *OBSP*(Apr. 1734, ♯22), at 108, 109(杀婴).

㉞ Christian Brown and Sarah Thursby, *OBSP*(Dec. 1734, ♯69), at 17—18(盗窃衣物).

㉟ Mary Pope, *OBSP*(Oct. 1746, ♯357), at 293(杀婴).

㊱ 市政年度始于上一年12月,因此在这里,1730年装帧设计的变化始于1729年12月。1729—1730年的装帧变化问题, discussed in Beattie, *Policing* 373—374; Langbein, "CTBL"270(另可参见前注㉒中的说明——译注)。

一、"不是证据"

在这些早期案件中,1732 年乔治·梅森案是一个典型案例。据说,该案中被告拿了一名妇女的帽子和两先令,他的这种情形被控拦路抢劫。这是源于"母牛之面"酒吧中的众多案件之一。法庭上,梅森在辩护中对控告人的动机及其对事实的认知提出质疑,声称她当时已经喝醉,酒吧的女老板和"她的男人"(一个男雇员)当时都不让她再喝了。然后,三名辩方证人作证说,"'母牛之面'酒吧的那个男人也是这么告诉我的";针对这一说法,一名警察作证,显然在反驳,说"那个男人告诉我……嫌犯和他的两个同伙是三个臭名昭著的流氓,所以他不让他们再喝,把他们逐出门外,因为他不想在他的地盘上出事。"这时,法官似乎听够了传闻证词,他说:"'母牛之面'酒吧的这个男人或者那个女人所说的话都不是证据,除非他们自己到这里宣誓作证。"[257]

我们从法庭对梅森案的干预中可看到一些特点,它们成为此后数十年刑事案件中法官对待传闻证据的典型做法。法庭没有提到"传闻",而是基于"不是证据"这种含糊理由而排除了证言。直到 1753 年,《审判实录》的报告人仍然不熟悉"hearsay"(传闻)这个术语,以至于拼写错误。在对某证言的一个致歉性注释中,他解释道,因需要与报告的其他部分保持一致,"这种 here-say(这里说的)不是证据,因而不必刊印"。[258](这说明报告人倾向不记述传闻的内容,也提醒我们注意《审判实录》的记载具有随机性。)梅森案并未记载法庭指示陪审团不必考虑证言从而将其排除,法官的干预更像在行使对证据的司法评论权,而不是作出排除证据的司法指示。

某些证言"不是证据"的这种观念,说明法庭知道什么是证据。这种对证据的表述与此前民事诉讼案件中所理解的传统证据概念相一致;在民事案件中,经常出现的问题是:某一事实是否足以支持原告的起诉状。这个问题是一个实体法问题,因此与现代证据法旨在控制审判程序中提交事实的中心任务关联不大。(根据霍

---

[257] George Mason, *OBSP*(Dec. 1731), at 13, at 14.最后被告被判有罪。兰兹曼摘录了该案中的一些重要内容;see Landsman, "Spirit", *supra* n.244, at 567—568。

[258] James Bignall, *OBSP*(Sept. 1753,♯414), at 253(盗窃现金).

金斯专著的说法,在刑法实务中的类似问题则是"何种证据能够支持起诉状"㉙)。这种证据法的早期概念存在于整个 18 世纪,可见于瓦伊纳㉖和斯特兰奇㉑等人的著作节选、吉尔伯特(Jeffrey Gilbert)的《证据法》以及 18 世纪的主流法学专论㉒,还有布勒的 1772 年《民事巡回审判》㉓,它为当时的民事巡回审判实务提供标准的指导意见。

到了 19 世纪,伴随着以侵权和财产等理论分类界定实体法的现代惯例取代了传统的依靠程序和诉辩请求来界定实体法的诉状模式,那种对传统"证据"概念的理解逐渐消失。"实质性"(materiality)的这个理念将证据法的这两种概念联系起来,并同时描述实体法和证据规则的不同现象,即法庭有权拒绝浪费时间来听取不相关的证据。㉔对于争议问题来讲"不是证据"的证据,就没有实质性。后来的证据法被视为调整审判中的证明规则,进一步将基于实质性而排除证据的技术,推广至被认为有助于提升裁决准确性的其他制度中。

除了"不是证据"的标签式说法,1732 年梅森案还提供了更多的裁判理由。法官解释道,该证言的不当之处在于庭外陈述者"未亲自出庭宣誓作证",即他们没有宣誓。一般认为,宣誓可加强证言的准确性,但传闻证据缺乏这个环节。法官并未提到排除传闻的其他理论根据,比如担心传闻证据将庭外陈述者的陈词提交法庭,

---

㉙　2 Hawkins, *PC* 248, further expounded ibid. at 435—438.

㉖　瓦伊纳著作的第 12 卷中收集的几乎全是此类案件。12 Charles Viner, *General Abrigement of Law and Equity*(London 1741—1757)(23 vols.). 12 ibid. at 118—119. 瓦伊纳也收集一些他称为"传闻"的内容,但大多数都是涉及证据充分性的问题,与现代传闻的概念相差很多。瓦伊纳著作的第 12 卷是全部 23 卷中最晚出版的;霍尔兹沃思认为它实际上出版于 1757 年,即瓦伊纳去世后一年。12 Holdworth, HEL 165 n.3.

㉑　Anon., *A Collection of Select Case Relating to Evidence: By a Late Barrister at Law*(London 1754)(attributed to Sir John Strange).

㉒　Gilbert, Evidence 113—199;其中讨论了"每个特定诉讼中的几个问题", ibid. at 113.吉尔伯特死于 1726 年而其专著出版于 1754 年。麦克奈尔认为,该书作于 18 世纪早期,因为"在刊印本中对 1710 年后的文献引用,在该书序世的文献中都付阙如"。Michael Macnair, "Sir Jeffrey Gilbert and His Treatises," 15 *J. Leg. Hist.* 252, 266—267 n 107(1994).

㉓　Buller, *Nisi Pirus*, *supra* n.150, at 217—279.

㉔　在现代证据法的表述中,依然承认实质性的要求与案件实体法的联系。麦考密克认为:"如果提交证据证明一项与争点无关的主张,该证据就没有实质性。什么是'争点'? 在诉讼争议范围内,争点主要通过诉辩请求来确定,根据诉讼规则去理解,并受制于实体法。"1 McCormick, *Evidence*, *supra* n.59, § 185, at 637.

却未经交叉询问。早在1668年，就有民事方面的判例提出了这种担忧。[265]霍金斯
在其1721年的法学专著中也提到这一问题，他解释道，"不论传闻对嫌犯是否有
利，严格说来它都不是一种证据，不仅因其未经宣誓，还因为对方无法进行交叉询
问……"[266]但纵观整个18世纪，不能交叉询问的担忧在刑事实务中并未作为一个
问题凸显。据我所知，法官基于这一理由排除我们称为传闻的证据，在《审判实录》
的记载中最早出现于1789年[267]，而当时聘请辩护律师已日益普遍。[268]

尽管18世纪30年代以后在老贝利法院审判的案件中，不采纳我们后来所称
的传闻证据是大势所趋，但认可传闻证据的情况也延续了数十年之久。1744年，
王室法院首席法官评论道，尽管存在"传闻不能被采纳的规则……但在必要情况下
却允许例外，这是饱受诟病的"。[269]奥尔德姆曾指出，在有些案件中传闻被接受，恐
怕是因为本来可以提供直接证言的当事人由于利害关系而失去了作证资格。[270]此
外，存在一种广泛而持久的观点：当传闻作为宣誓证言的辅助证据时，就不应当被
拒绝接受。在谈到叛逆罪案件要求两名证人作证的问题时，马修·黑尔认为"这些

㉕　2 *Rolle's Abeidgrment* 679, pl. 9 [London 1668, cited by Edmund M. Morgan, "Hearsay Dangers and the Application of the Hearsay Concept," 62 *Harvard L. Rev.* 177, 182 and n.7(1948)].

㉖　2 Hawkins, *PC* 431.

㉗　William Woodcock, *OBSP*(Jan. 1789, #98), at 95(谋杀). *R. v. Woodcock*, 1 *Leach* 500, 168 *Eng. Rep.* 352(1789)(same case).财政法院法官艾尔主审此案，他适用了现代称为传闻规则中"临终陈述"的例外做法(关于该问题，see 2 McCormick, *Evidence*, *supra* n.59, §§309—312, at 305—311)，采纳了被害人临终所言：她的丈夫即被告人，将她殴打致死。艾尔将这一特例与一般标准作了比较："一般而言，合法证据包括证人证言(deposition)，后者经过宣誓，在庭审时向陪审团作出，陪审团听取的这种证言具有询问和交叉询问所带来的各种优越性。"*OBSP*(Jan.1789), at 111.
据称，在几年前的一个类似案件中，被谋杀男孩的陈述被拒绝接受。财政法院法官艾尔和内尔斯法官对排除提出的理由，完全是未经过宣誓，而不是未经过交叉询问。William Higson, *OBSP*(Apr. 1785, #415), at 536.内尔斯对一名准备陈述孩子遗言的证人说："我觉得你不必告诉我们那个男孩说了什么……陪审团的先生们，你们看到，这项陈述没有经过宣誓……那个男孩也并未处于一种保证其陈述真实性的状态"；"某人在弥留之际，生还无望，这会对他的思想和意识产生一种影响，从而使其陈述等同于经过了宣誓……"Ibid. at 539.艾尔对此表示赞同："所有指控嫌犯的证言都应该经过宣誓，但有一项例外，即对于一个明知自己即将死亡的人，其未经宣誓所说有关行凶者的情况，可以接受为证据。这是因为，当时的这种情形会使他思想上产生说出真相的责任意识，等同于宣誓的约束效力。"Ibid.

㉘　参见第三章注释⑳及其相应正文。

㉙　*Omychund v. Barker*, 1 *Atk.* 21, 46, 26 *Eng. Rep.* 15, 31(Ch. 1744).

㉚　Oldham, "Truth-Telling," *supra* n.247, at 103—105, 113—117.

证人不得只提供传闻证言"。[271]霍金斯解释道,"只有为了介绍或者说明适格证据的目的",才可接受传闻。[272]吉尔伯特写道,虽然"传闻不被接受为直接证据,但它可以作为证人证言的补强证据……"[273]克里斯托弗·艾伦对这种持续使用传闻的做法作出评论道,尽管当时人们"已经意识到传闻证据的缺陷",但他们"并不认为应当完全排除,而是常用来介绍、说明或者补强(更一般的)常规证据"。[274]正如前文提及的"追踪传闻"在有些案件中时有发生,其中传闻被用来证明某被告为何引起怀疑或某一调查如何进行等;我怀疑,上述对传闻作为"辅助证据"的宽容态度很可能是此类案件频出的原因。[275]

老贝利法庭还在涉及幼女的强奸案中接受明显是传闻的证据,因为被害人年纪太小而不能理解其宣誓的重要性,因而没有作证资格。[276]法官倾向于允许她的

---

[271] Matthew Hale, *Pleas of the Crown: Or, a Methodical Summary of the Principal Matters Relating to that Subject* 262(London 1694)(遗著,写于 1676 年前).(这本书不同于黑尔所著的另外一套两册的专著《刑事诉讼法史》,Hale, *HPC*。)

[272] 2 Hawkins. *PC* 431.这段表述曾被引用提交法庭,*R. v. Mary Heath*, 18 *St. Tr.* 1(K. B. Ireland 1744)(伪证)。当时法庭打断一名准备陈述传闻的证人的发言,安排该证人的出庭律师告诉法庭,根据霍金斯关于该规则的说法:"传闻证据如果是用来说明其他可以提交法庭的适格证据,就应当被采纳。"法庭答道:"传闻证据确实可以用来引出实质证据,但是如果这名证人声称所有的证据都是实质证据,那我们就不能采纳。"Ibid. at 67.

[273] 整段原文:"传闻不能被接受为直接证据,但是它可以补强证人证言,说明他(传闻陈述者)能够以其他理由证实同一事实,而且那名证人的证言与他自己所说一致;这种传闻证据只是支持那名证人经过宣誓后所作的证言。"Gilbert, *Evidence* 108.

[274] Allen, *Evidence*, *supra* n.168, at 24.

[275] 参见前注⑮及其相应正文。一个著名的案例是 1732 年托马斯·爱德华和其他数人被控拦路抢劫一名教士案。Thomas Edward *et al.*, *OBSP*(Feb. 1732, ♯♯41—43), at 89, 90.被害人在作证时发表长篇大论,但都是关于劫匪如何引起怀疑和如何被逮捕的:

抢劫发生以后的那个星期天,有几个从旧衣市场来的人要去天鹅巷找一个人,那里靠近我兄弟的……酿酒厂,他们让人拿了一罐啤酒,然后开始聊天。其中一人说:"你的生意做得怎么样?"另一个人说:"嗯?说实话,一般般吧。不过抢劫的事情还在干着。""抢劫?"第三个人说。第二个人又说:"哎,看看这个世道变成什么样了!我们上周三晚上十二点到一点那会就抢了一个教士。"这时又有第四个人接话,问第一个人:"教士?""什么?我们刚不是看到几个旧衣市场的家伙戴着顶教区牧师的帽子吗?"他旁边那个人说:"看到了,我还正琢磨这件事呢。"这些人里面有一个是酒馆的人,他把这些事告诉我兄弟,然后这些嫌犯就在旧衣市场被逮捕了。

[276] 黑尔建议允许听取孩子未经宣誓的证言,但如果陪审团作出有罪裁决,必须要有经过宣誓的证言作为补强证据。1 Hale, *HPC* 634(这体现出一种理念:如果传闻仅是为了证明宣誓证言,或者获得了宣誓证言的补强,那就不得拒绝接受)。直到 1775 年之前,一些法官仍坚持这种做法,当时全体法官会议通过一份可分判决,最终否认了上述做法,认为:"在刑事案件中,未经宣誓的证言不得接受。"(转下页)

母亲、医生或者由其他听闻受害儿童对事情描述的人进行陈述，以作为弥补措施。㉗在《审判实录》中，从 17 世纪 70 年代到 18 世纪 60 年代这近乎一个世纪间，此

（接上页）*R. v. Powell*, 1 *Leach* 109, 168 *Eng. Rep.* 157(1775); accord *R. v. Brasier*, 1 *Leach* 199, 168 *Eng. Rep.* 202(1779)；参见后注㉗。全体法官会议的裁判理由与允许刑事被告不宣誓而陈述的规则存在矛盾（在英格兰，直到 1898 年都禁止刑事被告宣誓作证）；但是这个问题通过"将被告的陈述视为辩护而不是证言"这一"贴标签"的方式得以解决。

作为一个刑事实体法问题，制定法规定：与不满十周岁的幼女发生性行为，无论其是否同意，都构成强奸。18 Eliz. 1, c.7(1576).在一起案件中，孩子只有 10 岁零几个月，老贝利法官基于已经无法确定当时孩子是否同意，"控方不能证明被告对孩子实施了直接暴力，"因此指示陪审团作出无罪裁决。John Hunter, *OBSP*（Apr. 1747, ♯208），at 142, 145.

在 18 世纪的《审判实录》中，这种显然构成强奸而被裁决无罪的案件竟然非常普遍，部分原因如前注⑫所述，因为被害人因年幼不能作证而成为犯罪者的最佳目标。另外一个因素是：陪审团可能意识到，至少在某些案件中，死刑的惩罚过于严苛。1786 年，在苏塞克斯巡回法庭指控的一起强奸罪案件中，就提出了这种担心。陪审团合议了半个小时，然后问法官，在无罪和死刑之间"是否有其他中间的选择"；法官告诉他们：没有，他们作出了无罪裁决。*The Trial of John Motherhill for Committing a Rape on the Body of Miss Catharine Wade* 35（London 1786）.关于律师应对强奸案辩护策略的讨论，参见第五章注释㉑及其相应正文。

㉗ 我曾经详细描述了一起早期的案件：斯蒂芬·阿罗史密案；Langbein, "CTBL" 291—293.这在 1678 年 12 月老贝利的庭审小册子读本中有特别详细的记录。*Exact Account* 14—16.在该案中，受害的孩子和她的玩伴，分别是 8 岁和 9 岁，两人未经过宣誓的证言被允许听取，但后来陪审团再次让两人宣誓并接受询问，因为陪审团认为对他们未经宣誓的证言感到不安。有四名证人的传闻证言被接受（包括对被害人进行检查的一名助产士、一名外科医生和两名显然对孩子有照看责任的妇女），他们陈述案件调查时被害人告诉他们的话。主审法官认为该传闻可以接受，因为"此类罪犯在作案时从来不会让其他人在场，"而受害人年纪太小，不能宣誓。Ibid. at 16.当陪审团拒绝定罪时，法官改变了主意，让受害人和另一个孩子宣誓后重新陈述。（在后文另一问题中还会再论及此案，参见第五章注释㉚—㉞及其相应正文。）

《审判实录》中其他此类案例还有：

（1）Adam White, *OBSP*（July 1726），at 7.被告被指控强暴了他 11 岁的女儿。孩子作证说（是否经过宣誓未予记载），事情就发生在她所居住的阿姨家里，事发后几周，她都没有向任何人说过这件事，直到雇她做帮工的阿姨开始怀疑。随后阿姨作证说，"我发现她的亚麻衣服上有污渍，她说她得了'高卢病'（指感染了性病；该词源于'高卢'，指法国病）。我找来了史蒂文斯护士，她说她认为那就是性病，那是她的父亲传染给她的。我自己没有给她做过检查，但我又找来一名外科医生，他说她没有破身，因此他不认为她有过任何性行为，只是有些化脓，但他不确定那就是性病"。Ibid.报告最后总结说："阿姨、护士和外科医生似乎都不能进一步说明事情真相，因此陪审团裁决嫌犯无罪。"

（2）Thomas Norris, *OBSP*（Dec. 1741, ♯54）at 17.房东即孩子的阿姨，还有一名外科医生，均作证说明孩子当时的陈述；孩子也接受了询问，但是否经过宣誓未予记载说明。在交叉询问中，这名外科医生承认，他对于第三人所说关于嫌犯是否有罪的情形表示怀疑。另外一名外科医生并未对孩子进行检查，但他也怀疑孩子的说法，作证支持被告。另外还有两名品格证人作证支持被告。因此被告被裁决无罪。

（3）John Birmingham, *OBSP*（May 1753, ♯217），at 147.该案中，主审法官排除了传闻，告诉作证的母亲："你不能陈述小女孩告诉你的任何事情。"Ibid. at 148.法官没有说明理由（或者即使他说了，报告人未把它记录下来）。（转下页）

类案件时有发生,但是都没有专门建立起传闻规则的正式例外;毋庸置疑,这是因为,它们都很难与支撑传闻规则的核心理论(无论是宣誓还是交叉询问)相兼容。到 1779 年,全体法官宣称:除非该儿童宣誓作证,否则就拒绝接受其证言。㉗

242

老贝利的文献显示,传闻规则到 18 世纪末期在刑事司法实务中已经完全确立。托马斯·加兰尼斯的广泛研究证实,传闻规则在当时的民事司法实务中也获

（接上页）（4）William Kick, *OBSP*（May—June 1754,♯341）, at 215.“由于除了孩子母亲提供的传闻外,并无其他证据指证嫌犯,因此法官裁定证据不充分(从而指示陪审团作出无罪裁决?);被告因此被裁决无罪,但是他因另一起指控而被羁押,即因暴力强奸未遂的指控在希克斯大厅(米德尔塞克斯季审法庭)再次受审……”Ibid at 216.本案(以及随后的案件)是否意味着:传闻对于指控重罪强奸被视为不充分的,而对于轻罪的审判则被视为充分的?

（5）Thomas Crosby, *OBSP*（Dec. 1757,♯17）, at 8, 9.孩子的母亲作证陈述孩子告诉她的事情。报告的结论是:“由于孩子只有九岁,不能宣誓接受询问,被告因此被裁决无罪;但是他在随后的开庭期内,将因对儿童使用暴力、强奸未遂而被羁押候审……”Ibid.

（6）Isaac Spicer, *OBSP*（Dec. 1768,♯78）, at 33.六岁孩子(受害者)的母亲,作证陈述孩子告诉她的事情。“孩子太小而不能接受询问,因此嫌犯被裁决无罪。”

（7）William Allam［sic］, *OBSP*（Sep. 1768,♯538）, at 319. 八岁孩子(受害者)的母亲,作证陈述孩子告诉她的事情。嫌犯被裁决无罪。

贝蒂讨论了 1739 年在萨里巡回法庭受审的另一起此类案件。Beattie, *Crime* 364 n.122, citing Bromley, *SAP*（Lent 1739）, at 22.

关于 1753 年赫福德巡回法庭审判的一份小册子报告,记录了另一起案件。外科医生约瑟夫·劳作证说,他对一名 16 岁的受害人进行检查,发现“曾经发生过性行为;我对此询问了这个女孩,然后她说,她的父亲对她施暴,然后她还对我说,她感觉她父亲把一股热热的东西留在了她体内。”Anon., *The Trial of Job Wells of Redburn in the County of Hertford* 6（London 1753）.

㉗ R. V.Brazier, 1 *Leach* 199, 168 *Eng. Rep.* 262(1779).该案在雷丁巡回法庭审判,被提交全体法官合议。被害人还未满 7 岁。她母亲和一名女房客作证说明事发时孩子说的话。全体法官合议认为,只要能够充分理解“宣誓的性质和后果”,即使一个 7 岁的孩子也可以宣誓后被接受为证人,但是“未经宣誓,任何证言都不得被合法接受……”因此,“孩子向其母亲和其他证人提供的证据信息,不应该被接受。”Ibid. at 200, 168 *Eng. Rep.* at 202—203.

迈克尔·福斯特,卒于 1763 年,似乎倾向于认可这种结果。他在所藏黑尔《刑事诉讼》一书中的空白页写道:“在私密的恶劣罪行中,孩子是受害的一方。我认为,完全排除孩子的证言,在一定程度上会剥夺他们受法律保护的权利,而该权利是人生而享有的权利;但孩子们的轻率和不成熟无疑会很大程度上影响其证言的可信度。”因此,这些案件会引发各种令人苦恼的价值冲突。Foster, Hale MS following 263.在这份文献中,福斯特列出一份关于 18 世纪允许孩子作为证人的先例清单,其中数起源于他所谓的“登顿手稿”。奥尔德姆认为那是登顿法官的手稿(C.P. 1727—1740),而且他注意到福斯特在其出版的作品中引用了该手稿。e.g., Foster, *Crown law* 108, 185. 通过这种方式,福斯特记载:霍尔特曾允许一个九岁孩子为她自己遭性侵的事实而作证(O.B., 1705);“1709 年王室法院接受一名未满 12 周岁的孩子作为证人”;“老贝顿法庭允许一个 10 岁零 11 个月的孩子为自己遭遇性侵的事实而作证”(O.B., Apr.1704)（per Holt and Tracey JJ);“一个五六岁的孩子在斯图亚特案中被拒绝接受为证人。1726 年 4 月,一个七岁的孩子在金斯顿巡回法庭被雷蒙德拒绝接受为证人。”Ibid.

得了同样发展。从已出版的法律报告和法学专著中,加兰尼斯发现在 18 世纪 80 年代到 90 年代的民事诉讼中排除传闻证据的频率显著增加。[279]

二、出庭律师的影响

如本章开篇所述,在刑事证据法的发展初期,出庭律师似乎并没有发挥多大作用。在重罪审判中允许辩护律师出庭这项实务改革之前,品格规则就已经大体形成。在 18 世纪 40 年代,律师出庭还不太普遍;而在此后不久,补强规则和口供规则就确立了。在我们今天所称的"传闻规则"的发展早期,有一起记载详细的案例:该案的出庭律师对传闻提出异议,坚持要求法官作出弥补性的指示意见。在 1741 年布里斯托尔巡回法庭审理的塞缪尔·古德尔谋杀案中[280],控方事务律师充当关键的事实证人。在控方出庭律师的询问中,他说死者(临死前)告诉他,被告人塞缪尔·古德尔(即死者的兄弟)在他们的父亲去世时,找了一些人"取他性命"。[281]辩护律师谢泼德向法官[迈克尔·福斯特,时任布里斯托尔的巡回法官,于 20 年后撰写了《刑事法》(*Crown Law*)一书]提出异议:

> **谢泼德先生**:我必须向法庭提出,[死者]当时所说的话不是证据。
>
> **法官**:那不是证据,但也许它可以引出史密斯先生接下来想说的话:如果它不是证据,那就不应该提到它……
>
> **谢泼德先生**:无论它事实上是不是证据,我都坚持认为:从法律的角度上它不是证据;它可能会影响陪审团对案件的裁决。
>
> **法官**:我会提醒陪审团哪些不是证据,请继续说吧,史密斯先生。[282]

我们从这段表述中可以看出,辩护律师对传闻提出异议,并成功地抵制了法庭最初的做法,即仅以介绍或者说明为例外而使用传闻。

243

《老贝利法庭审判实录》的记载并未显示,18 世纪出庭律师在反对传闻证据方面发挥过作用。我们无法断定,是否因为史料的原因而产生一种错觉,即《审判实

---

[279] Gallanis, "Iowa," *supra* n.244, at 533.

[280] *R. v. Samuel Goode*r, 17 *St. Tr.* 1003(Bristol Assizes 1741);在第三章注释[321]—[324]及其相应正文在讨论另一问题时也提到了该案。

[281][282] Ibid. at 1018.

录》没有兴趣记录这类琐碎事务，还是因为对传闻提出异议的情形确实很少。但是，对于 18 世纪 80 年代传闻规则的适用和扩大，我们确实发现了辩护律师所施加的压力，而这种力量在 19 世纪持续增强。在 1783 年"威廉·琼斯盗窃铁器案"中，我们看见当时老贝利法庭著名的出庭律师威廉·加罗逐渐削弱了追踪传闻例外的适用。一名警察对获得赃物的某些情况进行陈述，他说："我问邓恩夫人，这些东西是谁的。"代表被告的律师加罗打断该警察的话，说："你不能告诉我们她说了什么。"对方的出庭律师反驳道："他必须把事情讲完。"加罗回应道："那我请求法庭决定，此人是否可转述邓恩夫人和布雷特夫人所说的话。"法官说："不能，当然不能。"[283]在这轮法庭交锋中，我们看到两种不同观点的对立：一种是旧式的"争吵式"审判理念（"他必须把事情讲完"）；另一种是刚出现的由律师通过证据规则之网筛选证言的制度理念。尽管证据法可能是法官创设的，但它具有武装律师的效果。虽然证据规则是法官在庭审过程中行使裁量权而创立的，但在新的对抗式争斗环境下，对某一案件胜诉的利益追求致使出庭律师有动力，将实质上已扩大的规则推动发展为传闻规则。

律师主导庭审的过程（庭审律师化）对于推动法官将裁量性做法转化为法律规则具有极其深远的影响，不仅因为律师们喜欢运用规则的逻辑来处理新案件，而且因为律师们形成一股力量，要求他们面对不同法官在实践中保持做法一致。[284]从发生于 1789 年的另一起老贝利审判的案件中，我们可以看到这一过程正在发生。该案被告曾向逮捕他的警察作出供述，但是代表他的律师加罗则反驳说：这份供述违反了口供规则中"虚假允诺"的子规则，不应当被接受。警察在被告供述之前的话

283　William Jones, *OBSP* (Dec. 1783，♯102)，at 130, 131.

284　当然，当时还有其他协调机制，其中全体法官合议程序最为典型。而且，所有的普通法法官都属于三大衡平法院（王室法院、民事高等法院和财政法院）之一，共同审理民事案件（也会在相对较少的刑事案件中，共同到王室法院出席全体法官参与的审判。）在老贝利和各巡回审判区建立的书记官制度也成为引导法官们了解先例的一种途径。一名爱尔兰的出庭律师伦纳德·迈克纳利曾于 18 世纪 80 年代在老贝利法庭任职，写了一份实务小册子；在小册子中，他记述道：1784 年，一名负责认罪答辩程序的书记官向老贝利法庭说明该法庭采纳审前口供的做法。MacNally，*Evidence, supra* n.1, at 33.因为巡回法庭没有常任法官，所以各巡回审判区的巡回书记官因组织的连续性对轮流在各地审判的法官产生一定影响。例如，1754 年，法官达德利·赖德记录了中央巡回审判区巡回法庭书记员杰尔姆·纳普的一系列做法：即说明 1752 年和 1754 年新颁布的刑事起诉补贴部分费用的法令执行情况，Ryder，"Assize Diary" 7，13，16，25；我在文章中曾转录了部分内容，in Langbein，"Ryder" 122 n.495。

属于"据我所记得——格罗斯法官在上次巡回审判时所说的情形：[作出供述的嫌犯]'既不应受到虚假允诺引诱，也不应被严刑逼供所恐吓'"。[285]"受虚假允诺引诱"这一用语在适用上具有无限的可能性，加罗无疑受此启发，从而通过这种方式将规则扩大适用到他很难成功辩护的案件当中（但老贝利的法官并未采纳他的说法，而是接受了该项证言）。回溯 19 世纪中期，威廉·贝斯特在其专著中指出了在证据法形成过程中出庭律师所产生的作用，"允许辩护律师出庭的必然结果就是：他们对证据可采性提出的异议更加频繁地得到法庭支持，法官的注意力更多地聚焦于证据问题，案件的裁判更加审慎，而他们的裁决也更容易被铭记"。[286]

三、以交叉询问为判决理由

在后来的法律中，基于推动交叉询问的考虑成为适用传闻规则的主要判决根据。早在 1668 年，我们就在一起孤立的民事案件中发现了这一判决根据。[287]霍金斯在其 1721 年的法学专著中也提到这一问题，他解释道："不论传闻对嫌犯是否有利，严格说它都不是一项证据，不仅因其未经宣誓，还因为对方无法进行交叉询问……"[288]然而，纵观整个 18 世纪，不能交叉询问的担忧在刑事实务中并未作为一个问题凸显。据我所知，法官基于这一理由排除我们称为传闻的证据，在《审判实录》的记载中最早出现于 1789 年[289]，而当时聘请辩护律师已经日益普遍。[290]

加兰尼斯研究了 18 世纪和 19 世纪的证据法专著。他发现，在世纪交替之时，传闻规则的主要裁判理由从宣誓问题转变为交叉询问。[291]基于"缺乏交叉询问"的担心"最早出现于 1791 年洛夫特对吉尔伯特专著的修订本中，不过仅限于刑事案件。然而，到了 1801 年，皮克在其专著中赋予了两种理论根据同等地位；到了 1806

---

[285]　Michael Hay, *OBSP*(May 1789, ♯365), at 464, 469.

[286]　William M. Best, *A Treatise on the Principles of Evidence and Practice as to Proofs in Courts of Common Law* 133(London 1849) [hereafter Best, *Treatise*].

[287]　参见前注[265]。

[288]　2 Hawkins, *PC* 431.

[289]　同前注[260]译注。

[290]　同前注[268]译注。

[291]　Gallanis, "Iowa," *supra* n.244, at 533.加兰尼斯指出：根据时间的发展，认为刑事审判实践影响当时民事证据法的形成。他提出极为有力的文献证明，曾有老贝利庭审实践经历的出庭律师更频繁地对证据提出异议。

年,埃文斯已经认为'缺乏交叉询问'是更有力的反对理由"。㉒我们在 19 世纪早期的实务类书籍中发现,宣誓仍作为传闻规则的理论根据,比如 1815 年迪克森的季审法庭手册㉓,但在 1824 年出版的斯塔基所撰写的《证据法》专论这一标志性著作中㉔,已经将"缺乏交叉询问"确立为首要的理论根据。

相信交叉询问是"人类智慧创设的揭露真相、发现错误的最完美和最有效的制度",㉕这一观点成为旧法被废止的核心依据,即"当事人因利害关系而不具有作证资格"这一旧法的支柱理由被废止的主要理由。即便是对 19 世纪早期英格兰证据法最严苛的批判者边沁,也毫无批判地接受"交叉询问是事实调查程序中发现真相的理想途径"这一观点。"交叉询问是防范错误或虚假证言的最重要保障……"㉖从以宣誓为基础到以交叉询问为基础的证据法保障理论变革背后,反映出如何提高裁判准确性的观念变革。以宣誓为基础的制度前提是证人对上帝会惩罚伪证者的畏惧。而新规则不再基于这种观念,而代之以另外一种信仰,即律师实施的交叉询问具有发现真相的功能。

对于人们愿意接受交叉询问作为发现真相的保障,其令人困惑之处是:当时的人们非常清楚,双方可能基于不同立场和掩饰真相的目的而滥用交叉询问。1787 年,伦敦著名的治安法官约翰·霍金斯爵士曾表达了这种担忧:对交叉询问滥用的恐惧已成为提起控告的障碍。霍金斯说,准备提起控告的人会担心,"在嫌犯辩护

㉒ Gallanis, "Iowa", *supra* n.244, at 533, citing Thomas Peake, *A Compendium of the Law of Evidence* 7(London 1801); William D. Evans, "On the Law of Evidence" 283, in 2 Robert J. Pothier, *A Treatise on the Law of Obligations*(W. D. Evans trans.) (London 1806) (2 vols.).

㉓ Anon. [William Dickenson], *A Practical Guide to the Quarter, and Other Sessions of the Peace. Adapted to the Use of Young Magistrates and Gentlemen of the Legal Profession*, at the Commencement of Their Public Duties 221—222(London 1815).

㉔ Thomas Startkie, *A Practial Treatise of the Law of Evidence, and Digest of Proofs in Civil and Criminal Proceedings* 40 ff(London 1824), discussed in Gallanis, "Iowa", *supra* n.244, at 516—523.

㉕ 一位不知名的美国评论家在 1857 年写道:"当事人的作证资格被剥夺。"5 *American L. Register* 257, 262(1857), cited in Joel N. Bodansky, "The Abolition of the Party-Witness Disqualification: An Historical Survey," 70 *Kentucky L. Rev.* 91, 96(1981—1982).

㉖ 5 Jeremy Bentham, *Rationale of Judicial Evidence Specially Applied to English Practice* 212 n.(London 1827) (5 vols.). 据研究,边沁的这本书大概写于 1802 年至 1812 年。A. D. E. Lewis, "The background to Bentham on Evidence," 2 *Utilitas* 195, 203—210(1990).关于边沁认同由出庭律师进行询问和交叉询问的更多例证,in Stephan Landsman, "From Gilbert to Bentham: The Reconceptualization of Evidence Theory," 36 *Wayne L. Rev*, 1149, 1181—1182(1990) [hereafter Landsman, "wayne"].

律师的交叉询问下,他们可能会思维混乱、自相矛盾或者互相矛盾……"㉗1819年约翰·佩恩·科利尔提及交叉询问证人时谈到了"程序滥用",认为真实的证言"会被那些使用伎俩的律师所否定,原本清楚、简单的案件事实变得扑朔迷离、错综复杂"。㉘当时的人们很清楚,交叉询问的目的就是为了胜诉,而不论是揭露了真相还是扭曲了事实。对于18世纪即将出现的对抗式刑事审判中交叉询问的核心问题,以及哪些因素导致19世纪的法学家们将证据法建立在如此问题丛生的事实认定理论之上,我将在第五章中予以详述。

第六节　平衡点的探索:排除证据

在1790年,首席大法官凯尼恩谈及王室法院审理的一起案件时说:"有关证据规则的所有问题,对不同阶层和不同身份的人们都极为重要……这些规则已经成熟,它是几代人的智慧结晶。这些规则符合社会常识和当地的善良风俗,因此备受人们尊崇……"㉙我们认为,凯尼恩的说法在好几个方面都存在问题。据我们所知,在凯尼恩所处时代,证据法(至少在刑事方面)相对来说仍属新生事物,很难说是英格兰古老风俗习惯的产物。事实上,证据法还处在婴儿期,完全谈不上"成熟"。而且,与本章对证据法体系仍然薄弱的阐述相比,凯尼恩所称"证据规则"(即使把民事领域内大量的书证规则也考虑进去)的重要性仍然名不副实,甚至言过其实。㉚事实上,此后不久,与凯尼恩同时代的埃蒙德·伯克发表于众议院的嘲讽之言,似乎更接近于事实:"证据法的所有规则……都非常笼统、抽象,其内容之少,据我所知,一只鹦鹉可能在半小时之内把它背得滚瓜烂熟,然后在5分钟之内复述完毕。"㉛

㉗　John Hawkins, *The Life of Samuel Johnson*, LL.D. 462(Dublin 1787);关于当时的人对于威廉·加罗滥用交叉询问策略的愤懑,参见第五章注释㉖。

㉘　John Payne Collier, *Criticisms on the Bar* 109—110 (London 1819), cited by Gallanis, "Iowa," *supra* n.244, at 540 n.298.

㉙　*R. V. Inhabitants of Eriswell*, 3 *Term Rep.* 707, 721, 100 *Eng. Rep.* 815, 823(K. B. 1790).该案的问题是:在季审法庭审理的一起涉及与某贫民和解的案件中,由治安法官组成的合议庭接受了传闻证据,这是否是一个错误。

㉚　Discussed in Langbein, "*Evidence*" 1173—1174, 1181—1184.

㉛　发言于1794年;quoted in 12 Holdsworth, *HEL* 509 n.7.

　　如此博学之人为何会有截然相反的看法呢？答案似乎很清楚：每个人心中对"证据"的概念有完全不同的理解。凯尼恩所说的证据是涉及双方诉讼请求的既有观点，它充斥着当时令状制度的每一个具体问题——这种传统的"证据"概念是指某一实体法问题上的证据充分性[302]；而伯克正在思考的则是新证据法，即调整正式审判程序中证据采纳的规则。

　　18世纪末期对于证据法性质的这种认识混乱表明，这一部门法当时仍处于原始的、理论尚不完备的状态。除了将两套完全不同的法律体系都称为"证据法"而产生的混乱外，关于新证据规则中最重要的组成部分——传闻规则，其背后的理论根据也尚未确定。这种不确定不仅反映出在以宣誓为基础到以交叉询问为基础的理论转变，而且表现在民事领域中将传闻规则长期混淆于最佳证据规则的现象。[303]最重要的是，作为现代证据法的核心概念——限制证据可采性的规则体系，尚未建立。无论是证据排除的理论基础，还是它的执行机制或实施机制，在18世纪末期仍未形成。

　　证据排除的理论基础之薄弱，在1787年的"阿特伍德和罗宾斯案"中暴露无遗。如前所述，该案逻辑上的谬误在于：法院将证据排除功能和证据评价功能相混淆。法庭坚持认为，排除证据的唯一根据是证人没有作证资格；否则，对证人的异议"只影响其可靠性，必须先接受该证人证言，然后交给陪审团判断，陪审团依据法庭的指示和评论进行判断，根据案件所要求的条件判定证言是否足够可靠，进而对本案作出裁决"。[304]这段表述不仅曲解了早先的强制性补强规则（在"阿特伍德和罗宾斯案"中被推翻），而且也不符合当时行之有效的品格证据规则和口供规则（两者

---

　　[302]　对凯尼恩言论产生困惑的塞耶，推测"凯尼恩勋爵肯定是追溯到法律年鉴时代，把实体法和诉讼请求为前提的各种证据排除规则都考虑在内，认定所提出的证据不足以支持其主张"。Thayer, *Evidence* 493 n.1.

　　[303]　"如果该证人（指言论作为传闻被提交法庭的庭外陈述者）仍然健在，那么他人对其言论的转述就不是最佳证据。"Bathurst, *Evidence*, supra n.150, at 111. 布勒对此依然相信。Buller, *Nisi Prius*, supra n.150, at 290. 18世纪和19世纪早期关于民事证据的理论中，最佳证据规则居于核心地位；Thayer, *Evidence supra* 489—497；William Twining, "The Rationalist Tradition of Evidence Scholarship," in *Rethinking Evidence*: *Exploratory Essays* 32, 56—57, 188(1990); Langbein, "Evidence" 1173—1174; Landsman, "Wayne,"*supra* n.296, at 1154.有观点指出，最佳证据规则仍堪称该领域的统领性原则。See Dale A. Nance, "The Best Evidence Principle," 73 *Iowa L. Rev.* 227(1988).

　　[304]　1 *Leach* at 465—466, 168 *Eng. Rep.* at 235.

都"明确禁止或排除相关证据")。

表明证据排除理论当时尚未确定的另一个例子,是发生于1789年的"临终陈述案"[305];该案由财政法院首席法官巴伦·艾尔审理,他让陪审团裁决"临终陈述是否可采"。[306]证据的排除或采纳应由法官决定;陪审员无权决定是否排除证据。

在讨论阿特伍德和罗宾斯案令人不解的判决意见时,有必要回顾一下,18世*249*纪的《审判实录》中并未显示法官曾明确指示陪审团不予考虑应该排除的证据;相反,法官会裁决某些东西"不是证据",或者会行使司法评论权以排除或者阻止该证据。不仅关于证据排除的指示意见还很陌生,而且让证据排除规则体系得以运转的另一现代标准做法也很少出现,即当法官对证据及其可采性进行预先审查时,要求陪审团退场的做法。根据西尔维斯特·道格拉斯(其后被授予格伦伯维勋爵,曾编有两套18世纪晚期的著名法律报告)的记录[307],法官在裁决证据可采性问题时,允许陪审团在场。1776年,道格拉斯研究后谨慎指出:"当对证据可采性产生疑问,陪审团和证人都应该离席,直至该问题经过辩论并获得裁判,这可能是一种进步。"[308]如前所述,1784年在老贝利法庭审理的邓巴案中,我们注意到一向自信的*250*

---

⑤　在现代证据法中,临终陈述理论是传闻规则的一项主要例外。2 McCormick, Evidence, *supra* n.59, §309, at 305.它比传闻规则更为古老;see ibid.它的最初形成是作为"对质原则"(按照美国的说法)的一项例外,即要求证人亲自出庭作证;see 2 Hawkins, *PC* at 428("指控嫌犯的证据,非经其本人在场时提出,不得作为证据");cf. Ibid. at 430; accord, Hale, *Common Law*, *supra* n.241, at 164(称赞"直面对方证人的机会"是"准确清晰揭示事实真相"的途径之一)。关于现代法中传闻规则与对质原则的关系,参见前注㉔条。

⑥　R. V. Woodcock, 1 *Leach* 500, 504, 168 *Eng. Rep.* 352, 354(O. B. 1789).报告人利奇在注释中收录了1790—1792年一些相反的权威观点。1 *Leach* at 504, 168 *Eng. Rep.* at 354.(承蒙理查德·弗里德曼惠予以提示)。

⑦　华莱士记载哈格雷夫曾盛赞道格拉斯"对有关议会选举法的优秀报告所做的编集";John W. Wallace, *The Reporters* 453(4th edn. 1882);关于道格拉斯记述王室法院案件的法律报告,see ibid. at 529 n.1。

⑧　"Notes on the Case of Cardigan," in 3 Sylvester Douglas[Lord Glenbervie], *Election Cases* 232 n.B.(2nd edn. London 1802)(1st edn. 1775—1776).显然,威格摩知道该文献,并在专论中的一个注释引述了部分内容。6 Wigmore, *Evidence* §1808, at 275 n.道格拉斯解释了为何议会选举委员会不像有陪审团的普通法审判庭"同等严格地"提出证据可采性的问题。完整的表述如下:"我坚持认为,在初审法庭,如果对证据出现异议,仍在陪审团在场时允许提出证据的出庭律师说明其证明内容,这是不当的做法;具体原因前面已论;而且,陪审员们很容易仅凭证据被反对这一点,就推断它肯定是真实的,这对反对方而言是致命的。如果对证据可采性产生疑问,让陪审团和证人都退场,直至该问题经过辩论并获得裁判,这可能是一种进步。"Douglas, *supra*, at 232—233。

威廉·加罗试探性地表达相同的观点。他委婉地向法庭提出，"阁下，我不希望陪审团听到一些他们随后被要求忘掉的东西"。[309]在两个月前的另一起案件中，加罗向控方律师诘难，认为后者没有"采取任何方式避免陪审团听到"自己提出并且被法庭拒绝"采纳"的一项证据。[310]因此，我们看到，当时的人们才刚开始意识到证据排除制度如何实施的问题——即这些案例中，试图让陪审团"忘掉他们已经听到的信息"是很困难的。[311]

从现代比较法的角度看，英美证据法的独特之处就在于其排除性，即旨在将存疑的证据类型排除于陪审团的考虑之外，而不是像现代大多数欧陆国家那样，在判断证据可靠性时才考虑其缺陷。[312]米尔依安·达马斯卡从比较法的视角指出："英美法系初审法院中法官和陪审团职权的二元分立"（与欧陆国家相比），这个特征让我们的证据法能够发展出排除机制。他指出，与此相对，在欧陆"一体化"法庭中，"法官不能通过预先裁定将不可采的传闻排除于事实认定者的考虑之外，因为是由同一主体判断证据的可采性及其证明力"。[313]然而，直到18世纪末，我们（英美法系）的证据法还未形成其特有的"排除性"特征。相反，该领域基础性问题上存在的混乱，还延伸到证据是否以及如何排除的具体问题上。因为法官在庭审中裁决证据可采性问题时，陪审团通常都在场；并且陪审团并没有收到明确的指示以排除他们本不应该听到的证据，所以是完全排除传闻证据（或其他不可采证据），还是接受可靠性较低的传闻证据，这两种做法实务中几乎没有区别。

法官们很快就从阿特伍德和罗宾斯案的错误中找到了出路。实际上，这个出路已经很清楚地来自18世纪口供规则的权威语言，即1783年沃瑞克谢尔案的经典表述。当时法庭指出，"通过虚假允诺或者严刑逼供而违背其意志获得的口供，

251

---

[309]　Joseph Dunbar, *OBSP*(May 1784，♯656)，at 836，837.

[310]　William Newland, *OBSP*(Feb. 1784，♯276)，at 333，349.

[311]　Mirjan Damaska, *Evidence Law Adrift* 50(1997).

[312]　达马斯卡讨论了1987年德国最高法院（管辖非宪法案件）的一项判决，该法院裁定初审法院过于信任传闻证人。Mirjan Damaska, "of Hearsay and its Analogues," 76 *Minn. L. Rev.* 425，455—456(1992).

*　Bundesgerichtshof，德国最高法院，又叫作德国联邦最高法院，管辖民、刑事案件，有别于宪法法院和分别管辖行政、社会、税务和劳动等事务的其他各专门法院。

[313]　Ibid. at 427.

如果把它作为定罪的根据，由于其取得方式可疑而被认为不具有可靠性，因此应禁止使用"。㉑由于法庭认为口供、传闻等证据存在缺陷而完全否定了此类证言的可靠性，因此法庭将该问题定性为法律问题，而非事实问题；然后指示陪审团禁止将这些证据作为合议和裁决的根据（"没有可靠性……禁止使用"）。证据法的未来道路就在这里。

我已经在本章中多处指出，在证据法创设之初，我们看到将事实问题转化为法律问题的做法时有发生。司法实务中的惯例逐渐凝结为法律规则。㉕直到1849年贝斯特的专著盛行之时，仍然感觉到传闻规则和其他证据规则直到最近才"形成……法律制度……使它们具有了强制力——持续、稳定地公正司法所必须的强制执行力"。㉖证据法的固定化不仅剥夺了法官此前享有的裁量权，使之不能背离实务中的惯常做法，而且以剥夺陪审团对事实的裁量权为代价，把事实衍生出的很多问题和推论都转化为法律问题，由法庭对陪审团作出相应的指示。

我在本章中强调，刑事证据法的创设，就像允许辩护律师在事实问题上协助被告一样，都是法官们的杰作。为了应对18世纪控诉手段加强而导致审判中的控辩不平衡和控方伪证风险的增加，法官的这些务实性做法旨在加强对刑事被告人的保障。尽管刑事证据法是由法官创设，但它却使律师最终受益。刑事证据法开始调整先前由法官、陪审团裁量决定的某些审判事项，并应律师的要求向其敞开大门。通过这种方式，刑事证据法成为对抗制程序的一部分（第五章中予以论述），并且律师（特别是辩护律师）借助它开始主导刑事审判程序。

㉔　*R. V. Jane Warickshall*, 1 *Leach* 263, 263—264, 168 *Eng. Rep.* 234, 235(O.B. 1783)（着重号为引者所加），参见前注㉖及其相应正文。

㉕　本章讨论的文献使我们得以概览早期刑事证据法的发展，但并不支持麦克奈尔关于"英格兰证据法是移植欧陆共同法理论"的观点。Michael R. T. Macnair, *The Law of Proof in Early Modern Equity*(1999).

㉖　Best, *Treatise* 117—118, cited in Allen, *Evidence*, *supra* n.168, at 24.

第五章 从"争吵式"到对抗式的转变

　　一直到18世纪30年代,重罪刑事审判仍保留着没有律师参与的特色。公民起诉者在"争吵式"的审判中直接面对被告。实际上,控方从来不聘请出庭律师,而被告则被禁止聘请辩护律师出庭。被告自行辩护,与控方展开口水战。在实务中,这种程序允许的唯一辩护方式是:被告亲自对各种指控和不利于他的证据作出回应。我把这种风格的诉讼程序称为"被告陈述式"审判,其目的在于让陪审团有机会听取被告本人的陈述。这种"被告陈述式"审判在法官的主导下进行。通常由法官询问诉讼参与人员,让他们自愿发言,然后由被告作出回应。我之前曾多次引用治安法官霍金斯对"被告陈述式"审判的合理性论证:无罪被告可以"像最优秀的律师那样,在事实问题上为自己辩护";而"那些有罪的被告在为自己辩护时,常常有助于揭露真相;而如果由他人来代替作虚假陈述,那么真相就不易被发现"。①因此,通过法庭上的陈述,被告或赢得清白,或自证有罪。

　　从18世纪30年代到该世纪最后二十年,在这近半个世纪内,"争吵式"审判逐渐让位于一种完全不同的程序类型——对抗式审判。诉讼双方的律师,尤其是辩护律师在庭审中发挥了主导作用。在完全由律师主导的审判模式中,事务律师在审前阶段收集和准备证据;然后由出庭律师在庭审中调查事实,对证人进行询问和反询问,并提出法律问题。随着这种审判模式的定型,出庭律师逐渐替代了法官和被告在庭审中的作用。1820年,法国观察家科图这样评论,在证据调查过程中,

---

　　①　2 Hawkins, PC 400.(同第一章注释⑫。——译注)

英格兰的法官"几乎对案件的进展漠不关心",被告几乎不做自我辩护,"即使拿根杆儿撑着他的帽子作为替身出庭也无碍于事"。②"被告陈述式"审判已经被一种新的审判模式(即对抗式审判)所取代,它能很大程度上让被告保持沉默。与此同时,出现了一种审判目的的新理论,并延续至今:审判就是为辩护律师提供一个调查控方证据的机会。

从没有律师参与到律师主导庭审的变革,尽管其重要性在历史文献中已有论及③,但关于其产生的方式及其原因,我们仍知之甚少。鉴于第三章讨论了"允许辩护律师参与审判"的诸多因素,主要侧重于18世纪30年代;本章则着重关注18 *254* 世纪的最后二十余年,其间新型审判模式的主要特点逐渐显现。《老贝利法庭审判实录》这一重要而又问题丛生的文献,在18世纪七八十年代记载得尤为详细④,我继续采用该文献大致勾勒这次变革的主要特征。在考察了律师化进程后,本章主要关注"被告人的沉默、辩护律师的地位上升以及法官的消极"。我认为,当时人们之所以愿意忍受对抗式审判对事实的扭曲,对死刑的日益反感便是原因之一。当时英格兰为何对欧陆寻求真相的刑事程序不感兴趣,而选择了尚处于萌芽状态的对抗式审判程序,我也给出了自己的粗浅结论。

18世纪30年代,当法官们迈出具有决定性意义的一步时,即允许律师在重罪案件审判中出庭帮助被告,他们没有想到在刑事诉讼中会随之引发如此巨大的变革。法官们仅打算在审判实务中作出一些适度调整。正如第三章所述,法官们仅在重罪案件审判中对辩护律师解禁,以此作为聘用控方律师日益增多的平衡手段,特别是聘用事务律师收集和准备证据;同时也是应对赏金驱动案件和污点证人案件中伪证风险增加的一种救济手段。

最初允许辩护律师参加庭审时,法官们严格限制其活动范围是为了保持对被告的压力,使其继续充当审判中的信息来源。法官们并未沿用1696年议会在《叛逆罪审判法》中设定的宽松做法,即允许叛逆罪被告由精通法律的律师进行全面辩护;相反,法官允许辩护律师参与重罪审判的有限目的,只是允许律师帮助被告对

---

② Cottu, *Administration* 88, 105.

③ 1 Stephen, *History* 424.

④ 参见第四章注释⑦—⑩及其相应正文。

证人进行询问和反询问。⑤但是不允许重罪审判中的出庭律师对证据作出评论或代替被告陈述事实。在 1783 年老贝利法庭的一场审判中,法官向被告威廉·麦克纳马拉重申了对辩护律师的限制(该限制自 18 世纪 30 年代就一直有效):"你的律师不能替你辩护,他只能询问证人和评论法律要点。"⑥麦克纳马拉的辩护律师也强调了这一点:"虽然你要说的案件事实,在我的出庭纲要里都有,但我不能替你陈述。"⑦几年后,老贝利法庭的著名辩护律师威廉·加罗这样谈论该问题:"我们作为出庭律师能代表嫌犯所做的事情便是:我们努力提出各种问题,促使陪审团对证据产生怀疑……"⑧加罗所说并不完全属实,因为正如我们所看到的,那个时期的辩护律师已经在一定程度上探索出了一些技巧,以规避法官们将其活动限定于交叉询问的企图,但加罗的说法完全契合法官设计该制度的意图。允许辩护律师提问,但如果想让陪审团了解被告方的事实版本,仍然需要被告人发言。因此,1777 年在著名的威廉·多德博士伪造案中,当控方提交证据完毕后,法官告诉(由出庭律师代理的)被告:"现在是你对证人证言进行辩护的时间……站在你的立场对案件作开头陈述并非出庭律师的职权范围(即禁止辩护律师向陪审团作开场陈述),但你可以对任何控方证据进行反驳……我将非常耐心地听取……你为自己所作的任何辩护。"⑨

禁止辩护律师向陪审团陈词的限制性规定,由法官创设且形式上一直有效,直至 1836 年议会介入而将出庭律师的完全辩护扩大到所有重罪案件的被告人⑩;但是在此之前,对抗式刑事审判的发展动力已严重削弱了"被告陈述式"审判。我们将在本章中揭示:法官们试图限制辩护律师从而维持"被告陈述式"审判的失败原因是什么。

---

⑤ 1696 Act,§1;参见第二章。(参见第二章注释⑭—⑭。——译注)

⑥ William Macnamara,*OBSP*(Sept. 1783,♯641),at 857,858(盗窃商店财物).(同第三章注释⑪。——译注)

⑦ Ibid. at 858.(同第三章注释⑩。——译注)

⑧ George Platt and Philip Roberts,*OBSP*(Dec. 1790,♯35),at 60,61(拦路抢劫),实际上,加罗在代理控方出庭陈述时,引述了这段关于辩护律师职责范围的内容。

⑨ William Dodd,*OBSP*(Feb, 1774,♯161),at 106,117(伪造),discussed in Gerald Howson,*The Macaroni Parson:A Life of the Unfortunate Dr.Dodd*(1973) [hereafter Howson,Dodd]. 拉奇诺维奇认为,对多德博士定罪并执行是一个转折点,此后人们反对死刑的情绪愈发高涨。1 Radzinowicz,*History* 450—472.

⑩ 6 & 7 Wil. 4,c.114(1836).当时的立法背景,see Cairns,*Advocacy* 67—87。

第一节 悄然转变

对抗制程序得以形成的一个决定性因素是其相对缓慢的发展节奏。这种"缓慢发展"的特点麻痹了法官，使其持放任态度，直至律师们的地位牢固确立。允许辩护律师出庭的后果，直到数十年后才显露出来。如果对抗式刑事审判程序的各方面在一开始就显露无遗，那法官们也许会及时作出反应——毫不犹豫地将他们为辩护律师开启的大门再次关闭。

虽然辩护律师自18世纪30年代就开始被允许出庭，但整个18世纪⑪（乃至此后更长的一段时期⑫），绝大多数重罪案件仍处于没有律师的状态。和现在一样，当时大多数刑事被告人都是穷人，无力支付律师费。对抗制程序的财富效应从一开始就显而易见，但法官们并未作出任何努力去解决它。他们既未对聘用辩护律师寻求财政的公共补贴，也未鼓励老贝利的出庭律师提供免费服务。⑬《审判实录》显示，辩护律师在个案中会出于公益目的而提供免费服务⑭，或者被要求提供自愿

256

---

⑪ 关于出庭律师出现的频率，参见第三章注释⑩—⑩及其相应正文。

⑫ 关于没有律师代理的情况，参见后注⑩—㉒。根据《老贝利审判实录》，阿莉森·梅对1805—1830年间控方律师和辩护律师出庭的频率进行了列表统计，以5年为抽样结果（因她发现文献有重大缺陷故而对1815年的情况未做记录）。据记载，1815年，控方有出庭律师的案件占22%，到1830年下降至8.8%；1805年，控方有辩护律师出庭的案件占25.7%，到1830年占27.7%。May, Thesis 91 and table 3.1.[Allyson N. May, *The Bar and the Old Bailey*, 1750—1850, at 35(2003).——译注]如前文所述，根据《审判实录》来评估律师代理的频度确有困难；参见第三章注释⑩、⑩及其相应正文。根据《审判实录》可以断定，这样得出的出庭律师的出庭次数并非实际出庭次数，而是记录者愿意记载的律师出庭状况的次数。关于19世纪的数据，Malcolm M. Freeley and Charles Lester, "Legal Complexity and the Transformation of the Criminal Process," in *Subjectivierung des justiciellen Beweisverfahrens*: *Beitrage zum Zeugenbeweir in Euro und den USA*(18—20. *Jahrhundert*) 337, 341, and fig.1(A. Gouron *et al*. Eds.) (1994). 对该文数据处理的其他保留意见，参见第一章注释⑩。

⑬ 参见后注⑩—㉒及其相应正文。

⑭ 据记载，加罗似乎是相当主动地为两起案件提供了无偿服务。在1783年的一起案件中，两名妇女被指控盗窃室内财物，赃物估价已超出神职减刑特权的数额，因此可能被判处死刑。"嫌犯没有出庭律师，加罗先生帮助她们对证人实施交叉询问。"Sarah Slade and Mary Wood, *OBSP*(Dec. 1783，♯41), at 77, 78.他对捕贼人的交叉询问显示：从两位妇女处获得的一件实物证据（一把钥匙），从被查获后到庭审前曾脱离捕贼人的保管。陪审团因此裁决嫌犯无罪。报告并未明确显示加罗介入该案的动机，与之相反，他在老贝利法庭从业期间，有数千案件的被告人都没有律师代理。或许他一眼就看出证据有漏洞，又或者他与捕贼人有过节。（转下页）

第五章 从"争吵式"到对抗式的转变 235

性服务⑮,但这些都属于罕有的特例。(不过,年轻的出庭律师在地方巡回审判中提供无偿服务倒是比较常见,因为那里的刑事辩护工作被视作一种培训业务。⑯)本章后文还将继续谈及被告人和控告人无律师代理的现象。这里需要指出的是,允许辩护律师进入重罪庭审之初的几十年间,律师化的发展还处于相对较低的水平,这是导致法官们放松戒备的一个原因;他们认为不会有那么多人选择聘请辩护律师。只有从事后来看,才认识到这显然是法官的判断错误,因为在这之后不仅代理水平提高了,而且律师参与庭审形成的各项规则也扩大适用于没有律师出庭的各类案件中。

18世纪30年代重罪案件中首次出现辩护律师,至18世纪的最后二十余年对抗式审判⑰明显已成为一种趋势,其间经历了一段漫长的发展过程。直到18世纪70年代,"辩护律师是一种重要资源,未聘请出庭律师的刑事被告处于劣势"的观念才

(接上页)1790年的另一起案件中,一名妇女被指控从流放地偷逃回来(这是一项死刑重罪),庭审开始之初,加罗就向法庭提出:"大人,这位穷苦妇女没有出庭律师,您能否准许我作为法庭之友,[向一名控方证人]提一两个问题吗?"法庭接受了他的请求。Sarah Pearson, *OBSP*(Feb. 1790,♯311), at 322.加罗通过交叉询问,提出嫌犯的返回情形并非主动、自愿的观点。他说服陪审团作出了无罪裁决,因为"我们认为她很有可能是基于合法原因才回来的"。Ibid. at 323. 关于辩护律师通过交叉询问来规避向陪审团发表陈词的禁令情形,参见后注⑳—㉓、㉔—㉕及其相应正文。

⑮　Jacintho Phararo *et al*., *OBSP*(Apr. [sic, Feb.] 1790,♯329), at 367, 368(谋杀);参见后注㉚及相应正文。

⑯　1820年,科图记载道:被告人拥有辩护律师的"案件总况","在乡下很普遍,在伦敦却很罕见……"Cottu, *Administration* 88. 如果他的记载正确,那就很可能是一些出庭律师无偿为穷苦被告提供法律服务。19世纪中期,一位著名的刑事案件出庭律师写道:"刑事巡回审判法庭向年轻律师们提供了一个展示能力的机会,而且大多数情况下他们能够得到法官的帮助和鼓励。"1 William Ballantine, *Some Experiences of a Barrister's Life* 63(London 1882)(2 vols.)[hereafter Ballantine, *Experiences*]. 这意味着,年轻的出庭律师们为了获得工作经验、提高声誉,很有可能从事一些收费低廉或者免费的业务。阿莉森·梅直接引用了特威斯关于埃尔登勋爵早年在北部巡回审判区从业的记述。1776年埃尔登取得律师职业资格后,他并没有什么业务,"除了一些通常给初级从业者的事情,即在较轻的重罪案件中为嫌犯辩护"。1 Horace Twiss, *The Public and Private Life of Lord Chancellor Eldom* 105(London 1844)(3 vols), cited in May, Thesis 229. 梅还提到,在19世纪早期,年轻的出庭律师们通过刑事巡回审判工作来积累经验,ibid. at 229—231. 1836年,治安法官斯潘基在给刑事法律委员会的回复中,反对允许律师完全代理的建议。他警告:大多数重罪被告的命运"都掌握在非常年轻的职业人士手里……"1836 *Report* 104.

⑰　司法实务变革发生后不久,1737年老贝利法庭审判的一桩案件中,陪审团向法庭抱怨道,出庭律师的交叉询问简直胡闹。"我们想劳烦阁下恳请他提的问题合适些,而且不要打断(证人陈述)"Thomas Car [sic, Carr] and Elizabeth Adams, *OBSP*(Oct. 1737,♯4—5), at 204, 205—206(拦路抢劫);参见第三章注释⑲—㉓及其相应正文。

在《审判实录》中出现。[18]因此,18 世纪的最后二十余年,当审判中律师出庭的整体后果日益显著之际,被告人有权聘请出庭律师已经成为一项英国刑事诉讼中的权利。[19]

第二节　被告沉默

一、证据提交的责任:控方主张(的证明责任)

英美法庭采用"证据提交责任"或者"以证据推进诉讼的责任"的概念,来分配或安排当事人向法庭提供信息的责任。在刑事诉讼中,除去涉及"积极辩护"等一些复杂问题外,提交证据责任主要在于控方。如果控方不能提交充分的证据让法官相信:一个理性的陪审团会作出与起诉状一致的判决,那么法庭就会不经正式审判而直接驳回控方起诉。在欧陆的刑事诉讼中,法庭有责任为作出裁决而收集证据,因此当事人不承担提交证据的责任。

如前所述[20],詹姆斯·F.斯蒂芬在 1863 年所写的一篇文章中已经指出:在"争吵式"审判时代,证据提交的责任(以及证明责任)何以如此不发达。"当嫌犯不愿默认自己有罪而必须自行辩护时,他……不能仅以控方证据不充分而坚称自己无罪。陪审团希望听到他对所指控的案件作出清晰的解释;如果他不能,就会被裁定有罪。"[21]允许辩护律师出庭可以帮助被告人从原本由他本人承担的两类事务中解脱出来:一是调查控方证据是否充分;二是提出足够的辩护证据(包括被告人陈述)以反驳控方证据。辩护律师不仅帮助被告人对双方证人进行询问和反询问,而且在控方证据提交完毕后,通常提出一项"直接裁决(无罪)"的动议来要求法官裁定:

---

[18]　Thomas Dempsey *et al*., *OBSP* (Apr. 1776, ＃＃367—372), at 231, 235(谋杀)(一名叫安德鲁·尼希尔的被告人告诉法庭:"大人,我没有出庭律师,故我恳请您能在本案中施以援手");Sarah Armstrong, *OBSP* (May 1777, ＃350), at 216, 217(盗窃商铺)("大人,我没有出庭律师,有些话要说,您能听一听吗?")。这些案件的进一步讨论,参见后注⑩—⑲。

[19]　参见第三章注释㊱,引述了 1753 年安提瓜岛副总检察长关于英格兰实务的理解:"允许出庭律师对证人进行询问和反询问……尽管起初时仅是一种纯粹的恩典,然而现在似乎……发展成为一种权利……"*R. v. John Barbot*, 18 *St. Tr.* 1229, 1231(1753).

[20]　参见第一章注释㉔及其相应正文。

[21]　Stephen, *General View* 194—195. 在一个特例中,指控被告的证据非常充分,但被告仍试图以控方案件不充分进行辩护,不过并未成功;see *The Trial of William Morgan*, *for the Murder of Miss Mary Jones* 13(Gloucester 1772)("阁下,我能说的,就是他们不能证明我有罪")。

控方是否提交充分证据（即控方案件）以支持其主张，或是否完成其提交证据的责任？只有法官驳回该动议，辩方才会决定是否提交己方证据。

在"争吵式"审判时代，控方承担"证据提交责任"的概念还未发展成熟。正如托马斯·史密斯爵士笔下的 16 世纪庭审：控辩双方展开基本不受约束的口水战。在一本小册子报告记述的 1647 年爱德华·莫斯利爵士强奸案中[22]，我们就看到了程序的这一特点。当被害人描述事情经过时，被告人莫斯利"打断了她（的描述）"，提出一个长问题——相当于就事情经过陈述了他的版本。然后法官开始调查莫斯利陈述中所涉及的一些事情，并就此向被害人的丈夫询问，她丈夫并未回答，反而是被害人作出了回答。后来在审判中，莫斯利提供一名叫基尔弗特的辩方证人准备出庭作证说明：被害人曾向他吹嘘，她之前以诬告强奸罪威胁一名无辜的教士，并敲诈了一笔封口费。还未等基尔弗特说话，被害人就声称，"我希望大家不要相信基尔弗特这个无赖的话，因为所有法庭以及所有听过他讲话的人都知道，他就是一个无赖"。[23]当谈及 18 世纪早期在萨里巡回审判小册子中所记录的案件时，贝蒂评论道，"被告通常不会以认真的交叉询问进行回应，而是在对方提出证据时直接予以否认"。[24]这样的庭审毫无章法，任意而为，就像日常对话那样充斥着各种俚语、粗口，并不存在我们现在所认为的控方案件和辩方案件的清晰界限。

法庭不关注"控方是否已经履行了提交证据的责任"，这对被告人很不利。例如，1680 年在切姆斯福德巡回法庭审判的詹姆斯·狄克逊抢劫案中，根据一份简要的小册子报告记载，"虽然证据并不是十分充分，但根据许多可靠情节，他被认定为有罪；而且，他不能说明抢劫发生时他在哪里；因此，陪审团在考虑了各个细节之后，作出了有罪裁决……"[25]当时似乎并不质疑控方案件的充分性（"证据……不是十分充分"），而"狄克逊未能提供不在场证据"（这应该属于辩方案件的范围）却被

---

[22] *The Arraignment and Acquittal of Sir Edward Mosely* (London 1647), reprinted 6 *Harleian Miscellany* 46(London 1810 edn.) (1st edn. London 1744—1746). 或许，小册报告最初就是以这些淫秽案件为内容来赢得市场。

[23] Ibid. at 49.

[24] John M. Beattie, "Crime and the Courts in Surrey 1736—1753," at 155, 169, in *Crime in England 1550—1800*(J. S. Cockburn ed.) (1977).

[25] *The Full and True Relation of all the Proceedings at the Assizes Holden at Chelmsford*, *for the Countie of Essex*(1680) (Lincoln's Inn Libr., shelfmark Trials 215, no.3).

作为（有罪）裁决的关键。按照后来的做法，如果狄克逊由出庭律师代理，那律师就会在（不充分的）控方证据提交完毕后，请求法庭作出直接裁决，以避免混淆控方案件和辩方案件。

《审判实录》显示，在1725—1750年间，这种不受限制的"争吵式"审判在实务中已经消失，因此这也是律师化的早期时代。虽然在18世纪30年代仍然会出现一些"争吵式"的审判㉖，但从该世纪50年代起，法官达德利·赖德主持的老贝利庭审已经开始明确区分控方案件与辩方案件。在一起案件中，赖德在其笔记本中记载了他是如何区分这种界限的。该案一名共犯作为污点证人指证阿布拉罕·戴维斯盗窃。"我让阿布拉罕·戴维斯对证人进行提问，他却说他将交代事情的经过以及如何参与盗窃，但是被我制止了。"㉗

辩护律师经常提出直接裁决的动议㉘，有时会获得法庭的支持㉙；但正如法官赖德所做的那样，将刑事审判明确区分为控方案件和辩方案件的做法一旦形成，就不再需要辩护律师维护它了。我们看到老贝利的文献中，既有出庭律师坚持控方履行提交证据责任的案例㉚，也有未经律师提出而由法庭主动要求的案例。1746

㉖　例如，在1735年的一起拦路抢劫案中，被告人对控方证人证言逐一作出了回应。Burton Brace, *OBSP*（Dec. 1735, ＃29），at 7, 8.

㉗　Ryder, "Judge's Notes" 36, 37. 正文中述及有关《审判实录》对该案的报告，没有包括这段引文。Abraham Davis *et al.*, *OBSP*（Oct. 1755, ＃＃390—392），at 349.

㉘　E.g., Elizabeth Parker, *OBSP*（May 1743, ＃253），at 163, 1266（盗窃主人家中的衣物）（"嫌犯的出庭律师提出——这不构成重罪，因为物品是由嫌犯保管；但并未获得法庭支持"）；William Price, *OBSP*（Feb. 1785, ＃393），at 492, 494（盗窃铁器）（辩护律师加罗提出，"本案没有理由要求嫌犯作出辩护"，但被驳回）；Mary Beck, *OBSP*（June 1785, ＃646），at 831, 833（辩护律师加罗提出动议："本案控方没有证据需要嫌犯作出辩护，"但被驳回）；Darcy[*sic*; sometimes D'Arcy] Wentworth and Mary Wilkinson, *OBSP*（Dec. 1787, ＃8），at 15, 19—20（分别因拦路抢劫和窝藏赃物）（辩方律师诺利斯"提出……本案没有任何证据需要玛丽·威尔金森作出辩护"，因为她被其同伴温特沃斯所控制；但法庭驳回了这项动议，宣称："除妻子以外的其他人不得以该理由获得保护；因为她是其情妇，不能获得这项保护。她不能以被强迫为抗辩由，她仍然是完全自由的，她本可以去治安法官那里寻求帮助……"）.

㉙　E.G., John Waite, *OBSP*（Feb. 1743, ＃162），at 102, 106—115（雇员拿走一些英格兰银行的债券，在作案时尚不构成重罪）；Moses Moravia, *OBSP*（Jan. 1744, ＃138），at 60, 64（伪证）（控方只有一名证人，"法庭认为，依法不足以裁决[被告]伪证罪成立，因此作出无罪裁决"）；Joseph West *et al.*, *OBSP*（Feb. 1771, ＃＃152—154），at 120, 129（谋杀）（出庭律师为三名被告中的其中一名提出动议："因为本案没有任何证据证明他有罪，他无需作出辩护；法庭作出直接裁决。"）.

㉚　例如，在一起谋杀案中，辩护律师在控方案件提交完毕后提出："嫌犯还需要进行辩护吗？"法庭没有接受这一动议，要求该律师提供证据；于是他开始说："我不希望大家认为我拒绝作出辩护；相反，我们的辩护有非常充分和清楚的证据。"Willy Sutton, *OBSP*（Feb. 1761, ＃97），at 107, 137.

年,在一宗盗窃家用亚麻布的审判中,法官在听取了控方提交的证据后,明确告诉被告玛丽·纳切尔:控方已完成了其提交证据的责任;"证据似乎已经充分显示,你就是偷东西的人,除非你能说明是别人干的;但你必须要证明这一点,或者有人能证明你的良好品格"。㉛然而,文献中讨论更为普遍的情况是法庭裁决"控方并未完成提交证据的责任"。例如,在 1771 年的一起私铸货币案中,法庭裁定:"本案根本没有证据……让嫌犯有辩护的必要。控方需要证明嫌犯伪造了一枚四分之一基尼的硬币,但没有证人能够证明这件事。"㉜在 1774 年的一起共同犯罪案件中,法庭裁定:只有一名被告需要进行辩护;"我不会要求另一名被告进行辩护,因为本案并没有证据让他有必要那样做。"㉝在 1783 年一起报道详尽的案件中,法官的结论是:因为控方证据尚不足以识别出被告,"本案没有任何证据指向嫌犯,"因此,"(控方)证据非常不充分,嫌犯没有进行辩护的必要……"㉞

在庭审中,当控方案件提交完毕后,法官裁决控方未完成提交证据的责任,那被告完全可不必发言。即使被告需要面对控方证据,如果承认控方提出证据的责任以及由辩护律师来审查控方是否完成了提交证据责任,也会实质性地减少被告为有效辩护而发言的机会。因为由出庭律师承担对控方证人进行反询问和对辩方证人进行直接询问的工作,所以在控方案件提交完毕后,控方证据的优劣显露无遗,被告人也就不必发言了。

二、说服责任:排除合理怀疑的标准

应该明确区分控方的提交证据责任与说服责任,后者是证明标准问题。这种排除合理怀疑的证明标准形成于 18 世纪后半叶㉟,但其背后的理念——无罪推定

㉛ Anne Gray and Mary Nutcher, *OBSP*(Jan, 1746, ♯59), at 37, 38. 纳切尔声称"共犯格雷才是罪犯",然后法庭告诉她:"你应该提供一些证人来证明,或者提出能够证明你品格良好的人。"Ibid. 她确实提出了品格证人,因此被裁决无罪。

㉜ Samuel Byerman, *OBSP*(May 1771, ♯344), at 254, 256.

㉝ John Ducret and James Musila, *OBSP*(Sept, 1774, ♯♯617—618), at 432, 433(盗窃室内财物).利奇记录了一起类似案件:该案法庭认为,控方没有完成对其中一名被告的提交证据责任,但已经完成了对其余被告的提交证据责任。*R. v. Thomas Tickner*, 1 *Leach* 107, 168, *Eng. Rep.* 196 (O.B. 1778)("证据不足以让嫌犯亚当斯作出辩护").

㉞ Mary Murrell(Dec, 1783, ♯33), at 59, 64(盗窃商铺).

㉟ 参见后注㉛—㉟及其相应正文。

（也即罪疑作有利于刑事被告人的处理）则历史悠久。这种理念在古罗马法㊱中就已经出现，在17世纪的自然法文献中再度复兴。㊲从福蒂斯丘㊳、柯克㊴到布莱克斯通㊵等英国法学家，都对该理念有所论述。排除合理怀疑的标准直到18世纪后半叶才出现。长期以来，历史文献中都将1798年在爱尔兰出现的一系列叛逆罪审判作为该标准的首次出现㊶，但晚近的学者研究发现：排除合理怀疑的标准早在1770年马萨诸塞殖民地的波士顿大屠杀案审判中就出现了。㊷

直到18世纪最后二十余年，在老贝利的日常刑事裁判中，我们发现：法官对陪审团的指示意见中仍然很少涉及证明标准问题。在此之前，老贝利法庭的许多个案看起来都不可能符合这么高的证明标准。例如，1686年奥兰德·波士顿被控从一个仓库盗窃了价值超过38英镑的布料。尽管控方"未能证明他盗窃这些财物"（如果按照恰当表述的证明标准，足以驳回起诉），但波士顿"仍被裁定有罪，盗窃物价值10便士"。㊸这样，怀疑被告是否有罪的问题便转化为量刑问题㊹，最后他被

㊱　Peter Holtappels, *Die Entwicklungsgeschichte des Grundsatzes "in dubio pro reo"*(1965).

㊲　Joachim Hruschka, "Die Unschuldsvermutung in der Rechtsphilosophie der Aufklarung," 112 *Zeitschrift für die gesamte Strafrechtswissenschaft* 285 (2000).

㊳　John Fortescue, *De Laudibus Legum Angliae* 65(S. B. Chrimes ed. and trans.) (1942) [hereafter Fortescue, *De Laudibus*] (约著于1470年)("实际上，我宁愿放纵二十人的死罪，也不愿让一人蒙冤").

㊴　在叛逆罪或重罪案件中，"认定[被告]有罪的证据必须确定无疑"。Coke, *Third Institute* 137, see also id. at 29.(同第一章注释⑰。——译注)

㊵　4 Blackstone, *Commentaries* 352("宁可十人漏网，不让一人蒙冤").到18世纪末，另外一位评论家将这一期待的比例提升至100:1。Mr. Serjeant Kirby, *A Charge of Delivered to the Grand Jury, at the Quarter Sessions of the Peace for the County of Southampton* at 6(Winton 1793)("在确定为有罪之前，应始终推定为无罪——宁可百名有罪之人漏网，也不让一名无辜之人蒙冤……").

㊶　2 *McCormick on Evidence* §341, at 429 and n.5(John W. Strong ed.) (5th edn. 1999) (2 vols.), citing May, "Reasonable Doubt in Civil and Criminnal Cases," 10 *American L. Rev.* 642, 656(1876).

㊷　Anthony A. Morano, "A Reexamination of the Development of the Reasonable Doubt Rule," 55 *Boston Univ. L. Rev.* 507, 516—519(1975) [hereafter Morano, "Doubt"].

㊸　Olander Boston, *OBSP*(Oct. 1686), at 1. 报告中同时指出，波士顿的"辩护苍白无力"；Ibid. 如果根据后来形成的提交证据责任要求，对如此薄弱的控方证据，根本不必要求他进行辩护。

㊹　此类案例比比皆是。同年，一名妇女被控在她寄宿之家盗窃衣物，价值很高。她"否认了，并提出几名证人，但由于她品性不良，所以这些证人所起作用不大。不过，由于指控她的证据并不确凿，因此最后裁决她有罪，盗窃物价值10便士"，并处以鞭刑。Elizabeth Collons, *OBSP*(Sept. 11686), at 4. 1743年，在一件私铸货币案中，由于控方证人的不端品行（因此可能影响了其证言的可靠性），陪审团裁决被告人有罪，但建议从宽处理。Patrick Kelly *et al.*, *OBSP*(Jan. 1743, ♯116—19), at 70, 74. 之后有关疑罪影响最后量刑的案件，参见后注⑩—⑪及其相应正文。

判轻微盗窃,并被处以鞭刑。1714 年,凯瑟琳・柯克被控从控告者家中盗窃银器;自柯克离开控告者家里以后,银器就不见了,但没有直接证据证明她实施了盗窃。"她否认是她所为,声称她是被错抓的;之前还有另外一个人被控告过(也就是说,起诉人之前控告过其他人);但这些都无法证实,而且她被证明曾有前科,也是起诉状所控的罪名。"[45]如果后来发生这样的案例,这是一个会在控方证据提交完毕后就直接驳回的案件,在当时却被判有罪。这显然是基于品格证据而作出的判决(正如第四章所述,这类证据根据后来的规则应该予以排除);同时,也因为被告人未能处理好她的辩护,谎称控告人还起诉过其他人。贝蒂曾评论道(我在第一章曾经提请注意该评论):"当时的假设不是'除非控方的证明排除了合理怀疑,否则被告人就无罪';而是'假如被告是无罪的,他就应该能够以确实充分的证据反驳控方证据,向陪审团证明自己无罪。'"[46]

直到 18 世纪晚期,证明标准的问题仍然很粗糙。1770 年,一位老贝利的法官解释说:"在关乎一个人生死的审判中,我们不能假设被告人有罪。"[47]内尔斯法官在 1776 年的一件谋杀案中,对陪审团的指示意见使用了我们至今仍然熟悉的表述:如果陪审员们"内心完全确信",就应该判被告人有罪;而"如果你存在任何怀疑",就判被告人无罪。[48]1781 年,在乔治・戈登勋爵叛逆案中,曼斯菲尔德勋爵仍然未使用"排除合理怀疑标准"的概念。他告诉陪审团:"如果仍然存疑,你们并不完全确信他有罪,就应该按照对其有利的原则裁决他无罪。"[49]直到 1783 年,在一个记载详细的谋杀案中,内尔斯法官告诉陪审团,在"考察了摆在你们面前的证据以及所有案件情况后,你们应该作出无罪裁决的选择——如果这一判断实际上是错误的——我相信你们会得到原谅"。[50]不过,在此后几年的《审判实录》记载

中,我们突然发现了许多朝向合理怀疑的指示意见:"如果考察证据后仍存在合理怀

---

[45] Katherine Kirk, *OBSP*(May 1714), at 2.(参见第四章注释[77]。——译注)

[46] Beattie, *Crime* 344(着重号注释为原文所引);第一章注释[230]已引用。

[47] Francis Cuff, *OBSP*(July 1770), ♯494), at 314, 315(伪造汇票).

[48] Joseph Bull, *OBSP*(Jan. 1776, ♯191), at 132, 140(谋杀).

[49] Lord George Gordeon, 21 *St. Tr.* 485, 647(O. B. 1781)(戈登叛乱).

[50] Daniel Macginniss, *OBSP*(Jan. 1783, ♯85), at 111, 127.

疑,……他就应该获得无罪裁决。"[51]"如果你有任何怀疑,[52]可以裁决他无罪。"[53]"如果你对案件存疑,当然可以裁决嫌犯无罪。"[54]"如果存在合理怀疑,就应该对案件作出有利于嫌犯的处理。"[55]"如果你们心中存在任何疑问,可以作出无罪裁决。"[56]"如果你们感觉到任何合理怀疑,你们可以裁决其无罪。"[57]因此,在老贝利法院适用排除合理怀疑的证明标准,要比适用于爱尔兰叛逆案早十多年。

目前,从文献中无法判断,18 世纪 80 年代这些案件中出现的新情况是否对排除合理怀疑标准的明确表述,还是仅仅因为这一时期《审判实录》记述更为详尽而偶然出现。排除合理怀疑标准尚未形成稳定适用的法律规则,因此我们仍能看到:不同的法官对证明标准有不同的表述。例如,在 1789 年老贝利法庭审理的一起拦路抢劫案中,财政法院首席法官艾尔告诉陪审团,"如果你们确实认为犯罪是他们所为……",[58]就裁决这两名被告有罪。在这些年的案件中,我们发现:有些案件中没有记载关于证明标准的指示,有些案件法官根本没有作出任何指示[59],还有些案件的陪审团作出有罪裁决的证据并未达到排除合理怀疑的标准。1790年,一个老贝利法院的陪审团裁决威廉·英厄姆入室盗窃罪成立,但建议法官"对他宽大处理,不要判死刑……,因为案发时的能见度和识别嫌犯的准确性还存在一 *265*

_____

[51]　John Higginson(Apr. 1783, ♯314), at 491, 499(盗窃邮件).

[52]　莫拉诺发现有四个是 1744 年到 1795 年间的国家审判案件,其中用了"任何怀疑"的概念。Morano, "Doubt," *supra* n.42, at 512 n.43. 他认为这一概念是指"在英格兰刑事审判中已实施数百年"的绝对确定标准。Ibid. at 513. 莫拉诺总结说,在 18 世纪晚期,标准转变为"合理怀疑","降低了说服的责任";Ibid. "这降低了刑事审判中控方的证明责任"。Ibid, at 514. 我认为,这种解释并不成立。莫拉诺并未证明绝对确定标准"在英格兰刑事审判中已实施数百年"。国家审判的案件,从最早的案件,*R. v. Nicholas Throck-morton*, 1 *St. Tr.* 689(1554),直到复辟时代,都并非如此。从复辟时代到 18 世纪中期,在各种法官对陪审团的指示中,通常都提到陪审员们对其裁决的正确性达到"内心确信"的程度,这并不等于绝对确定。Barbora J. Shapiro, *"Beyond Reasonable Doubt" and "Probable Cause"* 19—21(1991)[hereafter Shapiro, *BRD*].夏皮罗认为,"任何怀疑"就是指"合理怀疑"。Ibid. at 21.

[53]　Patrick Bowman, *OBSP*(Dec. 1783, ♯1), at 2, 5(拦路抢劫).

[54]　Samuel Newton, *OBSP*(Dec. 1783, ♯46), at 87, 89(盗马).

[55]　Richard Corbett, *OBSP*(July. 1784, ♯670), at 879, 895(纵火).

[56]　William Higson, *OBSP*(Apr. 1785, ♯415), at 536, 547(谋杀).

[57]　Joseph Rickards, *OBSP*(Feb. 1786, ♯192), at 298, 309(谋杀).

[58]　Mary Wade and Jane Whiting, *OBSP*(Jan. 1789, ♯155), at 168, 172. 两名为 10 岁和 14 岁的被告人被控抢劫一名 8 岁孩子的衣服,陪审团裁决其有罪。

[59]　在一份应逐字记录的详细指示中,没有提到排除合理怀疑或其他证明标准;see James Watts and Francis Hardy, *OBSP*(Dec. 1786, ♯3), at 22, 35—36(拦路抢劫).

些疑问"。⑥该案中，根据排除合理怀疑的证明标准，由于存在疑问，应该作出无罪裁决，但本案却把它作为减轻量刑的依据（被告人英厄姆没有出庭律师）。据记载，在两年之前的另一起类似案件中，陪审团裁决罪名成立但建议进行宽大处理，"因为这个案件非常适合这样做"。⑥

根据这些文献，我们还无法断定：排除合理怀疑标准的出现与当时老贝利庭审的律师化进程有何联系。根据《审判实录》记载，18 世纪 80 年代的法官们开始探索排除合理怀疑的证明标准，而出庭律师在这一进程中并未发挥多大作用。例如，我们没有发现辩护律师对证明标准应提出更为精确的要求。如第四章所述，与证据规则的形成相同，其发展动力很有可能来自法官而非律师。但辩护律师的出现，至少是一种持续推动的力量，如同在证据法形成过程中所发挥的作用，帮助将实务做法转变为一种固定性的期待——法律规则。因此，在 1791 年，著名的老贝利从业律师加罗为一名谋杀案的被告辩护时就主张："在被证明有罪之前，任何人都应被推定为无罪。"⑥

对抗式审判的出现让法官们意识到，有必要为对抗式程序的缺陷提供更多救济手段，因此，可能是这样一种方式推动了排除合理怀疑证明标准的发展。如前所述，对抗式刑事诉讼程序的根本性结构缺陷（即争斗效应和财富效应）在 18 世纪晚期已日益明显。这里的争斗效应，指歪曲或掩盖真相的动机，如隐匿相关证人、拒不披露有利于对方的信息、教唆证人作伪证和滥用交叉询问等。财富效应，是指无力聘用律师和支付审前调查费用的一方（通常但并非完全是刑事案件中的被告）处于不利地位。18 世纪晚期和 19 世纪提出排除合理怀疑标准的法官们先前都是律师，深谙对抗式程序的缺陷。在随后的数十年间，对抗式审判（尤其是控方律师和

---

⑥ William Ingham, *OBSP*(Feb. 1790, ♯334), at 384, 386.

⑥ Joseph Ingham, *OBSP*(Sept. 1788, ♯521), at 670, 673（入室盗窃）. 直到 1811 年，理查德·菲利普斯还记述了另一件类似案件："我在报纸上看到报道说，老贝利的一个陪审员建议从宽处理一名罪犯；问他们理由时，他们竟然说，是因为对一名证人提出的证据存疑！这种情形下应裁决无罪，而不是由陪审团建议宽大处理。"Richard Philips, *On the Power and Duties of Juries* 191 n.（London 1811）[hereafter Philips, *Juries*].

⑥ George Dingler, *OBSP* (Sept. 1791, 312), at 468, 482 cited in Beattie, "Scales" 249 and n.77. 加罗提出法律上的异议：证据不能支持起诉状所载的罪名。这一策略，参见后注⑯—⑯及其相应正文。

无人代理的被告人相对抗的审判）出现了歪曲事实真相的倾向，而法官们对此十分清楚；所以现在的问题是：法官们在排除合理怀疑的证明标准形成过程中，是否一定程度上受到它的影响？相比而言，几乎同一时期，在同样没有律师参与的涉及轻微犯罪的简易审判中，存在不同于排除合理怀疑证明标准的另一标准。应该指出，这种比较是很能说明问题的。[63]简易审判与重罪审判的本质区别就在于其处罚较轻，且没有对抗式的陪审团审判。

重罪审判中出现排除合理怀疑的标准，是进一步促使被告人不愿对指控事实发表陈述的重要因素之一。设定一个很高的证明标准并以此指示陪审团，这实际上鼓励了陪审团去调查控方证据，而并非关注被告人是否或者如何作出回应。

三、"我让我的律师来说"

到 18 世纪下半叶，被告人已经可以不必为了实施有效辩护而对指控的事实真相及控方证据发表陈述。当时，更为普遍的现象是，当控方证据提交完毕后，如果法官要求被告人作出回应，被告人可用程式化的语言回答："我让我的律师来说。"有时候，被告人会在说话开头加上一段与案情无关的否认。例如，1760 年威廉·霍恩在诺丁汉巡回法庭因谋杀而受审，他说："法官阁下，我对指控的罪行一无所知。有人想要我的性命和钱财，所以恶意控告我。其余的事情，我让我的律师和证人来说。"[64]这类案件中更常见的情况是，被告人对事实真相完全缄口不答。"我已经把我的案子向律师交代清楚了，我让他们来替我处理。我有许多证人来证明我的品格。"[65]有时，法庭会对这种做法的危险提出警告："你的律师不能替你陈述，如果你有什么要陈述的，你应亲自陈述。"[66]另外，还有这样的警告："你的律师不能替你陈述，如果你有什么要向陪审团解释，你需要亲力而为；或者你对证据有任何评

267

---

[63] Bruce P. Smith, "The Presumption of Guilt in Anglo-American Criminal Law"（Nov. 2001 draft）（forthcoming）.（后来，该作者发表了相关论文：Bruce P. Smith, "The Presumption of Guilt and the English Law of Theft, 1750—1850," *23 Law and History Rev.* 133, 2005。——译注）

[64] *A Genuine Account of the Life and Trial of William Andrew Horne* 23（3rd edn. London 1760）. 虽然事隔多年，霍恩仍然因 35 年前杀害与其妹所生婴儿而被指控。他被裁决有罪，并被处决。

[65] James Gibson, *OBSP*（Jan. 1766，♯109），at 81, 88（伪造）.

[66] Joseph Trout, *OBSP*（Dec. 1766，♯23），at 11, 12（盗窃室内财物）.（同第三章注释㉘。——译注）

论,你也必须自己作出。"⑥⑦在此类案件中,被告人有时候似乎并没有可行的辩护办法;"我让我的律师来陈述"几乎就等同于表示没有希望。⑥⑧但在另外一些律师替被告人辩护的案件中,律师实施了有力的积极辩护,有时候还会传唤证人来反驳控方证据。⑥⑨在"让律师来陈述"的案件中,最后获得无罪裁决的情况很普遍。⑦⑩到1785年,我们看到财政法院法官艾尔在对被告人谈话的用语中,似乎已预料到被告会以这种方式(让律师)来辩护:"先生,你现在准备让你的律师来辩护,还是想亲自向陪审团陈述?"被告人回答:"法官阁下,我让我的律师来替我辩护。"⑦①

在有些案件中,被告人讲"我让我的律师来说"这种程式化的套话,无疑受到了事务律师或出庭律师的事先指导。除此之外,还有些案件的记载显示,出庭律师好像是当场调整策略,让被告人不必说话。1757年,在一件私铸货币案中,控方证据提交完毕后,两名被告的辩护律师对当事人说:"作为你们的出庭律师,我建议你们就此打住,根据目前的证据来继续我们的庭审。"⑦②被告人接受了他的建议,最后陪审团裁决一人罪名成立,另一人无罪。1784年的另一起案件中,控方证据提交完毕后,加罗告诉当事人:"嫌犯们,如果你们听我的,我建议你们就此打住;案件已经处于最佳时机。"⑦③他们接受了这一建议,最后被裁决无罪。几年后,在另一起案件中,当法庭询问被告是否要发言时,加罗说:"不,法官阁下,我建议他在这种情况下最好什么也不要说。"⑦④

268　　加罗在1784年《审判实录》藏本页边空白处的手写批注,清晰地反映出他的想法:被告人保持沉默具有战略性优势。在一起伪造案中,他担任控方律师并成功将

---

⑥⑦　Thomas Newton *et al.*, *OBSP*(Jan. 1790,＃128), at 137, 139(拦路抢劫).

⑥⑧　Charles Nangle and Mark Lowe, *OBSP*(Sept. 1774,＃＃635—636), at 440, 442(伪造);William Lewis, *OBSP*(Oct. 1774,＃709), at 467, 468(伪造).

⑥⑨　E. g. George Whichcote, *OBSP*(Feb. 1773,＃326), at 152, 158(拦路抢劫).

⑦⑩　E. g. John White, *OBSP*(Jan. 1762,＃73), at 47(盗窃);Joseph Trout, OBSP(Dec. 1766,＃23), at 11, 12(盗窃室内财物);Christopher Waring, *OBSP*(Jan. 1771,＃59), 46, 55(入室盗窃);George Whichcote, *OBSP* (Feb. 1773,＃326), at 152, 158(拦路抢劫);Ralph Gulter, *OBSP*(Sept. 1777,＃522), at 321, 329(强奸).

⑦①　Samuel Holt, *OBSP*(Apr. 1785,＃477), at 623, 625(窝赃).

⑦②　Joseph Wood and Jemima Wilcox, *OBSP*(Dec. 1757,＃＃47—48), at 24, 32.

⑦③　Thomas Isham *et al.*, *OBSP* (July 1784,＃734), at 967, 968.

⑦④　D'Arcy [*sic*;sometimes Darcy]Wentworth, *OBSP*(Dec. 1789,＃1), at 2, 4(拦路抢劫)(无罪).

被告定罪,他在报告中记载被告陈述的地方写下他的评论:"有无数人因为亲自陈述而被裁定有罪,这名嫌犯就是其中之一。"⑦加罗清楚地认识到对抗式审判程序已经取代了"被告陈述式"审判,并将它告知自己的刑事当事人。刑事被告人通过保持沉默,让辩护律师将审判聚焦于控方案件的不足之处,通常能享受到更好的待遇。律师主导庭审使被告人不再作为案件的信息来源,从而使双方的争斗取代了真相的追求。这对于英美诉讼的传统而言,是划时代的一步,或者说是划时代的失误。旨在寻求真相的审判程序,如欧陆及其派生的其他大陆法系国家,不会创设出一种机制——让通常最知晓事实真相的被告人保持沉默。

在18世纪,随着对抗式审判日益普遍,法官们鼓励有律师帮助的⑦被告人仅在控方证据提交完毕后作一次陈述,而不再以其他方式陈述案情。1752年,在牛津巡回法庭审理的玛丽·布兰迪谋杀案,被告打算向证人提出"一些问题"时,法庭告诉她:"你最好把你的问题告诉你的律师,因为亲自提问对你可能不利。"⑦1783年,一位老贝利法官对谋杀案的被告丹尼尔·麦吉尼斯说,如果"你认为有任何合适的问题被忽略了,需要让你的律师提出,你就写下来交给律师……不要自己提问,把它们交给律师。"⑦同年晚些时候,另一位老贝利法官对被告说:"根据上帝的旨意,我们不能阻止你在辩护中进行陈述,但如果你只是提问,那么我建议你让律师来说。"⑦在1788年的一个案件中,法庭两次制止被告不合时宜的发言,并解释说:"虽然你可以陈述,但如果他们的指控还未提出,你就开始辩护,你将处于非常不利的地位。"⑧还有一个例子,"如果你现在就开始辩护,将会让对方抓住机会,从

269

---

⑦ 加罗在托马斯·弗里曼审判报告的批注,参见 *OBSP*(Oct. 1784,♯1002),at 1336,1345;关于加罗的藏本,参见第四章注释㊹—㊺及其相应正文。关于该案,他的批注继续写道,一名控方关键证人莫名其妙地支吾其词,其陈述完全不足凭信,如果被告没有自己在庭上发言、破坏这种有利情形,"本来肯定会被无罪开释"。Ibid.1354.

⑦ 对没有律师帮助的被告,偶尔也会作出类似的说明,不过并非鼓励他让出庭律师去说,而是让他注意不要作出律师会避免的那种不利供述。例如,1770年,老贝利审理的一起案件中,被告想交叉询问一名污点证人,法官警告他说:"你得注意你说的话,以免自证有罪。" Peter Conoway and Michael Richardson,*OBSP*(July 1770,♯♯463—464),at 292,294(谋杀).

⑦ *R.v. Mary Blandy*,18 *St.Tr.* 1118,1163(Oxford Assizes 1752)(谋杀). 又参见第三章注释㊲—㊳及其相应正文。

⑦ Diniel Macginniss,*OBSP* (Jan. 1783,♯85),at 111,118,119.

⑦ Jacob Thompson,*OBSP*(Dec. 1783,♯145),at 154,159(盗窃室内财物).

⑧ David Clary and Elizabeth Gombert,*OBSP*(Apr. 1788,270),at 367,368(纵火).

而把你的回答当作他们的证据".③18 世纪 80 年代,法官们不是适用"争吵式"审判去追求真相的发现,而是适用"证据提交责任规则"。

我们还发现,法官们鼓励被告人就陈述内容咨询其出庭律师。法官向被告人麦吉尼斯建议:"你的辩护词在宣读之前,先让你的律师看看。你不像他们那样明白哪些该说,先让他们看一看。"②这一建议说明当时已彻底摒弃了霍金斯的观点,即被告"可以像最好的律师一样"在事实问题上为自己辩护。③值得注意的是,当时由于辩护律师替被告撰写庭审陈词已成为普遍现象④,这就进一步避免了被告人成为案件信息来源的角色。有时,被告仅仅把律师提前准备好的陈词交给法庭,由书记员向陪审团宣读。1775 年,在萨里巡回法庭的简·巴特菲尔德谋杀案中,就可看到这种演练:

> 法庭:嫌犯,现在你可以进行辩护了;你准备自己说,还是让你的律师替你辩护?
>
> 嫌犯:我已经把一些事实写成书面材料,恳请法官阁下让人宣读。
>
> 法庭:可以宣读。
>
> (由认罪答辩程序中的书记员宣读嫌犯的辩护词……)⑤

在这样的审判中,被告的参与几乎沦为一种象征性形式。⑥

辩护律师不仅削弱了被告作为信息来源的作用,而且即使被告亲自陈述,辩护律师也会影响其陈述的内容。19 世纪早期,对于有律师帮助的被告"让其律师准备或帮助制作陈词"的现象,凯恩斯评论道:

> 嫌犯的律师们谨慎地控制事实信息的披露,减少了被告陈述中"证言"性的内容……例如,[在 1828 年的一件著名谋杀案中]嫌犯的事务律师在开庭前

---

③ Ibid. at 371.

② Daniel Macginniss, OBSP(Jan. 1783, ♯85), at 111, 112.

③ 2 Hawkins, PC 400.

④ E. g, William Gansel, *OBSP*(Sept. 1773, ♯535), at 372, 384(恶意射击).

⑤ *The Trial of Jane Butterfield for the Wilful Murder of William Scawen* 36(London 1775).

⑥ 1836 年,19 世纪早期著名的刑事辩护律师詹姆斯·哈默告诉刑法委员会的委员们,他有时替被告人撰写陈词。哈默痛感此类陈述有时候并不合适,因为他准备好以后,审判会出现意想不到的变化。1836 *Report* 3.委员们的报告对这种事先准备好的书面辩护不以为然,认为如果在审判前就准备好,常常会背离主题,对嫌犯来说一文不值;如果在审判期间准备,显然会过于仓促。无论如何,由法庭人员向陪审团宣读这种东西,往往都毫无用处。Ibid. at 10—11.

讨论,陪审团会更易于接受这是自杀还是激愤杀人? 在庭审中[被告]根据律师建议,改变了陈述内容。这种事先准备好的发言,与 18 世纪审判中被告没有律师帮助、未经演练的事实解释完全不同。[87]

辩护律师会告知证人和被告人"何种陈述有利、何种陈述不利",从而一定程度上可以影响他们陈述的内容。[88]这种教唆式做法是争斗效应的另外一种表现,即对抗式制度具有妨害真相查明的倾向。当对抗的动力占了主导地位,法庭接触被告人、证人都要经过双方律师的筛选,而他们筛选的目的是为了胜诉,而非查明真相。促使法庭采用这种新程序的原因部分是:交叉询问可以查证和阻止伪证、谎言,从而促进真相的发现。但因为当时被告人陈述不需要宣誓,他并非证人,所以他并不接受交叉询问。无论如何,依赖交叉询问(查明真相)至多是一种理想。由于让立场相反的双方自行收集、提交证据,要防止他们歪曲、隐匿真相,交叉询问绝不是一个好工具,而只是一项毫无把握的防护措施。

对抗式刑事诉讼颠覆了"被告陈述式"审判。到 18 世纪 80 年代,《审判实录》格外详实的记载让我们能通过这个不断发展的观察点了解到:18 世纪 30 年代的法官们曾经非常担心并尽力限制的全面辩护,已经在辩护律师的手中基本实现——出庭律师已很大程度上可以让被告不必发言。通过辩护律师对控方证人进行交叉询问、对辩方证人进行直接询问、对证据提出异议以及坚持由控方承担提出证据的责任和说服责任,进行有效的辩护不再要求被告必须自己参与。最初,这种新程序将被告原本没有律师帮助时在庭审中承担的两种角色(实施辩护和提供信息)分开,仅仅将实施辩护的工作交给出庭律师。但这种变革产生了意料之外的效果:审判重心已集中于控方案件,偏离了先前传统"争吵式"审判具有的目标,即考察被

㊆ Cairns, *Advocacy* 50;讨论 1828 年贝里圣埃德蒙兹(属诺福克区)巡回法庭审理的威廉·科德案。

㊆ 1713 年,在允许辩护律师对事实问题出庭发言之前 20 年,就有一件所谓出庭律师教唆被告人的例子。理查德·诺贝尔于 1713 年被控谋杀,出庭律师为其提出一个法律问题,但被法庭驳回。出庭律师似乎也为其庭审策略提供了建议。诺贝尔最后被判有罪。裁定有罪后,当问他对于量刑是否有话要说时,他指责出庭律师教唆他在审判中就一个事实问题说假话,后来被当庭揭穿。"我的出庭律师让我在庭上说,塞耶先生把门撞开之后,我就听到了他的声音",但其实诺贝尔已经告诉其律师这种事实陈述是不真实的。"算我倒霉,我说听到了死者的声音,被对方出庭律师抓住,变成了对我不利的事情……" Richard Noble *et al.*, 15 *St. Tr.* 731, 747(Surrey Assizes 1713).

告如何对控方证据作出回应。如此，辩护律师参加庭审改变了刑事审判的目的，将刑事审判的中心从被告转向了控方。审判程序的基本目的变成了向辩护律师提供一个调查控方案件的机会；时至今日，依然如此。

可以确定的是，这种审判目的新理论早就隐含在传统"争吵式"审判之中了⑧，当时的被告不仅与控方争吵，而且也可以质疑证据的充分性。然而实践中，被告几乎很少技艺娴熟且能够冷静地实施有效辩护。1836 年，刑法委员会指出，无辜的被告"在伪证面前惊慌失措"，特别是以间接证据为基础的案件中，"需要有经验的辩护人施展浑身解数……"⑨而深陷困境又缺乏经验的被告人只能无望地否认，而非对控方证据进行质疑、分析和反驳。律师担起辩护之责，将刑事被告人从先前为进行辩护而必须陈述案情的困境中解放出来。

272尤其值得注意的是，法官们对被告沉默的看法发生了改变。关于"被告作为信息来源"的想法，集中体现于 1721 年霍金斯的著述之中，同时也是此前两个世纪内法律文献的一贯主题⑪；在 18 世纪的最后二十余年，我们看到当法官们推进对抗式审判时，这种观念似乎已经被摒弃。我将在后文述及更多法官态度的转变——关于默许对抗式主导庭审以及被告人的沉默。

1836 年立法将被告获得出庭律师的完全辩护权延伸至重罪案件，彻底废止了"被告陈述式"审判，也事实上摒弃了数百年来将被告作为信息来源的做法。1836年《皇家刑法委员会第二次报告书》⑫奠定了此次立法改革的基础，它以较大篇幅

---

⑧ 我的文章曾讨论了 1649 年约翰·利尔伯恩叛逆案的不同寻常之处，指出这种审判的新理论与旧式的在表面上很相似。利尔伯恩执意拒绝回答关于所谓他撰写叛逆性文字的一系列问题，要求控方提供事证。R.v. John Lilburn, 4 St.Tr. 1269, 1340—1341(1649). 如果这是一个谋杀或盗窃案，利尔伯恩这样做就等于自取灭亡。他的策略是让控方接受审判。在没有辩护律师的情况下，只有像利尔伯恩案这样的政治性案件中才能冒这种风险；此类案件的被告人有理由寄希望于陪审团的同情，John Langbein, "The Historical Origins of the Privilege against Selfincrimination at Common Law," 92 *Michigan L. Rev.* 1047, 1076 n 131(1994)〔hereafter Langbein "PASI"〕, substantially republished in R. H Helmholz et al., *The Privilege against Self-incrimination: Its Origins and Development*(1997)〔hereafter Helmholz, *Privilege*〕, at 244—245 n.123。

⑨ *1836 Report* 3.

⑪ 参见第一章注释⑲—⑳及其相应正文关于斯坦福德和普尔顿的论述。

⑫ 关于该委员会，see Michael Lobban, *The Common Law and English Jurisprudence*:1760—1850, at 202—206(1991); Rupert Cross, "The Reports of the Criminal Law Commissioners(1833—1849)and the Abortive Bills of 1853," *in Reshaping the Criminal Law* 5(P. R. Glazebrook ed.)(1978).

驳斥了治安法官霍金斯前述有关禁止重罪案件被告获得出庭律师的理由，[93]即一个无辜的被告能够"像一个熟练的辩护人"一样为自己辩护。[94]委员们指出：

> 受到犯罪指控的被告人，即使拥有各项才能，但经常会由于羞耻感、身处险境和对法律的无知，在自行辩护时往往处于非常不利地位。这样的……情况很常见：一名无辜者面对伪证惊慌失措，不能很好地进行事实分析，然后从逻辑上指出各种不可能性和破绽——而这恐怕是揭示真相、拯救无辜者的唯一途径。对付这种诬告，需要有经验的辩护人尽其所能；而一名普通被告人在这种情形下很少具备完成任务所需的冷静和才能。[95]

在强调事实复杂、证人诬告等情况下，出庭律师的技艺可能会挽救无辜之人，这段文字确实高明。但其缺陷在于，他甚至没有承认霍金斯观点的另一方面，即担心律师化可能使被告沉默，更不用说对此作出回应了。[96]唯一看似合理的解释是，刑法委员会的委员们认为霍金斯的担心在 1836 年已经过时。除了被告在控方证据提交完毕后可能进行陈述之外，出庭律师的出现早已使其不必发言了；而且正如委员会所言，出庭律师逐渐促进了这种局面的形成。[97]事实上，法庭通过解释 1836 年立法，使被告走向完全沉默这种不必要的极端。"如果被告选择让辩护律师代为陈述，那他就不能再自行辩护"，这一规则逐渐确立。"法院最后裁定：仿效轻罪案件的做法[98]，辩方只能向陪审团

---

[93]　参见前注①及其相应正文。

[94]　*1836 Report* 2.

[95]　Ibid. at 3. 这段文字沿袭了当时著名辩护律师詹姆斯·哈默的主张。他在 1807 年的一份小册子中批评说，"对于被控重罪者，剥夺其在向陪审团陈述时获得出庭律师帮助的权利，令其备受折磨……"James Harmer, *Murder of Mr. Steele: Document and Observations Tending to Show a Probability of the Inocence of John Holloway and Owen Haggerty, Who Were Executed on Monday the 23d of February, 1807, as the Murderers of the Above Gentleman 63*（London 1807）. 哈默写道："当清白无辜者在人头攒动的法庭上接受审判，而他受到的指控不仅质疑其品格，还威胁其生命，他无法避免情绪激动。而且，对其的指证越离谱，他就会越激动、越发能力失控。"Ibid. 另外，再加上被告不懂法律，哈默质疑道："在这种情况下，一个人还能够有效地向陪审团发表陈述吗？"Ibid.

[96]　霍金斯主张，如果有罪的被告在无人帮助的情况下独立陈述，会使自己罪行败露；报告中对此确有各种回应。2 Hawkins, *PC* 400（"那些有罪的被告在自行陈词时，往往就能显露事实真相之；而如果由他人代为虚假陈述，则真相可能不易发现"），委员们则说："那些嘴硬的恶棍往往比无辜者更沉着冷静；……后者反而会表现得手忙脚乱，显得好像因犯罪而良心不安。"*1836 Report* 3.

[97]　Eg., *The Trial of Henry Yorke for a Conspiracy* 28（York Assizes 1795）.（鲁克法官告诉被告："你可以选择，由你自己或你的辩护律师向陪审团发表陈述。"）

[98]　*1836 Report* 10—11（讨论辩护律师为被告人代写陈词）.

作一次陈述；因此，嫌犯只能在自行发言和辩护律师代为陈述之间选择其一。"⑨⑨

四、审前程序的同步变化

与审判中被告的沉默相呼应，18 世纪和 19 世纪的审前程序也出现了同步变化。对证据不充分的案件，米德尔塞克斯的法院治安法官和伦敦市行使相应职能的"市政执行官"⑩⑩开始行使驳回案件的权利。⑩⑪贝蒂指出，早在 1729 年 12 月，伦敦就出现了在审前驳回案件的做法。⑩⑫事实上，据他估计：在 18 世纪 30 年代，"（一位著名市政执行官）受理的重罪案件中，几乎有一半的被告最后都不经审判而被释放"。⑩⑬审前调查"已不单纯是收集证据以便在审判中证明被告有罪的程序"。⑩⑭如第一章所述，亨利·菲尔丁以其实践明确证实了这一点：他在米德尔塞克斯郡已行使审前驳回案件的权力。例如，1752 年据其在《考文特花园杂志》上的描述，一名谋杀案的嫌疑人在被反复询问后，"显示其无辜的证据非常清晰"，菲尔丁"非常体面地释放了"他。⑩⑮

至少在伦敦，治安法官的审前调查逐渐以公开听证的形式出现，后来发展为所谓的"预审"，即作为正式审判的预备程序。亨利·菲尔丁和伦敦市政执行官分别在鲍街⑩⑯和伦敦城⑩⑰定期⑩⑱办公，其场所就是法庭式的建筑。尽管辩护律师还不能

---

⑨⑨　Cairns，*Advocacy* 118，citing *R. v. Boucher*，8 *Car. & P.* 141，173 *Eng. Rep.* 433（Gloucester Assizes 1837）；*R. v. Burrows*，2 *M. & Rob*，124，174 *Eng. Rep*，236（Exeter Assizes 1838）.其他的案件，包括防范这种结果的早期案例，in Zelman Cowanand P. B. Carter，"Unsworn Statements by Accused Persons，" *in Essays on the Law of Evidence* 20，207（1956）.

⑩⑩　参见第三章注释㉔及其相应正文；又参见第三章注释㉛。

⑩⑪　关于玛丽式治安法官没有正式的审前驳回案件权，以及 18 世纪逐渐放松这一限制，参见第一章注释⑱—⑱及其相应正文。

⑩⑫　Beattie，*Policing* 107 and nn.74—75.

⑩⑬　Ibid. at 107.

⑩⑭　Ibid. at 106.

⑩⑮　*Covent Garden Journal*（28 Jan. 1752），in *The Covent Garden-Journal and A Plan of the Universal Regiser-Office* 402（Bertand A. Goldgar ed.）（1988）；参见第一章注释⑱。

⑩⑯　描绘于当时的一幅扉页插图中：3 *The Malefactor's Register；or，the Newgate and Tyburn Calendar*（London [1779]）（5 vols.），reproduced in Langbein，"Ryder" 74.

⑩⑰　贺加斯在其"勤奋和懒惰"系列作品的第 10 幅图中，描绘了伦敦市治安法官听审的理想图景；参见第三章注释㉑及其相应正文；reproduced in Langbein，"Ryder" 79；and in Beattie，*Policing*，pl. 6，following 268. 关于真实的审判庭，see Langbein，"Ryder" 78，84；Beattie，*Policing* 108—109。科图写道："在伦敦，这些调查由威斯敏斯特的治安法官和伦敦市治安法官主持，在一个房间里公开进行。" Cottu，*Administration* 34.

⑩⑱　一位小册作家不断质问菲尔丁："你凭什么每周三都进行这种[公开审理]？你毫不顾（转下页）

提出辩方证据，但随着这种形式的发展，预审成为辩护律师可以质疑控方证据的一个场合。[109]直到 1787 年，一位经验丰富的老贝利出庭律师在正式审判中为被告辩护而回答法官问题时[110]，仍然回应说："鲍街那些治安官们从来不接受嫌犯的证据，他们只接受控告人的证据。"[111]1775 年，在著名的佩罗兄弟和拉德夫人伪造案中，我们便发现拉德夫人的事务律师活跃于亨利·菲尔丁爵士面前，就其充当污点证人的问题进行协商。[112]科图表达了这样的感受：在他的时代，即 1820 年，这些程序已经由律师们掌控。控告人及其律师"来到法庭"，被告人也一样，"在其事务律师陪同下（来到法庭）——如果他能够找到一位事务律师。然后，分别在控辩双方的事务律师引导下，嫌犯进行陈述，（控告人）及其证人宣誓后发表证言，由治安法官制作书面笔录。"[113]

对 18 世纪审前程序中律师们的活动范围，我们还知之甚少。但是，像庭审程序的律师化一样，审前程序的律师化可能对被告产生同样的影响，即鼓励被告保持沉默。当时法国的做法以讯问被告为主要特征；相比之下，科图对于英格兰不关注被告人的做法感到惊诧不已。"对被告人几乎不进行讯问；当要求自行解释时，他如果觉得有必要就作答。……也没有人要求他对对方书面证词中的指控作出解释。"[114]

（接上页）惜这些可怜的对象（即在押嫌犯），将他们的惨状供你们这些无情的听众和堕落的平民们取乐。在他们被羁押以后，你就不应该再对他们采取任何处理措施；他们不应承受反复的讯问折磨，而只需等待下个开庭期来裁断他们是否有罪。你总是想方设法阻止他们自证清白，力图使其身陷罪罚。为达到这一目的，你才在每周三进行这种形式上的司法调查。William A. Miles, *A Letter to Sir John Fielding*, *Kn[igh]t, Occasioned by His Extraordinary Request to Mr. Garrick, for the Suppression of the Beggar's Opera* 21—22(London 1773). 本文献承约翰·贝蒂惠予提示。在多年后的 1820 年，科图也描绘了审前程序的做法。Cottu, Administration 34. （此处因引用内容与上注完全相同，略有删节。——译注）

[109]　Beattie, *Policing* 106.

[110]　法官询问一名辩方证人，在鲍街的审前程序中是否曾提出过同样的证言。Darcy Wentworth and Mary Wilkerson, *OBSP*(Dec. 1787, ＃8), at 15, 19(拦路抢劫).

[111]　Ibid.（同第一章注释[67]）——译注）说这番话的辩护律师是老贝利律师的领袖人物纽曼·诺利斯；关于此人，see May, Thesis 353.

[112]　Discussed in Donna T. Andrew and Randall McGowen, *The Perreaus and Mrs. Rudd: Forgery and Berayal in Eightenth Cenury London* 28(2001).该案引出了曼斯菲尔德勋爵的意见：*R. v. Rudd*, 1 Leach 115, 168 *Eng. Rep*.160(K. B. 1775)；参见第三章注[250]、[299]，又见第四章注释[172]和插图 4.1(本译本未收入插图。——译注)。

[113]　Cottu, *Administration* 34.

[114]　Ibid. at 37."英格兰人似乎对揭示那些导致被告犯罪的原因毫不重视"，这令科图惊讶不已。他评论说，事实上，英格兰人似乎并不关心嫌犯有罪与否。Ibid.对事实真相的轻视态度，参见后注[381]—[429]及其相应正文。

与庭审程序律师化的情形相同,法官们发现审前程序律师化也促进了被告保持沉默。

19世纪,由于职业警察日益承担起收集控方证据的责任,城市的治安法官就开始卸下控诉的职责。治安法官的询问程序,便成为现代审前羁押听证的前身。[115] 随着这一进程的发展,"官方愈发鼓励被控重罪的被告在审前调查中保持沉默"[116]; 这与先前明确要求其陈述的做法形成鲜明对比。[117]1848 年,一部被称为"约翰·杰维斯法案"[118]的法典化议会立法规定,治安法官在取得被告陈述前必须进行提醒: "听到控方证据后,你希望对此作回应吗? 你没有义务回应,除非你自愿这样做;但是,你说的所有内容都会被记录在案,并在正式审判时作为指控你的证据。"[119]

与庭审中的同步发展相比,关于审前程序律师化和司法化的文献记录很少,长期以来也没有成为历史研究的主题。本书之所以提及这个问题,是因为它表明:在程序的不同阶段出现了文献记载中与审判程序中相同的动态,即在对抗制程序中出现了将刑事调查分为控方案件和辩方案件的趋势,与此同时,沉默的被告不再作为信息来源。

五、反对强迫自证其罪的特权

允许辩护律师进入庭审所导致的审判程序重构,是今天称为"反对强迫自证其罪权利"得以发展形成的"加速剂"。"被告陈述式"审判程序与"被告人在审判中有权保持沉默"的理念之间存在着深刻的紧张关系:后者意味着某人不能"在一个刑

---

[115] Remarked in Patrick Devin, *The Criminal Prosecution in England* 7(1958).

[116] Christopher J. W. Allen, *The Law of Evidence in Victorian England* 124(1997)〔hereafter Allen. *Victorian Evidence*〕.

[117] *E.g.*, Thomas Parks *et al.*, *OBSP*(Jan 1747. ＃＃84—86), at 50.(法庭当庭告诉被告:"〔在审前阶段〕你在治安法官那里接受询问。法官当庭告诉被告人,"你应提出不在犯罪现场的证据或总是早出晚归",以证明你每天晚上都在家里。)Stephen Landsman, "The Rise of Contentious Spirit; Adversary Procedure in Eighteenth-Century England," 75 *Cornell L. Rev.* 497, 521(1990)〔hereafter Landsman. "Spirit"〕.

[118] 11&12 Vict., c.42(1848); see also 11 & 12 Vict. c.43. See generally David Freestone and J. C. Richardson. "The Marking of English Crmninal Law; Sir John Jervis and his Acts," 1980 *Criminal L. Rev.* 5.

[119] 11 & 12 Vict., c.42, § 18(1848). noted in Allen *Victorian Eivdence*, *supra* n.116, at 124—125.

事案件中被强迫作为指控自己的证人"⑫。只要禁止被告获得辩护律师帮助的规则存在，被告就只能自行辩护，便不可能有真正的反对强迫自证其罪的特权。因此，在普通法的刑事诉讼程序中，反对强迫自证其罪的特权是辩护律师出现的产物。

近年来，人们关于反对强迫自证其罪权利发展历史的理解发生了显著变化。⑫这项特权的形成源于普通法法院的努力——17世纪，通过禁止令状限制教会法院和特权法院，特别是限制宗教事务高等法院的某些做法。宗教事务高等法院处理宗教改革后教会和教士的相关事务，不适用以陪审团为基础的普通法刑事诉讼程序，而是由该法院的法官自行调查和裁决。根据所谓的"依职权强制宣誓"程序，法官指示被告人宣誓后回答法庭随即提出的问题：如果拒绝回答，就以蔑视法庭罪被处监禁或其他刑罚。⑫清教徒和其他的异教徒一般因违反教规而被调查，但他们常因拒绝遵循"依职权宣誓"的程序而被定罪。他们用一句拉丁格言为其抵制的做法作出解释：*nemo tenetur prodere seipsum*，直译是"任何人没有指控自己的义务"。我们现在知道，该格言来源于中世纪罗马的教会法律，不过出于完全不同的目的。⑫1641年，议会支持清教徒，废除了星座法院和宗教事务高等法院，禁止各教会法院使用"依职权宣誓"程序；这也是导致后来内战并使英国进入无君时期的诸多因素之一。⑫这些事件，特别是废除星座法院和宗教事务高等法院，成为英格兰政治史和法律史上的标志性事件。

17世纪抵制"依职权宣誓"的斗争，成为英美宪法遗产的一部分，但这与普通

278

---

⑫　U.S. Constitution, Amendment 5(1789).

⑫　主要的工作：Hemholz, *Privilege*, supra n.89；该书收录了六位作者首次或已经发表的多篇论文，时间上起自中世纪，直至现代。

⑫　See generally Mary H. Maguire, "Attack of the Common Lawyers on the Oath Ex Officio as Administered in the Ecclesiastical Courts in England," in *Essays in History and Political Theory in Honor of Charles Howard McIlwain* 199(Carl Wittke ed.)(1936).

⑫　当时是为了明确区别基督徒义务的两个方面，强调信徒因忏悔义务而作的供述不得成为对其提起刑事诉讼的依据。基督徒可以向牧师承认自己的罪孽，但没有义务向法官或控方供述应受刑事处罚的犯罪。See R. H. Helmholz, "Origins of the Privilege against Self-Incrimination: The Role of the European Ius Commune," 65 *New York Uni. L. Rev.* 962, 982(1990). Substantially Republished in Helmholz, *Privilege*, supra n.89, at 26—27.

⑫　16 Car. 1, c.11(1640)，在复辟时期被修改为13 Car. 2, c.12(1661)。

法的刑事诉讼程序无关。根据普通法，被告接受询问时无需宣誓；事实上，即使他愿意，也不能宣誓作证。普通法法院起初对"自我归罪"持反对态度，是为了抵制各教会法院和特权法院中完全不同的强制宣誓程序；至于普通法法院如何逐渐吸收了这一原则，近来人们的看法发生了变化。旧式观点中影响最大的是威格摩的观点，他认为：这是由于普通法法院忽略了其自身程序与（对立的）特权法院程序之间的差别。⑫⑤而新近的研究则聚焦于辩护律师的出现。如果没有辩护律师，刑事被告保持沉默的权利就意味着放弃了所有的辩护权；在强调适用死刑的法律制度中，保持沉默的权利无异于实施自杀的权利。只有当辩护律师成功地重构刑事审判而为沉默的被告进行辩护成为可能之时，普通法审判程序中反对强迫自证其罪的特权才可能真正实现。⑫⑥现代英美法上我们所熟悉的这项特权形成于 19 世纪，但其早期的保护对象是作为第三方的证人，而非被告人。⑫⑦

如果我们在 17 世纪晚期和 18 世纪老贝利法院或其他普通法刑事法庭的实践做法中找寻反对强迫自证其罪特权的证据，我们会发现它与我们对"被告陈述式"

---

⑫⑤ "于是有人明确主张：对任何指控（无论多么合理地提出）、在任何法庭（不仅是教会法院和宫法院的法庭），任何人都不应被强迫自证其罪。后来，这一主张被法官们承认。……到查理二世末年（即 1685 年之前，所有法院对此都不再有任何疑问……"8 Wigmore, *Evidence* § 2250, at 289—290（注释省略）.

威格摩引用了 17 世纪晚期《国家审判实录》和其他法律报告中曾出现的格言，即被告人不必控告自己，来证明 17 世纪的普通法中存在反对强迫自证其罪的权利。我的文章已指出，威格摩所引以证明其观点的文献，其实并不能支持其主张：至 17 世纪末，普通法法院已普遍承认反对强迫自证其罪的权利。Langbein, "PASI," *supra* n.89, at 1071—1085, substantially repubished in Helmholz, Privilege, *supra* n.89, at 100—108. 威格摩所引的案例中，有五个是民事案件而非刑事案件，主要处理衡平法上的处罚问题。在另外 11 个刑事案件中，也并未始终坚持这一权利；相反，每个案件中，被告都不断在自行辩护中对案情作出陈述。威格摩找到的被告主张反对强迫自证其罪权利的证据，是在庭审中出现的一次偶然的评论或对话，而其他时候，该被告在不断发言。在这 11 个案件里，有五个被威格摩作为普通法法院已承认反对强迫自证其罪权利的证据，其实是法官对以下行为的反对，即他们拒绝被告交叉询问控方证人。这些材料说明的就是我们现在称为"证人特权"的问题，详见后文。

⑫⑥ Langbein, "PASI," *supra* n.89, substantially republished in Helrmholz, *Privilege*, *supra* n.89, at 82 ff.

⑫⑦ 亨利·E.史密斯的重要发现，"The Modern Privilege: It's Nineteenth-Century Origins" Helmholz, *Privilege*, *supra* n.89, at 145 ff thereafter Smith, "Modern Privilege"。史密斯的研究得到进一步证实和发展，John Witt, "Making the Fifth: The Constitutionalization of American Self-Inerimination Doctrine, 1791—1903," 77 *Texas L. Rev.* 825(1999); Katherine B. Hazlett, "The Nineteenth Century Origins of the Fifth Amendment Privilege against Self-Incrimination," 42 *American J. Legal History* 235(1998)。

审判的理解完全一致。我查阅了大多数的《审判实录》，从其初创时的 17 世纪 70 年代到 18 世纪 80 年代；在成千上万的案件中，都没有找到被告基于所谓保持沉默权而在法庭上拒绝陈述的一个案例。有些案件中，法庭拒绝采纳被告在审前程序中所作的陈述，是因为治安法官让其宣誓作证这一错误行为。在此类案件中，尽管"被告人没有宣誓作证的资格"可以作为充分、独立的理由，但之所以这样做，是因为宣誓后接受讯问本身就是一种法律所不允许的强迫。[128]1733 年，在萨拉·马尔科姆谋杀案中，法庭排除了他宣誓后所作的审前讯问记录，并指出：如果是"基于宣誓作出的陈述，就不能在庭上宣读，因为任何人不应宣誓指控自己；所有讯问笔录的内容必须是自由、自愿的结果，而非因宣誓而作出，只有这样的笔录，我们才能宣读"。[129]贝蒂提到了 10 年后，即 1743 年在萨里巡回法庭的一桩类似案件：据小册子报告显示，被告的审前"供述被提交至法庭；但基于宣誓而作出，因此不能宣读。如果是自愿作出，本可作为恰当的证据予以接受，但法律认为，宣誓是一种强迫；所以，在事关生死的案件中，没有人应被强迫宣誓而指控自己。"[130]

280

这些案件中对于宣誓问题的关注，是该项特权早期认识的显著特征。"该项特权的历史，从挑战宗教事务高等法院的权威，至少到美国《权利法案》的形成，这个过程几乎完全就是一个关于何时以及为何人们必须宣誓陈述的故事。"[131]关于自证

---

[128] 纳尔森的《治安法官手册》清晰地说明了这种联系："对重罪，可以在收押前讯问，但不能要求其宣誓，因为被告人不应控告自己。"William Nelson, *The Office and Authority of A Justiceof Peace* 253 (London 1718).

[129] Sarah Malcolm, *OBSP* (Feb. 1733), at 90—91, discussed in Langbein, "CTBL" 283 n.58. 多年之前，在老贝利的另一个案件中，被告可能已试图提出这一主张，不过当时讯问是合理进行的，即没有要求其宣誓。为了避免受制于"其口供，他说，在法律上有一句古老的格言：在[治安]法官面前所作的口供，不应作为证据。不过，[法官]回答说，如果有这么一条格言，它也已经太古老了，无人记得；并问他，是否能够提供记录[这一格言的]证据？他最后不能提供而被裁决有罪。"John Bellingham, *OBSP* (Oct. 1699), at 4(伪造).另一例子，参见第三章注释[269]。

[130] James Scate, *SAP* (Summer 1743), at 12, 13(侵入住宅，盗窃室内财物), cited in Beattie, *Crime* 365. 1745 年，在一起老贝利审理的案件中，法庭治安法官德维尔让亨利·西姆斯宣誓后进行陈述，准备让其成为污点证人；同时，又让其未经宣誓而"作了一份口供，经本人自由、自愿地签字确认"。后来，西姆斯在另外一起案件中不愿再做污点证人，德维尔遂将其起诉。西姆斯抗议说，"一个人不能宣誓指控自己"，但法庭没有接受，显然认为那份未经宣誓的口供是有效的证据，虽然《审判实录》中收录的供述是宣誓的那个版本。Henry Simms, *OBSP* (May 1745, ♯291), at 172, 173—174.

[131] Albert W. Alschuler, "A Peculiar Privilege in Historical Perspective：The Right to Remain Silent," 94 Michigan *L. Rev.* 2625, 2641—2642(1996), substantially republished in Helmholz, *Privilege, supra* n.89, at 181, 187.

其罪问题的早期认识以宣誓问题为核心;正因如此,这一权利对庭审中刑事被告的处境几乎毫无影响,因为在英格兰,被告直到 1898 年才允许宣誓(而在美国大多数州,则要早数十年)。[132]

在早于 18 世纪 80 年代晚期的老贝利庭审中,除了这些案件排斥经宣誓的审前讯问记录外,我们并未发现有人提出以类似特权的理念来保障被告人的所谓沉默权;而在此后,《审判实录》记载的一些案件中,法庭开始以反对自我指控的原则来向陪审团解释,为何不能向被告提出某些特定问题。在 1788 年威廉·卢德勒姆伪造罪案件中,法官向陪审团解释说,"对嫌犯辩护中[存在的矛盾之处]进行尖锐的评论以迫使其回应,是不合适的做法;他现在所说的内容,如果不能构成自我辩护,就会成为自我指控,因为我们不能要求他指控自己,只能让他自我辩护"。[133]次年,在一宗拦路抢劫案的审判中,被告人据称有一个同伙;《审判实录》记载,陪审团追问"和他一伙的那个人在哪儿?"法官回应道:"我们没有权利要求嫌犯必须说出那个人是谁以及在哪里;当然,你我在内心会对此产生一些看法。"[134]这些文献显示,当时的做法与早期特权的"以宣誓为中心"已相距甚远,因为被告当时并没有宣誓。纵观 18 世纪,询问被告的态度确实发生了变化,逐渐认识到对被告的陈述进行追问是不当的。据《审判实录》记载:直到 1748 年,老贝利法庭的一位法官仍执意对一名被告的陈述进行追问[135];而到更晚的 1772 年,我还发现了一起这样

281

---

[132] Criminal Evidence Act, 61 & 62 Vict, c.6(1898);关于美国的相关发展,see George Fisher, "The Jury's Rise as Lie Detector," 107 *Yale L. J.* 575, 659—697(1997).

[133] William Ludlum, *OBSP*(Jan. 1788, ♯116), at 134, 138.

[134] James Walton, *OBSP*(Jan. 1789, ♯137), 145, at 146. "如果被告不发言,法庭会让陪审团作出不利推断",沃伦法院的这一判例倍受批评,该做法已被美国联邦最高法院否定,*Griffin v. California*, 380 U.S. 609(1965).

[135] John Morris, *OBSP*(Oct. 1748, ♯479), at 282, 283(盗窃手表);被告声称他是从一名水手那里买到这只手表的。《审判实录》详细记载了追问被告的情况:

法庭:[在控方证据提交完毕后提问被告]你能否说明一下你是如何得到这只手表的?

嫌犯:我是从一个水手那儿买的,就在格林威治的三酒桶那儿。

法庭:你过了多久,又准备把它卖给这位先生(最后一位控方证人)?

嫌犯:大概中午 12 点吧。

法庭:他[水手]叫什么名字?

嫌犯:我没问他的名字。

法庭:他说是哪条船上的?(转下页)

的孤例。⑬不过，斯蒂芬所言不虚："在 18 世纪"，特别是在 18 世纪下半叶，"审判中询问嫌犯的做法已经逐渐消失了……"⑬我们目前还无法断定，这一发展是否源于那些与反对强迫自证其罪特权有关的理念。

282

我们发现，现代法律中反对强迫自证其罪的权利是从 19 世纪的"证人特权类推延伸而来"。⑬据 18 世纪的《审判实录》记载，已有人援引该项证人特权以防止辩护律师在反询问中对控方证人提出某些问题。⑬例如，在 1729 年托马斯·班布里奇盗窃案中，控方提供一名叫威尔克森的证人来指证被告，班布里奇"希望询问威尔克森收了多少钱，他被用来作为控方证人多久了；但是法庭告诉他，这种问题不合适，不能问。如果他能证明这些，就拿出相应的证据"。⑭在 1744 年的一起案件中，被告人帕克传唤另一名叫兰德尔的共犯作为辩方证人，声称"除了……兰德尔，我没有其他证人，只有他能证明我的清白"。法庭"告诉兰德尔，他可以自己决定是否宣誓（在这种情况下，就意味着决定是否作为辩方证人），因为他不得被强迫回答

（接上页）嫌犯：[说了一个船名。]

法庭：具体是哪天呢？

嫌犯：[上个月周四。]

法庭：你确定是周四吗？

嫌犯：不，法官阁下，是周二。

法庭：哪个周二？

嫌犯：上个月。

《审判实录》在此处加了一个注释指出："那时手表还没有丢，直到[后来的某天]才丢失。"Ibid. at 283. 莫里斯提出两名证人来证明他是从水手那儿购买手表的。法庭对他们进行了细致的询问，陪审团最终裁决莫里斯有罪（成立盗窃罪，但不是盗窃室内财物，因此可以享受神职减刑特权），法庭命令对两名证人伪证提起控告。

两年之前另一起老贝利案件中，被告被指控盗窃期票，法庭告诉被告："你必须告诉我们，期票是怎么来的。"John Smith, *OBSP*（July 1746，♯270），at 210，214. 当时代理被告的出庭律师，显然并未提出任何异议。法庭和控方追问被告的案例，在 1739 年约克巡回法庭审理的迪克·特平案中也有记载。Derek Barlow, *Dick Turpin and the Gregory Gang* 406—407(1973).

⑬　Edward Barry, *OBSP*（June 1772，♯435），at 214，215(拦路抢劫).

⑬　Stephen, *General View* 194.

⑬　Smith, "Modern Privilege," *supra* n.89, at 146.

⑬　这种现象的其他一些案例，见于 17 世纪晚期的《国家审判实录》；威格摩曾将其作为当时已经普遍认可反对强迫自证其罪特权的证据；参见前注⑮。

⑭　Thomas Bambridge, *OBSP*（Dec. 1729），at 17, 18.（参见第一章注释㉜；其中引用了记载同案的另一文献。——译注）

任何可能导致自我指控的问题。他思索了一会儿，然后同意宣誓作证"。⑭兰德尔替帕克开脱了罪责，使之被裁决无罪；但兰德尔随后因另一宗指控而受审，并被裁决有罪。⑭

到了 18 世纪 80 年代，《审判实录》记载了律师在庭审中的更多活动；我们发现，当时出庭律师和法庭都在援引这一原则，有时候包括"反对强迫证人自我指控"这一明确的格言。1784 年，在约瑟夫·邓巴伪造货币案中，辩护律师加罗对一名控方证人进行反询问时提问："你进行走私活动……多久了？"对方出庭律师提出反对："这显然不是一个合适的问题。"加罗回应道："他已经告诉我们他是走私犯了。"然后法官介入予以说明："如果提出任何有关走私行为的问题，那都是不合法的。"⑭如果要证人回答有关具体行为的问题，那就是要求他自证其罪，正如加罗所提出的问题。在这轮交叉询问中，法官后来为保护证人而再次介入，告诉加罗："我必须阻止你提出这个问题。如果对于某个问题的回答，除了指控自己外别无他法，那这个问题就不能提出。"⑭

《审判实录》还记载了其他几起案件，均成功地援引证人特权，以此保护其免受加罗咄咄逼人的反询问。1785 年，加罗在为一名窝赃罪的被告人辩护时，试图问控方证人：其证言最后是否表明"他承认作了伪证"？法庭制止了加罗，告诉他："你可以证明这件事，但不能向他本人询问。"⑭在次年发生的一起入室盗窃案中，加罗对一名控方证人进行反询问，问她刚才所言是否属实。审判法官介入，说："你没有权利让她自证有罪。"⑭在 1787 年 12 月开庭期内的三起不同案件中，加罗在反询问中追问证人是否曾经窝藏赃物，法庭都让其免予回答。⑭1784 年，在老贝利法庭，伦

283

---

⑭ Thomas Parker, *OBSP*（Jan. 1744，♯119），at 53，54（盗窃）.

⑭ William Randall, *OBSP*（Jan. 1754，♯120），at 54，56（盗窃）.

⑭ Joseph Dunbar, *OBSP*（May 1784，♯656），at 836，839.（第四章注释⑭—⑭、⑲及其相应正文曾在讨论另一相关问题时讨论过该案件。）

⑭ Ibid. at 840.值得注意的是，这里所表达的不是现代版的证人拒绝回答问题的权利，而是被告可以根据这一权利，要求禁止提出此类问题。

⑭ Uziel Barrah, *OBSP*（Apr. 1785，♯500），at 660，663.

⑭ Henry Thompson and Thomas Harris, *OBSP*（Feb. 1786，♯211），at 346，352.

⑭ John Durham and Edward Growther, *OBSP*（Dec. 1787，♯38），at 52，54—55（入室盗窃）；Thomas Duxton, *OBSP*（Dec. 1787，♯83），at 93，94—95（入室盗窃）；Joseph Percival, *OBSP*（Dec. 1787，♯84），at 95，96（入室盗窃）（"你不能问这名妇女她是否窝藏赃物"）.

敦司法官对证人的特权进行了概括:辩护律师"如果要证明[控方]证人不可信任,可以提出任何不会使之自陷于罪的问题"。[148]

某种意义上说,证人特权是后来应用更广泛的禁止强迫自证其罪特权之前身;但我们必须注意到,具有讽刺意味的是,早期禁止强迫自证其罪的权利并未与刑事被告人的保障密切联系起来。相反,它当时主要是用来限制交叉询问的范围;而在18世纪,交叉询问几乎是辩护律师手里唯一可用的武器。

证人的特权不仅体现在反对强迫自证其罪方面,还有另外一个层面,即被认为还应维护证人的地位或声誉利益,避免有损其人格尊严。1784年,因一场政治集会上的争吵而导致的一件谋杀案审判中,我们就看到了对这一理念的讨论。著名律师托马斯·厄斯金为被告人辩护,当他准备在反询问中对一名控方证人遭受鞭刑的情况提问时,被审判法官制止;法官告诉厄斯金,他"没有权利询问(证人)遭受鞭刑的情况。我认为,一个人不应该被强迫回答任何令其羞辱的问题"。厄斯金认可"任何人在法庭上不应回答可能自我指控的任何事情",但厄斯金坚称:"为了了解证人的可靠性,审查其证言是否真实,我有权询问他以往的罪行,因为他不会因此再次受到惩罚。"法官认为两者并无区别,制止了他的提问,说"我坚持认为,任何人不分男女,都不应该回答会有损其人格尊严的问题。据我所知,如果一名妇女被问是否有私生子,这个问题总是会被制止。"[149]不过,证人特权的这个方面,即保护声誉利益的方面,在19世纪中期就逐渐消失了。[150]

综上所述,"刑事被告不必自证其罪"的口号(*nemo tenetur prodere seipsum*)只是17世纪中期宪政斗争中的理想原则而已。它的形成是为了抵制非普通法院中以宣誓为基础的职权调查程序,但它在普通法刑事审判中适用时,意义并不明确,因为当时还禁止被告宣誓陈述。这一原则进入普通法院时,主要是为了保护证人而非被告人,特别是保护控方证人能够对抗18世纪下半叶辩护律师日益激烈的反

284

---

[148]　Stephen Tissington, *OBSP*(May 1784, ♯655), at 843, 845(伪造);accord, Mary Heath, 18 *St. Tr.* 1, 14(K. B. Ireland 1744)(伪证).(在人身保护令程序中,法庭督促控方证人如实陈述,建议他:"你没有义务回答任何使你自陷于罪的问题。")

[149]　Patrick Nicholson *et al.*, *OBSP*(May 1784), at 649, 666.

[150]　Smith, "Modern Privilege," *supra* n.89, at 157—159.

询问。传统"被告陈述式"审判没有保持沉默的反制规则，也没有维护被告沉默权的方式。只要被告必须自行辩护，就不会存在真正的反对强迫自证其罪特权。只有禁止辩方出庭律师的规则被推翻后，这项特权才能扩大适用以保护被告，这是 19 世纪和 20 世纪的一个重大发展。我已经在本章着重指出：庭审律师化对于被告在审判中保持沉默具有革命性意义。反对强迫自证其罪特权将被告的沉默权融入了后来刑事诉讼程序的理论体系。

第三节　控方律师

本章节的主题是：18 世纪下半叶辩护律师在刑事审判模式转型中的作用。在直接探讨辩护律师的活动之前，有必要关注一下他在法庭中的对手——控方律师。在前述第三章中，我曾将控方视为重罪案件辩护律师产生的根源，着重指出 18 世纪早期控诉实务中的三大主要变革：赏金制度、污点证人制度和控方律师的使用，特别是在审前程序中聘用事务律师调查和收集证据。我在前文中已指出，审前程序的律师化导致正式审判中控方使用出庭律师的趋势——特别是在造币厂和邮政局等单位控诉人提起诉讼的案件中。在这些控方革新制度的综合作用下，传统"争吵式"审判的平衡被打破，造成被告处于极为不利的处境；这促使法官开始放松辩方出庭律师的禁止规则，希望更好地保护无辜的被告人。

然而，控诉实务中的巨大变革，并未使控方律师在法庭中的作用发生实质变化。控方聘用律师的情况仍不多见。直到 1834 年，据一位著名的老贝利出庭律师估计：在 20 起案件中，只有 1 起案件会出现控方出庭律师。[150]因为控方律师早就被允许出庭，所以其在重罪审判中的出庭与过去相比并无根本差别。相较于 18 世纪辩护律师作用和影响的根本变化，控方律师地位的改变和重要程度均不如前者。

一、事务律师的影响

在由事务律师调查证据、挑选证人和安排证人的大多数案件中，事务律师在控

---

[150]　May, Thesis 92 n.6, citing MS letters from Charles Phillips to Lord Brougham, *Brougham Papers* nos. 28, 437, 28, 465.

告中的作用，比正式审判中提交证据的出庭律师更为重要。[152]我们有时发现，控方出庭律师在正式审判中提到事务律师的出庭纲要——有时是附带提及[153]，有时更多的是为了与可能的错误指控[154]或已经存在的错误指控[155]撇清关系。另外，至少在涉及国王的案件中，控方律师的使用可能在正式审判之前就已开始，由他们为大陪审团制作起诉状。[156]

---

[152]　关于事务律师与控告人的关系，参见第三章注释[55]、[92]—[97]、[195]—[204]及其相应正文。

[153]　Eg., William Bird, *OBSP*(Sept. 1742，♯102)，at 42(谋杀)(控方律师在开场陈词中提到"呈现在你们面前的案件，在我的出庭纲要中是如何表述的")；John Aikles, *OBSP* (Jan. 1784，♯226)，at 285，286(盗窃汇票)(控方律师加罗提到了他的出庭纲要)；Richard Wooldridge, *OBSP*(Feb. 1784，♯357)，at 480，482(修剪硬币)(加罗再次提到他的出庭纲要).

[154]　有一起案件中，控方律师似乎对其证据并无把握，强调他只是按出庭纲要进行陈述；see Henry Harvey, *OBSP*(Sept. 1785，♯909)，at 1152(伪证)。1785 年 9 月，哈维被指控在前一年的 2 月份诬告了一起拦路抢劫案。在 2 月份的这起案件中，伦敦司法官在其间发挥了决定性作用，被告人被裁决罪名成立，但被暂缓执行死刑，最后得到赦免。而 9 月的这起案件又再次由他审理。他指示陪审团，当时案件中促使他要求赦免的原因是控告人的可疑行为，与提供帮助的小镇头领(即治安法官)哈维并无关系。Ibid. at 1176.在开场陈词中，控方律师摩根在综述证人证言时，反复在前边加上"根据出庭纲要……"的字样。Ibid. at 1153.他还多此一举地补充说，如果陪审员们"有任何怀疑"，应当裁决无罪。Ibid.他们最终裁决无罪。Ibid. at 1179.关于前次控告，see Peter Newbery and William Iverson, *OBSP*(Feb. 1785，♯292)，at 340(拦路抢劫).

[155]　例如，在 1784 年因选举骚乱而引起的一起谋杀案控告中，当辩护律师经过交叉询问，证明控方主要证人的证言不能成立时，控方律师慌乱地向法庭道歉："您知道，我不认识这位证人，所以也不可能知道他们会说什么。我只是[根据事务律师出庭纲要的安排]提出这名证人，看他们能证明什么。"William Wilkins, *OBSP*(Sept. 1788，♯523)，at 674，684.在此前二十余年的 1768 年，因威尔克斯骚乱而提起的一项控告中，当发现控方证人未能说明案情，治安法官格林决定放弃。他说："现在我不要求将这位先生定罪了。"陪审团未听取辩护，就裁决嫌犯无罪。Samuel Gillam, *OBSP* (July 1768，♯488)，at 274，283(帮助和教唆他人谋杀).

[156]　我们在 1660 年复辟时期弑君案审判的报告中，从一段文字中看到了这种做法。法官作出了一些指示，包括大陪审团程序的指示——他们指出："通常在所有案件中，都由提出起诉的控告人收集证据，以获得起诉状；在国王的案件(即叛逆案件)中，控方律师是唯一的控告人，因为国王不能亲自来起诉。"*Regicide Trials*, 5 *St. Tr.* 947，972(1660).在《国家审判实录》对该案的记载中，(当提及证据是秘密而非公开地提交这一问题时)，编者在注释中指出：在 1794 年托马斯·哈代叛逆案中，"经大陪审团要求和法庭允许，事务律师因前述原因出席了大陪审团审判"。Ibid. at 972，引用"哈代聘用的律师克拉克森先生"的说明；*R. v. Thomas Hardy*, 24 *St. Tr.* 199(O.B. 1794).

在一份大幅单页的文献中，有一个更早期的案例：1611 年的圣诞节，一名扒窃犯在白厅大道的王室礼拜堂试图割开一个钱包时被擒获。一周后，副总检察长弗朗西斯·培根从专为此案召集的大陪审团处获得了起诉状。被告承认有罪，但请求从宽处理；最终裁决有罪，并被处决。*The Arraignment of John Selman*(London 1612)(Huntington Libr., San Marino, CA, shelfmark 30325).

文献资料显示,辩方出庭律师有时候也会提及事务律师撰写的出庭纲要⑮;不过,由于辩护律师主要就事实问题对证人进行反询问;所以和控方律师相比,他的作用更多是回应性的(就控方提及的问题进行反询问),因而他更少受制于事务律师的事前指示(出庭纲要)。而且在有些情况下,被告并不聘用事务律师,而是直接聘请出庭律师。⑱

与准备证据的事务律师相比,出庭律师对于其庭上要提交的证据往往只是粗略了解。19世纪中期,在老贝利法庭和巡回法庭业务较多的一位出庭律师在其自传中回忆道,出庭律师通常直到开庭前夕才能拿到出庭纲要。在地方巡回审判中,通常是"法官先于律师到达当地市镇……"待律师到达时,距离开庭最多只有一天时间,"律师幸运地拿到准备好的出庭纲要,开始匆忙地准备着……"⑲这种制度表明,出庭律师在审前的准备肯定是不充分的。对于这些出庭律师们来说,没有准备便出庭也是"家常便饭",因为"到19世纪后的相当长一段时间,出庭律师通常都是开庭当天才拿到刑事案件的出庭纲要"。⑯因此,在事务律师和出庭律师之间,如果要判断谁进行过调查或者对案件思考的更多,那一定是事务律师。

庭审律师化让律师承担了收集证据的责任,但事务律师和出庭律师之间的职能分工,在很大程度上,让出庭律师无需对其在庭上要证明的事实承担责任。与欧陆国家法官的澄清义务相比,英格兰的审判参与者无人对事实真相负责。法官日益依赖于双方的出庭律师,而出庭律师依赖没有出庭权的事务律师为其提供出庭

---

⑮　John Mattsham, *OBSP* (July 1774,＃454),at 243(拦路抢劫)(辩护律师进行反询问、追问提起控告的受害人是否能辨认出被告人,并警告他说:"我老实告诉你,根据我的出庭纲要,能推翻你的说法;他到底是不是其中之一?")由于1696年《叛逆罪审判法》允许出庭律师提供全面辩护,因此在叛逆罪和轻罪案件中,辩护律师都可以发表开场陈词。据这些陈词的记载,有时会提到辩护律师的出庭提纲,例如:John Matthews, 15 *St. Tr.* 1323,1368—1369(O.B. 1719)(叛逆)("根据我们的出庭纲要,我们能够提出很多证人来推翻这些证人宣誓过的证言");Christopher Layer, 16 *St. Tr.* 93,199(K. B. 1722)(叛逆)(辩护律师对控方要求宣读一些文件提出异议,"虽然就我来说,我不知道他们是什么,因为我的出庭纲要上没有提到这些")William Hales, 17 *St. Tr.* 209,219(O.B. 1729)(伪造)(轻罪)("我的出庭纲要里没有什么重要内容;所以,我不想烦扰法官阁下了")。

⑱　Discussed in May, Thesis 103—106.

⑲　1 Ballantine, *Experiences*, supra n.16,at 62. 凯恩斯提到了1783年在中部巡回审判区的一个案例,其中三名出庭律师因在法官任命日之前进入巡回法庭所在的市镇而被处罚金。Cairns, *Advocacy* 37. "直到1863年,菲茨詹姆斯·斯蒂芬还说,控方的出庭纲要'一般而言(至少在农村),是在开庭当天才送到等候在法庭的出庭律师手里'。"Ibid., citing Stephen, *General View* 156.

⑯　Cairns, *Advocacy* 34, citing Henry Brougham, Lord Abinger, 1 *Law Review* 79(1845).

纲要。因 1780 年戈登叛乱而对乔治·戈登勋爵提起的叛逆罪指控中,总检察长在开场陈述中对陪审团说:"根据我的出庭纲要,我向你们提交其记载的各项事实以及能够证明这些事实的证人;但我不对其真实性负责。"[161]

二、自我约束的义务

在那些记载详尽的 18 世纪老贝利法庭案件中,一般由控方出庭律师发表开场陈述,而陈述内容通常来源于事务律师提供的出庭纲要。开场陈述一般会简要阐明对被告人的指控,确认要传唤的证人,并预先说明其证言内容。在乔治·戈登勋爵的审判中,总检察长完成上面那些陈述后接着说:"如果我的陈述缺乏相应证据予以证明,那么上帝不会允许这些事项对法庭上的嫌犯构成偏见。"[162]

开场陈述中这种貌似关心被告利益的口吻服务于一种特别理念,即所谓控方自我约束的义务,为了缓和重罪案件中限制辩护律师活动范围所导致的不公正而形成。直到 1836 年的制定法规定,控方律师可以向陪审团发表开场陈述,预先说明其证据,但辩方律师却不被允许。同样,控方律师可以在证据提交完毕后向陪审团发表陈词,对被接受的证据和被告的辩护进行评论,但辩护律师却不能作总结陈词(该限制的目的是迫使被告进行自我辩护)。这种自我约束义务传达了一种理念,即控方律师"应仅限于简要描述他想要证明的事实,因为嫌犯没有机会通过其出庭律师向陪审团能说明其事实主张……"[163]

1820 年,科图评述道:希望控方"自我控制……,避免为了指控嫌犯而不择手段"。[164]事实上,对被告利益的表面维护可能是控方一种相当有效的控诉策略。口头上向陪审团表示"诸位不必受我陈述和评论的影响"(1772 年谋杀案的表述[165]),

288

---

[161][162]　Lord George Gordon, 21 *St. Tr.* 485(O.B.1781).

[163]　William Dickenson and T. N. Talfourd, *A Pracical Guide to the Quarter Sessions and Other Sessions of the Peace* 350(3rd. edn. London 1829)[hereafter Dickenson and Talfourd, *Guide*], cited by Cairns, *Advocacy* 39.

[164]　Cottu, *Administration* 87.可能是觉得其与法国表演式的风格相比存在反差,科图指出,控告人并没有将被告描绘成"地球上应当立即予以消灭的怪物"。Ibid. at 89.

[165]　*The Trial of William Morgan for the Murder of Miss Mary Jones ... at the Assizes held at Gluceser on Wednesday the 11th of March 1772*, at 5(Gloucester 1772)(B. L. shelfmark 115. h. 32).对"自我约束"的开场陈述记载详细的另一个例子,也是在一件谋杀案中,see Daniel Maginiss, *OBSP* (Jan. 1783, ♯85), at 11, 113—115(威廉·菲尔丁起诉)("我不会为了激起你们的义愤而乱说一个字")。

丝毫不能改变控方内在的优势，即以开场陈述的方式将控方案件的主要内容传达给陪审团。

19世纪早期或者更早，对于是否允许控方发表开场陈述的问题，各巡回审判区存在着差异。"在北部巡回审判区，其惯例是'一直'允许出庭律师向评审团发表开场陈述……；而在牛津巡回审判区，出庭律师'几乎从不'允许做开场陈述；在中部巡回审判区……只有在复杂间接证据的案件中，才允许出庭律师发表开场陈述。"[166]1836年，刑法委员会的委员们提到，中部巡回审判区很少允许作开场陈述，意在说明：其他地区允许开场陈述导致被告人"没有辩护律师帮助而处于极其不利的地位……"[167]委员们还担心控方的自我"约束"并非总能受到约束，因为这种所谓的义务很难得到强制执行。他们指出，"即使在谋杀案中，时常也允许专业律师在开场陈述中施展各项才能，"[168]并特别提到"加罗先生在指控帕奇谋杀案开场陈述中的著名发言"。[169]凯恩斯评论道，从不存在对自我约束义务的权威表述，所以它只是巡回审判的礼仪问题，属于法官的自由裁量范围，也是个案中出庭律师的"高雅品位"和"优良情操"。[170]

控方自我约束的义务只适用于重罪案件，其逻辑是为了补偿因禁止辩护律师向陪审团发表陈词而造成的不利地位。19世纪早期季审法庭（审理大多数较重的轻罪案件）的一份办案手册指出，"在轻罪案件中，控方无需自我约束，因为被告可以通过其律师进行有效辩护；因此，控方律师不仅可以陈述事实，还可以据此作出推理，并有望获得对手提出的各种辩护理由"。[171]阿莉森·梅提到了1784—1791年在老贝利审理的几个轻罪案件，其中控方律师的行为"并未自我约束。指控被告的证据受到激烈争辩，出庭律师不再提及我的'出庭纲要'；相反，控方律师言辞犀利地宣告

---

[166] Cairns, *Advocacy* 8.梅的研究中讨论了老贝利的做法，引用了许多事例。May, Thesis 133—134 and n.125.

[167] 1836 Report 10 n.

[168] Ibid. at 10.

[169] Ibid.他们提到加罗发表开场陈述的案件是：*The Trial of Richard Patch for the Wilful Murder of Issac Blight* (London 1806).该案中，加罗违反常规做法，将罪责归于帕奇；关于其动机，see Cairns, Adocacy 41—44。

[170] Cairns, *Advocacy* 44.

[171] Dickenson and Talfourd, *Guide*, *supra* n.163, at 350.

被告的罪行,而如此尖锐的陈词无非是表达'坏人必须受到惩罚'的效果"。⑫

受害者或其他控告人只有聘用出庭律师,才能获得发表开场陈述所固有的策略优势。"因为不允许控告人亲自向陪审团发表陈词,所以控方如果不聘请出庭律师,当然就不能作开场陈述。"⑬前述 19 世纪早期的实务手册描述了这种做法,并为其提供理论支撑,即控告人虽然对控方证据的内容具有完全的控制权,但也像其他人一样,仅是一个证人而已。"虽然案件由他来操作,但并非他的事情,而是国王的,所以他只能像其他证人一样,站在证人席上宣誓后接受询问。"⑭关于"只能由出庭律师发表开场陈述"的这种限制,一种更恰当的解释是:开场陈述仅限于证据所能证明的范围,而一般的公民控告者则很难保证能够遵循这一辩论规则。⑮

控方律师的主要职责是提供控方证人,包括被害人以及与事件相关的其他证人,有时候还有专家证人(特别是医学专家,如精神恢复正常⑯或者谋杀⑰以

⑫　May, Thesis 140, citing William Stevenson, *OBSP* (Sept. 1784,♯843), at 1164, 1165；William Priddle *et al.*, *OBSP*(Apr. 1787,♯448), at 580, 581；Robert Jacques *et al.*, *OBSP* (July 1790,♯537), 614, 619(提起控告的西尔维斯特在开场陈述中说:"我会证明……他们犯了指控的罪行;这些罪人早就该被绳之以法了");John Oliver, *OBSP*(Oct. 1791,♯443), at 613, 614.

⑬　Dickenson and Talfourd, *Guide*, *supra* n.163, at 350.

⑭　Ibid(着重号系原文所有).

⑮　关于禁止出庭律师在开场陈述中提出证据所证明内容以外主张的规则,see 6 Wigmore, *Evidence* § 1808, at 275 n。

⑯　奈杰尔·沃克对 18 世纪精神病辩护的频率和成功率所作的定量研究,最早在法律史著作中使用了《审判实录》。1 Nigel Walker, *Crime and Insanity in England：The Historical Perspective* 66—72, 284(1968).新近的研究显示,从 18 世纪晚期开始,医学专家日益受制于对抗模式,特别是在精神病人恢复正常的案件中,这种方式取代了此前 18 世纪早期流行的专家不应有过强倾向性的观念。See Joel P. Eigen, *Winessing Insanity：Madness and Mad-Doctors in the English Court* (1995)；Stephan Landsman, "One Hundred Years of Rectitude：Medical Witnesses at the Old Bailey," 16 *Law and History Rev.* 445(1998).

⑰　E.g., George Smith *et al.*, *OBSP*(Apr. 1723), at 1, 3(谋杀).两名控方医学专家作证,否认辩方所主张的被害人系意外被马车撞死的说法;该案当时广为人知,根据国王的要求,由王室出资提起控告。参见第三章注释㉖—㉝。

克劳福德"系统地研究了 1729—1730 年至 1789—1790 年间"发生的共 75 例谋杀案的审判,指出"在 1730—1790 年间,老贝利审理的命案中,有半数以上都有医学证据,有 26% 实施了解剖。救治过受害人的执业医生通常都被要求描述其症状,并对死因提出意见"。Catherine Crawford, "The Emergence of Engish Forensic Medicine：Medical Evidence in Common Law Courts 1735—1830," 22, 43(umpublished D. Phil. thesis University of Oxford, 1987)；see also Thomas Rogers Forbes, *Surgeons at the Old Bailey：English Forensic Medicine to 1878*(1985).

及强奸⑱案中的专家)。辩护律师的主要作用是对控方证人进行反询问,与此相比,控方律师则主要通过主询问加强控方证据。⑲当然,有时反询问对控方证明其事实主张也非常关键,特别是在辩方提出不在犯罪现场的证人时。《审判实录》记载,加罗曾在担任控方律师时,通过反询问揭示不在犯罪现场的辩护中存在前后矛盾之处⑳;在其中一个案件中明显奏效,法庭立即作出裁定,将证人以伪证罪收押审判。㉑但与控诉人及其证人自行陈述的传统方式相比,控方聘请出庭律师的主要优势仍然是通过主询问来清晰、彻底地充实控方证据。而且,随着辩护律师的影响日益增加,控方聘请出庭律师也是一种"以毒攻毒"的方法。㉒

第四节　辩护律师

一、交叉询问

"禁止辩护律师向陪审团发表陈述"的限制,是希望将他们在事实问题上刚获得的授权限定于对证人的询问与反询问。在 18 世纪的大多数审判中,事实证人既不常见,也不重要;有时候传唤医学专家,例如在强奸案中。㉓品格证人倒是经常被传唤,而提出品格证据几乎不需要辩护律师。因此,对辩护律师的工作而言,直接询问并不十分重要;相较之下,控方律师需要从事实证人的口中获得充分的证据,以完成提交证据的责任和说服责任。对控方证人进行反询问是辩护律师的首要任

---

⑱　Eg. Thomas Norris, *OBSP*(Dec.1741, ♯54), at 17(控辩双方都有外科医生作证;辩方医生没有对遭到侵害的孩子进行检查,但对其陈述表示怀疑).

⑲　有一篇发表于 1845 年的未署名文章,反映了加罗辩论中的这方面问题;凯恩斯认为此文是布鲁厄姆勋爵所作。作者认为,加罗"真正的特长",是"他无与伦比的主询问:与迷惑无知者的交叉询问相比,这更为重要,也丝毫不会更容易"。Cairns, *Advocacy* 8, quoting〔Henry Brougham〕, "Mr. Baron Garrow," 1 Law Review 318, 320(1845).关于确定作者为布鲁厄姆,凯恩斯引用了其手稿作为依据:Stewart to Brougham, Nov. 1844, Brougham Papers no.23, 878.

⑳　E. g., Edward Lowe and William Jobbins, *OBSP*(Oct. 1790, ♯705), at 904, 919—923(纵火、盗窃)(加罗对不在犯罪现场证人约翰·乔宾斯进行反询问:后者是一名被告的父亲).

㉑　George Platt and Philip Roberts, *OBSP*(Dec. 1790, ♯35), at 60, 73.

㉒　参见后注㉓—㉔及其相应正文;其中提到,在伦敦重罪起诉协会决定是否聘用事务律师时,就考虑到这一作用。

㉓　E.g., *R. v. Benjamin Russen*, 1 East, *PC* 438(O.B. 1777)(强奸;两名外科医生为辩方作证,称并未发生性行为;但陪审团不予采信,并裁决有罪).

务,这也是法官允许他们参与重罪案件审判的原因。

　　起初的想法似乎是:重罪案件的辩护律师仅是对法官和被告人的提问进行补充,而不是替代。早期解除对辩护律师的限制后,即使被告人有辩护律师予以帮助,他仍然需要自行交叉询问。[184]1752 年,在记载详细的约翰·斯旺和伊丽莎白·杰弗里斯谋杀案审判中,即使当事人双方都有出庭律师,但询问证人的大部分工作还是由法官实施,就如同没有律师参与的年代一般。[185]时过境迁,随着对抗式形态的发展和"争吵式"审判模式的淡出,在被告人有出庭律师帮助的情况下,法官或被告人直接对控方证人反询问的做法已不多见。据记载,在 1775 年的一起强奸案中,控诉人说"我的出庭律师对此问题没有说明"后[186],被告人请求法官允许其向控诉人提"两三个问题"。直到 18 世纪 80 年代,我们看到,法官告诉被告人:"假如你认为应由你律师提出的任何问题被忽略了,那就写下来,交给他……(你)不要自己提问,交给律师来做。"[187]加罗甚至不需要法官来传达这一信息。在 1784 年的一起案件中,加罗的客户——本案被告,在辩方交叉询问时说:"我想向提起控诉的被害人提出个问题。"加罗打断了他,说:"把你的问题写下来给我。"[188]

　　在第三章中已经谈到,我为什么认为法官们对涉及赏金和污点证人的控告存在伪证风险的担忧,促使法官在 18 世纪 30 年代作出决定,允许重罪案件被告人在调查控方证人时获得出庭律师的帮助。据文献记载,出庭律师有时候通过对共犯的反询问来提醒陪审团:证人存在伪证的动机。例如,在 1760 年的一起案件中,出庭律师问道:"你利用出庭作证来保护自己吧?"(共犯回答说:"是的。")[189]交叉询问的技术在加罗的手中变得更加有攻击性和嘲讽性。1788 年,在一起污点证人控

292

----

　　[184]　E.g., George Turner, *OBSP*(Sept. 1734, ＃5), at 171, 172(谋杀)(该案并未明确指出"出庭律师"属于控方还是辩方,但从其进行询问的意义上来看,似乎属于辩方); John Smith, *OBSP*(Jan. 1735, ＃53), at 34, 35(盗窃); John Becket, *OBSP*(May 1735, ＃1), at 86(盗窃); Robert Rhodes, *OBSP*(Apr.—May 1742, ＃38), at 80, 87(伪造遗嘱); John Saunders, *OBSP*(May 1744, ＃248), at 110(在公路附近袭击和抢劫).

　　[185]　*R.v. John Swann and Elizabeth Jefferys*, 18 *St. Tr.* 1194(Essex Assizes 1752).

　　[186]　William Priddle, *OBSP*(Feb. 1775, ＃1775), at 99, 110.

　　[187]　Daniel Macginniss, *OBSP*(Jan. 1783, ＃85), at 111, 118—119(谋杀);前注[78]在讨论另一问题时引用.

　　[188]　Humphry Moore, *OBSP*(Apr. 1784, ＃467), at 628, 633(盗窃室内财物).

　　[189]　Thomas Shaw, *OBSP*(Sept. 1760, ＃269), at 276, 277(暴力闯入民宅).

诉案件中,加罗作为辩护律师对共犯极尽嘲讽。他打断控方律师的直接询问,提醒他:"这位先生(控方律师)已经说你是个坏家伙了,那么,现在开始做一些改变吧。"⑩加罗开始反询问时,又把这名共犯称作"诚实的朋友"。他说:"你能站在法庭这个位置上,真是一件出乎意料的好事儿",言下之意是指他处于证人席而不是被告人的位置。他强调共犯作证是"为了使他自己从困境中脱身"。⑪

在获取赏金的犯罪控诉中,通过交叉询问来揭示赏金的诱因也普遍。"你希望得到一些赏金吗?"⑫"我猜,你为了巨额赏金利益才这么干的吧?"⑬"你是不是受人指使而到国王大道遭抢的?""你难道没有为此拿到过一先令吗?"⑭"你难道不是在赏金诱使下才作证的吗?"⑮"你此前是否听说过有关赏金之事?"⑯1788年,在一起记载详尽的私铸案中,辩护律师成功地通过交叉询问暗示:捕贼人为了赏金利益而把钱币放置到被告人那里陷害他。⑰有一名叫查尔斯·杰勒斯的捕贼人,"曾在约翰·菲尔丁爵士那里任职多年"⑱,当在交叉询问中被问到是否想在被告的拦路抢劫罪成立后分得赏金时,他不耐烦地对辩护律师说:"是的,是这样,就像你想收取律师费一样。"⑲

18世纪80年代,加罗在赏金案件的交叉询问中表现特别出色。在一起不适用赏金制度的普通盗窃案中,加罗为一名被指控参与犯罪的11岁被告人辩护。他通过提问暗示:追求赏金的心理推动了这一控诉。加罗询问一名控方证人,说:"你是

---

⑩　John Langford and William Annand, *OBSP*(Jan. 1788,＃137), at 177, 182(盗窃、窝赃).

⑪　Ibid. at 183.

⑫　Patrick Kelly *et al.*, *OBSP*(Jan. 1743,＃＃116—119), at 70, 72(私铸货币).

⑬　Samuel Goodman, *OBSP*(Dec. 1744,＃69), at 34, 35(拦路抢劫).

⑭　Edward Hill and John Hill, *OBSP*(Dec. 1744,＃＃24—25), at 8—9(参见第四章注释⑫。——译注).

⑮　William Taylor, *OBSP*(Jan. 1745,＃145), at 77.

⑯　John Valentine and Broughton Birt, *OBSP*(Feb. 1783,＃169), at 256, 257(拦路抢劫).

⑰　Samuel Dring, *OBSP*(Sept. 1788,＃590), at 794, 795—796.

⑱　James Roberts, *OBSP*(Dec. 1783,＃2), at 5, 6(拦路抢劫).

⑲　Ibid. at 9.数年之前,另一名叫约翰·克拉克的捕贼人在类似的情况下也采取了这种方式。当被问到他是否想要分得赏金时,他答道:"就像您想通过出庭纲要所要得到的一样,先生……"John Morgan *et al.*, *OBSP*(Jan. 1782,＃＃100—103), at 146, 147(私铸货币).当捕贼人被问及赏金的动机感到不满时,法官对他说,在反询问中提问"是否有赏金,以及你是否想分得赏金……并不构成对你品格的质疑。这是个合适的问题"。Ibid. at 148.

否听过,若将这个小孩定罪,你会获得 40 英镑赏金?"[200]"你宣誓之时,没有听到这个可怜孩子的血可以让你获得 40 英镑赏金吗?"[201]在一件据称由扒窃引起的拦路抢劫案中,加罗为被告人辩护时,通过反询问揭露一名捕贼人劝说起诉人作证说,被告人曾猛推他,目的是让案件变成暴力犯罪,从而能以拦路抢劫罪获得赏金。[202] 294在一起拦路抢劫案的辩护中,加罗问捕贼人将有多少人分得赏金,并询问另一名证人:"你将获得多少赏金?"[203]在为另一名拦路抢劫案的被告人辩护时,加罗询问控方证人:"捕贼人给了你多少金钱诱惑?"[204]在为一起入室抢劫案辩护时,加罗通过反询问,揭示证人出于两种目的作证的可能性:要么是牟取赏金,要么是根据污点证人制度被免予起诉。[205]在一起拦路抢劫案中,加罗从一名叫谢泼德的起诉人口中套出了话:他此前已两次控告别人对他实施抢劫,其中一次被告人被裁决有罪。谢泼德否认从那起案件中分得赏金,加罗追问谢泼德:"假如你这次将人定罪,你就不要上次那 40 英镑吗? 我的老朋友,这次你不会拿 80 英镑吗?"[206]

从这些赏金案件中,我们看到交叉询问的目的在于:质疑控告人的动机、审查控方证据中的矛盾或者其他缺陷;当然,交叉询问不限于赏金案件和污点证人案件。[207]我们看见辩护律师通过反询问,揭示审前陈述与当庭证言的不一致[208],动摇对

---

⑳　William Horton, *OBSP*(July 1784,♯735),at 970(盗窃).

㉑　Ibid. at 971.

㉒　John M'Carty and Thomas Hartman, *OBSP*(Dec. 1787,♯28),at 45,45—47.捕贼人"任职于布卢姆斯伯里的公务办公室(即治安法官办公室)";通过交叉询问揭示了:他和另一人(一名警察)准备了起诉状,由控告人交给书记官。陪审团裁决被告们犯有普通盗窃罪而非拦路抢劫,因此使他们免于死刑,使得控告人的赏金落空。关于该案,see John M. Beattie, "Garrow for the Defense," *History Today*(Feb. 1991),at 49,51[hereafter Beattie, "Garrow"]。

㉓　Thomas Gibbs, *OBSP*(Dec. 1788,♯44),at 28,29.

㉔　William Eversall *et al*., *OBSP*(May 1788,♯33),at 436,437(拦路抢劫).

㉕　Thomas Jones, *OBSP*(Dec. 1788,♯76),at 48,49(入室盗窃).

㉖　Robert Mitchell, *OBSP*(Dec. 1784,♯190),at 196,198.加罗在反询问中强调赏金动机的其他案件还包括:Robert Horsely, *OBSP*(Dec. 1786,♯83),at 100,107(入室盗窃);Martha Cutler *et al*., *OBSP*(Feb.1788,♯178),at 266,268(拦路抢劫)。

㉗　贝蒂注意到,在 18 世纪 80 年代,交叉询问的重要性与日俱增,特别是在威廉·加罗的工作中。Beattie, "Scales" 239—247; Beattie, Garrow, *supra* n.202, at 49—53.对 18 世纪老贝利法庭的交叉询问内容进行夸大其词,in Stephan Landsman, "Spirit," *supra* n.117, at 539—542, 548—557;也有人认为,随着交叉询问愈发积极,其作用也适得其反,特别是在 19 世纪,Cairns, *Advocacy* 34。

㉘　John Smallwood, *OBSP*(Jan. 1748,♯86),at 55(拦路抢劫).

人辨认⑳或对物辨认⑳的可靠性,质疑犯罪意图⑪,调查提起控诉的基本动机。⑫例如,在一起走私案中,国王(控方)向证人支付费用(证人窘迫地说:"不然我怎么活下去啊?")⑬埃德尔斯坦指出,在一些强奸案中,辩护律师通过反询问来暗示"指控是控诉人对被告人敲诈未遂的结果",这种策略非常有效。⑭如前所述(第四章讨论品格证据时有所涉及),出庭律师会对被害人曾经的性经历进行反询问。这两种手法成了后来被称为"审判被害人"辩护策略的早期表现。

　　在18世纪的老贝利法庭,随着出庭律师逐渐适应刑事审判业务,反询问的强度逐渐增加和效果日益增强。1783年开始出现于法庭上的威廉·加罗以其咄咄逼人的作风⑮,似乎正如当时人们所评论的那样,这被视作一个转折点。⑯加罗交叉

---

⑳　Elizabeth Robinson, *OBSP*(Oct. 1790,♯764),at 980,981—984(盗窃室内财物).

⑳　早期的案例:Peter Dayley, *OBSP*(Sept. 1748,♯397),at 245,246(盗窃室内现金);James Scott(Jan. 1784,♯216),at 262,265("作为嫌犯的辩护人",加罗试图证明"这件财产无法辨识")。

⑪　Elizabeth Wilson and Mary Williams, *OBSP*(Sept. 1784,♯784),at 1079(盗窃商铺财物)(辩护律师加罗和西尔维斯特通过反询问质疑控方提出的两名女被告当场擒获的主张;主审法官建议无罪释放,陪审团接受了这一建议;Ibid. at 1084;两名被告都未进行自我辩护)。

⑫　William Bailey and Rebecca Brown, *OBSP*(Dec. 1744,♯♯40—41),at 17(拦路抢劫)(因忌恨而控告);Constantine Macguire, *OBSP*(Dec. 1744,♯68),at 30,31(拦路抢劫)(因忌恨而控告);William Clarenbolt, *OBSP*(July 1748,♯338),at 215,216(抢劫未遂);Anne Wallis, *OBSP*(July 1766,♯390),at 253(佣人盗窃戒指;交叉询问显示,双方此前有性关系)。

⑬　Thomas Kemp, *OBSP*(Jan. 1748,♯105),at 74.

⑭　Laurie Edelstein, "An Accusation Easily to be Made? Rape and Malicious Prosecution in Eighteenth-Century England," 42 *American J. Legal History* 351(1998).她指出,被害人对滥用审判程序的恐惧,可以解释为何如此多的强奸案件都仅以强奸未遂这一季审法庭处理的轻罪来起诉。"如果起诉强奸未遂,就不必证明有插入的性行为,而只需证明攻击者的犯意。所以,在法庭上对被告人的交叉询问就不像强奸案中广泛而苛刻。"Ibid. at 378; accord Beattie, *Crime* 129—132.

将起诉归因于被告拒绝了控告人的先前敲诈(该行为本身构成犯罪,称为"重罪竞合"),并不限于强奸案件。See e.g., William Askew, *OBSP*(Apr. 1746,♯167),at 118,120(从主人家中盗窃银器).其中辩护律师反询问控告人:"你是否曾向嫌犯的一位朋友提过,如果他们给你什么东西,你就不追究了?"

⑮　Beattie, "Scales", 237.

⑯　两份小册读本对加罗交叉询问的做法提出质疑。Matthew Concanen, *A Letter to William Garrow, Esq. on the Subject of his Illiberal Behaviour to the Author, on the Trial of a Cause … at the Lent Assizes, 1796, held at Kingston in the County of Surrey*(London n.d. [1796]) [hereafter Concanen, Garrow]; Thomas Hague, *A Letter to William Garrow, Esquire, in Which the Conduct of Counsel in the Cross-Examination of Witnesses and Commenting on Their Testimony is Fully Discussed and the Licentiousness of the Bar Disclosed*(London 1808) [hereafter Hague, Garrow].罗兰森所作"人生的悲哀"这一系列画中(1808年出版于伦敦),有一幅题为"在加罗先生的交叉询问之下倍感紧张";参见插图5.2(本译本未收入插图。——译注)。该图已被收入 Beattie, "Garrow," *supra* n.202,(转下页)

询问的技术是当时人们从对其不屑一顾到开始承认其"卓尔不凡"的基础。[217]当时有一种看法，认为加罗的技术会影响老贝利法庭的审判结果。1788年，一位名叫约翰·戴维斯的人在拦路抢劫案中自我辩护时，问控诉人以前是否起诉过其他人。控诉人回答说，先前还有一次，"我指控过两个人，他们都逃脱了，因为加罗是他们的辩护律师"。[218]如第四章所言，著名的伦敦治安法官约翰·霍金斯爵士在1787年就提出自己的担忧，即对交叉询问滥用的恐惧成为人们提起控诉的障碍。他写道："准备提起控诉的人会担心，在嫌犯辩护律师的交叉询问下，他们会思维混乱、破绽百出，或者互相矛盾……"[219]

二、规避限制

18世纪30年代，虽然法官开始允许重罪案件被告人获得出庭律师的帮助，但他们仍禁止律师向陪审团发表陈词，即阻止出庭律师替被告人发表辩护词和解释证据。这些对辩护律师的限制旨在迫使被告人继续自我辩护。交叉询问成为18世纪辩护律师主要工作的一个原因是：禁止出庭律师向陪审团发表陈词，使之在其他方面几乎无所作为。"禁止出庭律师向陪审团发表陈词迫使其只能交叉询问，直白地说，他要么交叉询问，要么无所作为。"[220]

在施加限制的这一个世纪里，辩护律师抱怨道，这样的限制不公平地妨碍了他们的活动。到了18世纪40年代，我们在一次老贝利法院的庭审中发现，出庭律师哀叹道："至于事实问题，我受到了严格的限制，这也是嫌犯的不幸。"[221]1786年，厄斯金在为一件复杂的伪造案进行辩护时，对陪审团说，希望陪审团可以理解"我传

（接上页）at 49。从文献中，还很难分辨出加罗的策略与此前有何重大差别。在10年前的拉德夫人案中的交叉询问就非常有效。See Donna T. Andrew and Randall McGowen, *The Perreaus and Mrs. Rudd: Forgery and Betrayal in Eigheenth-Century London* 224—225（2001），discussing *R. v. Margaret Caroline Rudd*, 1 *Leach* 115, 168 *Eng. Rep.* 160(K. B. 1775).

[217] Hague, Garrow, *supra* n.216, at 6.

[218] William Chatwin and John Davis, *OBSP*（June 1788, ♯429），at 561, 562.

[219] John Hawkins, *The Life of Sammuel Johnson*, LL. D. 462(Dublin 1787)；参见第四章注释[290]及其相应正文。

[220] Cairns, *Adovacy* 47, quoting T.N. Talfourd, "On the Profession of the Bar," 1 *London Magazine*(NS) 323, 328(1825).

[221] John Waite, *OBSP*(Feb. 1743, ♯162), at 102, 106(伪造).

唤证人所证明的内容,但由于我不能对此进行解释,所以陪审团的先生们,恳请你们尽可能体会辩护的意思所在……"[222]在消除限制、允许出庭律师全面辩护的变革运动中,其主题就是:剥夺出庭律师评论控方案件的机会可能会让无辜者蒙冤。[223]

基于对这种限制的不满,辩护律师发展出各种手段以规避限制。"当时人们认为,重罪案件中的辩护律师之所以受到限制:从交叉询问的角度来看,'如果它不是向陪审团提供案件重要观点从而影响其心证的唯一方式',那么交叉询问可能也不被允许。"[224]实际上,厄金斯对于限制影响的抱怨本身就是一种简短的开场陈词,也应当受到限制。然而在实务中,实际上很难禁止辩护律师插入一些评论性的内容。

例如,在1746年的一起盗窃案中,当提交的证据表明被告人并未逃逸时,出庭律师评论道:"我只提请注意一点,如果此人已经意识到自己犯下这一重罪,他肯定已经逃走了。"[225]在另一起盗窃案中,辩护人在就控诉人与被告人的事后接触进行反询问之后,评论道:"想想这个人的话。6月6日被告人还在他的厨房里,但他却没有拦截她(即当时并没有将其抓获并指控)……"[226]在一起谋杀案中,当证据显示被告在误以为死亡结果没有发生时感到如释重负,辩护律师认为这一证据正好说明他的当事人良心未泯。[227]在一起盗窃家用银器案中,当控方提出证据证明盗窃发生在被告人的卧室旁边时,辩护律师插话说:"你不会趁其熟睡之际就置他于死地吧?"[228]在对控诉人的反询问进行总结时,辩护律师对他说:"我对你的损失深表遗憾。希望你早日找到盗贼。"[229]在一起拦路抢劫案的交叉询问中,辩护律师引用加罗的话说:"陪审团的先生们,你们将注意到有一只眼睛是完全被遮住的。"[230]基于

---

[222]　Nathaniel Goodridge *et al.*, *OBSP*(Jan. 1786,＃23) at 156, 211(伪造遗嘱).

[223]　总检察长佛瑞德里克·波洛克告诉刑法委员会的委员们有很多案件,使他相信"不止一个被告人根据现有证据被裁定有罪并被执行死刑,而一旦允许辩护律师向陪审团陈词,按照现有证据就不会裁定有罪"。1836 *Report* 5. 经验丰富的辩方事务律师詹姆斯·哈默则回忆说,三个案件中有无辜者被定罪和执行死刑;他认为,当时如果允许辩护律师向陪审团陈词,就会有不同的结果。Ibid. at 4.

[224]　Cairns, *Advocacy* 48, quoting Dickenson and Talfourd, *Guide*, *supra* n.163, at 382.

[225]　Robert Wilson and Barthia Whitefield, *OBSP*(Feb. 1746, 102—103), at 69, 70(盗窃).

[226]　Jane Leechman, *OBSP*(Dec. 1747,＃69)(原文有误,应为＃70), at 39.

[227]　"诸位会看到,证人告诉嫌犯有一个人受伤,但没有人死亡;此时,嫌犯马上说,他很庆幸是这样——庆幸无人死亡。"John Stevenson, 19 *St. Tr.* 845, 859(Chester Assizes, 1759).

[228]　William Askew, *OBSP*(Apr. 1746, 167), at 118, 120.

[229]　Ibid. at 120.

[230]　Thomas Wood and George Brown, *OBSP*(Dec. 1784,＃4), at 35, 42.

《审判实录》记载篇幅高度浓缩的特征,这类情况的出现无疑要比记录在案的更多。

在极少数案件中,法官会放开对辩护律师的限制,允许他们为患病者[231]或者英语不好的外国人发表陈词。[232]令人困惑的是,尽管有此限制规定,但仍有许多案件记载,辩护律师能以各种形式发表开场陈词。1742 年,一名猎场看守人和他的助手被指控枪杀了一名偷猎者,出庭律师说自己不能发表开场陈词的同时,实际上正在开场陈词。"嫌犯的辩护律师休姆·坎贝尔先生说:虽然他知道,根据老贝利法庭的规定,他不能随意评论控方的证据,但是他也清楚,为了庭审的便利,他或许可以发表辩护性质的言论,但不能进行评论。"[233]接下来,他提出了枪械意外走火的辩护主张。几年之后,前述辩护律师在控方发表陈述时插话的威廉·艾斯丘案中,辩护律师实际上也在发表开场陈词,评论刚刚提交的控方证据,并预先提出辩护意见。[234]在 1783 年的一起拦路抢劫案中,辩护律师开场声称:"这位年轻人的父母非常富裕,他本人也是当地少有的好小伙。他来到城里,只是停下来吃些牡蛎,然后就因为此事被抓。抢劫案发生的时候他正在格兰瑟姆。"[235]这些案件呈现出的问题是:既然对辩护律师的限制并非一直存在,那么如何解释辩护律师们不停地抱怨该规则对他们的限制呢? 最简单的解释是,这些没有按照规则行事的案件只是个例,辩护律师通常仍需直面该规则的限制。

对于禁止辩护律师向陪审团发表陈词的限制,另一种截然不同的规避手段是操控交叉询问以实现变相表达观点之目的。有一起谋杀案就是很好的例证,该案

---

[231] "法官说,鉴于嫌犯生病的状况,允许其律师代替他向陪审团发表辩护意见。"William Davis, *OBSP*(Dec. 1771, ♯40), at 16, 25(抢劫邮件).(同第三章注释及其相应正文。——译注)

[232] 法官谨慎地说明特别许可的理由:"虽然让你替他进行陈述不符合法庭规则,不过由于嫌犯是外国人,还是请你来告诉我事实吧。"Charles Bairnes, *OBSP*(Feb. 1783, ♯197), at 292, 294(盗窃).(第三章注释略同。——译注)

[233] James Annesley and Joseph Redding, *OBSP*(July 1742), at 19(本案未与该开庭期的其他审判连续编计页码,而是在另册单行记录).又见于:17 *St. Tr.* 1093.

[234] "经过阁下允许,由我担任嫌犯的辩护律师,如律师(即控方律师)在开场陈词中直接陈述的,本案中只有间接[证据,因此,问题就是]这些间接证据是否足以剥夺一个人的生命。……目前情况是:有一个人因熟睡而受到指控。如果他有任何品格证人支持他,陪审团就不会相信[控方],除非有其他情况。[控方认为,]某个人没有被声音惊醒就是犯罪;而这至多是个可疑案件。我们将传唤我方证人来证明,他是个无比敦厚老实的人。"William Askew, *OBSP*(Apr. 176. ♯167), at 118, 120.

[235] John Valenine and Boughton Birt, *OBSP*(Feb. 1783. ♯169), at 256, 258. 方括号内的词,原作"manner",应作"matter"。——译注

起源于几名醉酒的水手在酒吧争吵,最后引发持刀杀人的后果。尽管辩护律师不能直接表达被害人是因为自己所持武器而意外死亡的观点,但是他将这变为反询问中的一个问题:"如果一个人口袋里有一把尖刀,是否可能因为意外而刺入他自己的身体?"[236]在另外一案例中:起诉人将邻里斗殴作为拦路抢劫而提出控告,加罗对其进行反询问:"那么,这些人都认识你,而且知道你也认识他们,他们还会在抢劫了你之后,回家安稳地睡觉吗?"[237]这种将"交叉询问逐渐包装成问题形式进行陈词"的做法,史蒂芬早已有所评论。[238]

三、精通法律的律师:事实与法律的转化

为了规避"禁止辩护律师陈述事实观点"的限制,另一种广泛适用的做法是将事实问题的观点伪装成法律问题而提出。

如第一章所述,"禁止重罪案件中辩护律师参与庭审"的规则,就是一条禁止辩护律师"就事实问题提供帮助"的规则。[239]因此,"当出现引发争议的法律问题时"[240],当然会允许被告由"精通法律的律师"为其辩护。[241]该规则与禁止辩护律师"就事实问题提供帮助"的理由完全一致,即"任何一个正常人都能像最好的律师那样,恰如其分地陈述事实"。[242]尽管重罪案件的被告人自古就有权让出庭律师就法律问题为其向法庭陈词[243],但该权利"仅限于疑难案件,而不适用于普通案件"。[244]因此,除了叛逆罪案件及后来的伪造罪案件,很少有人行使这一权利;因为这两类犯罪具有理论上的复杂性,通常只有那些富裕的被告人才负担得起出庭律

---

⑯   Gabriel Beaugrand and Louis Brunet, *OBSP*(May 1743,＃＃256—257), at 167, 169(谋杀、协助和教唆谋杀).

⑰   Robert Mitchell, *OBSP*(Dec. 1784,＃190), at 196, 197.

⑱   2 Stephen, *History* 431, cited in Cairns, *Advocacy* 48.

⑲   Roger North, *The Life of the Right Honourable Francis North* 66—67(London 1742).关于本项引文,参见第一章注释⑫及其相应正文。诺斯是在该规则适用于斯蒂芬·科莱奇案时而对其作出评论的;参见第二章注释㉖—㉟、㊺—㊼、⑱—⑲、⑭—⑮及其相应正文。

⑳   2 Hawkins, *PC* 401.

㉑   关于这一表述方式的流行,参见第一章注释⑳—㉒及其相应正文。

㉒   2 Hawkins, *PC* 400.(同第一章注释㉔相应正文的部分内容。——译注)

㉓   参见第一章注释㉜—㉘及其相应正文。

㉔   Foster, Hale MS vili.(参见第一章注释㉟及其相应正文。——译注)

师的费用。㉕"随着 18 世纪 30 年代的实务变革，出庭律师将其在帮助被告人提出事实方面刚获得的授权，与陈述法律观点的旧职能相结合；拿一位 1783 年老贝利法官的话来描述，出庭律师变革后的工作就是交叉询问证人和陈述法律观点。"㉖

在 18 世纪 30 年代令人难以预料到的是：辩护律师对事实问题的参与让其"提出法律观点"这一先前就有但未予重视的职能，重新焕发了勃勃生机。现在以直接询问和反询问为手段而致力于案件事实调查的出庭律师们，能够利用他们对事实的掌控进一步提出基于事实的法律争点。出庭律师这一方面的成果已经形成了法律先例；利奇《刑事案件》㉗和《审判实录》中记载的大量 18 世纪案例都反映，辩护律师提出了一些基于事实的法律异议。例如，出庭律师通常提出这种异议：庭审中提出的证据不能满足指控罪名所需的构成要件，因此指控与证据之间存在严重"不一致"。1775 年 8 月，达德利·赖德法官在主持切姆斯福德巡回法庭的一起入室盗窃案时，他在巡回审判日记中记录道："一名被告的辩护律师考克斯提出疑问，即是否正如我们所见，被告人当时并没有在房子里，他只是这个房子的所有人，他只能作为从犯，起诉书指控的犯罪不能成立。但是我驳回了他的异议。"㉘在 1774年老贝利法院审理的一起案件中，一名邮局工作人员被控从信封里盗窃有价证券，该行为依据制定法构成重罪。但证据只显示他盗窃的是现金，"嫌犯的辩护律师向法庭主张，该案不属于制定法调整的范围，因为信封内装的是现金，而非该法规定的与支付有关的有价证券"。㉙审判法官采纳了辩护律师的意见，裁决被告人无罪（有可能是法官"直接裁决"；报告中未予交代）。十年以后，两名妇女被指控将女装送入纽盖特监狱，意图帮助一名被判处刑罚的犯人脱逃；加罗在为她们辩护时指出，证据只显示两名妇女曾进入监狱，其中一名妇女陪同乔装后的犯人到了监狱门

301

㉕　关于叛逆和伪造这两项罪名的复杂性，分别参见第二章注释㊌—⑩、⑰和第三章注释㉘及其相应正文。

㉖　William Macnamara, *OBSP*（Sept. 1783, ♯641），at 857, 858（盗窃商铺财物）；参见前注⑥及其相应正文。

㉗　Thomas Leach, *Cases in Crown Law*（1st edn. London 1789）.本书中引用 1815 年第四版，即最后一版；该版本收入《英格兰法律报告全集》。引用这一版本，可以提供在全集中相应的征引信息。see 1 *Leach* 1, 168 *Eng. Rep.* 103.

㉘　Ryder, "Assize Dairy", 24.

㉙　*R.v. Timothy Skutt*, 1 *Leach* 106, 107, 168 *Eng. Rep.* 155, 156（O.B. 1774）.

口（该犯人在此被发现）。加罗声称："无法证明被告人如起诉书所指控的'将物品送入监狱'。"[250]被告人被裁决无罪（同样可能是法官"直接裁决"，记录中也未予交代）。几个月后，加罗在为一起商业盗窃案进行辩护时，主张"证据不足以支持对这名男子的指控……"然而，他这一次并未获得直接裁决。加罗声称，他通过对某证人的反询问显示，其中一关键账户记录不属于被告人。但法官驳回了这项动议，"理由充分，足以将本案提交陪审团裁决"。[251]

302 　如果法官对如何处理这项动议不太确定，或者希望这一问题获得权威解决时，他可以将这项动议提交全体法官合议，直到全体法官作出决定后再进行量刑。有一个例证：1770 年，在阿宾顿巡回法庭审理的一起案件中，根据一项惩治杀牛的制定法，一名被告被控有罪；但他的出庭律师提出中止判决的动议，理由是指控有误，因为庭上提交的证据显示被告人杀死的是一只母马，而不是母牛。于是法官裁定暂缓判决，将该案提交给全体法官合议，法官们"一致同意"该法案适用的范围包括母马。[252]然而，在几年后的另一起同类案件中，被告人于起诉书中被指控盗窃母牛且已经被裁定有罪，但全体法官合议却作出无罪裁决。该案辩护律师声称："证据不足以支持起诉书上的指控"，因为"如果一头雌牛没有产过崽……那它就被称为'雏牛'（Heifer），而不是'母牛'。"法官们对此表示同意。[253]

　在许多入室盗窃案中，因辩护律师提出技术问题而交全体法官合议解决，产生了很多无罪裁决。1778 年，在老贝利法院审理的一起案件中，两人被控在一住宅内实施入室盗窃。辩护律师主张，证据显示房主在维修房屋而未搬入居住，因此这一建筑物并非住宅。陪审团裁决有罪，案件"提交全体法官会议解决"。法官们听取了案件后认为，"这种状态下的建筑完全没有居住和使用，不能被视为住宅，所以就不存在入室盗窃的问题"。[254]几年后，老贝利法院又遇到一个案件，几个人企图入

---

[250]　Harriot[*sic*] and Mary Allen, *OBSP* (Dec. 1784，♯174)，at 189(着重号系原文所有).

[251]　William Price, *OBSP* (Feb. 1785，♯393)，492，494.加罗随即向陪审团强调他的观点："我不必在这种案件中麻烦法庭传唤证人。"Ibid.不过陪审团坚持要他传唤证人，最后裁决被告有罪。

[252]　*R.v.* John Party, 1 *Leach* 72, 168 *Eng. Rep.* 138, 139(Abingdon Assizes 170)(将案件提交合议的法官是布莱克斯通)。

[253]　*R.v. Richard Cook*，1 *Leach* 105，168 *Eng. Rep.* 155(reference from Warwick Assizes 1774)；noticed in Jerome Hall, *Theft*, *Law and Society* 89[hereafter Hall, *Theft*].

[254]　*R. v. Lyon Lyons*，1 *Leach* 185，186，168 *Eng. Rep.* 195，196(O. B. 1778).

室盗窃,在一所房屋的门上钻了一个洞,但他们还未实际进入就被发现了。辩护律师主张,入室盗窃这一罪名要求"破门"和"进入"两项要件,虽然钻门的行为构成前一要件,但"进入"的事实并未发生;法庭支持了该主张。[255]

显而易见,这些判决中存在从宽的倾向;这肯定与当时人们对死刑的日益反感有关。本章后文还将提到,对抗式刑事诉讼具有歪曲事实真相的缺点,对死刑的反感同样是促成法官们容忍这一缺点的因素。现在的问题是,在 18 世纪晚期,由于辩护律师被聘请调查事实问题,他们在自己了解的事实基础上提出各种法律异议;因此,声称起诉状与证据不符以及存在其他法律缺陷的案件就非常普遍。对法律问题的最终裁决也形式多样。在上述案件中,就有法官的直接裁决和全体法官会议的合议裁决两种形式。有时候,辩护律师在查看事务律师准备的出庭纲要和其他材料(如果有的话)后,会在审判一开始就对起诉状提出质疑,此时尚未进入证据提交阶段。[256]在控方证据提交动议后法官直接裁决,也是请求对法律问题的裁决。[257]还有一些案件中,辩护律师会对控诉依据的充分性提出异议,请求重新审理。[258]

以事实为基础提出法律异议的另外一种技术方式,便是辩护律师要求陪审团作出特别裁决。[259]布莱克斯通将这种裁决描述为"列出案件所有的事实情况,要求法庭进行判决"。[260]特别裁决是审判法官在咨询全体法官会议后而对法律问题的裁

---

[255] *R. v. Jone Hughes et al.*, 1 *Leach* 406, 168 *Eng. Rep.* 305(O. B. 1785).

[256] E. g., *R. v. John Drinkwater*, 1 *Leach* 15, 168 *Eng. Rep.* 110(O. B. 1740).(在窃贼被定罪前协助返还赃物,即所谓的"乔纳森·怀尔德法案")其中记载:"还未经出示证据,嫌犯的辩护律师就向法庭提出,这份起诉状在法律上不能成立。"

[257] E. g., *R. v. John Taylor*, 1 *Leach* 214, 215, 168 *Eng. Rep.* 209, 210(O. B. 1779)("控方的证据提交完毕后,嫌犯的辩护律师向法庭提出",现有证据不足以构成伪造罪。法庭驳回了这项异议,陪审团裁决有罪,但法庭仍将案件提交全体法官合议,最后依然维持有罪裁决)。在控方证据提交完毕后作出直接裁决的其他事例,参见本章前文讨论有关提交证据责任的部分。

[258] 在王室法院审理的一件伪证案中,被告被定罪,但其辩护律师要求重新审理,因为起诉状有一个拼写错误"understood"这个词中,"s"这个字母被遗漏了,曼斯菲尔德勋爵驳回了这一请求,其理由是,"如果字母的增减并不改变词义、未构成另外一词时(如同'air'[空气]变成'heir'[继承人]的情形),就不构成重大差异。"R. v. Beech, 1 Leach 133, 134, 168 Eng. Rep. 168, 169(K. B. 1774).

[259] E. g., *R. v. Joseph Sloper*, 1 *Leach* 81, 168 *Eng. Rep.* 143(O. B. 1772).(辩护律师获得特别裁决,将问题提交全体法官合议;以向邮局骗取邮资为目的而盗取信件,是否构成制定法上的盗窃或挪用信件内财物这一重罪?)《审判实录》中的简要记载,see Joseph Sloper, *OBSP* (Jan.1772, ♯184),at 99, 101—102.

[260] 4 Blackstone, *Commentaries* 354.

决。王室法院首席法官达德利·赖德在他的巡回审判日记中记述了 1775 年他在切姆斯特福德巡回法庭审理的一个案件,其中详细描述了这一做法,有助于我们对这种做法的了解。辩方主张,酒吧争吵中的刺杀行为并非控方所主张的谋杀,而仅仅构成非预谋杀人,因为审判中获得充分的证据表明,当时存在刺激行为。据赖德日记的记述,辩护律师参与了陪审团特别裁决的文字起草,之后赖德将这些问题提交给了全体法官会议。赖德写道,由于该案中控方(国王)没有律师代理,成为陪审团裁决内容的事实描述(会议记录)"由被告的出庭律师哈维和考克斯先生代表控方签字,还有巡回法庭的书记员签字;由于认为没有必要,陪审团没有签字。当时认为,我应将会议记录(事实描述)提交全体法官合议,由其提出裁决意见,正如最近的案件(语意不明)。在他们提出意见后,结果送交切姆斯福德巡回法庭的一位法官,由其根据该意见作出判决"。㉖

我在第四章讨论刑事证据法起源时,曾强调证据规则具有将事实问题转化为法律问题的倾向。新证据法是辩护律师工作中事实与法律相互转化的另一个领域。辩护律师对事实问题的深度介入,使之成为他们借以提出动议排除证据的基础,比如借以援引最佳证据规则㉖、作证资格规则㉖、口供规则㉖和传闻规则。㉖

有时候,辩护律师对法律问题的异议其实只是表象,其真实目的是评论事实问

㉖ Ryder, "Assize Diary" 22.本案最后通过赦免解决;see Langbein, "Ryer" 125—126 n.504。关于能否强制陪审团在煽动性诽谤案中作特别裁决的争议,参见后注㉓所引用的文献。除了个别的政治性案件外,陪审团似乎大都乐于作出特别裁决,以便在杀人行为构成谋杀还是非预谋杀人这类刑事实体法的疑难问题上撇清关系,将最后的裁判责任留给法官们。

㉖ *R. v. Robert Rhodes*, 1 *Leach* 24, 25, 168 *Eng. Rep.* 15(O. B. 1742)(伪造).

㉖ *R. v. William Akehurst*, 1 *Leach* 151, 168 *Eng. Rep.* 178(Sussex Assizes 1776)(伪造)("在双方就有关问题辩论后,曼斯菲尔德勋爵接受了证据,嫌犯被定罪");*R. v. Priddle*(原文如此;普里德尔其实是证人,其证言被对方质疑;真正的被告人是乔治·克罗斯利,被控伪证),1 *Leach* 442, 168 *Eng. Rep.* 323(K. B. 1787)"辩护律师对[普里德尔作为控方证人]接受询问提出异议,[因为他此前曾被判共谋犯罪];律师向法庭提出,被判共谋犯罪的人应被剥夺其权利,因此不具备证人资格"。审判实录记述了此前对普里德尔的审判和定罪;William Priddle *et al.*, *OBSP*(Apr.1787, ♯448), at 580—623.

㉖ John Thomas, *OBSP*(Oct. 1783, ♯766), at 1070, 1071(盗窃商铺财物);*Jocab Thompsom*, 1 *Leach* 291, 292. 168 *Eng. Rep.* 28, 249(O.B. 1783)(辩护律师向法庭提出,审前调查的证据是基于胁迫取得的:如果嫌犯不招供,就要将其收押).

㉖ William Jones, *OBSP*(Dec. 1783, ♯102), at 130, 131(盗窃铁器).参见第四章注释㉓及其相应正文.

题,旨在以缺乏证据为由请求法官作出直接裁决,辩护律师会在向法官陈述的伪装下解释事实问题,而其真正的目标是陪审团。如前所述,在讨论这些动议时,陪审团并未离开法庭。㉖㉖在1785年的一次庭审中,当加罗运用这一策略时,法官点破了他的用意:"加罗先生,在本案中你有充分理由在法律问题上做文章,以便顺带评论证据;对此,你已经发挥得淋漓尽致了。"㉖㉗

辩护律师以"证据不足"提出异议,不仅可基于"指控与证据不符"来质疑起诉状㉖㉘,而且如果律师愿意,还可主张证据整体不足以支持控方案件。直到1829年的一份实务指南中谈到这一点时,作者们仍要查明事实问题何时会变成法律问题,这就要求他们调查区分是"证据明显缺乏"(法律问题)还是仅仅"证据证明力薄弱"(事实问题):

> 在重罪案件中,嫌犯的出庭律师无权就案件事实向陪审团发表陈词,但他可以向法庭提出因证据问题引发的法律观点,或者主张因证据明显不足,足以使其当事人被无罪释放⋯⋯因为这些问题表明,嫌犯就不必进行辩护。

> 他(出庭律师)有时可以主张无任何问题需要陪审团考虑,就像根本未向其当事人提出控告一样。如果法庭支持其观点,将直接作出无罪裁决;但如果确有部分证据指向嫌犯,辩护律师就不能就证据的证明力强弱问题发表意见,或者讨论应由陪审团来裁决的其他问题,比如认知或意图之类的问题。㉖㉙

在一起案件中,"根本无证据指向被告"和"有些证据指向被告"之间的区分,说起来很容易,但操作起来很难(正如法官对加罗的"顺带方式"做法所作挪揄一般,执行起来就更困难了)。以证据不足为由要求法庭作出直接裁决的"法律"动议,不可避免地会涉及事实问题。这就再次证明,法律与事实的区分不仅问题丛生,而且不太容易操作。如果允许辩护律师基于对事实的解释自由地进行辩护,他就能"以

㉖㉖ 参见第四章注释㉚㉗—㉚㉚及其相应正文。

㉖㉗ William Hurt, *OBSP* (Jan. 1785, ♯255), at 304, 312. 担任法官的伦敦司法官阿代尔驳回了动议,将案件发给陪审团;最后裁决,一位被告人罪名成立,另一位无罪。

㉖㉘ 例如,在一起以抢劫为目的的伤害罪案件中,"辩护律师提出异议,认为即使起诉书表述合理,证据也不足以支持指控,因为并未表明任何对钱或物的要求"。*R. v. William Jackson and Thomas Randall*, 1 *Leach* 267, 268, 168 *Eng. Rep.* 236, 237(O. B. 1783).

㉖㉙ Dickenson and Talfourd, *Guide*, *supra* n.163, at 382—383.

事实论事实"了。反之,禁止辩护律师评论事实,只能促使他们"将事实问题作为法律问题来争论"——正如我们已经看到的那些方式。

辩护律师对刑事案件的深度参与,以及他们必须从法律角度表达主张的动机,也促进了刑事实体法和证据法的发展。随着"法律适用于事实"的问题不断地被包装成"法律问题",就迫使法官(通过初审程序或者全体法官会议程序)经过深思熟虑后,作出裁判意见。[270]法律报告编撰者开始对刑事司法产生兴趣。第一套重要的刑事案件法律报告——利奇的《刑事案件》,主要是记录18世纪70年代及以后老贝利法庭和全体法官会议审理的案件。如本书第四章所述,18世纪80年代的《老贝利法庭审判实录》也试图在律师群体中开拓市场,这也有助于解释为何那些年间对司法裁判及其法官意见进行详细记载。被称为《民事巡回审判》的法律报告——一种更好的关于巡回法庭审判案件的法律报告于18世纪90年代出现。[271]爱德华·海德·伊斯特撰写的《刑事诉讼》(1803年)[272]一书介于专著和法律报告两者之间。伊斯特主要依据18世纪晚期老贝利法庭和各巡回法庭的法律报告私人藏本,作为其论述伪造、盗窃和强奸等各种罪名的文献,而当时这些罪名在理论上获得了重大发展。这些文献的出现引发了循环效应:这些先例的出版使出庭律师更易于识别和提出问题,进而创造出新的先例,如此循环往复。[273]

---

[270] 目前,1757年至1828年间,全体法官合议决定的手稿记录有六册存世,"其中大多数案件都能在伊斯特的《刑事诉讼》或利奇、穆迪以及拉塞尔和瑞安的法律报告中找到"。D. R. Bentley, "Introduction," at 1, in *Select Cases from the Twelve Judge's Notebooks* (D. R. Bentley ed.) (1997) [hereafter Bentley, *Notebooks*](包括此前未刊登的84个案件)。本特利发现:这些记录并不完整,遗漏了许多已出版的法律报告中记载的全体法官合议案件。Ibid. at 22.

[271] Emphasized in John H. Wigmore, "A General Survey of the History of the Rule of Evidence," in 2 *Select Essays in Anglo-American Legal History* 691, 696(1908)(Association of American Law Schools)(3 vols).

[272] Edward Hyde East, *A Treatise of the Pleas of the Crown* (London 1803) [hereafter 29 East, *PC*].(另有1806年费城版)

[273] 1800年,在埃塞克斯巡回法庭审理的一起伪证案中,加罗提出一项异议,希望表达一种与日俱增的期待:在引述已出版的判例法后,这类证据问题会得到支持。"我以前有更多这种业务,但没有考虑过一项异议是否有权威性的根据。在切姆斯福德,没有法律图书馆,也没有任何法律书籍,我就凭记忆来描述[判例法]。"他接着就开始他的描述。*The Trial of John Taylor for Forgery ... at Chelmsford Assizes* 11(Chelmsford 1800) [hereafter *Taylor Trial*].(这本小册报告由彼得·金在埃塞克斯档案馆发现;感谢他好意分享他所藏的复印本。)

四、对抗的风气

出庭律师日益频繁的活动展现了一种不同以往的代理辩护之风,威廉·加罗在法庭上富有攻击性的辩护活动便是集中体现。加罗因其令人生畏的交叉询问㉔、对全面辩护之限制的成功规避,以及在有关证据和其他法律异议方面的创举而名噪一时。1800 年,加罗在埃塞克斯巡回法庭的一场审判中利用交叉询问来规避向陪审团发表陈词的禁令时,他表现得无所畏忌。他出人意料地向法庭坦陈:"如果我愿意,我有权间接就事实发表意见;不论别人说什么,我当然会行使这项权利;只要我能,即使英格兰法律不允许我直接说,我也可以间接地说。"㉕(也就是说,只要不给自己惹上麻烦,我可以做任何事。)1784 年,另一位著名的老贝利法庭执业者约翰·西尔维斯特,㉖在为一名被控伪造罪(死罪)的被告辩护时,执意提出一项不能成立的法律异议,并解释说:"法官大人,我作为辩护律师站在这里,有义务为这个处于不幸境地者,尽我所能地提出每一项异议。"㉗1796 年,一位著名的城市治安法官帕特里克·科洪在其著作中认为,辩护律师应"利用各种漏洞使其当事人免于法律制裁"。㉘

这种对抗的风气,与辩护律师"忠于事实优先于服务当事人"的观点是相背离的。18 世纪 90 年代,托马斯·吉斯伯恩在论述出庭律师应如何对待证人时,提出了一系列优秀品行的标准,而这与 18 世纪 80 年代加罗在老贝利法庭借以获得声誉的做法截然相反:"他不能诋毁对方证人的声誉;也不能……想方设法损害证言本身应有的可靠性;他不能以疾言厉色、威胁来恐吓(证人),也不能以诡辩、狡猾来欺骗他们;他不能……实施阴谋,从其证言中获取与本意不相符的内容。如果他相信对方证言真实可靠,那么对于绞尽脑汁从中找出看似矛盾和伪证的做法,他都应该深恶痛绝。"㉙

㉔ Rowlandson's cartoon, "Being Nervous and Cross-examined by Mr. Garrow," reproduced *supra* (fig.5.2.).(本译本未收入插图。——译注)

㉕ *Taylor Trial*, *supra* n.273, at 15(着重号系原文所有),quoted in King, *Crime* 229.

㉖ 关于此人,see May, Thesis 359.

㉗ John Lee, *OBSP*(Jan. 1784,♯203),at 241, 246.

㉘ Patrick Colquhoun, *A Treatise on the Police of the Metropolis* 23(3rd edn. London 1796)[hereafter Colquhoun, *Police*].

㉙ 1 Thomas Gisborne, *An Enquiry into the Duties of Men* 377—378(4th edn. London 1797)(1st edn. 1794).

当时人们感觉刑事审判中的这些辩护技巧如此不堪,这是造成老贝利法庭的律师们声名狼藉的原因之一。我们发现,早在 1764 年的一本小册子向有志于从事法律职业的学生提供建议中谈道:"只要提到老贝利法庭律师们的名字和品行,就会令人感到无比耻辱……"[280]到了 19 世纪,老贝利律师的"恶名"已经广为传播。1844 年的《法律时代》写道:"世界上的人……都知道,而且早就知道,'老贝利律师'是耻辱和卑鄙的代名词。"[281]

*309*1820 年,为卡罗琳王后辩护时,布鲁厄姆发表了一段被人广泛引用的陈词,体现了"辩护律师只追求胜诉"的明确观点。"辩护律师在履行职责的过程中,全世界他只考虑一个人,就是他的当事人。他想方设法拯救他的当事人,甘冒各种风险,甚至不惜牺牲他人的利益,包括他自己的利益,这是辩护律师首要的、唯一的职责;为履行这一职责,他不必考虑可能对他人造成的惊恐、痛苦和伤害。"[282]布鲁厄姆在为卡罗琳王后辩护时可能要冒一些政治风险,但辩护律师在普通刑事案件中并不会面临什么风险,也无需付出什么代价。布鲁厄姆滔滔不绝的利己陈词是一扇窗户,反映了辩护律师为一己私利而美化其为经济利益而罔顾真相的辩护代理标准。律师越有可能影响审判结果,对律师服务的需求也就越旺盛;辩方聘用律师越频繁,就越可能促使控方也聘请律师与之针锋相对。

控方聘请律师来对抗辩方律师的战略部署在审前就已开始,此时需要决定是否聘用事务律师来调查和准备证据。比较一下 1795 年后伦敦重罪起诉协会会议记录稿中的两条记录。在其中一起案件中,丁斯代尔先生作为协会成员有权获得协会的帮助,他说,"报告说,家里发生了入室盗窃",系两人所为,其中一人当场被抓获,市长先生将强制其出庭接受审判。协会作出决定,"该案由协会起诉,由于事实足够清楚,无需代理律师或出庭律师帮助"。[283]因此,协会的帮助仅限于起草和提

⑳　Joseph Simpson, *Reflections on the Natural and Acquired Endowments Requisite for the Study of the Law* 46(3rd edn. London 1764)(1st edn. 1764).

㉛　3 *Law Times* 501(28 Sept. 1844), quoted in May, Thesis 239;该文中广泛探讨了老贝利法庭律师的丑恶名声;Ibid. at 236 ff.

㉜　2 *The Trial at Large of Her Majesty Caroline Amelia Elizabeth*, *Queen of Great Britain*; *in the House of Lords*, *on Charges of Adulterous Intercourse* 3(London 1821)(2 vols.).

㉝　Corporation of London Record Office, Society for Prosecuting Felons, Forgers, &c, Minute Book 1795 to 1800, entry for 16 Oct. 1795(无页码,条目以日期为序)[hereafter Society Minute Book].我在文中曾提到这些条目;Langbein, "Ryder" 127.

交起诉状。而在数月前的另一起案件中,哈珀先生的小牛被盗,发布告示后在两名赶牛人那儿发现了小牛;根据会议记录显示,由于嫌犯"聘请了辩护律师,(哈珀先生)请求协会指派协会的事务律师,以免因缺乏法律帮助而让嫌犯逃脱制裁"。协会同意,指示其一位律师"采取相应的适当措施"。[284]纵观 18 世纪[285],证据显示每起案件中控方证人的数量有所增加,这或许可以解释为:刑事控告不断加强的理由是为了应对辩护律师的挑战。

与辩护律师的咄咄逼人形成强烈反差的是控方律师的自我约束义务,该义务旨在防止其利用对辩护律师的限制而处于优势。1836 年立法取消了对全面辩护的限制——控方自我约束义务存在的前提;但是,在 1836 年立法案的辩论中,再次出现了这样的观点:如果允许全面辩护,控方律师会以同样的方式对辩护律师的攻击性辩护进行反击,反而对被告人不利,因为对方会以牙还牙。高级律师斯潘基提醒刑法委员会的委员们:"控方律师会效仿嫌犯辩护律师的恶劣做法",而"呈现于陪审团面前的将是庭审中最不堪的手段……"[286]然而,随着此前对抗式刑事司法的逐步扩张,在 1836 年人们更关心现行做法基础上实现平等,让双方能够平起平坐,在这种情形下就意味着允许辩护律师像控方律师一样向陪审团发表陈词。

综上所述,18 世纪 30 年代的法官们允许辩护律师出庭是为了保障被告人免受错误定罪的威胁。他们允许辩护律师出庭,但将其活动主要限定于交叉询问;法官们希望辩护律师发挥专业助手的作用,在被告继续自行辩护之外,只承担补充辩护的责任。法官们希望"被告陈述式审判"继续存在,但他们失算了。这不仅因为辩护律师规避了施加给他们的一些限制,而且辩护律师的参与还引起了刑事审判的结构性改变。辩护律师们打破了"辩护"与"事实陈述"两项职能之间的界限,而之前"事实陈述"的角色只专属于被告。辩护律师通过承担辩护工作,坚持要求控方履行提交证据的责任和证明责任,已经很大程度上(有时是完全意义上)可以让被告保持沉默。传统"被告陈述式审判"的终结改变了审判理论。"争吵式"审判的

---

[284]　Society Minute Book, *supra* n.283, entry for 19 June 1795.

[285]　兰兹曼的主张,see Landsman, "Spirit," *supra* n.117, at 497, 529—531, 608(table III)。兰兹曼根据《审判实录》的记载,列表描述了 18 世纪某些年度老贝利法庭证人出庭的情况。由于 18 世纪早期《审判实录》的记载很不全面,因此至少有些看似证人出庭的扩大趋势,也可能只是文献造成的假象。

[286]　*1836 Report* 105.

宗旨是让被告人有机会对指控和不利证据亲自作出回应；而对抗式审判则代之以律师主导审判的一种新式理念。刑事审判成为辩护律师调查控方案件的一次机会。

第五节　法官的消极

从"争吵式"到对抗式刑事程序的转变、从没有律师参与到律师主导庭审模式的转变，不仅重新定位了庭上各种陈述者的角色，而且改变了案件裁判者的职能。

一、超然事外

在刑事审判中，出庭律师逐渐主导刑事庭审的事实审查环节，削弱了审判法官的"职能"——在没有律师参与的"争吵式"审判时代，证据的提出问题是由法官自由裁量来决定。如前所述，科伯恩描述 16 世纪和 17 世纪的做法时指出："由庭审法官组织庭上证据的采纳和提出，他还询问证人和嫌犯，并对他们的证言进行评论。"[287]到了 18 世纪，如贝蒂所述，"显然，通常的做法是由法官对起诉人和被告人逐项询问，法官既实施主询问还实施反询问……"[288]到 18 世纪下半叶，法官们开始对事实调查工作表现出不适应；到了 19 世纪早期，我们看到科图著名的评论：英格兰刑事审判的法官"对这一过程表现得超然事外"。[289]

在 1790 年老贝利法庭审理的一起案件就说明了这一点。一伙外国人被控谋杀，庭审时没有辩护律师。当时有一群老贝利出庭律师在场（已经拿到案件摘要等待他们的案件开审），在正式审判开始后，主审法官凯尼恩勋爵就问这些律师："因为他们是外国人，所以有没有哪位好心的律师替他们提几个问题？你怎么样，纳普先生？"[290]（当然，纳普帮了这个忙）这是在 18 世纪走上的一条完全不同的道路，并

---

[287]　Cockburn, "Introduction"109；参见第一章注释⑰及其相应正文。

[288]　Beattie, *Crime* 342.（参见第一章注释⑰。——译注）Accord King, Crime 312（法官"异常主动地进行询问，犀利地向证人发问，对不断提出的证据进行引导，以保证关键问题很快显现"）；Landsman, "Spirit", *supra* n.117, at 513—520. 1754 年，达德利·赖德在日记中写道，为首次出任老贝利法庭和巡回法庭的法官作准备，他打算"晚几天去老贝利法庭，这样可以在开庭的时候看看，我就能知道法官怎么进行归纳和询问证人"。Ryder, "Assize Diary" 18；参见第三章注释㊾。

[289]　Cottu, *Administration* 88.（参见导论注释③及其相应正文。——译注）

[290]　Jacintho Phararo *et al.*, *OBSP*（Apr.［*sic*，Feb.］, 1790 #329), at 367, 368.

非霍金斯曾于 1721 年自信地认为，律师们在事实问题上"并没有什么技巧"^㉑；而 70 年后，在老贝利法庭审判中，王室法院首席法官已经让律师来代替他组织庭上证据提交和事实调查的工作。然而在 18 世纪早期，人们曾希望法官充当被告人的律师，而到了 18 世纪末，法官们显然已经对事实调查工作很不适应，并且急于将这项工作交给律师。

法官们为何希望从事实调查的事务中退出？一个简单的答案是：律师们逐渐主导了事实的收集和提出，让法官在证据调查活动中处于尴尬的不利地位。在没有律师参与的旧式审判模式中，因为其他人不具备这项能力，就由法官们主导事实调查程序；然而，在准备充分的对抗式审判中，双方的事务律师都已调查事实、准备好证人，并且为出庭律师提供了案件摘要。比较而言，在律师主导的新式事实调查程序中，英格兰的审判法官们就相形见绌了，因为他们在庭上并不像出庭律师那样有充分的审前准备予以支持。

而且，辩护律师在事实问题上可帮助被告人的职能扩张，打破了"可由法庭充当被告人律师"的传统观念。如果由法官来做辩护律师的工作，就变得让人不可接受了。1826 年，议会的一位辩论者有力地质问道："法官能利用其有利地位来驳回起诉、开释嫌犯吗？""如果能，作为一名法官就背弃了他的职业誓言；他能拒绝利用这些有利条件吗？如果拒绝，作为嫌犯的律师就相当于放弃了他的当事人。"^㉒同年，《爱丁堡评论》总结道："法官不能充当嫌犯的律师，不应充当嫌犯的律师，也绝对不是嫌犯的律师。"^㉓1836 年，刑法委员会的委员们也强调了这一点：辩护律师的职责与法官的职位是不相容的。^㉔随着出庭律师逐渐承担起收集证据和提交证据

㉑　2 Hawkins, *PC* 400.

㉒　霍勒斯·特威斯的评论：15 Parliamentary Debates 610(1826)，cited by Cairns, *Advocacy* 52 n.1116。

㉓　Anon., *Edinburgh Review* 74, 81(1826).从标题形式上看，该文是一篇书评，所评的对象是："Stockton on the Practice of not allowing Counsel to Prisoners accused of Felony, 8vo., p.149. London 1826."但其内容根本没有讨论该书，而且我也未能找到此书。

㉔　委员会的委员们对前注㉒所引特威斯的问题作出回应并指出：在向他们提供的报告中，有一条内容指出，如果法官"是一个优秀的出庭律师，那么他就超出了其作为法官的职权；如果他不是一个合格的出庭律师，那么嫌犯就没有得到应有的辩护"，*1836 Report* 9(引用议员威廉·尤尔特的陈述)。

除了出庭律师职能和法庭地位的对立关系使法官不可能充当律师这一理由之外，委员们还指出，出庭律师的计谋有助于发现真相。因为法官未"亲自了解案件的真实情况"，而这"只有被告能够提(转下页)

的职责,因而其立场愈加偏向一方,而"中立的法官可以为控方或辩方承担这一职责"的想法也就更加不太现实。㉕

"法官们退出事实调查程序"的意愿反映出审判程序发生了结构性变化,这是双方提交证据责任的确定以及将审判明确区分控方案件和辩方案件的结果。到了18世纪末,审判已经不再被理解为一种针对案件事实的自由调查程序;相反,它已成为一种分阶段的程序:首先由控方履行提交证据的责任,然后辩方质疑其责任的完成。双方基于不同立场并为此收集证据、选择证据并提出证据。因为律师们"已经掌握如此丰富的证据资源,并有权进行交叉询问——除普通法系国家外,其他国家均不熟悉此项权利";㉖所以,法官们意识到自己调查证据的能力已严重受限。不像欧陆的法官们,他们可从一份由法院制作的含有案件证据的权威卷宗着手工作;而英格兰的法官到庭时,对于将要审理的案件却基本上一无所知。㉗

1806年,埃文斯在其著述(当时对英美证据法进行了最为深刻的阐述)中评论道:对抗式审判的动力结构要求法官在出庭律师主导庭审的过程中最好保持被动的姿态。"交叉询问的优点有时会被法庭的干预所破坏;法庭会要求其对提出问题的动机和目的作出解释,或者马上对这些问题进行裁决。[审判法官]只是根据披

314

(接上页)供",所以法官不能"为嫌犯的利益"进行有效的询问和交叉询问。Ibid.委员们没有说明其为何认为出庭律师就能够"了解真实背景";他们肯定认为,事务律师将审前调查的结果概括在出庭纲要中,于是就向出庭律师提供了事实真相。委员们坚持认为,辩护律师有特殊方式了解真相,因为他们"有机会考虑嫌犯在审前所作的陈述并了解事实,能够站在对嫌犯最有利的立场上,将这些内容呈现给陪审团"。Ibid.事实上,第二次报告书的表述最为荒唐:"在诬告案件中,[辩护律师]通过其对事实真相的了解,握有一把几乎绝对有效的、通向真相之路的钥匙,"相反,法官"没有了解的途径",不能承担出庭律师的工作。Ibid.这段话中的逻辑是:辩方律师在审前和庭审中都基本上让被告保持沉默;对于被告所主张的事实,他们现在成了唯一有可靠方式知晓真相的人。这些委员们顺带认为被告版本的事实就是"事实真相"、"一把几乎绝对有效的、通向真相之路的钥匙"。他们并没有解释,为何更应该相信偏执一词的被告律师所收集的所谓真相;这些律师的目的就是胜诉,即使隐瞒、歪曲事实或者以其他方式颠倒黑白,都在所不惜。

㉕ "有人说让法官来做一方的出庭律师,这是多么荒唐!对法官而言,如果他做了律师要做的事,那么他就无法公正行事,也不能遵守法律。""*Defense of Prisoners on Trial for Felony*," 1 *Legal Examiner* 601, 602(1832).

㉖ Edmund M. Morgan, *Some Problems of Proof under the Anglo-merican System of Litigation* 113(1956).

㉗ 关于此前使法官提前了解起诉状的各种措施,参见第一章注释㉔及其相应正文。

露信息的印象来裁断,不可能预见"²⁹⁸出庭律师想要表达什么。²⁹⁹埃文斯指出,与出庭律师相比,法官对证据和庭上策略几乎一无所知,很难有所作为。因此,法官逐渐从当庭获取证据的工作中退出,致力于发展证据规则和审判实务规则,以规范对抗式运作的证据调查活动。由于不被认为具有庭上证据调查的合适地位,于是他们乐于将这项工作移交出庭律师,居于一种超然事外、令人向往的高姿态。从证据调查程序中撤退,不仅减轻了法官们的工作压力,而且降低了因个别案件存在争议或者影响声誉招致外界批评的几率。

二、没有律师代理的情况

审判法官希望将其原本调查事实的职能转移给律师,但实务中还受到很大限制:没有出庭律师代理的情况屡见不鲜。我们对重罪案件中的律师参与率还知之甚少(第三章中已有所讨论)。³⁰⁰实际上,在整个 18 世纪,甚至更长的时间里,老贝利法庭的许多严重刑事案件,仍然在双方没有出庭律师参与的情况下进行审理。根据最乐观的估计"到 18 世纪末,在老贝利法庭,也仅有四分之一到三分之一的被告获得了出庭律师的帮助,"³⁰¹有代理律师的起诉人所占比例则更低。(当然,在地区巡回法庭中,有材料显示律师代理的比例相对较高。至少部分案件中,是因为年轻的出庭律师们把刑事业务看成锻炼的机会。)³⁰²尽管许多刑事案件并没有重大争

315

㉘   W. D. Evans, "On the Law of Evidence" 148, 269 in 2 Robert J. Pothier, *A Treatise on the Law of Obligations* (W. D. Evans trans) (London 1806) (2 vols.).关于埃文斯的重要地位,see William Twining, "The Rationalist Tradition of Evidence Scholarship, in id", *Rethinking Evidence: Exploratory Essays* 32, 42—44(1990)。特文宁提到了此处引用的这段文字;Ibid. at 44。

㉙   试比较弗兰克尔法官笔下关于成熟的对抗式制度对法官干预的限制:"在对抗式程序中,对事实进行争辩时,我们的制度不允许法官进行过多有效或公正的干预。法官不知晓真相,超然于对抗之外,俯瞰案件进展。在许多案件中,他的干预都是出于偏见或片面之词。他可能在根本不了解某一方背景的情况下,泄漏另一方希望保守的秘密。……法官不了解案情、毫无准备,是制度设计的原则所在。所谓'事实',是由争议者来发现和主张的。法官不在审前调查或审查证据。……没有调查的文件,美国的法官是一个毫不知情、容易犯错的干预者……"Marvin Frankel, "The Search for Truth: An Umpireal View," 123 *Univ. Pennsylania L. Rev.* 1031, 1042(1975)。

㉚   参见第三章注释㉙—㉝及其相应正文。

㉛   Beattie, "Scales" 228.梅收集了 19 世纪前 30 年可比较的数据,参见第三章注释㉝。这两项研究都是基于《审判实录》,但该材料用于这一目的恐怕存在问题;相关理由,参见第四章注释㉔—㉚、㊴—㊵及其相应正文。

㉜   参见前注⑯。

议,比如嫌犯在实施犯罪或者逃跑时被抓获,或人赃并获,或在审前询问环节已经认罪;但在最需要和最应该聘用律师代理的案件中,却无法为其配备律师。相反,在分配法律服务时,金钱决定着一切,控辩双方莫不如此。

在一些当事人(特别是控诉人)很富有或态度非常坚定的案件中,我们发现他们会聘请几个出庭律师。[303]比如,德文郡公爵指控他之前的一名仆人盗窃时,他同时聘请了加罗和约翰·西尔维斯特这两位老贝利的顶级律师。[304]很难想象,这样简单的一个案件中,需要兴师动众地聘用两个当时刑事实务中的天才律师。最好的解释是,负责处理该案的事务律师同时聘请他们两人,这样被告人就一个都请不到,特别是加罗。[305]第二名律师就相当于收到一笔封口费。

这样就出现了一种双轨制度,反映了所谓的"财富效应":出庭律师为有钱的控诉人和被告人代理(特别是单位控诉人),但是没有出庭律师的案件只能以原有的方式进行审判。即使法官充当出庭律师的缺陷已广为人知,但没有律师代理的被告人只得重新依靠法官作为律师提供帮助。[306]在1776年的老贝利法庭中,一名被指控谋杀的被告人提醒审判法官:"法官大人,我没有出庭律师,希望您能伸出援手。"[307]1777年,一起商铺盗窃案的被告人向法庭恳求道:"法官大人,因为我没有出庭律师,您能听我说两句吗?"[308]1820年,科图指出,"如果嫌犯没有请到出庭律师,

---

[303] E. g., John Ayliffe, *OBSP* (Oct. 1759, #328), at 348(伪造)(控方有两名出庭律师,辩方有三名).

[304] William Mason, *OBSP* (Sept. 1788, #561), at 717.

[305] 1796年,加罗在萨里巡回法庭得罪了一名事务律师,后者写了一份小册子攻击加罗。他说,加罗在接受聘用时恬不知耻,唯利是图。作者以致信加罗的形式指出:"我'进法庭时遇到你,当时,我秘书马上就准备好一份案件摘要(那是民事案件中给出庭律师准备的摘要)送交给你。我请求你不要接受对方为你准备的案件摘要,因为我打算请你担任我方当事人的辩护律师,而且摘要几分钟后就准备好了。据称,加罗回答说:"我当然会[接受对方的摘要],除非你先付我聘金。"Concanen, Garrow, *supra* n.216, at 16.

[306] 一份小册子记述了1779年老贝利审理的一件伪造案。法官指令作为控诉人的英格兰银行支付被告人的律师费"法庭决定,在周三即17日审理此案。但由于嫌犯没有钱聘请事务律师或出庭律师,威尔斯法官很通情达理,出于其正义感,指令银行的事务律师阿克顿先生马上给[被告人]10基尼,供其聘请事务律师……"Anon., *Memoirs of the Life of John Matthieson, Executed for a Forgery on the Bank of England* 17(London 1779)(Yale Law Libr. Shelfmarlk RBsSP M512 c.1)据我所知,没有其他案件这样处理被告人没有律师的问题。

[307] Thomas Dempsey et al., *OBSP* (Apr. 1776, ##367—372), at 231, 235(所引内容是共同被告人安德鲁·尼希尔提出的请求).(前注⑬同引。——译注)

[308] Sarah Armstrong, *OBSP* (May 1777, #350), at 216, 217.(前注⑬同引。——译注)

那么法官就会替他进行交叉询问,"⑨同时《审判实录》向我们表明,在有些案件中审判法官执意调查控方证人的证言。⑩当法官不信任控方案件时,就不限于进行交叉询问,还能用司法评论权支持被告⑪,或者对起诉状进行特别审查。⑫

317

当时人们已经认识到这种"财富效应"。随着对抗式争斗逐渐成为完整运作的刑事审判模式,那些无力负担律师费用的人们就日益不满。1757年,一名妇女被控伪造债券。她对老贝利法庭说:"我连付给门房的6便士都没有,哪有钱请律师啊!""如果我是因为没有钱而必须得死,那我也没有办法。"⑬(她被裁决有罪,并被

---

⑨ Cottu, *Administration* 88.

⑩ E. g., Elizabeth Butson, *OBSP*(Feb. 1762, ♯103), at 72(盗窃)(法官问控告人:"那么,夫人,您形成自己的观点,并发誓说她拿了您的戒指,但事实上您并没有亲眼看到;您只是因为丢了戒指,再也找不到就这么说吗?").

⑪ 18世纪中期的一些事例,列示如下:

(1)在一件私铸钱币案中,造币厂根据一名主要共犯的证言,指控一名从犯。法官在其总结中表达了对这种污点证人选择的不满:"我本来希望这个[污点证人]被指控,而让这个可怜的女人作证人。"这是针对造币厂而言。陪审团心领神会,裁决无罪。Jane(原作"Anne",经核查原文改;可能因原标题"Anne Holster in trial of Jane Wilson"致误——译注)Wilson, *OBSP*(Apr. 1746, ♯191), at 137, 140.

(2)1754年,在老贝利审理的一起案件中,一名妇女被控从一个醉汉身上盗窃现金,达德利·赖德法官认为"我告诉陪审团该案清楚无疑,我认为他们不用再有疑虑;结果在我没有进行总结的情况下,陪审团判其无罪"。*R. v.* Elizabeth Woodcock, Ryder "Judge's Notes," 4, 6(1754).在同一审季的另一起案件中,某人起诉了之前的一位酒肉朋友对他拦路抢劫。赖德在笔记中记述道:"我认为指控[被告人]有罪证据不足,陪审团裁决无罪。"*R. v.* Lloyd Davis, Ryder "Judge's Notes," 17, 18;同案:Lloyd Davis, *OBSP*(Oct. 1754, ♯511), at 338.

(3)在一件拦路抢劫案中,伦敦司法官威廉·莫尔顿查阅了他以前的庭审笔记,其中有同批控告人起诉其他人的情况;他发现他们在该案中的证言与之前审判中"所说的内容不一致"。Sarah Young, *OBSP* (Jan. 1759, ♯71), at 48, 48—50. 陪审团裁决无罪。

(4)玛格丽特·波夫洛克被控在她寄居家庭盗窃亚麻布。法官认为:"从住处拿走东西是她丈夫所为;法官还向陪审团指出了对嫌犯有利的其他情况。"随后,陪审团裁决无罪。Margaret Lovelock, *OBSP*(Feb. 1762, ♯105), at 73, 74.

(5)威廉·普赖斯和另外两人因为在安·平洛克案审前证言的内容而被控入室盗窃。审判中,普赖斯辩称,安·平洛克是出于报复而指控,因为他曾"作证指控平诺克窝藏赃物"。法官询问了平诺克,然后发表了他的观点,认为平诺克和其他人"是有预谋……对这位普赖斯先生进行报复;我确信普赖斯所说的是实情"。陪审团裁决被告们无罪。William Price *et al.*, *OBSP*(July 1770, ♯♯441—443), at 262, 263.

⑫ 有一个案件中,"控方有好几名出庭律师,而被告人一个也没有",《审判实录》记述道:"所以,法庭作为嫌犯的律师,有责任查验[衡平法院的]记录,[因为被诉罪行发生在那里]。在记录中,发现了一处与起诉状明显不符之处",因此作出直接裁决:被告无罪。E. g., Joseph Ellis, *OBSP* (June—July 1743, ♯365), at 219(伪证).

⑬ Eleanor Eddacres, *OBSP*(July 1757, ♯285), at 263, 269.

判处死刑。)在同一开庭期,另一名被告人抱怨说,他不得不为自己辩护,因为"我根本没有能力聘请律师作为我的顾问,也没有钱支付正常的律师费用……"[314]1760年,在马里兰殖民地,一位因盗马被判死刑的被告人同样抱怨,他声称"被定罪和判处死刑,部分原因就是没有钱……请律师"。[315]在18世纪末期,职守控诉的治安法官科洪写道:"无力聘请辩护律师为自己提供辩护的刑事被告人,往往被裁决有罪",而"那些死硬的无赖们,却可以用出卖赃物的收益雇用出庭律师,最后往往被裁决无罪,逃脱司法的制裁……"[316]

1835年,总检察长弗雷德里克·帕洛克对刑法委员会陈词时,对"财富效应"不屑一顾。当被问到"他打算怎样为那些因贫穷而无力聘请律师的嫌犯们提供服务时",他回答说:法律无需对此作出规定。"如今,如果一个嫌犯表示自己无力聘请律师时,请求法庭为他指派一名律师是很正常的,甚至由能干、经验极为丰富的律师来承担辩护工作也不足为奇。"[317]帕洛克想到的可能是巡回法庭,年轻的出庭律师们在此将刑事辩护作为练手的机会。[318]在托马斯·沃特的回忆录中,老贝利法庭出现了截然不同的场景,作者是这一时期在老贝利法庭与巡回法庭都有丰富工作经验的刑事出庭律师。他描述道,老贝利的重罪案件审判"迅速而草率",平均每个案件持续八分半钟,而且通常辩护律师也难觅踪影:

> 审判速度之快,让嫌犯们陷入极度的茫然不知所措状态。五六十个嫌犯一起坐在法庭下面,等候传唤以接受审判。看着他们一同前来的嫌犯,在一两分钟之内被审判并定罪,嫌犯们感到无比害怕和紧张,难以自控;然后,用他们自己的话说,"像小牛一样被拉出来",二话不说就被踹翻在地。三分之二的嫌

---

[314] James Ashton, *OBSP*(July 1757,♯253),at 243,245(盗窃).

[315] 当时,被定罪的约翰·哈里森请求宽赦,殖民地委员会表示反对,于是总督"下令执行死刑"。*Proceedings of the Council of Maryland*:*Letters to Governor Horatio Sharpe* 1754—1765,31 *Archives of Maryland* 412—423(1911)(entry for 7 Oct. 1760);cited in James D. Rice, The Criminal Trial before and after the Lawyes:Authority,Law and Culture in Maryland Jury Trials,1681—1837,40 *American J. Legal History* 455,457(1996).

[316] Colquhoun, *Police*, *supra* n.278, at 23(着重号为原文所有).

[317] 1836 *Report* 76.

[318] 参见前注[316]。据记载,与此相对,"在诺丁汉郡1841年夏季的巡回法庭日上有12个案件,只有一个案件有出庭律师"。David Bentley, *English Criminal Justice in the Nineteenth Century* 10 n.13 (1998)(hereafter Bentley, *Nineteenth Century*),citing *The Times*,26 July 1841.

犯，从法庭上回来之后，说不出他们刚刚在庭审中经历了什么，甚至不知道是否受审的人也不在少数；事实上这种情况司空见惯：一个人在被宣告有罪后，说"这应该不是我，我还没有被审判呢"。⑲

在这种体制之下，只有富人才能聘请得起律师，而此前法官充当律师的做法似乎彻底被忽略不提了。从争论中退出——这种司法公正的新模式——以提供律师为前提；但是当时的刑事司法制度既没有相应的设计，也没有经费来保障这一前提实现。⑳

即使法官已居于双方对抗之外的超然地位，但在有些案件中，没有出庭律师的控方与拥有出庭律师的被告人当庭对峙，仍然会引起人们的不安。凯恩斯指出，在18世纪三四十年代，"法官们越来越厌恶"㉑替控方安排证人的出庭次序并且引导证人作证，而在"争吵式"审判模式之下，这些通常都是法官的工作。"到了19世纪40年代中期，这样的做法被一位法官描述为'令人厌恶、不合时宜'，另一名法官则称之为'粗鄙'，并因此拒绝对证人进行询问，而是将审前的书面证词交给法庭上的一位出庭律师，指令其进行控诉。"㉒与被告没有律师代理的案件一样，如果控方没有律师，法官也会执意逃避刑事审判中的事实调查责任；因为对抗式争斗已成为这种程序预设的标准。

第六节　陪审团审判

没有律师的"争吵式"审判开始于16世纪，旨在向被告人提供一个亲自对控告和不利证据作出回应的机会。本章的主题之一是：律师参与庭审并主导庭审（即律师化）以一种令人意想不到的方式改变了刑事审判的基本理论。在18世纪，对抗

319

---

⑲　Thomas Wontner, *Old Bailey Experience : Criminal Jurisprudence and the Actual Workings of our Penal Code of Law* (London 1833).

⑳　本特利指出，这一主题曾在议案中出现；正是这些草案后来发展为1836年草案，将全面辩护的权利扩展到被告人。"1833—1836年的每项议案，都包括一项条款，规定贫穷的被告可以获得指派的出庭律师，这种律师是免费的。"Bentley, *Ninetenth Century*, *supra* n.318, at 108.

㉑　Cairns, *Advocacy* 46.

㉒　Ibid., citing, *inter alia*, "Prosecuting Judges", 9 Law Times 256(1847); and "Soup System—Prosecution by Magistrates," 41 *Law Magazine* 103(1849).

式的审判结构彻底改变了原有的审判目的，让审判成为辩护律师审查控方案件的一个机会。

审判功能的这一变化，反映了律师出庭有效地减少并控制了其他庭审参与主体的言行举止。因此，在律师主导的审判中，控诉人和双方证人都不能按照自己的方式进行陈述；而是由事务律师为他们事先准备好作证的内容，然后由出庭律师以所谓"主询问"的方式引导他们说出准备好的证言。证人证言逐渐被打磨得与律师的剧本相互契合。刑事被告人如果要求发言的话，也会以同样的形式受制于他们的律师。对抗式结构同样对庭审陪审员的功能产生影响。

一、陪审团噤声

在"争吵式"审判的年代，陪审员经常参与法庭对话，提出问题或者是作出评论。例如，在 1733 年的一次审判中，一名妇女被指控在妓院从被害人的裤子里偷钱。据记载，一名陪审员问被害人："你丢钱的时候，裤子是穿着呢还是脱了？"[322]回答是"脱了"。在另一件被告被控窝藏赃物案中，一名陪审员针对被告人的辩解提问："你难道没有拿到关于此事的一份警告（即传单）吗？这些东西通常都是会送到制表匠和金匠那里的。"[324]陪审员不仅向证人提问[325]，他们有时候还要求传唤更多的证人[326]，他们也主动提供关于人[327]、地方[328]，以及商业习惯的信息。[329]

320　　18 世纪的后二十余年间，随着事实调查的主动权交由出庭律师，老贝利法庭

---

[322]　Catherine Bodenham, *OBSP*(Apr. 1733, ♯55), at 117.

[324]　Edward Bodenham, *OBSP*(Dec. 1733, ♯6), at 35, 39—40.

[325]　一名控方证人作证时说她住在马顿街；陪审员问道："可你昨天说你住在奇克街？"William Price et al., *OBSP*(July 1770, ♯♯441—443), at 262, 263(夜盗).

[326]　陪审团退席后，过了一会儿返回法庭：要求传唤"牡鹿和猎犬〔酒吧的人〕以使其更确信事实。于是马上派信使传唤，带来了店主及其妻子。"法庭就被告不在犯罪现场的细节问题向他们进行了询问。最后陪审团裁决无罪。Thomas Gray OBSP(July 1735), at 93(拦路抢劫).

[327]　E.g., Thomas Hardy and Henry Chapman, *OBSP*(Oct. 1732, ♯♯41—42), at 242, 243(拦路抢劫).

[328]　E.g., Elizabeth Mark, OBSP(Apr. 1735, ♯25), at 71(盗窃); Ann Dossel, *OBSP*(Sept. 1761, ♯280), at 355, 362(盗窃).

[329]　在一件盗丝案中，首席陪审员主动说："每卷丝都会因为要染而打一个结；但如果有两个结，那就是私人作的标记。"John Langford and William Annand, *OBSP*(Jan. 1788, ♯137), at 177, 179(盗窃、窝赃).

的陪审员们直接评论事实或者询问证人的情况已不多见。当陪审员的评论涉及人或事的事实时，就等同于未经宣誓的证言，与强调对证言进行交叉询问的理念相冲突。1755年，一名谋杀案审判中的陪审员宣称："我知道有关嫌犯的一些事；我现在可以宣誓，在我的陪审员同事们还未离席之时讲出来吗？"⑬（法官允许他宣誓作证，然后他就陈述了一起被告醉酒行为引发的事件。）㉛1768年，布莱克斯通针对这一做法写道："这种做法目前很普遍：如果某位陪审员对争议事实有所了解，他就可以证人身份宣誓，然后在庭上公开发表证言。"㉜

到了该世纪末期，我们看到：出庭律师反对陪审员询问证人的态度日益坚定。在1784年的一场审判中，加罗正在就被窃财物的特征对控告人交叉询问，一名陪审员提出个类似问题，加罗提出抗议：

加罗先生：法官阁下，如果陪审团的先生们无视我的发问环节，提出另外的问题妨碍我的提问，然后按照他们的想法作出裁决，那我很遗憾没有办法再为嫌犯做什么事情了。

法庭：他们也可以提问啊。

加罗先生：当然，法官阁下。对于证人证言的真实性，完全应当由陪审团独立认定；但是我主张的完全是另外一个问题——法庭以外的任何人都不能打断我的询问，直到我对这名证人询问完毕。

法庭：那继续吧。㉝

虽然加罗的抗议是针对询问顺序（即律师首先进行询问）的问题，但实际上另有深意。被推迟的问题往往会因为脱离语境或者丧失即时性而不合时宜，最后不再提

321

㉚　John Moody, *OBSP*(Jan. 1755, ＃76), at 60, 66.

㉛　关于如何对待了解事实的陪审员，在一百年前就已规定，但由于老贝利法庭陪审员一般顺带提出事实而很难实际适用。当年就曾裁定："对于了解事实的陪审员，法庭将在其宣誓后当庭公开进行询问，不能由其陪审员同事们私下询问。"*Bennet v. Hundred of Hartford*, Style 233, 82 *Eng. Rep.* 671, 672(Upper Bench 1650). 世纪之交，在一份有关民事陪审团实务的手册中，这被表述为一个资格问题："如果某陪审员同时也是证人，即被作为证人传唤，那么他必须当庭公开宣誓作证，因为法庭、律师和陪审团都要听取其证言。"[Giles Duncombe,] *Tryals per Pais: or the Law of England Concerning Juries by Nisi Prius* 221(4th edn. London 1702)（着重号为引者所加）（本文献承 S. F. C. 米尔索姆先生惠予提示）.我认为，加着重号的表述旨在表明：当时陪审员只有在一方提出传唤要求时，才作为证人宣誓陈述。

㉜　3 Blackstone, *Commentaries* 375.

㉝　James Scott, *OBSP*(Feb. 1784, ＃216), at 262, 265(盗窃).

出。加罗在这轮交锋中的深意是：律师化已经折断了陪审员的羽翼。对抗式刑事审判没有为陪审团参与询问留下空间，基于同样的原因，法官也被迫逐渐退出这项活动。在事实调查的方式上，对抗式提交机制与非对抗式机制的理论完全相悖，无论是由法官主导还是由陪审团发起。律师主导的审判不再聚焦于"争吵式"审判的中心问题，即"到底发生了什么以及是否确系被告所为"，这是一个可能很愚蠢的问题。对抗式程序将审判的中心转移到另外一个问题——辩护律师是否对控方案件的可信度提出了充分的怀疑。辩护律师不希望其他参与人以其他问题（特别是案件真相问题）打乱他的质疑。"争吵式"审判的时代——参与者可以公开讨论的审判，现在已经不存在了。

二、陪审团控制方式的转变

陪审团审判总是充满风险。因为陪审员们未接受法律培训，往往也没有司法经验；他们的裁决无须给出理由，对裁决的后果也无须承担后续责任。由于这样的裁决者本身存在错误和偏见的巨大风险，普通法法院从未放任其恣意裁判；而是由法官们承担对陪审团的指导和监督工作。[34]

以对抗制重构审判活动的这一时期，陪审团控制方式也经历了重大变革。法官们不再以传统模式干涉陪审团对案件事实的裁决。由于丧失了识别和纠正陪审团错误的能力，法官们设计了一套新制度来防范陪审团出现错误的风险，该制度以证据法和指示陪审团的法律为基础。问题便由此产生：对于陪审团控制方式的转型和对抗式刑事审判程序的形成，两者之间是否存在关联？

（一）司法评论

在"争吵式"审判时代，审判法官可行使广泛的案件事实评论权，帮助陪审团作出裁决。黑尔盛赞这种做法的"优越之处"——法官不仅在法律问题上"指导"陪审团，而且能够"在事实问题上给他们以极大的启示和帮助：当面为其评判证据，评论存疑问题及其症结所在，甚至在事实问题上发表意见，这被外行人士认为具有重大帮助和指导作用"。[35]我们有充足的证据表明法官针对有利于[36]或不利

---

[34]　See generally Thayer, *Evidence* 137—181.

[35]　Matthew Hale, *The History of the Common Law of England* 164—165(Charles M. Cray ed.)(971 edn.)(1st edn. 1713)(遗著，作于 1676 年前)[hereafter Hale, *Common Law*].

[36]　参见前注[310]—[311]。

于被告㉛的证据进行评论。总而言之，无论是在民事案件㉜还是刑事案件中，陪审员们都希望得到法官的指导。直到 18 世纪中后期，法官们仍坚信陪审员们会听从其指示。1773 年，博斯韦尔问曼斯菲尔德勋爵："陪审员是否经常听从其指示"，曼斯菲尔德回答说："是的，但在政治问题上除外，因为他们对此不能辨别是非。"㉝

到 18 世纪下半叶，不时出现的一些证据表明：当时人们对于"事实问题进行司法评论的合理性"，态度已经有所转变。法官们继续在法律问题上作出"无罪"的直接裁决，但在事实问题上向陪审团发表意见则变得愈加谨慎。㉞我们目前对这种心理转变发生的时间和原因还知之甚少。彼得·金注意到，1788 年的《泰晤士报》曾评论说：法官在总结陈词时不应发表"任何可能表明其对事实问题判断意见的评论"。㉟1811 年，一位活跃的小册子作者理查德·菲利普斯爵士坚决主张：如果"法官……想告诉陪审团必须如何裁决，并且除此之外别无选择……陪审团应当对这种强制性指示不予理睬，而只须遵循他们自己的认知和内心确信来裁决"。㊱英格兰的法官们仍保留评论的权力，但"必须明确告诉陪审团……在交由他们裁决的事

323

㉛　例如，1726 年，王室法院首席法官雷蒙德审理一件妇女谋杀亲夫案时，向陪审团指出："虽然代表国王的控方没有任何证据能够直接证明她参与了谋杀，但有非常强的间接证据说明，她曾表示同意并提供了帮助；而其他两名嫌犯也作了这样的供述，并承认此事是由她策划提出。最后，陪审团裁决她罪名成立……"Anon., *A Narrative of the Barbarous and Unheard of Murder of Mr. John Hayes, by Catherine His Wife* 20(2nd edn. London 1726).她被定的罪名是谋杀亲夫，属于"轻叛逆"，see 4 Blackstone, *Commentaries* 203—204。该罪名的处罚是在火柱上烧死，后来这种处罚被废除；see 30 Geo. 3, c. 48(1790)。通常罪犯都先被勒死。See 1 Radzinowicz, History 209—213.关于法官发表不利于被告人评论的其他例子，参见第一章注释㊾。

㉜　我的文章曾描述达德利·赖德在伦敦地区主持民事巡回审判时行使广泛的评论，Langbein, "Evidence" 1190—1193。

㉝　1 Oldham, *Mansfield* 206, quoting [6] The Private Papers of James Boswell from Malahide Castle 109(G. Scott and F. A. Pottle eds.)(1928).

㉞　早在 1754 年，伦敦司法官威廉·莫尔顿在主持审理著名的伊丽莎白·坎宁伪证案时，就曾在总结中指出："我将以力所能及的最清晰方式说明证据；如果有些事实已经在这次漫长的审判程序中展现在你们面前，而我提及时偶尔表达出了我个人的看法，那么我希望在你们作出裁决时，除非有证据加以证明，否则我这些看法不要对你们产生影响，或仅给你们微乎其微的印象。"19 *St. Tr.* 283, 633 (O. B. 1754).

㉟　King, *Crime* 249, citing The Times(18 Sept. 1788).

㊱　Richard Philips, *On the Power and Duties of Juries* 179—180(London 1811) [hereafter Phillips, *Juries*].

实问题上,应由他们自主判断是否采纳法官的意见"。㊸在美国,由于法官在殖民时代晚期与英王当局来往过密而形象受损,因此,出现了一场声势浩大的剥夺其司法评论权的运动。从 18 世纪 80 年代到整个 19 世纪,许多州都以制定法或宪法条款的形式禁止法官们对证据进行评论。㊹

(二) 罚款或罚款的威胁

在少数案件中,如果陪审团与法官的意见相左,而法官又特别㊺坚持己见,他还有其他一系列权力来使案件按照他的方式处理。直到 1670 年,如果陪审团违背证据而作出裁决,法官们有时还会对其处以罚款。到了 17 世纪 60 年代,这项权力逐渐发展为政治性争议,法官们通过著名的布谢尔案㊻判决放弃了该项权力。㊼

㊸ *R. v. Lawrence*, 73 *Crim. App.* 1, 5(Ct. Crim Ap. 1981)(per Lord Hailsham).

㊹ Kenneth A. Krasity, "The Role of the Judge in Jury Trials: The Eliminaton of Judicial Evaluation of Fact in American State Courts from 1795 to 1913." 62 *Univ. Detroit L. Rev.* 595(1985). See also Renee Lettow Lerner, "The Transformation of the American Civil Trial: The Silent Judge," 43 *William and Mary L. Rev.* 195(2000)(提到在民事陪审团审判中限制法官评论的地区性差别)。威格摩认为,法官有权"对证据的整体可靠性、或某些特定方面发表评论,这项权力在陪审团审判制度设立之初就已存在;从历史的角度来看,这必须作为陪审团审判根本性的、不可分割的一个组成部分"。9 Wigmore, *Evidence* § 2551, at 503."不幸的"美国"背离了这一正统的普通法规则……对于陪审团作为实现正义之方式的总体效果而言,因这一背离而受到损害。"Ibid at 504—505., citing Thayer, *Evidence* 188(在美国限制法官评论的规则之下,陪审团审判"这一概念的历史意义已不是陪审团进行的审判了")。

㊺ 法官有时会默许与其意见相左的一项裁决,例如 Margaret Whiehead, *OBSP* (Feb.—Mar. 1759, ♯114), at 82, 83(盗窃)("与法庭意见相反,裁决无罪"。)关于 18 世纪 50 年代中期达德利·赖德审理民事案件中出现的这类事例,Langbein, "Evidence" 1193 and nn.123—124. 法庭有时接受其不以为然的裁决,其实还有其他原因。例如,在威廉·赛克斯一案中,由于对其货物的执行出现了错误,双方拔剑相向,最后酿成命案,一方被控谋杀。赛克斯声称,当时他认为是遭到了抢劫。陪审团裁决无罪,"遭到法庭批评"。但法庭并未从裁决本身入手,而是利用了赛克斯因同一事件中受到指控的另一项杀人罪。法庭让第一项裁决过关,解散了该陪审团,另组成新的陪审团,由其审理第二份起诉状的指控。新陪审团裁决其非预谋杀人罪成立。William Sikes *et al.*, *OBSP* (Jan. 1697), at 3—4.

㊻ *Vaugh.* 135, 124 *Eng. Rep.* 1006(K.B 1670); also reported in *T. Jones* 13, 84 *Eng. Rep.* 1123; 1 Freem. K.B. 1, 89 *Eng. Rep.* 2..关于该案的深入探讨, see Green, *Verdict* 236—349. 拙文曾阐述了为何王室法院首席法官沃恩的判决理由是言不由衷的无稽之谈;Langbein, "CTBL" 298 and n.105.

即使在布谢尔案以后,法官仍然保留着对陪审员不当行为处以罚款的权力。一份早期的《审判实录》中记载了布谢尔案 10 年后的一个此类案例。一名陪审员请求免除其陪审职责,遭到拒绝后,在两起由其审理的案件中投票反对其他 11 名陪审员的意见。另外两名陪审员宣誓作证说,这位作梗者声称:"如果一定要我留在陪审团,我就要……给他们找麻烦……"法庭"对其处以 50 镑罚款。虽然据称,陪审员们根据其良心作出裁决时,依法不会受到罚款处罚,但对于此类的不当行为应有所约束,这是正当和必需的"。*OBSP*(May 1680), at 1, 2. 1754 年,达德利·赖德记述道,他巡回法庭的法官同事迈克尔·福斯特(即后来《刑事法》的作者)诉他,他曾对一名提前离开法庭的陪审员处以 50 镑罚款。Ryder, "Assize Diary"12.

㊼ 此前不久的 1667 年,王室法院首席法官凯林被弹劾,这是导致布谢尔案判决发生的背(转下页)

（三）宽赦

在控制陪审团的各种方式中,最尊重陪审团自主权的方式是:法官接受一项他认为错误的有罪裁决,然后以申请国王赦免的方式推翻它。根据黑尔所说:"如果陪审团违背证据或没有证据,并且无视法庭的指示或意见,仍作出有罪裁决,此时法庭采取这种补救措施:在量刑前暂缓处理,将其提交给国王授予赦免。"[348]因此,在18世纪的司法实践中,国王对法官提出的赦免或减刑建议进行复核已成为刑事程序的常规部分。[349]当时认为,法官可以有效地控制国王复核的结果。当裁决死罪成立,陪审团有时会请求法官提出宽赦被告的建议。[350]

对于准备不顾法庭意愿而作出有罪裁决的陪审团而言,对"法官操纵国王的赦免权"的预期,则是一种明显的防控措施。当法官还有一张王牌足以使其的努力白费时,陪审团恐怕不会再坚持己见了。[351]这项司法救济措施非常有效:当法官与陪

（接上页）景事件。1667年,在西部巡回审判区,凯林对有身份的大陪审团成员态度不恭,引起了他们的怨恨,致使下院对其启动了弹劾程。关于凯林在陪审团控制问题上的遭遇,see Eric Stockdale, "Chief Justice of King's Bench 1665—1671," *Miscellanea* 43(1980)(vol.59, Publications of the Bedfordshire Historical Record Society)(本文献承马克·基西兰斯基惠予提示)。在对凯林提出的各种不满中,有一项"是他曾对《大宪章》出言不逊,在公开的法庭上引用克伦威尔的著名说法,轻蔑地声称:'大宪章都是胡说八道'。"Ibid. at 50.事隔多年,萨默斯仍对凯林的行为非常生气:[John Somers,] *The Security of English Men's Lives* 17—18(London 1681)凯林"会行使一项不可一世、独断专行的权力,凌驾于萨默塞特郡的大陪审团之上"。

[348]　2 Hale, *HPC* 309—310.

[349]　参见第一章注释[245]—[249]及其相应正文; see Beattie, *Crime* 430 ff.; King, *Crime* 297—233; V. A. C. Gatrell, *The Hanging Tree: Execution and the English People: 1770—1868*, at 543 ff. (1994)[hereafter Gatrell, *Hanging Tree*]; Douglas Hay, "Property, Authority and the Criminal Law," *in Albion's Fatal Tree: Crime and Society in Eighteenth-Century England* 17, 40—49(D. Hay et al., eds.)(1975); 1 Radzinowicz, *History* 107—137。

[350]　例如,在一件拦路抢劫案中,案犯罗伯特·克罗斯对罪行感到懊悔;他在答辩时表示无罪但在审判中承认,"对于指控我的罪名,我认罪"。陪审团裁决罪名成立,但建议赦免。法庭问他们:"我猜想,你们是看在他初犯的份儿上吧,各位先生们?"据记载,陪审员们回答说:"是的,是这样的,法官阁下。"Robert Cross, *OBSP*(Dec. 1783, #6), at 25, 28.

据统计,在1783市政年度,老贝利陪审团有18次在死罪案件中建议赦免,其中16次被接受。Richard Makesy, "Lethal Lotery or Coherent Scheme: Pardons and Rationality in Late-18th Century London" 238(unpub. Ph. D. thesis, City Unversity of New York, 1993).我文中曾提到更早的一些著名事例,Langbein, "Ryder" 20—21 discussing Thomas Rolf, *OBSP* (Oct. 1754, #504), at 80(拦路抢劫);and Langbein "CTBL" 297 discussing Jane French, *OBSP*(Feb. 1732), at 89。

[351]　《审判实录》中,有一件盗窃现金案,法官锲而不舍地迫使陪审作出无罪裁决。财政法院法官艾尔在控方证据提交完毕后告诉陪审团,"证据中存在漏洞",因此,"我认为要求嫌犯进行辩护（转下页）

审团之间出现矛盾时,它似乎已大大地减少了[352]不顾法官指示而作出的有罪裁决。

(四)裁决之前搁置审判

如果法官感觉陪审团可能与其观点存在巨大分歧,可在未作出裁决之前搁置审判,改由另外一个陪审团在随后的开庭期内审理。黑尔解释道:"否则,在没有找到或提交充分证据的情况下,许多恶名远扬的杀人犯和入室盗窃犯都会因为罪疑而逃脱法律制裁。"[353]我们能够理解为何法官会认为搁置审判这项权力非常重要:在一个以私人控诉为主的法律体制下,为了正式审判而收集证据和协调证人,一直存在天然的不足。[354]

黑尔认为:在老贝利法庭,这项权力的行使相当"普遍"。[355]然而,根据黑尔去世前后开始记载的《审判实录》显示,这类案件并不普遍。我注意到,仅有一份1718年的案例是毫无疑问的。[356]资料并未显示,是因为搁置审判的做法逐渐减少了,还是《审判实录》对这类未完结的故事有偏见(而不愿记载),或者两者都有。

(接上页)无关紧要:所以,我觉得,应该裁决被告人无罪"。Uziel, *OBSP*(Sept. 1784,♯785), at 1084, 1087. 但是,陪审团仍然要求离席,说明他们希望能讨论是否遵从法官指示、裁决无罪。艾尔再次说明,证据未能证明指控,并冷言相劝:"如果……你们觉得,在没有任何证据指控一个人时,还需要要讨论是否应对其定罪,那么你们可以离席讨论……"Ibid. at 1087. 陪审团让步了,没有离席讨论,就裁决被告人无罪。

[352] 据彼得·金记载,在1795年埃塞克斯巡回法庭的一起案件中,陪审团不顾法官指示,坚持裁决被告人有罪。被告被控为其女儿窝藏盗窃的赃物。法官"终止了辩方证据的提交,指出:由于他很相信这位父亲无罪,因此不必再占用法庭的时间;并指示陪审团作出相应的裁决"。然而,"陪审团说,对于此人还存在一处疑问。于是,允许证据继续提出";最后,陪审团的裁决是:有罪。King, *Crime* 251—252, citing *Chelmsford Chronicle*, 20 Mar. 1795.金没有继续调查法官是否申请国王赦免,从而推翻该结果。

[353] 2 Hale, *HPC* 295.

[354] 不过,这一权力运用得太广泛。例如,1790年,在达勒姆巡回法庭,伊丽莎白·琼斯案被搁置审理,因为当时有一位陪审员醉倒了。"王室法院首席法官拉夫伯勒勋爵解散了陪审团,召集了一个新的陪审团。这引起了辩护律师的异议,认为被告不应两次受审。但审判依然继续进行;她最后被定罪。"D. R. Bentley, "Introduction," at 37, in Bentley, *Notebooks*, *supra* n.270, discussing R. v. Elizabeth Jones, ibid. at 73—74.全体法官会议后,一致同意维持该项有罪裁决,认为禁止双重危险的原则在最终有罪裁决作出之前并不适用。法官搁置审判而后重新审理的权力,由 *Winsor v. R* 案予以背书。see *Winsor v. R.*, 10 Cox,[1866] L. R. 1 Q. B. 289, noticed in Holdsworth, *HEL* 234.

[355] 2 Hale, *HPC* 295.

[356] 1718年,一名男子被控重婚,但法庭发现证据不足以定罪,因此明显是未经裁决而搁置审判,"建议他的妻子们为自己找到更多证据,直到保证他能够被定罪"。Hugh Coleman, *OBSP*(Feb. 1718), at 5—6.

（五）否定裁决而重新合议

如果法官认为陪审团作出的裁决未达到证明标准或者裁决有误,可拒绝接受这项裁决,然后与陪审团探讨其裁决依据,进一步向他们提出指导意见,并要求他们重新合议。黑尔写道:"如果陪审员当庭作出的裁决有误或者存在偏见,他们可在该裁决未被记录前予以更正,或根据法庭建议重新合议以作出更好的裁决,从而纠正原来的裁决。"[357]

这种方式有效的基础理念是:无论民事案件还是刑事案件的陪审团,都会应法官的要求而说明裁决理由。1697年,在"阿什诉阿什"[358]的民事案件中,王室法院首席法官霍尔特推翻了他认为过高的赔偿金裁决[359],同时指出:"陪审团不愿意说明其裁决理由,自认为拥有一项绝对的专断权力。但是我纠正了这一错误,因为陪审团是在法官的帮助下审理案件;如果法官要求,他们应该说明理由;如此,对于存在的任何错误,才能得到纠正……"[360]

我曾在其他文章中[361]提到一起记载极为详尽的刑事案件,该案审判法官积极地运用了这种纠正陪审团裁决的方式。在1678年老贝利法庭审理的斯蒂芬·阿罗史密斯强奸幼女一案,由王室法院首席法官斯克罗格斯主持。[362]法官斯克罗格斯行使其司法评论权,在总结中强烈倾向作出有罪裁决。在陪审团结束合议作出裁决之时,斯克罗格斯可能已经结束了一天的事务离开法院了[363],因为据记载:当陪审团作出无罪裁决时,主持案件者已是伦敦的司法官乔治·杰弗里斯先生了。杰弗里斯拒绝接受这项裁决。他询问陪审员们的想法,并向他们解释为何裁决存

327

---

⑤⑦ 2 Hale, *HPC* 299—300(引注省略).

⑤⑧ *Comb.* 357, 90 *Eng. Rep.* 526(K. B. 1697).

⑤⑨ 一位年轻人被羁押了几个小时,但最后证明是违法拘押,判处罚金2 000英镑.

⑥⓪ *Comb.* 357—358, 90 *Eng. Rep.* at 526, discussed in David Graham, *A Treatise on the Law of New Trial* 445(1834); and in *M'Connel v. Hampton*, 12 Johns. 234(N. Y. 1815)(本文献承蒙丹尼尔·克拉曼和勒内·莱特惠予提供).

⑥① 本案全文收入:Langbein, "CTBL" 291—293, and discussed ibid. at 294—296。

⑥② Exact Account 14—16.这份记载详尽的小册子记录了1678年12月在老贝利法庭的审判;又参见第一章注释⑤⑨.

⑥③ 1754年,新到老贝利主持审判的法官达德利·赖德在日记中说,另外一名法官告诉他,他前任的王室法院首席法官威廉·李"几乎不会在[下午]四点后还[在老贝利法庭]审案;那时他已经回家吃晚饭了". Ryder, "Assize Diary" 18.

在错误[364],然后让他们出去重新合议。当陪审团内心有疑虑、无法作出裁决时,法官进一步询问了他们的想法。当意识到陪审团是对受害儿童和另一名证人儿童未经宣誓作证而心存疑惑时,法官重新传唤了两名儿童,让她们宣誓后重新陈述。陪审团离席进行第三次合议后,勉强接受了法庭对案件的看法,作出了与第一次结论相反的有罪裁决。

文献中还记载了裁决被否定后予以纠正的其他例证[365],也有经法官再次建议后陪审团仍坚持己见的案例[366],但是这类案件并不多见。如果陪审团审判经常要经过这样的内部角力,那此项程序就难以运作下去。

这种否定裁决而要求重新合议的方式逐渐不受青睐,但是正如控制陪审团的其他法律一样,对于这种情况何时、如何以及为何发生,我们还难以断定。早在1721年,霍金斯就已注意到了这种迹象:"如果陪审团对重罪嫌犯作出的无罪裁决

---

[364] "司法官先生认为[裁决]与证据不符,不仅在接受前让他们进一步讨论,而且还努力使他们确信证据清楚无疑。有一位名叫阿波塞克里的陪审员说,他认为,那么大的孩子不至于被强奸。法庭告诉他,这是想规避制定法[指 18 Eliz. 1, C. 7(1576),它规定与 10 岁以下的幼女发生性行为,无论其本人是否同意,都构成强奸]的惩罚;如果这不构成犯罪,会使这项法律成为具文;而他这样做,是在挑战整个议会的聪明才智,这是不应该的。"*Exact Account* 15.杰弗里斯发现,另外一些陪审员们感到不安,因为两名年幼的证人(包括一名被害人)未经宣誓而作证,而且陪审团从"其他证人那里只听到了传闻证据"。Ibid. at 15—16.杰弗里斯支持在这里使用传闻证据,因为"这种罪犯在作案时从来不会让别人在场",而两个小姑娘没有宣誓,"因为她们年龄尚小;不过如果[陪审团]执意要求,那么她们应该宣誓"。Ibid. at 16.

[365] Anon., *The Trial of Roland Waters et al.*, 4(法官建议,这种情况只构成非预谋杀人,但陪审团认为是谋杀;法官拒绝接受这项裁决,重新向陪审团提出指导意见,最后陪审团裁决为非预谋杀人)(B. L. shelfmark 112. f. 46(14));12 *St. Tr.* 113, 122(O. B.1688).约翰·贝克转录了 1616 年纽盖特审判手稿中的另一起类似案件。J. H. Baker, "Criminal Justice at Newgate 1616—1727: Some Manuscript Reports in the Harvard Law School," 1977 *Irish Jurist* 307, 313 and n.11.具名法律报告中的其他案例还有:*Watts v. Brains*, *Cro. Eliz.* 779, 78 *Eng. Rep.* 1009(K. B.1599);Chichester's Case, *Aleyn* 12, 82 *Eng. Rep.* 888(K. B. C. 1641)。

[366] 如果陪审团"坚持其裁决,那么法庭必须接受,并记录在案……"2 Hale, *HPC* 310.根据一份早期的《审判实录》报告记载,1675 年,有一个陪审团曾在重新讨论后坚持原来的立场。该案中,一名叫哈克的马夫被控盗马及盗窃马匹身上的钱。哈克被捕时,马匹和大部分钱都被找回。"陪审团……认为第一项起诉状所指控的盗马罪不能成立,而第二项所控罪名[成立]。虽然法庭对第一项裁决并不满意,让他们出去重新考虑,但他们再次作出同样的裁决:被告盗马罪不成立,因为他们说他们认为……该马匹是[控告人]进去时让[哈克]管着的,这是合法的占有,所以将其牵走并非犯罪,但法庭似乎持相反意见。"Anon., *News from Islington, or The Confession and Execution of George Allin, Butcher, Who Now Hangs in Chains near to Islington*(London 1674[1675])2—3(Guildhall Libr. shelfmark A. 5. 4. no.34).

明显与证据不符,那么在该裁决被记录生效之前而非之后,法庭会要求他们再次退庭合议该案;但很多人认为这样做很难,到了后来,这种方式似乎已经不像先前那样频繁使用了。"[367]我们发现,在 1754 年切姆斯福德的埃塞克斯巡回法庭,法官达德利·赖德在一起杀婴案中仍然使用了这种方式。[368]1788 年,在老贝利法庭审理的一起强奸案中,陪审团裁决"强奸未遂"的罪名成立;显然,证明存在插入行为的证据并未让他们形成确信。伦敦司法官詹姆斯·阿代尔作为审判法官否定了这项裁决,其法律根据是:这个罪名超出了起诉书指控的范围。然后,陪审团主席报告了有罪裁决的结果。阿代尔对这项裁决的合理性提出质疑,虽然他勉强承认了"陪审团独立认定事实问题"的原则——当陪审团认为被告有罪时,就应当作有罪裁决。陪审团"立刻"作出了无罪裁决。[369]彼得·金提到了 1789 年在老贝利法庭审理的一起案件,该案陪审团抵制了法官让他们重新合议的要求。[370]直到 1811 年,理查德·菲利普斯还在批判法官对陪审团裁决进行审查的做法,言下之意是:他仍然将这种做法视为对陪审团自治权的一种威胁。[371]

329

(六)特别裁决

在法官和陪审团意见相左的案件中,法官有时会指示陪审团作出一项特别裁决,即陪审团仅就事实进行判断,而由法庭决定被告人是否对这些事实承担刑事法

---

[367]　2 Hawkins, *PC* 442. 这段文字又见于伯恩的《治安法官手册》,金认为是其所作。King, *Crime* 251, citing Richard Burn, 2 *The Justice of the Peace and Parish Officer* 487(10th edn, London 1766).

[368]　他在巡回审判日记里记录:证据显示有人看到被告拿着杀人的小镰刀,跪在她垂死的孩子身边。至于她是否精神有问题,证据存在矛盾。"陪审团开始时说,他们确信她杀了孩子,但怀疑她精神有问题。我再次向他们解释说,案情性质非常不利于嫌犯。他们出去了,过了大约一个半小时,回来说:她的罪名成立。我于是告诉他们,我对结果非常满意。"Ryder, "Assize Diary" 4.

[369]　Joseph Fyson, *OBSP*(June 1788, ＃496), at 630, 634.

[370]　据记载,陪审员们说:"他们认为,[法官希望让他们修改裁决]不仅不符合公平和良心,也与陪审团审判的法律相抵触,因为他们已经宣告嫌犯无罪。"King, *Crime* 251, citing *The Times*, 30 Oct. 1789 and 13 Nov. 1789.金没有提到被告的姓名。该案可能是:Thomas Berminghan [sic], *OBSP* (Oct. 1789, ＃779), at 936(盗窃布匹)。金所引用的《泰晤士报》的文字,未见于《审判实录》;但据后者记载,被告曾说,东西是他找到的。当陪审员们提交其无罪裁决时,希思法官向他们提出指导意见:"如果财物遗失,不久后在其他人那里发现了,那么,根据法律它就成为推定盗窃成立的证据,除非被告能够证明其获得该项财物的合法方式。"Ibid. at 937.但陪审团仍坚持其无罪裁决。

[371]　"向陪审团调查其作出裁决的理由或论证过程……是不合适的。他们根据自己的誓言和良心作出裁决,并正式地宣布了他们的决定;根据法律或礼节,他们都不必向任何人作出解释或与法官重新讨论。"Phillips, *Juries*, *supra* n.342, at 180—181.

律责任。[372]据《审判实录》记载,在 1710 年的一起案件中,法官在否定陪审团的概括裁决后,指示其作出一项特别裁决。[373]到 18 世纪后期,法官指示陪审团作特别裁决的权力逐渐成为一项争议性权力,因为它牵涉到国王控制舆论的企图——"将印刷出版界的批评都指控为煽动性诽谤罪"。[374]为了防止陪审员们不愿意对此类案件定罪,有些法官想到这种策略:可以让陪审团对被告是否出版争议物品的事实作出特别裁决,然后由法官们决定该出版物是否具有煽动性。[375]1792 年《福克斯诽谤法案》[376]取消了法官在此类案件中强制陪审团作出特别裁决的权力。

330

(七)从事后纠错到事前预防

到了 18 世纪晚期,对抗式刑事司法的形成导致法官逐渐放弃刑事审判活动的控制权,转手让与了律师,法官影响陪审团作出裁决的权威日渐削弱。法官还控制着赦免权,但对不服从其指示的陪审团处以罚款的权力已经丧失;他们对证据评论权的使用日益谨慎;否定陪审团裁决的权力则变得有争议,而且《福克斯诽谤法案》剥夺了他们在煽动性诽谤案件中要求(陪审团)作出特别裁决的权力。

随着法官们逐渐丧失了发现和纠正陪审团错误裁决的权力,他们建立了一套新的陪审团控制制度,旨在防范陪审团的错误风险。达马斯卡评论道:"由于裁决的质量无法得到事后审查,英格兰司法制度非常谨慎地接受"各种存疑的证据。[377]经过 19 世纪的大部分时间,控制陪审团的新法律才得以定型。对这一过程的细节问题还未有详细研究,但其发展的基本框架已毋庸置疑。耶泽尔在阐述 19 世纪民事诉讼程序的历史时,曾提到在刑事诉讼程序史中也有同样的标志性因素:"主要包括加强对证据的控制(证据法)、强调法律指导的精确性(陪审团指示法),以及增

---

[372] 关于特别裁决结构和内容的实例,see William Chetwynd, *OBSP* (Oct. 1743, ♯504), at 302, 312—313, 18 *St. Tr.* 290, 315—317 (O.B 1743)。

[373] John Wilder, *OBSP* (Sept. 1710), at 2 (起诉状指控其协助逃脱已裁决的重罪;陪审团"根据事实认定其有罪。但法庭认为会出现某些法律问题,指示陪审团作出特别裁决。后者依令而行"),另一起同类案件,参见 Rookewood, *OBSP* (Jan. 1674 [1675]), at 3—5 (抢劫)。

[374] 此前的出版管制大多都是通过许可方式,但在 17 世纪末不再施行。Phiip Hamburger, "The Development of the Law of Seditious Libel and the Control of the Press," 37 *Stanford L. Rev.* 661, 661—665, 674—691 (1985).

[375] 10 Holdsworth, *HEL* 674—688; Green, *Vedicts* 318—355.

[376] 32 Geo. 3, c.60 (1792);关于该项立法,see 10 Holdsworth, *HEL* 688—692.

[377] Mirjan Damaska, "Of Hearsay and its Analogues," 76 *Minnesota L. Rev*, 425, 428 (1992).

强对证据和裁决之间关系的控制（直接裁决和新的庭审指令）。"[578]随着法官们对陪审团作出裁决和纠正错误的权威性丧失殆尽，他们发展出了一套防范陪审团出现错误风险的替代性制度。事先预防替代了事后补救，成为陪审团控制的指导原则。

当前的问题是：与律师化密切联系的审判方式转型是否促进了陪审团控制方式的转型？法官和陪审团关系发生变化的原因，大都与对抗制审判的出现无关。限制法官干涉陪审团裁决的运动早在审判律师化之前就已经发展。1670年的布附尔案——首个具有里程碑意义的重要案件，在该案中法官决定：不能因裁决未达到证明标准而对陪审员处以罚金；我们已经看到，在随后的18世纪晚期和19世纪，即对抗式刑事审判程序蓬勃发展之前，对其他控制陪审团方式的反对就已经存在。而且，法官影响陪审团裁决的争议主要来自政治案件，特别是涉及宗教犯罪或者煽动性诽谤罪的案件。尽管政治案件的效应会影响整个刑事（和民事）程序中法官和陪审团的关系，但是此类案件中的争议事项及当事方与普通刑事司法程序仍大相径庭。

然而，的确有理由认为：不管是法官控制陪审团裁决的传统制度日渐衰落，还是陪审团预防性管控方式的新发展，庭审律师化都发挥了作用。出庭律师承担事实调查的责任，让法官丧失了采用旧式陪审团控制技术所具有的权威性。过去，法官和陪审团曾并肩合作，从纷乱的"争吵式"审判场域中查明被告是否有罪。如今，由于出庭律师承担起提交证据和阐释证据的责任，陪审员在形成自己对案件的看法时，很少再依赖法官的"重要指导和帮助"。[579]这时，双方出庭律师直接向陪审团发表陈述，作出截然相反的解释[580]，对裁判结果提出各种建议。这种变革削弱了法官先前在事实和法律方面的权威性——这种权威性来源于他曾经为陪审团调查事实提供帮助，且是其在解释事实和适用法律方面获得专业指导的唯一来源。随着对抗式制度的形成，控辩双方的律师开始基于事实和法律向陪审团提出各种相互冲突的意见。久而久之，解释证据的责任从法庭转移到了出庭律师。对抗制扩大了陪审团的信息来源，但也不可避免地削弱了法官的权威性，增加了陪审团与法官对案件意见相

331

---

[578] Stephen C. Yeazell, "The Misunderstood Consequences of Modern Civil Process," 1994 *Wisconsin L. Rev.* 631, 642.

[579] Hale, *Common Law*, *supra* n.335, at 165.

[580] 这种方式，在1836年前还受制于对完全辩护的限制，辩护律师还不能完全规避这些限制。参见前注[220]—[223]及其相应正文。

左的可能性。这样,庭审律师化为法官和陪审团传统工作关系的突破发挥了作用。

第七节 真相的缺失

一、真相只是副产品

英格兰刑事诉讼表面上声称,其目的在于寻求真相,但其刑事司法制度的设计并未有效地寻求真相。在"争吵式"审判的年代,刑事调查工作由控诉人在玛丽式治安法官(JP)的帮助下实施;如前所述,玛丽式治安法官仅收集"不利于"被告人的证据。[81]当时,审前程序的非中立性与非专业性再现于审判程序。与欧陆法官的澄清义务相比,英格兰法庭上的法官和陪审团都不对作为裁判基础的证据负责。欧陆的法官们有寻找真相的义务。而英格兰的法官们则强调,陪审团的"裁决被视作真相",[82]但这只是空洞的口号,目的是将错误的责任"推卸"[83]给陪审团。而对陪审员们来说,他们是不中立的诉讼双方灌输信息的被动接受者。

立场偏颇的双方对抗可能优于单方面的偏颇,但对于发现真相而言,这仍然不是理想的替代措施。正确的判决取决于证据,而对抗式程序将收集和提交证据的责任交给那些只是热衷于胜诉,而不追求真相的当事人。一套能让威廉·加罗这样的诡辩之徒主导刑事司法的程序便不是追求真相的程序,而 18 世纪 80 年代英格兰使用的正是这样的程序。对抗式机制允许交叉询问的滥用和误导性使用、允许教唆证人(伪证)以及隐瞒不利证据,实际上是在鼓励歪曲和隐匿证据。由私人雇用律师来收集和提交证据的对抗制度,必然会引起财富效应;而这更进一步加剧了争斗效应——对抗式程序的特色。回想一下 1757 年的老贝利法庭,那名因伪造被判死刑的妇女在庭上令人心悸的悲叹:"我连付给门房的 6 便士都没有,哪有钱

[81] 参见第一章注释⑯—⑱。

[82] 这是在拉伊住宅阴谋案中伦敦司法官乔治·特雷比判处拉塞尔勋爵死刑时所说的话;后来,特雷比出任民事高等法院首席法官。R. v. William Russell, 9 St. Tr. 577, 666(1683).该案参见第二章注释㊱—㊲及其相应正文。

[83] 对于 16 世纪的普通法法官,更有甚者说:"通过陪审团的裁决,他们可以把身上的责任推卸给[陪审团];他们把陪审团当作主要的挡箭牌。"William Roper, *The Lyfe of Sir Thomas More* 44—45 (E. V. The Hitchcock ed.) (London 1935), cited in J. H. Baker, "Introduction," 2 *The Reports of Sir John Spelman* 42—43(1978) (Selden Society vol.94).

请律师啊！"对她而言，对抗式司法就意味着"我不得不死，是因为没有钱……"[384]对抗式审判程序的财富效应是一种严重的缺陷，因为大多数刑事被告人都很贫穷。相比之下，对富有的被告人而言，财富效应则带来了可能改变结果的优势——回想一下前述结论：两名罪犯"逃脱了制裁，因为加罗是他们的辩护律师"。[385]

18世纪英格兰出现的由律师主导刑事审判的制度，并不是一套发现真相的系统理论。对抗式程序的理论假设是：即使没有人负责寻找真相，它也会自然而然地浮现出来。事实真相只是一个副产品。一种呈现出真相缺失的刑事审判程序何以盛行？根据本书所研究的历史文献，其部分原因是：这套制度并不是其创设者的精心设计。对抗式刑事审判没有事先的设计，只是经由一系列旨在抗衡控方优势的措施，在18世纪逐渐地发展演变而来。

而且，我们现在一定程度上将真相的缺失与对抗制相联系，但它事实上应追溯到律师化之前已存在的审前和审判程序中的结构性缺陷。我们看到（如第三章所述），当时未能发展出一套可靠有效的审前调查制度——用经济学的语言来说，未意识到刑事调查是一项公共利益，而审判律师化便是为应对该状况而采取的措施。与此类似，早在对抗式程序出现之前，审判法院也未能发展出寻找真相的刑事裁判能力。18世纪的司法职能与其在中世纪形成时基本上未变。对于事实问题的审判，英国普通法的法官们是行政管理者，而不是裁决者。对于争议事实，他们既不调查，也不裁决。英格兰的法官们只是将案件交给陪审团来裁决。审前程序的不发达加剧了这种审判程序的司法功能畸形理念。欧陆的法官们根据审前官方的彻底调查所形成的卷宗而开展工作，而英格兰法官则不同，他们对案件的实质内容一无所知。我们已经看到，因为律师掌握了案件事实，所以才能将刑事审判的主导权从法官手中夺走。

对抗制未必能胜过一套在审前和审判中执着于发现真相的制度。相反，通过众人之手，律师主导的审判程序再现了英格兰刑事司法长期以来真相缺失的特点。同时，重要的是，对抗式程序实质上加剧了事实真相的缺失。旧式的程序只是忽视

---

[384] Eleanor Eddacres, *OBSP*（July 1757，＃285），at 263，269；参见前注⑬及其相应正文。

[385] William Chatwin and John Davis, *OBSP*（June 1788，＃4291），at 561，562.（参见前注⑳及其相应正文。——译注）

真相,而当对抗制允许律师控制证据的收集和提出时,就已经将实施证明活动的责任转移给了精于隐瞒真相的专业人士(律师)。

二、死刑的影响

到 18 世纪晚期和 19 世纪早期,当时的人们已经认识到对抗式刑事诉讼具有歪曲事实的倾向。要理解人们为何能够接受一套存在如此缺陷的制度,我们必须考虑当时对死刑日益反感的时代情绪。[386]当时人们特别倾向容忍对抗式程序歪曲事实的后果,因为他们认为:在刑事审判领域,更多的真相意味着更多的死刑(死亡)。

英国刑法设置死刑威慑的范围已经超过了当局所认为的必要限度。在刑事诉讼的每个环节,从指控、审判到上诉审查,是一个不断从死囚中进行排查的过程,目的是仅对罪大恶极者处以死刑。特别是在 18 世纪晚期和 19 世纪早期,人们普遍认为:尽管存在排查机制,但死刑还是被过多地规定和过度地适用。我们发现,控告者会与撰写起诉书的书记员合谋,仅以普通盗窃或其他罪不至死的罪名指控被告人,而非提起入室盗窃、住宅内盗窃或其他足以判处死罪的控告。[387]众所周

---

[386]　当时感情上越来越多地反对在财产犯罪中适用死刑,关于这一问题,拉奇诺维奇的描述具有基础性。1 Radzinowicz, History 399—607; see also Gatrell, *Hanging Tree*, supra n.349, at 325—416.关于当时改革的文献.reviewed in 1 Radzinowicz, *History* 268—396.关于发展替代刑、特别是流放和监禁刑的运动,重要的著作是:Beattie, Crime, esp. 450—637. 关于废除死刑,see Brian P. Block and John Hostettler, *Hanging in the Balance: A History of the Abolition of Capital Punishment in Britain*(1997).

[387]　Eg., Ann Wheeler and Elizabeth Barnsley, OBSP(Feb. 1788,♯194), at 295, 297(控告人作证说,他"告诉起草起诉状的书记员……我希望不要适用死刑"。)米德尔塞克斯法庭治安官约翰·菲尔丁也知道这惯例,有时会在玛丽式程序中要求控告人保证指控死罪。例如,1758 年,菲尔丁调查一起拦路抢劫未遂案,案发过程中,被害人脸部被枪击中,一名共犯指认罗伯特·诺兰为凶犯。菲尔丁下令逮捕诺兰,对他进行询问,并"要求[被害人也是控告人]根据《黑匪法》指控其恶意射击(死罪),以及抢劫未遂(流放),因为他认为,对于如此野蛮的行径,后项指控处罚过轻。诺兰被裁决有罪"。PRO, T 1/383/75("Mr. Fielding's report upon the Petition of the constables of St. George's Parish," 18 Nov. 1758).

根据制定法 8 Eliz, c.4(1565),扒窃是死罪。由于被害人都不愿意对这种轻微的罪行主张死刑,因此当场被抓获的案犯有时完全就不经过法律程序处罚。关于该问题的讨论,see John Fray, *OBSP*(Sept. 1785,♯751), at 991(谋杀)。一位扒窃者被扔进水里溺死,因此弗雷被控谋杀。主审的古尔德法官指出,"将扒窃者被扔进水里以示惩戒,这种普通的错误","众所周知,是非常普遍的事情"。Ibid. at 996. 由于弗雷并非故意淹死被害人,因此,古尔德指示陪审团"降格指控……将谋杀改为非预谋杀人",陪审团照办了。Ibid.如果被害人真的对扒窃提起控告,大多数陪审团都会低估赃值到适用死刑的 1 先令这一标准以下。See Langbein, "Ryder" 53(1754—1755 年老贝利的四个开庭期、共九起此类案件中,有八件都低估赃值:另一件被裁决死罪成立的,由国王降格裁决,免于死刑。)

知:陪审员们会降格指控或低估赃值,以避免适用死刑(这就是布莱克斯通所谓的"良心伪证")。⑧⑧1819年,一名陪审员对一个调查死刑问题的议会专门委员会⑧⑨说:"对那些并非罪大恶极的案件,大多数陪审员都希望找到一些对嫌犯有利的情节,能够利用哪怕最微不足道的有利情节或可能的疑问。"⑨⑩另一名陪审员理查德·菲利普斯也告诉该委员会,陪审员们"往往非常同情"死刑案件,"总希望能抓住任何对嫌犯有利的情节",因此陪审员们"非常愿意听取辩护律师提到的那些例外情形";⑨①他回忆说,"我担任陪审员时,在一起入室盗窃案中出现了一个疑问:某扇窗户是否完全关上了? 这一情节被陪审团中的一些人抓住,成为裁决其入室盗窃罪不成立的理由"。⑨②

法官也参与了减少死刑适用的过程,这不仅在定罪后请求宽赦的程序中得以体现⑨③,在审判中亦有体现。1819年,委员会引述原财政法院首席法官阿奇鲍尔德·麦克唐纳爵士的话:"当犯罪与刑罚明显不相适应时,如果内心能够确信的话,我总是倾向于从轻处罚。"⑨④法官们从严解释有关死刑的制定法⑨⑤,还与陪审团合谋,降格指控或低估赃值。⑨⑥法官们创设出各种证据排除规则,特别是补强规则和

---

⑧⑧ 4 Blackstone, Commentaries 239, discussed in Beattie, Crime 419—430; Beattie, Policing 303—312, 339—346, 435—448; Langbein, 'Ryder' 47—55; King, Crime 231—237 see also 1 Razinowicz, History 83—106, 138—164(1948).

⑧⑨ *Report from the Select Committe to consider of so mch of the Criminal Law as Relates to Capital Punishment in Felonies* (London 1819) [hereafter 1819 Report].关于该委员会的由来及其工作, see 1 Radinowicz, *History* 526—566。该委员会还指出,被害人倾向于指控轻罪,以避免适用死刑:1819 *Report*, supra, at 83, 84, 111。

⑨⑩ Ibid. at 99,引用皮革商斯蒂芬·柯蒂斯的话。

⑨①⑨② Ibid. at 93(理查德·菲利普斯的证言)。

⑨③ 关于该问题,参见第一章注释㉔—㉗、前注㉕—㉜及其相应正文。

⑨④ 1819 *Report*, supra n.389, at 50.

⑨⑤ "法官解释制定法、特别是有关死刑的规定,主流倾向是严格解释;遇到疑案,则按照有利于被告的原则。"1 Radzinowicz, History 83, 660—698; Hall, Theft, supra n.253, at 92; Livingston Hall, "Strict or Liberal Construction of Penal Statutes," 48 Harvard L. Rev. 748(1935).刑事制定法解释中的宽悯态度,在 18 世纪前就早已存在,但此时更为明显。马登对此抱怨说,法官们"喜欢基于他们作为'人'的情感,而不是根据他们作为治安法官对公众的责任"。[Martin Madan,] *Thoughts on Executive Justice with Respect to Our Criminal Laws, Particularly on the Circuits 13* (lst edn. London 1785) 13—14(1785), cited in 1 Radzinowicz, History 243.

⑨⑥ 例如,弗雷德里克·尤索普被控盗窃室内衣物,价值达 28 先令。根据 10 & 11 Wil. 3, c.23 (699),盗窃室内财物 5 先令以上,就是死罪。43 岁的尤索普是个编织工,案件报告中没有记载他当时提出辩护。陪审团裁决他有罪,但估赃为 4 先令 10 便士,因此其得从死刑减为流放。这做法是受到主持审判的财政法院法官艾尔的鼓励。他告诉陪审团,"议会制定这项立法,是在一个世纪之前:为了(转下页)

口供规则㊚以及排除合理怀疑的证明标准㊛，这些规则不仅确保了一些无辜被告免遭刑罚，也使很多确实有罪者幸免于死。

1820 年，法国观察家科图游历英国时，对英格兰刑事司法轻视真相的现象感到诧异。他认为，减少死刑的适用是这种现象的源动力："英格兰人认为有罪必罚不利于公共利益，反而担心杀人过多而损害死刑的警示效果；他们对冥顽不化的罪犯保留了所有的严厉制裁措施，但对那些证据不是很充分的罪行则网开一面。对于确有其罪者到底是否被定罪，他们倒不是很关心。"㊜相比之下，科图指出，"法兰西人会热衷于找寻事实真相，而英格兰人则表现得漠不关心"。㊝

英格兰刑事法律设定的死刑威慑范围，超出了司法者愿意实施的程度。为避免杀人过多，就出现了多种形式的规避措施。对抗式刑事审判模式就形成于这种背景之下，因而接受了科图所见的"漠视真相"理念。如果要理解这一时代的英美刑事诉讼程序为何如此漠视事实真相，那就必须记住：正是我们不那么需要真相之时，才会为刑事审判设定对抗的程序。

338　　### 三、未选择的道路：英格兰对欧陆模式的轻视

在英格兰，对抗式刑事审判一旦形成，法庭就根据持不同立场的双方律师所收集、提交和审查的证据，来决定一个人的生死。普通法程序中长期存在刑事调查私人化的缺陷，而对抗制程序进一步加剧了这个缺陷。假如某一信息有助于定案，却未被提交法庭，法庭既无义务又无能力来寻找这类信息。当然，法官有时会派人传唤缺席审判的证人，而且我们也看到，法官有权中止和延期准备不足的审判。㊿但这些情况并不多见。与他们欧陆的同行不同，英格兰的法官们事先并不熟悉证据，

（接上页）挽救人命，那时价值 5 先令的东西应该与目前本案中的情况有所区别，而不应将其等同于我们今天的 5 先令。如果你同意，可以裁决嫌犯有罪估赃为 4 先令 10 便士，这样可使其免于起诉状所控的死罪"。Frederick Usop, OBSP (Sept. 1784, ＃814), at 1130, 1131.

㊚　参见第四章注释⑯—㉔及其相应正文。

㊛　参见前注㉟—㊿及其相应正文。

㊜　Cottu, *Administration* 91—92.

㊝　Ibid. at 93 n.科图尤其惊讶于歪曲事实的英国证据规则，竟会排除如此多的口供证据。Ibid. at 92—93.

㊿　参见前注㊿及其相应正文。

在法庭内也没有手段进行调查。比如,1741年威廉·沃纳和一名同伴的深夜拦路抢劫案。[402]控方证人作证说,他们确信对两名被告的辨认无误,因为抢劫的现场光线很好,星光灿烂。两被告没有律师代理,自己辩护说当晚很黑,下着雨。沃纳可怜巴巴地请求法官:"我希望您能够调查这一情况,了解当晚是否[下雨]。"[403]法庭毫不理睬这一合理建议,未作进一步调查,就让陪审员们作出裁决。面对两种不同的版本,他们没有看到另外的证据,最后采纳了控方的说法,绞死了沃纳。

像黑尔这样为英国模式高唱赞歌者,赞扬刑事案件中的陪审团审判是"揭示事实真相的最好方式"。[404]但这不过是一种信条,对核心缺陷却不置一词,即无论是在审前还是审判时,当局都没有承担起调查案件事实的责任。玛丽式治安法官主要为控方提供帮助,而审判法院作出裁决的基础是由立场不同的控辩双方选择、提交和争辩的证据。支撑对抗式刑事审判的理论基础是一项存在严重问题的假设:争斗有利于揭示真相;或者换一种说法:即使法庭不采取任何措施,真相也会自动浮现。

在英吉利海峡的对岸,清晰地展示了一种与对抗式刑事诉讼完全不同的审判模式。适用于欧陆各国的罗马宗教法庭诉讼程序将调查真相的职责交给法院,并赋予其进行调查的权限和资源。[405]因此,欧陆诉讼程序避免了刑事侦查私人化这一英国模式的核心缺陷。从中世纪开始,欧陆国家就将刑事侦查作为一项公共职能。

据我们所知,18世纪英格兰审判从"争吵式"向对抗式的转型,几乎没有考虑过探寻真相的欧陆模式能否提供一种更好的选择,以避免律师主导审前和审判程序中出现歪曲事实和偏袒一方的缺陷。英格兰人为什么对欧陆模式视而不见?简而言之,即使进入18世纪,欧陆刑事诉讼程序仍存在诸多缺陷,显而易见地失去了借鉴的价值。欧陆模式确实避免了英格兰刑事侦查和刑事审判私人化的错误,但

④⑫　Wliam Warner & John Newman, *OBSP* (Dec. 1741, ♯♯5—6), at 3.

④③　Ibid. at 4.

④④　Hale, *Common Law*, *supra* n.335, at 164;其中论证说,陪审员们有裁量权,自行判断证言是否有说服力,再决定是否予以采信。

④⑤　欧陆诉讼程序的"本质"是"根据'案件'中首先出现的可疑迹象,由公共机关在调查实质真相的意义上来分辨是非。在这里,法官是作为主要的相关政府机构,其任务是负责全面管理整个程序,以求公正;他可以进行全面地事实调查,主动收集判决的各种根据。"Eberhard Schmidt, *Inquisitionsprozess und Rezeption* 9(1940).

其法庭主导的调查和裁判制度在运行中也存在严重的缺陷。

　　我在其他著作中曾探讨了欧陆模式存在的重大缺陷：中世纪的酷刑法。[406]中世纪的人们意识到，如果赋予法官探寻和裁判真相的权力，会产生错误和专断的风险；因此，欧陆法设定非常高的证明标准来约束法官，以限制其司法裁量权。到 13 世纪，根据已确立的规则，要判定一个人死罪，必须存在两名目击证人，除非被告自愿认罪。该规则起到了阻止法庭依据间接证据（circumstantial evidence）定罪的作用。按照这一标准，如果只有间接证据，无论有怎样的说服力，法庭都不能定罪。由于严重犯罪往往都具有隐秘性，两名目击证人的规则其实让人难以接受。但法庭又不愿意直接降低这一标准，因此就发展出了司法酷刑：如果存在有力证据证明某被告是罪犯，但根据两名目击证人规则又不足以定罪时，就允许法庭对其实施刑讯。实施刑讯的前提，即所谓"半个证据"，包括一名无可辩驳的目击证人，或一件满足司法充分要求的其他间接证据。围绕着酷刑的进行，制定了诸多保障措施。酷刑的目的不仅仅是为了获取一项认罪请求，即被动的认罪坦白。讯问者是要获得犯罪的具体细节——那些只有罪犯才知晓的信息。诱导式提问（由讯问者提供其想要的答案）是被禁止的。然而，这些围绕强制讯问而设置的保障措施，最后证明都是徒劳的。无辜者不堪忍受酷刑而招供、被定罪和处决后，真正的罪犯被最终发现，这种案件一再出现。各种保障措施也不够安全：诱导式提问的禁止很难执行；受到酷刑的无辜者往往了解案件的诸多情节，能够作出足以以假乱真的口供。到 16—17 世纪，许多欧陆国家的法院都发展出规避两名目击证人的规则，以避免司法酷刑的使用[407]；但到 18 世纪后相当长一段时期内，酷刑法的存在依然是欧陆刑事诉讼传统的标志性特色。

　　酷刑法让欧陆刑事诉讼蒙羞。从福蒂斯丘[408]到托马斯·史密斯爵士[409]再到布莱克斯通[410]，这些英格兰的作家都称赞英国没有酷刑的诉讼制度，认为它更优越。

---

　　[406]　John H. Langbein, *Torture and the Law of Proof*：*Europe and England in the Ancient Regime* 3—69(1977) [hereafter, Langbein, *Torture*].

　　[407]　Ibid. at 45—60.

　　[408]　Fortescue, *De Laudibus*, *supra* n.38, at 65(在英格兰，被告"不会遭到刑讯逼问").

　　[409]　"根据民法和其他国家的习惯而适用的酷刑，在英格兰并不适用：那是针对奴隶的做法。" Smith, *De Republica* 117.

　　[410]　4 Blackstone, *Commentaries* 138；其中批评法国人"通过拷问从被告人嘴里获得口供".

英格兰历史上也曾适用酷刑达一个世纪,约在 1540 年至 1640 年间,但仅限于枢密院的调查,主要是叛逆罪案件。[41]酷刑之所以没有成为英格兰普通刑事诉讼的特征,可能存在多种原因,[42]但其中之一是,欧陆证据法中的两名目击证人规则没有在英格兰确立。[43]如本章前文所述:直到 18 世纪末,英格兰刑事诉讼才确立排除合理怀疑标准。在谈到中世纪时,麦特兰指出,"我们的刑事诉讼中……几乎就没有证据法的存在空间"。[44]英格兰的陪审团曾经可以(目前依然可以)根据很少的证据就能将被告人定罪,即使该证据在欧陆作为实施酷刑的前提都不够。麦特兰写道,在欧陆"法庭根据当时的证据法几乎不可能定罪,酷刑就逐渐成为对证据法的补救……幸运的是,在英格兰,无论是严格而僵硬的法定证据规则,还是残酷而愚蠢的变通手段(酷刑),都没有流行开来"。[45]

341

酷刑法的污点很容易让英格兰人拒绝欧陆国家由法官主导的刑事调查和裁判模式。但仍有理由相信,即使欧陆不存在酷刑,英格兰人仍有其他重要理由来抵制欧陆模式。由法院主导刑事调查,需要一批专门负责收集和评价证据工作的地方调查官员。对这样一批人员如何组织、招募、培训、管理和支付酬劳,这对于当时的英格兰管理模式特别不易解决,当时的管理模式依赖于简单的公务员体系,将许多公权力委托给地方绅士。[46]事实上,正是基于这种考虑,对统一警察制度[47]和公诉制度[48]的强烈抵制,一直延续到 19 世纪以后很长一段时期。

从宗教改革之时起,英国对欧陆刑事诉讼的轻视态度与对欧陆各类政体的抵触情绪相互缠绕——包括对教皇、法国和西班牙的政体。至少从 1563 年福克斯

---

[41]　1 Langbein, *Torture*, *supra* n.406, at 81—128.

[42]　See ibid. at 136—139, 进一步强调"欧陆酷刑的法理基础是以司法官僚化为前提的",而且实施酷刑的权力不能交给玛丽式审前程序中的"农村绅士和城市市政官这些英格兰的起诉人员"。Ibid. at 138.

[43]　黑尔指出,英格兰的陪审团"可以而且往往根据大陆法系不会接受的孤证作出裁决"。Hale, *Common Law*, *supra* n.335, at 165.关于对叛逆和伪证罪中两名目击证人的要求;see L. N. Hill, "The Two-Witness Rule in English Treason Trials: Some Comments on the Emergence of Procedural Law," 12 *American J. Legal History* 95(1968);Wigmore, *Evidence* §§2036—2044, at 263—286。

[44]　2 Maitland, *HEL* 660.

[45]　Ibid. at 659—660.

[46]　经典的论述仍然是:1 Sidney and Beatrice Webb, *English Local Government from the Revolution to the Municipal Corporations Act: The Parish and the County* (1906)。

[47]　Philips, "Engine" 166 ff.

[48]　Philips B. Kurland and D. W. M. Waters, "Public Prosecutions in England, 1854—1879: An Essay in English Legislative History," 1959 *Duke L. J.* 493 [hereafter, Kurland and Waters].

《殉道者之书》[49]起,西班牙的纠问式制度就被作为例证遭到诋毁。[420]英国对法院主导的刑事侦查不屑一顾的另一个原因是其特权法院的经历,特别是星座法院和宗教事务高等法院。它们被作为 17 世纪 30 年代[421]查理一世个人统治的代名词,在 1641 年事件中被废止,该事件成为后来内战和无君统治的导火索之一。[422]直到 19 世纪 70 年代,斯蒂芬依然认为,在英格兰创设公诉人制度的建议是出于"一种在我们历史上具有显著作用的情愫,它钦羡一种盛行于欧陆的以罗马法为基础的诉讼程序;而在本国,公诉人制度与专制权力脱不了干系……"[423]

342 　　让刑事调查成为一项公共职能是欧陆刑事诉讼的一大成就。因此,欧陆的法律制度让查明真相成为刑事司法者的义务。但受制于两名目击证人这样难以企及的证明标准以及酷刑这种"残酷而愚蠢的变通手段",这一方案不幸误入歧途。几个世纪以来,欧陆广泛使用酷刑给我们的教训是:寻找真相也未必是好事。因为寻求真相却不能保证发现真相。英国人不仅没有看到欧陆程序的可效仿之处,反而从欧陆的经历中更加确信自己选择的正确性:他们设立了一套无人负责寻求真相的刑事诉讼程序。

　　19 世纪,一场声势浩大的改革运动横扫欧陆的刑事诉讼,也成为现代民主国家建立进程中的一个组成部分。中世纪的错误得到了矫正:两名目击证人的规则被废除,酷刑也被禁止。[424]为了保障司法独立,免受政治干预,司法的角色得

---

[49]　John Foxe, Actes and Momuments of these Latter and Prillous Dayes, Touching … the Great Persecutions … Wrought … by the Romishe Prelates(London 1563).

[420]　See William S. Maltby, *The Black Legend in England*: *The Development of Anti-Spanish Sentiment*, 1558—1660 at 33—43(1971).西班牙被刻画为一种劣等文化,充满残忍、欺骗、阴谋和背叛。Ibid. at 6.类似的描述,see John Miller, *Popery and Politics in England*: *1660—1688*(1973)。

[421]　John P. Kenyon, The Stuart Constitution 118—120(1966).

[422]　参见前注[20]及其相应正文。

[423]　James F. Stephen, "Suggestions as to the Reform of the Cimial Law," 2 *Nineteenth Century* 737, 750(1877), quoted in Kurland and Waters, *supra* 418, 562 n.294.

[424]　关于法国引入盖然说服(*intime comicion*)的标准及法国的变化对欧陆其他地区的影响,see Massimo Nobili, *Il principio del libero convincimento del giudice* 147—219(1974)。1754 年,普鲁士弗雷德里克大帝在位时废除司法酷刑法,在欧陆造成广泛影响;see Langbein, *Torture*, *supra* n.406, at 61—62, 68—69。德国接受证据的自由评价标准(*freie Beweiswirdigung*)中,"自由"的意思就是不受两名目击证人规则限制。是以法律限制法官、还是允许根据对证据的自由评价作出判决,关于这二者之间的争论,see Wilfried Kuper, *Die Richteridee der Strafprozessordnung und ihregeschichtlichen Grundlagen* 219—238(1967);19 世纪 40 年代,萨维尼及其发起的普鲁士立法活动影响广泛,对接受自由评价证据的原则具有推动作用,see ibid. at 238 ff; Gerhard Walter, *Freie Beweiswurdigung* 73—75(1979)。

以重构。㉕更多的保障措施建立起来,其中包括效仿英格兰刑事诉讼中值得肯定的很多制度㉖,比如口头公开审理㉗、辩护律师制度㉘以及陪审团或混合法庭(由职业法官和类似陪审员的非职业法官组成)的使用。㉙欧陆的刑事诉讼制度成为欧陆和英国的混合体,但保留了其标志性的特色:刑事法院有职责、有职权发现真相的原则。相比之下在英格兰,18世纪用心良苦的改革产生了对抗式刑事审判,但其原有的核心错误仍持续存在:无法产生刑事调查和刑事审判的相关机制和程序,去承担和满足发现真相的任务。

㉕ Gunther Plathner, *Der Kampf um die richterliche Unabhangigkeit bis zum Jahre* 1848 (1935); Gustav Aubin, *Die Entwicklung der richterlichen Unabhangigkeit imneusten deutschen und osterreichischen Rechte*(1906).关于司法独立运动所涉及问题的范围、包括防止将来使用特别法庭的决, see Dieter Simon, *Die Unabhingigkeit des Richters*, esp. 2—9(1975)。

㉖ 英格兰的刑事诉讼程序"在很大程度上是法国革命时立法的一个模板",使法国开始将陪审团纳入欧陆模式中。Adhemar Esmain, *A History of Continental Criminal Procedure with Special Reference to France* 323, 393 ff.(1913).关于法国后来的发展,参见后注㉙。德国学者也相当关注英格兰, e. g., Friedrich August Biener, *Das englische Geschworenengericht* (Leipzig 1852); Carl J. A. Mittermaier, *Das englische, schottische und nordamerikanische Strafverfahren* (Erlangen 1851); id., *Die Mundlichkeit, das Anklageprinzip, die Offentlichkeit und das Geschwornengericht mit Rucksicht auf die Er fahrung der verschiedenen Lander*(Stuttgart 1845)。

㉗ 2 Marie There Fogen, *Der Kampf um Gerichtsof fentlichkeit* (1974).

㉘ See Birgit Malsack, *Die Stellung der Verteidgung im re formierten Straf prozess: Eine Rechtshistorische Studie anhand der Schriften von C. J. A. Mittermeier*(1992).

㉙ 关于法国的陪审团及类似机制的尝试, see Antonio Padoa Schioppa, "*La giuraall Assemblea Constituente francese*," in Padoa Schioppa, *Trial Jury* 75; Bernard Schnapper, "Le Jury francais aux XIX et XX eme siecles," ibid. at 165;关于德国, see Peter Landau, "Schwurgerichte und Schoffengerichte in Deutschland im 19. Jahrhundert bis 1870," ibid. at 241; Gerhard Casper and Hans Zeisel, "Lay Judges in the German Criminal Courts," 1 J. Legal Studies 135, 136—141(1972); EberhardSchmidt, *Einfihrung in die Geschichte der deutschen Strafrechtspflege* §§ 284—295, at 324—342 (3rd edn.1965); Erich Schwinge, *Der Kampf um die Schwurgerichtbis zur Frank furter Nationalversammlung*(1970 rev.) (1st edn. 1926)。

索　引

（以下页码为原著中的相应页码，即本书边码）

35，170

Keeton, K.W. K.W. 基顿，见 82

Kenyon, Lloyd 劳埃德·凯尼恩，见 247

King, Peter 皮特·金，见 45，150，311 n.288，322，325 n.352，328

Landsman, Stephen 史蒂芬·兰兹曼，170 n.302，234 n.244，236 n.257，246 n.296，294 n.207，310 n.285

law-fact distinction 法律与事实的区别

counsel arguing fact as law 律师把事实当作法律进行陈词，见 300—306

restricting counsel to fact 限制律师对事实的发言，见 26—28，33—34，171，296

turning fact into law 将事实变成法律，见 304，316

Lawyers, *see* adversary procedure; defense counsel; prosecution counsel 律师，参见对抗制；辩护律师；控诉律师等部分

Leach's *Crown Cases* (1789) 利奇的《刑事案件(1789)》，见 301，306

legislation 立法，参见 statutes 词条

Lester, Charles 查理斯·莱斯特，见 17 n.40，170 n.302

Levinz, Creswell 克雷斯韦尔·莱文兹，见 92 n.135

Lilburn, John 约翰·李尔本，见 32，271 n.89

Linebaugh, Peter 皮特·莱恩博，见 145 n.193，165 n.281，230

Lisle, Alice 爱丽丝·莱尔，见 77，83

London 伦敦

City solicitor (伦敦)城市事务律师，见 130 n.120，147

confession rule, influence on 230 自白规则，影响，230

court JP for Middlesex 米德尔塞克斯郡治安法官，118，158

Covent Garden, street crime in 131 考文特花园，街头聚众犯罪，131 n.121

gang crimes 共同犯罪，144，164，226，231—232

Newgate prison 纽盖特监狱，49，109

Ordinary of Newgate 纽盖特监狱的日常，145 n.193

population 人口，108

recorder of (伦敦)司法官，17 n.40，21—22 n.59，124，181，188，209，283，327，328

"sitting alderman" "值班市政官"，158 n.249，273

See also crown witness prosecutions; justices of the peace (JPs); Old Bailey; police; pretrial detention; pretrial examination; Sessions Papers Old Bailey 另见：污点证人起诉；治安法官；老贝利；警察；审前羁押；审前询(讯)问；《老贝利审判实录》

London Society for Prosecuting Felons 控诉重罪的伦敦协会，309

Macaulay, T.B. T.B.麦考利，见 104

Macdaniel gang 麦克丹尼尔团伙，见 155 n.236

Macdonald, Archibald 阿奇鲍尔德·麦克唐纳，见 335

Macnair, Michael R.T.迈克尔·麦克奈尔，见 251 n.315

MacNally, Leonard 伦纳德·麦克纳利，见 178 n.1，243 n.284

McGowen, Randall 兰德尔·麦高文，见 166—167

recorder of London 伦敦司法官，见 17 n. 40，21—22n 59，124，181，188，209，283，327，328

　　sittings(法官)开庭，见 17，181

Old Bailey Sessions Papers, *see* Sessions Papers, old Bailey《老贝利审判实录》，参见:《审判实录》，老贝利

Oldham, James 詹姆斯·奥尔德姆，见 27 n.85，207 n.232，238

Ordinary of Newgate 纽盖特监狱的日常，见 145 n.193

Paley, Ruth 露丝·帕利，见 141，152

pardon, royal, *see* clemency 赦免，皇家，见 宽大处理

Parkyns, William 威廉·帕金斯，见 172—173

Paxton, Nicholas 尼古拉斯·帕克斯顿，见 120&.n.58

Pemberton, Francis 弗朗西斯·潘伯顿，见 94

perjury 伪证罪，*see* cross-examinations; crown witness prosecutions; defense counsel; reward prosecutions 参见:交叉询问; 污点证人起诉辩护律师悬赏起诉

petty treason 轻微的叛国罪，见 77 n.51，332 n.337

Philips, David 大卫·菲利普斯，见 135

Phillips, Richard 理查德·菲利普斯，见 322，328，335

plea bargaining, want of 辩诉交易，缺乏，见 18—20

Police, *see* thieftakers 警察，参见:捕贼人

Pollock, Frederick 弗里德里克·波洛克，见 297 n.223，317

Pope, Alexander 亚历山大·波普，见 25

Popish Plot（1678—80）天主教阴谋案（1678—80），见 3，33，69—75，91 n. 133，100，172

Post Office 邮局

　　crimes prosecuted 起诉的罪行，114 & nn.30—31，301

　　prosecuting role 起诉的角色，109，113—114，131 n.120

　　Solicitor 事务律师，113—114 & n. 30，131 n.120

　　sources 资料来源，114 n.30，131 n.120

pretrial detention 审前羁押

　　hindering defense 阻碍辩护，见 50—51，83—84，93

　　innocent accused, of 无辜的被告人，见 47

　　jail conditions 监狱条件，见 49

　　jail fever 监狱伤寒，见 49

　　Newgate prison 纽盖特监狱，见 49

　　see also committal proceedings; justices of the peace(JPs)另见:拘押程序;和平法官

pretrial examination 审前调查，15，18，19，41—43，49，64，114 n.32，126，127—128，162，199，218—233，273—277，279

　　see also committal proceedings; Concilliar pretrial; confession rule; justices of the peace(JPs) 另见:羁押程序;枢密院审前(调查);口供规则;和平法官

pretrial procedure, influence on trial procedure 审前程序;对审判程序的影响，见 4—5，18，40—51，104 5，119—120，145—146，158，165，332—333

　　see also committal proceedings; Concilliar pretrial; justices of the peace（JPs）; pretrial detention; pretrial examination

译后记

译事艰辛。若非亲自翻译，难知其苦。尤其是，我们以读书会这种"精读＋翻译"的研究式学习过程。我们的"特别"之处在于：我们以读书会的方式集体研读，"逐句逐段"解释，然后成文，每周共读只有三千多字。这样做的结果便是翻译工作的辛苦程度直接翻倍。

我们"原典精读"读书会的运行方式是：每周一次，一次两小时左右；同学们逐句逐段诵读、口头译成中文；不理解或有争议的地方，老师讲解或大家研讨；读书会举行前，大家都要预习、解决生字词，一般都带着问题而来；每次结束后，每人把研讨后自己诵读的那一部分内容整理成译文，发到微信群或 QQ 群里；然后，由两位同学进行一校；最后，我集中进行二校，并将校正稿发到群里，让大家秉承"认真、较真"的态度继续挑毛病。

美国耶鲁大学法学院教授约翰·朗本的《刑事对抗制的起源》，是一本反映英美法系对抗诉讼模式发源、形成史的经典著作，在国内已被诉讼法、法律史等专业列为必读书目（之前是王志强教授的译本）。这本著作的精读和翻译，我们是从 2018 年 10 月底开始，到 2020 年 5 月 30 日最后结束，历时整整一年零七个月。

这本书的线下精读主要在校图书馆 517 室进行，寒假、暑假以及新冠肺炎疫情暴发期间主要以腾讯会议、微信群、QQ 群形式在线上进行。我们的读书活动持续不间断进行，读书时间一般只调整不取消，甚至连春节等节假日都照常进行。因此，克服各种困难自不必说，读书会成员放弃了很多正常活动。本科生陈育龙同学因伤住院期间，还坚持以连线方式参与读书活动。我自己几乎每周有一天或两天的时间,从早晨到深夜坐在电脑前,一动不动,重译或校订译文。终于,某一天出现了脖子完全不能动的情形,到医院一查,结果是颈椎病。

初期,同学们翻译的随意性很强,语言、格式都不规范;但后来,不仅同学们阅读专业英语的能力在提高,而且汉语的表达能力也在提高,时常出现令人叫好的翻译。前三章,我基本上都重译,而且群里只发最终稿;后两章,虽然也重译,但主要基于保持全书语言风格的原因,尽管同学们有各种带有个人语言风格的佳句妙语,我只能忍痛割爱,未予采用。便于同学们揣摩自己的整理版和我最后校订版的相异之处,我后期基本上都发校订前后的对照版。译稿完成后,向出版社交稿前我又逐字逐句地校对修改了两遍。

同学们参加读书会的情况如下:硕士生李菊菊、李锦和本科生陈育龙、武严全程参与了读书会,本科生张恒浩因新冠肺炎疫情的特殊原因未能参加最后一章的学习研读。硕士生苏新雅、杜娟、王静和陈月阳四位同学自 2019 年秋季入学后参加,主要参与了后两章内容的精读。李菊菊、陈育龙和苏新雅每次都把当天内容全部整理成中文,然后与我二校后的版本对比学习,其他同学基本上仅整理自己诵读的部分译文。读书会初期,只参加了一次或两次的同学,这里不再一一提及姓名。2020 级硕士生王红、焦圣博和闫刘芹参与了序言、索引和部分内容的校对工作,一并表示感谢。

在本书稿付梓之际,我首先真诚地感谢读书会的成员,我们一起度过了认真、纯粹、心无旁骛的读书时光;基于对你们的承诺,使我坚持了下来;希望这段时光,给你们或者我们大家带来的不仅是美好回忆,还能对以后的学习、工作有所裨益(本书出版时,硕士生李菊菊、李锦已经毕业工作,陈育龙、武严、张恒浩已经本科毕业,陈育龙已是研究生在读)。其次,要感谢复旦大学法学院的王志强教授,他的译本是我们精读和翻译时的重要参考,为我们这个译本的出现奠定了基础。最后,还要诚挚地感谢以下单位和个人——

感谢广东为则为律师事务所和西安财经大学法学院学科经费的出版资助。

感谢上海人民出版社冯静编辑的辛苦编校和中南财经政法大学郭航老师的好意襄助。

感谢西安财经大学法学院史卫民教授、王波教授、王宏选副教授、张艳平老师等领导与同事的热情鼓励和热心帮助。

尽管这个译本凝聚着如此多贡献者的心血,但学识水平所限,仍然会出现一些误译和错译,责任由我来承担。对于译文的任何批评和指正,我都会心存感激并虚心接受,敬请发送到 1946581410@qq.com,谢谢!

王景龙

2021 年 9 月 10 日于中国西安

图书在版编目(CIP)数据

刑事对抗制的起源/(美)约翰·朗本
(John H. Langbein)著;王景龙译.—上海:上海人
民出版社,2022
书名原文:The Origins of Adversary Criminal
Trial
ISBN 978 - 7 - 208 - 17432 - 0

Ⅰ.①刑… Ⅱ.①约… ②王… Ⅲ.①英美法系-刑
法-研究 Ⅳ.①D913.04

中国版本图书馆 CIP 数据核字(2021)第 231700 号

责任编辑 冯 静
封面设计 一本好书

刑事对抗制的起源

[美]约翰·朗本 著

王景龙 译

出 版 上海人民出版社
 (201101 上海市闵行区号景路 159 弄 C 座)
发 行 上海人民出版社发行中心
印 刷 上海商务联西印刷有限公司
开 本 720×1000 1/16
印 张 22.5
插 页 2
字 数 337,000
版 次 2022 年 3 月第 1 版
印 次 2022 年 3 月第 1 次印刷
ISBN 978 - 7 - 208 - 17432 - 0/D・3869
定 价 98.00 元

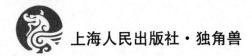

上海人民出版社·独角兽

阅读,不止于法律,更多精彩书讯,敬请关注:

微信公众号　　　微博号　　　视频号